"十二五"国家重点图书出版规划项目

2013~2014
中国创新型企业发展报告

中国创新型企业发展报告编委会

China Innovative
Enterprises
Development Report
2013~2014

经济管理出版社

图书在版编目（CIP）数据

中国创新型企业发展报告.2013~2014/中国创新型企业发展报告编委会.—北京：经济管理出版社，2015.1
ISBN 978-7-5096-3582-7

Ⅰ.①中⋯ Ⅱ.①中⋯ Ⅲ.①企业发展—研究报告—中国—2013~2014 Ⅳ.①F279.2

中国版本图书馆 CIP 数据核字（2014）第 312594 号

组稿编辑：杜 菲
责任编辑：杜 菲
责任印制：黄章平
责任校对：张 青

出版发行：经济管理出版社
（北京市海淀区北蜂窝 8 号中雅大厦 A 座 11 层　100038）
网　　址：www.E-mp.com.cn
电　　话：（010）51915602
印　　刷：三河市延风印装厂
经　　销：新华书店
开　　本：880mm×1230mm/16
印　　张：22.25
字　　数：437 千字
版　　次：2015 年 1 月第 1 版　2015 年 1 月第 1 次印刷
书　　号：ISBN 978-7-5096-3582-7
定　　价：88.00 元

·版权所有　翻印必究·
凡购本社图书，如有印装错误，由本社读者服务部负责调换。
联系地址：北京阜外月坛北小街 2 号
电话：（010）68022974　邮编：100836

中国创新型企业发展报告（2013~2014）

指导委员会

主　任：王志刚　黄丹华　王瑞生
成　员：王志学　徐建国　白　英　查学明　包献华

专家委员会

主　任：陈清泰
副主任：方　新
成　员：（按姓氏笔画排序）

干　勇	马兴瑞	马俊如	王玉民	尹同跃	孔德涌	任正非
任沁新	任建新	刘义发	刘永好	刘振亚	吕　薇	孙力斌
纪爱师	关锡友	何志毅	余少华	吴贵生	张小虞	张瑞敏
张碧辉	李书福	李建明	李泊溪	李树君	李　革	李登海
李新男	李新春	杨　青	邹祖烨	周厚健	周寄中	周建松
罗　涛	茅理翔	金克宁	侯为贵	柳传志	胡问鸣	赵　强
凌　文	奚正平	徐乐江	梁稳根	盛世豪	常德传	谢东钢
董明珠	鲁冠球	詹纯新	管彤贤	蔡东晨	薛　澜	魏建军

编写委员会

主　编：徐建国
副主编：白　英　查学明　包献华　胡志坚
成　员：（按姓氏笔画排序）

方　磊	卢　凡	刘　东	刘家强	朱景和	汤富强	孙福全
阮　军	芦金玲	陈　劲	陈建辉	赵慧君	姜卫民	柯银斌
胡志强	郭丽峰	徐示波	徐炎章	袁雷峰	康　岳	康荣平
梅　萌	程家瑜	葛　俊	蒋玉宏	蒋晓红	裴朝锋	

编写研究组

组　长：刘　东
成　员：（按姓氏笔画为序）

马　驰	王保林	王　娟	王海芸	王海燕	刘海波	冷　民
张赤东	李振良	沈　泱	邱晓燕	陈　岚	陈　原	吴海华
周　程	孟建伟	岳清唐	罗亚非	郑钟扬	柯银斌	胡志强
赵家栋	赵　捷	徐永昌	徐　立	康荣平	彭春燕	董　诚
谢强华	赫运涛					

前 言

中共十八大以来,国家技术创新工程迎来深入实施的新阶段,创新型企业建设取得了新进展。科技部、国资委、全国总工会等部门迄今认定了五批676家企业开展创新型企业试点工作,评价命名了三批356家创新型企业,各地方也认定和命名了近万家省级创新型(试点)企业。在各部门、各地方的积极推动下,具有较强创新能力和市场竞争力的创新型企业群体不断成长壮大,在推动创新驱动发展战略实施和加快发展方式转变中发挥了重要的示范作用。

为了深入总结创新型企业建设经验,更好地发挥创新型企业建设的导向作用,科技部、国资委、全国总工会自2009年开始支持编撰系列年度报告——《中国创新型企业发展报告》(以下简称发展报告)。发展报告的研究对象和范围特指以下企业群体:一是科技部、国资委、全国总工会在国家层面认定和命名的创新型企业及试点企业;二是各地认定和命名的本地区创新型企业及试点企业。

《中国创新型企业发展报告(2013~2014)》(以下简称本年度报告)是系列年度报告的第五卷。系统地分析和总结2012年以来创新型企业建设的进展和成效,介绍各部门、地方推动创新型企业建设的做法和举措,探讨创新型企业成长的特点和规律。

本年度报告包括正文七章及政策文献和附录:

第一章总论,分析中国企业创新发展的新形势、新机遇以及推动企业创新发展的新举措。

第二章创新型企业建设进展,详细统计和分析国家级创新型(试点)企业的基本概况、创新情况和竞争力。

第三章地方推动企业技术创新进展,反映和总结了各地方在增强企业技术创新能力、推动产学研协同创新、改善企业技术创新服务、完善企业技术创新政策环境等方面的特色做法和措施。

第四章产业技术创新战略联盟的组织和运行，重点对产业技术创新战略联盟的概念类型、组织模式和运行机制等内容进行深入的理论探讨。

第五章建筑企业技术创新评价，系统分析了建筑企业技术创新的规律和特征，提出完善建筑企业技术创新评价的思路和方法。

第六章创新型企业案例，选择10家创新型企业进行案例分析。

第七章创新型企业TOP100，基于企业技术创新依存度指数的理论和方法，测算并发布创新型企业TOP100和转制院所类创新型企业TOP20。

政策文献部分汇编近年来各部门、各地方出台的相关政策文件。

附录部分包括创新型企业建设工作大事记（2012～2014年），创新型企业及试点企业名录、产业技术创新战略联盟试点名单、历届国家科技进步奖企业技术创新工程奖项名单。

发展报告主要依据各地方科技部门报送的相关材料和创新型企业信息采集系统获得的第一手资料和数据，但鉴于采集渠道和方法仍在不断完善，数据的准确性和系统性仍有待于完善。

发展报告的编写得到各部门、各地方的支持及创新型企业的协助。主要编写研究人员来自科技部、国资委、全国总工会等部门及中国科学技术发展战略研究院、中国社会科学院、中国科学院、浙江工商大学、北京决策咨询中心等单位及中国科学学与科技政策研究会技术创新委员会。希望本报告成为读者了解和研究中国企业技术创新的重要参考文献。

《中国创新型企业发展报告》
编写委员会
2014年10月26日

Foreword

Since 2005, the Ministry of Science and Technology (MOST), the State – Owned Assets Supervision and Administration Commission of the State Council (SASAC) and the All – China Federation of Trade Unions (ACFTU) have jointly implemented the innovative enterprises construction, which aimed at guiding and advancing enterprises to improve the ability of innovation and the core competence, promoting a great number of enterprises to take innovative development road, accelerating the construction of technological innovation system through amalgamation of industry, education, and research, providing a powerful support to innovation – type country construction.

So far MOST, SASAC and ACFTU have already determined 676 pilot innovative enterprises (including 356 enterprises which have been assessed as "innovative enterprise"). All provinces have already determined or assessed about 10000 local pilot innovative enterprises or innovative enterprise. The innovative enterprises construction has achieved remarkable effect. As the most vigorous innovative enterprise cluster, they have continually strived to raise the innovation ability and increase the contribution to economic development and supported the national competence efficiently.

In order to reflect the progress and effects of innovative enterprises construction, to conclude the growth rule of innovative enterprises and to guide the development of innovative enterprises, a series of annual reports—*The China Innovative Enterprises Development Report*—has been compiled since 2009. *The China Innovative Enterprises Development Report* 2013 – 2013 is the fifth volume of this series.

The Report 2013 – 2014 includes 7 chapters, policy documents and appendix, etc.

Chapter 1, Overview, analyze new situation and chance of Chinese Enterprises Innovative Development, and new measures of prompting enterprises Innovation.

Chapter 2, The Progress of Innovative Enterprises Construction, examines general situation, innovation situation and competence of innovative enterprises.

Chapter 3, The Progress of Prompting Local Enterprises Innovation, focuses on distinguishing measures and experience of prompting local enterprises innovation.

Chapter 4, The Organization and Operation of Industrial Technology Innovation Strategy Alliance, analyzes concept, organization mode and operational mechanism of Industrial Technology Innovation Strategy Alliance.

Chapter 5, The Evaluation of Construction Enterprises Technical Innovation, analyzes the rule and characteristics of contruction enterprises innovation, the thinking and method of improving the evaluation of contruction enterprises innovation.

Chapter 6, The Cases of Innovative Enterprises, presents the case study of 10 innovative enterprises.

Chapter 7, Innovative Enterprises TOP100, publishes TOP100 innovative enterprises basing on the computing result of enterprises' technological innovation dependency index.

Policy Documents includes the related policies about enterprises innovation adopted by central government departments and local governments.

The Appendix includes chronology of innovative enterprises construction (2012 – 2014), lists of innovative enterprises and pilot innovative enterprises, etc.

The China Innovative Enterprises Development Report has become an important book about Chinese enterprises innovation.

China Innovative Enterprises Development Report
Editorial Board
Oct. 26. 2014

目　录

第一章　总　论 ... 1
一、中国企业创新发展的新形势 ... 1
（一）创新战略成为综合国力竞争焦点 ... 1
（二）国内经济增长方式转变刻不容缓 ... 3
（三）中国企业持续发展依赖创新驱动 ... 6
二、中国企业创新发展的历史性机遇 ... 11
（一）中国企业创新发展环境日益完善 ... 11
（二）中国企业创新发展基础逐步夯实 ... 13
（三）中国企业迎来创新发展重要转折期 ... 17
三、推动中国企业实现创新驱动发展 ... 19
（一）加强顶层设计统筹推进 ... 19
（二）部门加强协调完善政策 ... 20
（三）地方优化环境积极推进 ... 22

第二章　创新型企业建设进展 ... 24
一、创新型企业的基本概况 ... 24
（一）行业分布 ... 24
（二）地区分布 ... 28
（三）规模分布 ... 32
二、创新活动情况及比较 ... 33
（一）创新投入 ... 34
（二）创新产出 ... 35
（三）经济效益 ... 36

三、创新型企业 TOP20 ………………………………………… 40
  （一）研发经费支出 TOP20 …………………………………… 40
  （二）研发人员 TOP20 ………………………………………… 41
  （三）有效发明专利数 TOP20 ………………………………… 41
  （四）发明专利申请数 TOP20 ………………………………… 42
  （五）发明专利授权数 TOP20 ………………………………… 43
  （六）PCT 国际专利申请数 TOP20 …………………………… 44

四、创新型企业竞争力分析 …………………………………… 45
  （一）国内行业竞争力 ………………………………………… 45
  （二）国内综合竞争力 ………………………………………… 48
  （三）国际竞争力 ……………………………………………… 50

第三章　地方推动企业技术创新进展 ……………………… 57

一、增强企业技术创新能力 …………………………………… 57
  （一）引导企业加大技术创新投入 …………………………… 57
  （二）支持企业建立研发机构 ………………………………… 59
  （三）推动创新型企业建设 …………………………………… 60
  （四）培育科技型中小企业 …………………………………… 62
  （五）提升企业开放合作创新水平 …………………………… 63

二、推动产学研协同创新 ……………………………………… 64
  （一）推动产业技术创新战略联盟建设 ……………………… 64
  （二）开展产业共性技术研发基地建设 ……………………… 65
  （三）强化科研院校对企业技术创新的源头支持 …………… 66

三、改善企业技术创新服务 …………………………………… 68
  （一）加强技术创新服务平台建设 …………………………… 68
  （二）促进企业创新人才队伍建设 …………………………… 69
  （三）推动科技资源开放共享 ………………………………… 70
  （四）加强成果转化服务载体建设 …………………………… 71

四、完善企业技术创新政策环境 ……………………………… 72
  （一）加强工作指导推动部门协调 …………………………… 72
  （二）优化企业技术创新法律环境 …………………………… 73
  （三）推动企业技术创新政策落实 …………………………… 73
  （四）加强对企业技术创新的金融支持 ……………………… 74

（五）营造知识产权工作环境 …………………………………………… 76

第四章 产业技术创新战略联盟的组织和运行 ……………………… 78

一、概念与类型 …………………………………………………………… 78
（一）产业技术创新战略联盟的概念内涵 ……………………………… 78
（二）产业技术创新战略联盟的基本特征 ……………………………… 80
（三）产业技术创新战略联盟的主要类型 ……………………………… 81

二、合作结构与内部治理 ………………………………………………… 84
（一）以契约为基础的合作 ……………………………………………… 84
（二）责权平衡的内部治理 ……………………………………………… 86
（三）分散与集中相结合的研发模式 …………………………………… 87

三、运行机制：利益、责任、信用和共享 …………………………… 89
（一）利益机制：联盟发展的核心 ……………………………………… 89
（二）责任机制：联盟发展的基石 ……………………………………… 91
（三）信用机制：联盟发展的保障 ……………………………………… 92
（四）共享机制：联盟发展的动力 ……………………………………… 95

四、联盟成功运行的关键要素 …………………………………………… 96
（一）确立共同的目标 …………………………………………………… 96
（二）选择适合的组织模式 ……………………………………………… 96
（三）建立有效的运行机制 ……………………………………………… 96
（四）建立高效的执行机构 ……………………………………………… 96
（五）探索资源共享的有效方式 ………………………………………… 97

第五章 建筑企业技术创新评价 ………………………………………… 98

一、建筑企业技术创新的意义 …………………………………………… 98
（一）建筑业在国民经济中占据重要地位 ……………………………… 98
（二）建筑业对关联产业和经济增长拉动显著 ………………………… 99
（三）建筑业技术创新对节能减排、低碳生产作用巨大 ……………… 99

二、建筑企业技术创新的界定与特征 …………………………………… 100
（一）建筑企业技术创新的概念 ………………………………………… 100
（二）建筑企业技术创新的分类 ………………………………………… 101
（三）建筑企业技术创新的特征 ………………………………………… 101

三、建筑企业技术创新测度的难点 ……………………………………… 105

（一）如何测度建筑业的"隐性创新" ………………………………………… 105
（二）如何测度介于制造业与服务业之间的建筑业技术创新 ………… 107
（三）如何测度不是 R&D 胜似 R&D 的建筑设计 ………………………… 108
（四）如何看待建筑业技术创新的市场规制作用 ………………………… 110
（五）如何确立技术创新的可数性 …………………………………………… 111
（六）如何获得真实、准确的建筑企业创新统计数据 …………………… 111

四、建筑企业技术创新评价思路与方法 ………………………………………… 112
（一）关于企业技术创新依存度指数 ………………………………………… 112
（二）建筑企业技术创新的评价思路 ………………………………………… 115
（三）建筑企业技术创新的评价方法 ………………………………………… 116

第六章　创新型企业案例 ……………………………………………………… 119

案例一　中船集团：跨越式创新战略打造世界级航母 …………………… 119
案例二　同方股份：探索高技术产业孵化的"同方模式" ………………… 124
案例三　长城汽车：创新"过剩投入"打造差异化核心竞争力 …………… 128
案例四　法尔胜集团：从麻绳到光纤的攀升之路 …………………………… 133
案例五　泉林纸业：开创"本色"的循环经济创新模式 …………………… 138
案例六　株硬刀具：自主创新打造世界级工具综合供应商 ……………… 142
案例七　格力电器：创新铸就精品 …………………………………………… 146
案例八　丝丽雅：持续变革创新的行业引领者 ……………………………… 150
案例九　研祥智能：不断创新打造特种计算机行业领先企业 …………… 154
案例十　中纺院：创新编织美好蓝图 ………………………………………… 159

第七章　创新型企业 TOP100
——基于企业技术创新依存度指数 ……………………………………… 164

一、创新型企业 TOP100 …………………………………………………………… 164
二、转制院所类创新型企业 TOP20 …………………………………………… 167
三、评价理论和方法 ……………………………………………………………… 168
（一）"4+1"评价指标体系 …………………………………………………… 168
（二）影响测算的三个关键问题 ……………………………………………… 170
（三）技术创新依存度指数生成 ……………………………………………… 171

政策文献

国家政策 …………………………………………………………………… 175
地方政策 …………………………………………………………………… 220

附 录

附录一 创新型企业建设工作大事记（2012～2014年） ……………… 289
附录二 创新型试点企业名录（五批） …………………………………… 298
附录三 创新型企业名录（三批） ………………………………………… 317
附录四 产业技术创新战略试点联盟名单（三批） ……………………… 327
附录五 历届国家科技进步奖企业技术创新工程奖项名单 …………… 332

后记 …………………………………………………………………………… 334

Contents

Chapter 1　Overview ·· 1

    Section 1　The New Situation of Chinese Enterprises
　　　　　　　Innovative Development ··· 1

    Section 2　The Historical Chance of Chinese Enterprises
　　　　　　　Innovative Developmen ·· 11

    Section 3　To Promote Chinese Enterprises Innovation
　　　　　　　Driven Development ·· 19

Chapter 2　The Progress of Innovative Enterprises Construction ············ 24

    Section 1　The General Situation of Innovative Enterprises ···················· 24
    Section 2　The Analysis and Comparison of Innovation Situation ············· 33
    Section 3　The Innovation Enterprises TOP20 ·· 40
    Section 4　The Analysis of Innovation Enterprises Competition ················ 45

Chapter 3　The Progress of Prompting Local Enterprises Innovation ······ 57

    Section 1　To Enhance Enterprises Innovative Ability ···························· 57
    Section 2　To Promote IUR Cooperative Innovation ······························· 64
    Section 3　To Improve Service for Enterprises Technical Innovation ········· 68
    Section 4　To Improve Policy Environment of Enterprises
　　　　　　　Technical Innovation ·· 72

Chapter 4   The Organization and Operation of Industrial Technology Innovation Strategy Alliance (ITISA) ……… 78

Section 1   Concept and Types of ITISA ……… 78
Section 2   Cooperation Structure and Interior Governance of ITISA ……… 84
Section 3   Operational Mechanism of ITISA ……… 89
Section 4   The Key Successful Elements of ITISA ……… 96

Chapter 5   The Evaluation of Construction Enterprises Technical Innovation ……… 98

Section 1   The Importance of Construction Enterprises Technical Innovation ……… 98
Section 2   The Definition and Characteristics of Construction Enterprises Technical Innovation ……… 100
Section 3   The Difficulty of Evaluating Construction Enterprises Technical Innovation ……… 105
Section 4   The Thinking and Method of Improving the Evaluation of Construction Enterprises Technical Innovation. ……… 112

Chapter 6   The Cases Of Innovative Enterprise ……… 119

Case 1   China State Shipbuilding Corporation ……… 119
Case 2   Tsinghua Tongfang Co., Ltd. ……… 124
Case 3   Great Wall Motor Co., Ltd. ……… 128
Case 4   Jiangsu Fasten Group Co., Ltd. ……… 133
Case 5   Shandong Tralin Group ……… 138
Case 6   Zhuzhou Cemented Carbide Cutting Tools Co. Ltd. ……… 142
Case 7   Gree Electric Appliances Inc. of Zhuhai ……… 146
Case 8   Yibin Grace Group Company ……… 151
Case 9   EVOC Intelligent Technology Co., Ltd. ……… 155
Case 10   China Textile Academy ……… 159

Chapter 7   Innovative Enterprises TOP100 ……… 164

Section 1   List of Innovative Enterprises TOP100 ……… 164

Section 2   List of Innovative Enterprises in Transforming Scientific Research Institutes TOP20 ·················· 167

Section 3   Theory and Method of Technological Innovation Dependency Index of Enterprises ·················· 168

Policy Documents ·················· 173

Appendix ·················· 287

Postscript ·················· 334

第一章

总 论

当前，中国经济正处在加快实现增长方式转变的关键时期，面对错综复杂的国内外环境和经济下行压力，党中央、国务院大力推进创新驱动发展战略，围绕着继续保持经济较长时期的中高速增长和提质增效升级，着力强化企业技术创新主体地位，提高企业创新能力，增强产业核心竞争力。

一、中国企业创新发展的新形势

（一）创新战略成为综合国力竞争焦点

当今世界，新一轮科技革命和产业变革正在孕育兴起，尤其是新一代信息技术、生物技术、新材料技术、新能源技术等的迅速发展和广泛应用，将引发农业、工业、医疗健康、能源环境等领域的深刻变革，推动生产方式、发展模式的深刻变化，促进全球科技创新格局、经济格局和产业结构的大调整、大变革。如信息网络技术与传统制造业相互渗透、深度融合，正在深刻改变产业组织方式，加速形成新的企业与用户关系。2014年1月，谷歌公司宣布与四家整车制造企业和一家芯片制造企业共同成立开放汽车联盟，布局汽车操作系统，反映传统制造企业正在向跨界融合企业转变。中国的小米手机，运用互联网思维，依靠个性化定制、用户参与、供应链整合及饥渴营销等新商业模式，在很短的时间取得巨大成功。创业三年来，销售额从2011年的5亿元增长到2013年的316亿元，年均增速接近700%。可以说，科技创新从未像今天这样如此深刻地影响着经济发展和社会进步，影响着人类的生产方式、生活方式和思维方式的变革。

面对科技创新发展新趋势和新机遇，世界各国纷纷把科技创新作为战略核心，希望通过加强科技创新来优化就业结构、驱动可持续发展和提升国家竞争力，为此出台一系列战略规划和举措，在新能源、新材料、信息网络、生物医药等领域加大投入、加强布局，抢占未来经济科技发展的先机。

美国强调"对科技创新的支持是经济竞争力的关键"。近年来，陆续制定了《美国创新战略》、《重整美国制造业政策框架》、《美国生物经济蓝图》、《先进制造业国家战略计划》等战略规划和行动计划，明确提出发动一场清洁能源革命，加速生物技术、纳米技术、先进制造技术、空间技术等的发展，继续保持世界科学发现和技术创新发动机的作用。2012年3月，奥巴马政府提出投资10亿美元，创建"美国国家制造业创新网络"（NNMI），以帮助消除本土研发活动和制造技术创新发展之间的割裂，重振美国制造业竞争力，并引发制造技术的变革。2013年1月，美国总统办公室、国家科学技术委员会、国家先进制造业项目办公室联合发布《制造业创新中心网络发展规划》，提出在制造工艺、先进材料及其加工工艺、高效能技术及其平台以及具体应用等优先领域创建15个"国家制造业创新中心"，这些中心主要支持介于"发现/发明起步阶段的创新"和"商业化之前开始规模生产时期的创新"，涉及的相关技术和产业有望成为未来制造业的发展方向。至今，美国已建立4个制造业创新中心。如由85家企业、13个研究型大学、9个社区学院和18个非营利性机构等共同构建的"增材制造"创新中心。奥巴马政府的最终目标是希望在未来十年创建45个制造业创新中心。为应对大数据革命带来的机遇，美国政府2012年3月发布《大数据研究和发展倡议》，旨在利用大量复杂数据集合获取知识和提升洞见能力，协助加速科学、工程领域创新步伐，强化美国国土安全，转变教育和学习模式。美国总统科技政策办公室（OSTP）为此专门组织了大数据高级监督小组（Senior Steering Group on Big Data）协调和拓展政府在这一重要领域的投资。美国国家科学基金会（NSF）、国家卫生研究院（NIH）、国防部（DOD）、能源部（DOE）、国防部高级研究局（DARPA）、地质勘探局（USGS）六个联邦部门和机构承诺，将投入超过2亿美元资金用于研发"从海量数据信息中获取知识所必需的工具和技能"。

德国政府制定了《德国高技术战略2020》，其中"工业4.0"是确定的十大未来项目之一，项目由德国联邦教研部与联邦经济技术部联手资助，在德国工程院、弗劳恩霍夫协会、西门子公司等德国学术界和产业界的建议和推动下形成，并已上升为国家级战略。通过"工业4.0"战略的实施，将使德国成为新一代工业生产技术的供应国和主导市场，使德国在继续保持国内制造业发展的前提下再次提升其全球竞争力，在新一轮工业革命中占领先机。

韩国加强在战略性新兴领域的战略部署。为应对发达国家纷纷推进纳米技术与信息技术、生物技术、环境技术等战略性新兴领域融合及产业化的趋势，2012年底，韩国知识经济部专门出台《纳米融合推广战略》，提出以建设世界一流纳米技术产业强国为目标，以纳米技术融合推广为宗旨，计划到2020年政府追加投资约8.8亿美元，构建6个支持企业的大型纳米技术基础设施，并大幅增加基础研究人才培养。争取到 2020 年，韩国纳米融合产业的国际市场占有率达到 10%，产业销售额达 2500 亿美元，培育 20 家以上"纳米巨人"（世界级的隐形冠军企业），开发出 30 个世界级的纳米技术"明星产品"。[①] 韩国纳米技术竞争力升至世界前三，技术水平提高至世界最高水平的 90%，创造就业数量达 5.6 万个，专业人才培养数量由 2010 年的 7000 名增至 20000 名。通过推动纳米融合产业发展，积极抢占国际市场，改变现有制造业的技术停滞状态，使经济发展再上新台阶。

印度政府将 2010～2020 年视为"创新十年"，并组建了国家创新委员会。2013 年新出台《科学、技术与创新政策》，提出到 2020 年跻身世界五大科技强国的蓝图，计划将全社会研发支出占 GDP 比重从不到 1% 提高至 2%，且公共与私营部分的研发投资比例从当前的 3∶1 变为 1∶1；今后 5 年内全时当量研发人员将至少增加 66%。新的科技创新政策指出，印度的全球竞争力既取决于科学、技术与创新事业在多大程度上实现垂直整合，又取决于通过创新能够创造多少社会和经济财富。印度不仅将推动对科学的投资，而且将推动对农业、制造业和服务业的技术与创新投资。要将科学、研究与创新体系的贡献与包容式经济增长的目标相挂钩，并将追求卓越与讲求实用的优先事项相结合。印度将对志在领先的制造业部门进行战略选择，集中投入科技创新资源。在一些具备竞争优势的关键制造业部门，采取特殊措施，逐步提高研发强度，并对中小企业研发给予特殊支持。着眼于在某些服务业领域取得全球领先地位，服务业部门也将大幅提高研发强度，并拓展人才基础。

世界新科技革命和产业变革为世界各国发展带来了共同的机遇，尤其是为后发国家在更高起点赶超跨越提供了战略机遇。但面临的挑战也是巨大的，基础薄弱和后发劣势也有可能削弱后发国家低成本制造等优势，在科技创新和新兴产业发展方面进一步拉大与发达国家的差距。

（二）国内经济增长方式转变刻不容缓

中国经济总量已经跃居世界第二位，许多主要经济指标名列世界前列。但生产力总体水平不高，经济规模大而不强、经济增速快而不优，经济发展中的结构性矛盾突出，特别是人均国内生产总值超过 6000 美元后，进入到跨越"中等收入陷阱"的关键时期。

改革开放 30 多年来，中国劳动生产率年均增速达 8%，位居全球之首。然而由于初始劳动生产率水平太低，至今中国与发达国家或地区的差距仍然巨大。目

---

① 根据该战略，"纳米巨人"的国际市场占有率应进入世界前三，市场销售额应超过 1 亿美元，出口额应达到 3000 万美元以上；"明星产品"的国际市场占有率应达到 10% 以上，位居世界前三，且出口额应达到 1000 万美元以上。

前中国劳动生产率水平仍仅相当于美国的10%、日本的14%、德国的10.5%、法国的10.3%、英国的12.5%、挪威的8%、新加坡的14%、中国台湾地区的17%。劳动生产率水平和增速最终决定人均可支配收入水平和增速。自20世纪80年代以来，中国真实GDP年均增速一直超过8%，迅速崛起成为全球第二大经济体，但人均真实可支配收入仍然位居全球第80位。截至2012年底，中国人均真实可支配收入只有发达经济体平均水平的1/14（美国的1/17、德国的1/16、日本的1/15、法国的1/16、俄罗斯的1/4）。①

世界银行数据显示，2012年，中国制造业增加值为2.08万亿美元，超过美国成为全球第一制造业大国。但总体上中国仍处在工业化中期阶段，远未建成工业化强国。突出表现在创新能力和核心竞争力弱，产业发展水平总体上处于国际分工中低端，在一些重点领域还是以跟踪模仿为主，技术储备不足，大部分关键核心技术仍然受制于人。以装备制造业为例，2010年中国装备制造业产出总额已经达到全球的19.8%，超越美国（19.6%）跃居世界第一。但很多高端制造设备却仍然严重依赖进口。2011年中国投资总额达到GDP的40%，设备投资占总投资的40%，进口设备又占设备总投资的大约70%，即进口制造装备金额达到GDP的10%。中国100%的光纤制造设备、80%的集成电路制造设备、80%的石油化工设备、70%的纺织机械和数控机床继续依赖进口。② 以信息技术产业为例，据国家工业和信息化部的数据，中国信息技术产业规模多年位居世界第一，2013年产业规模达12.4万亿元，生产了14.6亿部手机、3.4亿台计算机、1.3亿台彩电，但主要以整机制造为主，由于集成电路、软件等价值链核心环节缺失，行业利润率仅为4.5%，低于工业平均水平1.6个百分点。中国海关统计显示，2013年中国集成电路进口额达2322亿美元，同比增长20%，相比原油进口额不到2200亿美元。再以汽车产业为例，中国自2009年起持续保持世界汽车产销第一的地位，2013年产量首次突破2000万辆，汽车产量占据世界汽车总产量的约1/4。但发动机、汽油机涡轮增压器、自动变速器等核心零部件及关键技术基本被国外厂商垄断。中国每年需要进口300多亿美元的自动变速器总成。③

随着中国经济日益融入全球化，中国产业发展面临着日益激烈的国际竞争。据中国商务部发布的数据，2013年中国遭遇的贸易救济调查同比增长了17.9%，中国已连续18年成为遭遇反倾销最多的国家，连续17年成为遭遇贸易摩擦最多的国家。美国和欧盟等发达经济体是对中国发起贸易救济调查最积极的国家和地区，印度、巴西和墨西哥等发展中国家对中国立案调查的数量也呈上升趋势。其中，机械工业是中国遭遇国际贸易摩擦的"重灾区"之一。据不

---

①② 向松祚：《唯有自主创新才能实现产业升级换代》，《第一财经日报》2013年11月18日。
③ 《全球最大汽车市场尴尬：中国每年进口变速箱超300亿元》，《第一财经日报》2013年10月18日。

完全统计，2010~2012 年国外对中国机械工业发起 44 起贸易救济调查（2010 年 7 起、2011 年 16 起、2012 年 11 起、2013 年 10 起），采取的保护手段分别为：临时反倾销措施 1 起、特别保障措施 1 起、反倾销和反补贴（简称"双反"）2 起、反补贴 2 起、反规避 3 起、保障措施 2 起、"337"调查 4 起、反倾销 29 起。[①]

近年来，中国面临着"高低两端"双向挤压制造业发展空间的严重态势。一方面，随着美、欧等国"再工业化战略"实施，基于制造业"智能化"、"高端化"趋势，越来越多跨国企业将制造环节移回国内。如 2012 年 12 月，苹果公司宣布要把部分生产线拿回美国，通用电气、克莱斯勒、惠普、耐克等著名品牌也相继加入回流潮，纷纷把生产线转移回美国。奥巴马在 2012 年《国情咨文》中强调，美国正面临把制造业从中国等地迁回来的大好机会。英国政府 2011 年发布了《英国发展先进制造业的主要策略和行动计划》，对制造业进行了重新认识和定位，强调重新重视制造业的发展。法国政府也在 2010 年 3 月宣布五年内要将制造业产出增加 25%。[②] 另据英国工程雇主联合会（EEF）和翰宇国际律师事务所（Squire Sanders）对近 300 家企业展开的一项调查，过去 3 年，有 1/6 的英国企业将生产线"回流"。这较 2009 年调查的 1/7 略有增加。EEF 表示，这一趋势将继续下去，6% 的企业表示，计划未来 3 年将生产线"回流"。英国贸易投资总署（UK Trade and Investment）上月估计，自 2011 年以来，有 1500 个就业岗位回流到英国。但这与美国相比是小巫见大巫，过去 3 年回流到美国的制造业就业岗位达到 8 万个。[③] 另一方面，随着中国劳动力成本的上升和人民币升值等因素，中国大量低端制造业向菲律宾、越南、孟加拉等国家或地区转移。以知名运动品牌耐克为例，2000 年，中国生产全世界 40% 的耐克鞋，全球第一，如今越南已经取代中国成为世界最大耐克鞋生产国。制造业转移促进了越南经济的快速发展。统计显示，2000 年以来越南制造业产值以每年 11% 的速度增长，十多年来，越南从以往只生产初级品向机械制造领域发展，目前已能生产成套机械设备，其汽车、造船工业也有明显进步。联合国贸发会议发布的《2012 年世界投资报告》显示，2011 年流入东南亚的外国直接投资达到 1170 亿美元，同比增长 26%，而中国的同期增长率不到 8%。另据全球商业咨询机构 Alix Partners LLP 在 2011 年发布的一项研究报告，在全球制造成本竞争力排序方面，2005 年中国居于领先地位，其后是印度、

---

① 2013 年国外对我国机械工业发起的 10 起贸易救济调查分别为：印度对石墨电极反倾销调查，加拿大对床垫用弹簧组件反倾销再调查，澳大利亚对变压器反倾销调查，澳大利亚对应用级风塔反倾销调查，印度对绝缘子反倾销调查，美国对取向电工钢"双反"立案调查，加拿大对碳钢紧固件"双反"再调查，南非对石墨电极反倾销调查，阿根廷对陶瓷绝缘子反倾销调查，美国对三一重工发起"337"调查。

② 《谨防中国制造业掉入"三明治陷阱"——兼评"中国低成本制造业周期的终结"》，中国经济新闻网，2012 年 4 月 18 日。

③ 《向英国回流的生产线》，FT 中文网，2014 年 3 月 25 日。

越南、俄罗斯和墨西哥。2009年墨西哥夺得全球最具成本竞争力的头衔。2010年排序变化为墨西哥、越南、印度、俄罗斯和中国。[①] 无疑，中国的"世界工厂"地位正在遭遇挑战。

中国面临的资源能源、生态环境制约也日益强化。据2014年《BP能源统计年鉴》，2013年，中国作为世界上最大的能源消费国，占全球消费量的22.4%，占全球净增长的49%；能源消费产生的二氧化碳排放3.58亿吨，占世界总量的比重达27.1%。据国家发改委环资司的数据，目前中国能耗强度大大高于世界平均水平，主要工业产品能耗比国外先进水平高10%~20%。2012年我国经济总量占世界的比重为11.4%，但消耗了全世界21.3%的能源、54%的水泥、45%的钢、43%的铜。另据中国社会科学院发布的《全球环境竞争力报告》（2013），2012年133个国家的环境竞争力排名中，中国名列第87位。其中，生态环境竞争力排名倒数第九，为第124位；中国空气质量排名全球倒数第二。目前全国500多个大型城市当中环境空气质量能达到世界卫生组织空气质量标准的城市很少。排名反映了中国当前严峻的资源环境状况，向绿色、低碳、可持续的发展方式转型已经刻不容缓。

中国经济社会发展要摆脱对低成本要素、资源消耗和环境破坏的依赖，破解经济发展深层次矛盾和问题、增强经济发展内生动力和活力，提高产业国际竞争力，必须加快从要素驱动、投资规模驱动发展为主向创新驱动发展转变，真正依靠科技创新推动经济社会持续发展。

（三）中国企业持续发展依赖创新驱动

经过30多年的改革开放，中国企业的规模和竞争力都有了长足发展，中国也成为世界制造业大国和科技大国。在未来向制造业强国和科技强国迈进的过程中，中国企业继续依靠"跟随战略"实现快速发展的空间不大，尽快提升自主创新能力是中国企业持续发展、进一步增强竞争力的内在需求和现实选择。

近年来，中国企业R&D经费投入规模大幅度增长，但企业R&D经费强度（企业R&D经费支出与主营业务收入之比）与发达国家相比仍有很大差距。2012年，全国规模以上工业企业的R&D经费强度为0.77%，全国大中型工业企业的R&D经费强度为0.99%，虽然呈逐年增长趋势，但美国、日本、德国等发达国家则普遍在2%以上（见表1-1）。

---

① 《美国制造企业与中国企业的成本差距正逐步缩小》，中国经济网，2011年12月9日。

表1-1 部分国家工业企业R&D经费强度

国别	美国	日本	德国	法国	英国	韩国
年份	2007	2009	2008	2007	2007	2009
R&D经费强度	2.93	3.57	2.23	2.23	2.04	1.75

资料来源：玄兆辉、宋卫国：《当前我国企业研发投入特征与问题研究》，中国科学技术发展战略研究院《调研报告》（总第1672期），2013年1月7日。

中国企业R&D活动类型的结构与发达国家相比，存在较大差异。长期以来，在基础研究、应用研究和试验发展三类R&D活动中，中国企业一直以试验发展为主，在应用研究上投入不多，基础研究更少（见表1-2）。

表1-2 中国企业R&D经费按活动类型分布（2010~2012年）

年份	总额（亿元）	基础研究		应用研究		试验发展	
		总额（亿元）	比重（%）	总额（亿元）	比重（%）	总额（亿元）	比重（%）
2010	5185.5	4.3	0.08	126.2	2.43	5054.9	97.48
2011	6579.3	7.3	0.11	191.0	2.90	6381.1	96.98
2012	7842.2	7.1	0.09	238.9	3.05	7596.3	96.86

资料来源：国家统计局、科学技术部：《中国科技统计年鉴2011》、《中国科技统计年鉴2012》、《中国科技统计年鉴2013》。

相比之下，发达国家企业的R&D活动虽然也以试验发展为主，但在基础研究和应用研究上的投入占有相当大份额。在R&D经费支出中，中国企业的基础研究经费所占比重从未超过1%，而发达国家一般为4%~8%；中国企业应用研究经费所占比重从未超过10%，而发达国家一般超过20%，最高的超过50%。基础研究和应用研究的比重长期偏低，表明中国企业的原始创新能力较弱（见表1-3）。

表1-3 部分国家企业R&D经费按活动类型分布　　　　　　　　　　单位：亿元

活动类型	中国	美国	日本	英国	法国	意大利	韩国	俄罗斯
	2011年	2009年	2010年	2010年	2010年	2010年	2010年	2010年
基础研究	0.09	5.24	6.87	6.39	5.98	8.52	13.87	5.76
应用研究	2.42	14.54	19.30	39.52	44.17	52.14	16.61	14.58
试验发展	97.49	80.23	73.83	54.10	49.86	39.34	69.51	79.66

资料来源：科学技术部：《中国科学技术指标2012》。

据国家知识产权局统计，2012年，中国三种专利分布中，实用新型和外观设计专利各占到国内有效专利总量的49.5%和34.8%，而发明专利比重相对较低，只有15.7%。而国外在华有效专利则是以发明专利为主，占到国外有效专利总量的79.9%，外观设计专利占17.3%，实用新型专利所占比重仅有2.8%。国内有效专利构成结构呈明显不均衡状态，创造水平及科技含量较高的发明专利比重持续处于较低水平。说明国内创新活动仍活跃在外围技术领域，核心技术知识产权仍需较长时间积累，国内企业仍需尽快提升核心创造力（见图1-1）。

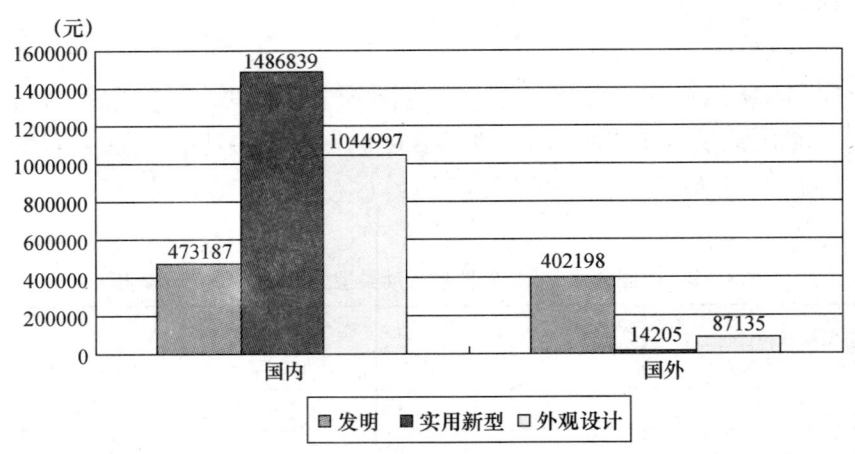

图1-1 2012年国内外三种有效专利结构分布

再比较国内外拥有发明专利领先企业的情况。2012年，国内有效发明专利拥有量前10位企业中，只有3家中国企业，其他7家全部是外资企业。反映内资企业专利创造能力仍有待提高（见表1-4）。

表1-4 2012年有效发明专利前十位企业　　　　　　　　　　单位：件

序号	国别	企业名称	数量
1	中国	华为技术有限公司	17066
2	日本	松下电器产业株式会社	12532
3	中国	中兴通讯股份有限公司	11606
4	韩国	三星电子株式会社	9556
5	日本	佳能株式会社	7278
6	日本	索尼株式会社	6126
7	日本	精工爱普生株式会社	5733
8	韩国	LG电子株式会社	4873
9	中国	中国石油化工股份有限公司	4832
10	美国	国际商业机器公司	4799

2012年，国内企业有效发明专利拥有量前十位企业的有效发明专利拥有总量达50086件，比上年增长了24.4%；国外在华有效发明专利拥有量前十位企业的拥有

总量为 63045 件，比上年增长 10.5%。尽管差距在缩小，但仍然是很明显的（见表 1-5）。

表 1-5 2012 年国外有效发明专利前十位企业 单位：件

序号	国别	企业名称	数量
1	日本	松下电器产业株式会社	12532
2	韩国	三星电子株式会社	9556
3	日本	佳能株式会社	7278
4	日本	索尼株式会社	6126
5	日本	精工爱普生株式会社	5733
6	韩国	LG 电子株式会社	4873
7	美国	国际商业机器公司	4799
8	日本	夏普株式会社	4388
9	日本	三菱电机株式会社	3975
10	日本	东芝株式会社	3785

专利的维持时间是表征专利运用与市场化水平的关键指标。据统计，国内有效发明专利维持年限[①]多集中在 3~7 年，而国外则集中在 5~10 年。国内有效发明专利中，维持年限 5 年以下的占 55.3%，而国外这一比例只有 13.6%；国内有效发明专利中，有效期超过 10 年的只占 5.5%，较 2011 年提高 0.7%，而国外这一比例达到 26.1%，较 2011 年提高 1.4%。国外专利权人获得授权后，其维持权利的意愿更强。表明国内专利市场化水平和经营能力较低。

中国在部分关键技术领域的专利实力尚有待加强。2012 年，世界知识产权组织制定的 35 个技术领域分类中，国外在华发明专利授权在光学、运输、音像技术、医药技术、半导体、发动机六个关键技术领域仍保有优势。另外，值得注意的是，国内在药品、数字通信、其他特殊机械、环境技术、生物技术等领域所占比重出现不同程度的下滑。特别是从维持 10 年以上的有效发明专利来看，几乎所有技术领域，国外在华拥有量都是国内的数倍甚至十几倍。国外在华专利布局的范围之广、力度之大需引起国内创新主体的特别关注。[②]

近年来，中国 PCT 国际专利申请进步较快，但也存在优势企业数量明显不足，涉及产业单一等突出问题。2012 年，在世界全部企业申请人中，中国的中兴通讯股份有限公司以 3906 件申请蝉联全球 PCT 申请人首位，其次是日本的松下公司

---

① 我国《专利法》规定，发明专利权的期限为 20 年。专利权人应当自被授予专利权的当年开始缴纳年费以维持专利权，否则专利权会在期限届满前失效。维持时间长的专利，通常是技术水平和经济价值较高的专利，或者是核心专利。

② 国家知识产权局规划发展司：《2012 年中国有效专利年度报告》（一），《专利统计简报》2013 年第 9 期（总第 148 期）。

(2951件)和日本夏普株式会社（2001件）；中国的华为技术有限公司（1801件）名次较去年下降一位到第四名，第五名是德国的罗伯特·博世有限公司（1775件）。2012年，中兴公司（1080件）、松下公司（488件）和富士公司（477件）的PCT申请量增长最多。韩国的LG电子公司（242件）和美国的高通公司（189件）减少最多。2012年世界PCT国际专利申请50强企业中，日本有20家，美国有14家，德国有5家，而中国企业仅有2家，且全部来自于数字通信领域的部分专利密集型企业（见表1-6）。

表1-6 2012年全球PCT专利申请量前20位企业　　　　　　　　　　单位：件

2012年排名	名次变化	申请人名称	来源国	2012年公布的PCT申请量	较2011年的增长量
1	0	中兴通讯股份有限公司	中国	3906	1080
2	0	松下电器产业株式会社	日本	2951	488
3	1	夏普株式会社	日本	2001	246
4	-1	华为技术有限公司	中国	1801	-30
5	0	罗伯特·博世有限公司	德国	1775	257
6	1	丰田自动车株式会社	日本	1652	235
7	-1	高通股份有限公司	美国	1305	-189
8	4	西门子公司	德国	1272	233
9	0	皇家飞利浦电子股份有限公司	荷兰	1230	82
10	0	爱立信公司	瑞典	1197	81
11	-3	LG电子株式会社	韩国	1094	-242
12	1	三菱电机公司	日本	1042	208
13	-2	NEC公司	日本	999	-57
14	19	富士胶片株式会社	日本	891	477
15	5	日立株式会社	日本	745	198
16	-1	三星电子公司	韩国	683	-74
17	6	富士通株式会社	日本	671	177
18	-2	诺基亚公司	芬兰	670	-28
19	-5	巴斯夫公司	德国	644	-129
20	24	英特尔公司	美国	640	331

资料来源：国家知识产权局规划发展司：《2012年PCT国际专利申请年度状况分析》，《专利统计简报》2013年第59期（总第144期）。

总体看，中国企业创造、运用和保护知识产权的能力持续增强，但与国外企业相比仍有差距。在具体技术领域，特别是在一些高新技术领域，国外企业所持有的有效发明专利数量占据优势，国内企业一定程度上面临着规避专利侵权与技术创新的双重压力。在市场竞争中，面对在中国专利布局已具规模的国外竞争对手，国内企业手中筹码不多，在市场竞争中处于不利地位。

中国已经涌现出一批优秀创新型企业，但与国际知名跨国企业相比仍有较大差距。比较一下三星电子和华为，2013年三星电子销售额达到2170亿美元，净利润289亿美元。2013年研发经费投入136亿美元，占销售收入比重6.3%，三星电子在全球有34个研发中心、6个设计中心；在28.6万员工中，研发人员6.93万人。1969年成立的三星电子，用40年时间于2010年成为全球最大的电子企业。手机、电视、存储器等销量世界第一。三星电子目标是到2020年销售额达到4000亿美元，成为世界前五强品牌企业和世界前十强受尊重企业。[①] 中国优秀的创新型企业华为，2013年实现全球销售收入2390亿元人民币，净利润210亿元。2013年研发投入达307亿元人民币，占销售收入约12.8%，过去十年累计研发投入超过1510亿元人民币。华为研发人员约7万人，占员工总数的45%。

上述分析表明，尽管中国企业的创新投入和产出都在不断提高，但创新能力不足仍是制约中国企业持续发展的关键因素。因此，致力于增强自主创新能力是中国企业努力的方向，是中国企业提升在全球产业分工体系中的地位，提高国际竞争力的必然要求。

二、中国企业创新发展的历史性机遇

（一）中国企业创新发展环境日益完善

中国已经成为世界上有重要影响的科技大国和创新大国。2012年中国全社会研发经费投入首次超过1万亿元，占GDP的1.98%。2013年达到11826.6亿元，比上年增长15%，占GDP的2.08%，提高了0.1个百分点。2012年研发人员总量达到462万人，居世界第一；SCI（科学引文索引）收录的中国科技论文数快速增长，连续4年居世界第二；全国技术合同交易额年均增长超过20%，达到6400亿元。

2011年国内发明专利申请、授权和有效量已全面实现对国外在华量的超越，2012年、2013年超越态势进一步巩固（见图1-2）。2012年，中国发明专利累计授权量突破100万件大关，仅用27年成为世界上完成这一目标最快的国家。截至2013年底，中国发明专利总量达103.4万件，同比增长18.2%。其中，国内有效发明专利拥有量共计58.7万件，占总量的56.8%，同比增长24.1%。每万人口发明专利拥有量达到4.02件，提前两年完成国家"十二五"规划纲要设定目标（3.3件）。2013年中国通过《专利合作条约》（PCT）国际专利申请受理量达22924件，同比增长15%。

---

① 王珍：《三星成功密码》，《第一财经日报》2014年6月11日。

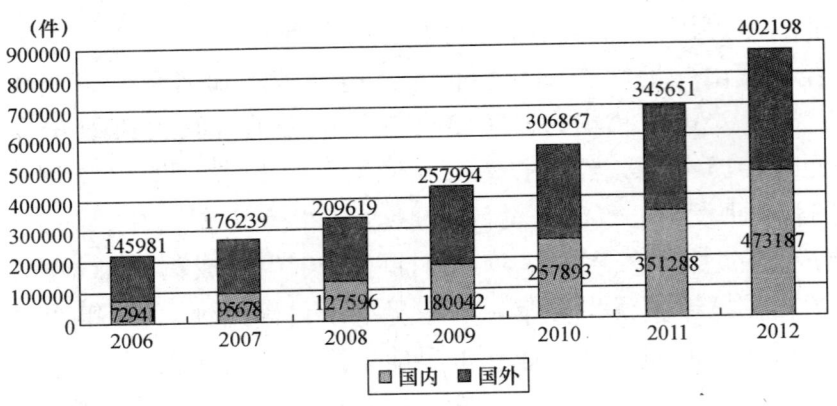

图1-2　2006~2012年中国有效发明专利分布趋势

2012年，按照世界知识产权组织最新修订的35个技术领域统计的结果显示，国内有效发明专利占有数量优势的领域达到20个，优势领域数量进一步扩大。新增优势领域包括高分子化学聚合物和计算机技术管理方法2个。在食品化学、药品（含中药）、材料、冶金和土木工程等传统优势领域，国内有效发明专利继续拉大与国外在数量上的差距。2013年，优势领域数量又扩大为21个。表明国内创新主体在发明专利布局中逐渐占据主动。

世界知识产权组织（WIPO）官方网站公布的数据显示，2013年，根据《专利合作条约》（PCT）提交的国际专利申请首次超过20万件，达到205300件，比上年增长了5.1%。2013年中国的PCT国际专利申请量首次超过2万件，达到创纪录的21516件；申请量占全球申请总量的比重首次超过10%，达到创纪录的10.5%；申请量比上年增长15.6%，首次超过德国，位居全球第三，仅次于美国和日本（见表1-7）。

表1-7　2013年PCT申请五大来源国

国家	2009年申请量（件）	2010年申请量（件）	2011年申请量（件）	2012年申请量（件）	2013年申请量（件）	2013年百分比（%）	2013年增长率（%）
美国	45627	45008	48596	51207	57239	27.9	10.8
日本	29802	32150	38888	43660	43918	21.4	0.6
中国	7900	12296	16406	18627	21516	10.5	15.6
德国	16797	17568	18568	18855	17927	8.7	-4.9
韩国	8035	9669	10447	11848	12386	6.0	4.5

上述数据表明，经过多年努力和持续积累，中国科技创新整体水平大幅提升，一些重要领域跻身世界先进行列，某些领域正由"跟跑者"向"并行者"、"领跑

者"转变。

当前,中国进入了新型工业化、信息化、城镇化、农业现代化同步发展、并联发展、叠加发展的关键时期,给科技创新带来了广阔发展空间和难得的历史性机遇,也提供了前所未有的强劲动力。

根据英国国家科技艺术基金会(NESTA)2013年发布的《中国的吸收发展期》研究报告认为,中国正处在吸收发展期,越来越擅长吸引全球知识和网络并从中获益,中国不断壮大的创新体系已经成功地将快速增长的国内生产力、基础设施与国外的技术、知识相结合,造出全球最快的超级电脑、将宇航员送上太空、开创北斗卫星导航系统等。报告还认为,中国20世纪90年代初期以来的政策专注于投资和经济增长,但这一过程的效率不佳,现在中国正在对这些政策做出补充,加快向更具创新性的经济转型仍是中国新领导层的首要任务,同样重要的是将效率、质量和协调看作新的重点。

为了顺应经济社会科技发展新趋势,应对国内外创新发展的新形势,中国适时提出创新驱动发展的国家战略。2012年11月,中共十八大明确提出"实施创新驱动发展战略",强调"科技创新是提高社会生产力和综合国力的战略支撑,必须摆在国家发展全局的核心位置"。2013年11月,中共十八届三中全会又提出"深化科技体制改革"、"加快建设创新型国家"。创新驱动发展国家战略的提出是中央新一代领导集体立足全局、面向未来的重大战略选择,为中国企业创新发展提供了千载难逢的历史性机遇。

(二)中国企业创新发展基础逐步夯实

近年来,中国企业研发(R&D)经费投入大幅度增长,"十一五"期间年均增速达到25.4%,2013年全国企业R&D经费支出内部总额达到9075.8亿元,同比增长15.7%,占全国R&D经费的比重为76.6%。与世界主要国家比较,2011年中国企业R&D经费支出总额为6579亿元(1018亿美元),在世界上仅低于美国和日本,居第三位;2011年中国企业R&D经费支出总额占全国R&D经费总额的比重为75.7%,在世界上仅低于日本、韩国和以色列。显示中国企业R&D经费投入规模已经居世界前列(见图1-3)。

中国企业R&D机构建设进展明显。据统计,全国规模以上工业企业办R&D机构数从2000年的15529个增加到2012年的45937个,增长近3倍;机构人员数从2000年的60.1万人增加到2012年的226.8万人,增长3.8倍;机构经费支出从2000年的435.8亿元增加到2012年的5233.4亿元,增长12倍。显示中国企业R&D机构建设取得长足进步,为企业开展R&D活动提供坚实的物质基础(见表1-8)。

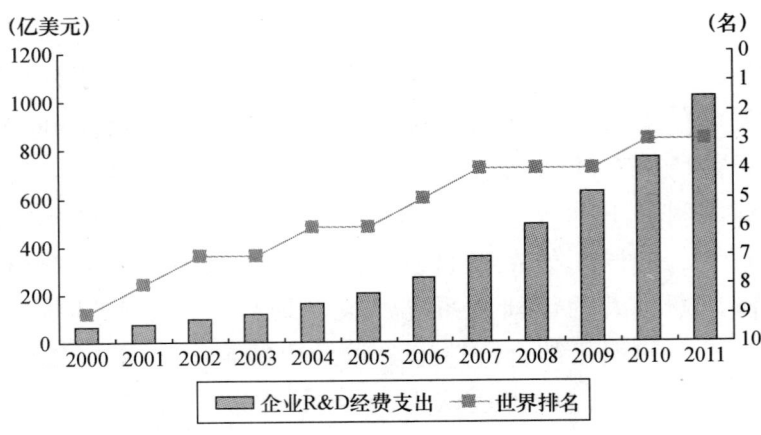

图 1-3 中国企业 R&D 经费支出总额及世界排名（2000~2011 年）

表 1-8 全国规模以上工业企业办 R&D 机构情况

年份	2000	2004	2008	2009	2011	2012
机构数（个）	15529	17555	26177	29879	31320	45937
机构人员数（万人）	60.1	64.4	130.4	155.0	181.6	226.8
机构经费支出（亿元）	435.8	841.6	2634.8	2983.6	3957.0	5233.4

资料来源：科学技术部：《中国科学技术指标 2012》；国家统计局、科学技术部：《中国科技统计年鉴 2013》。

中国企业的创新产出成效显著，以企业为主体的专利体系初步建立。国内企业发明专利申请和授权量 2002~2012 年连续 11 年以高于 20% 的速度增长。

截至 2013 年底，国内企业拥有发明专利 35.2 万件，同比增长 28.5%，占国内有效发明专利总量的 60.0%，较上年提高了 2.1 个百分点。2013 年，国内企业发明专利申请 42.7 万件，占国内总量的 60.6%；国内企业获得发明专利授权 7.9 万件，占国内总量的 54.9%。

国内涌现出一批专利高成长和优势企业。2012 年，发明专利申请受理量和授权量超过 100 件的国内企业分别达到 257 家和 49 家，分别较上年增加 56.7% 和 16.7%。2013 年，国内企业（不含港澳台）有效发明专利排行三甲为华为技术有限公司、中兴通讯股份有限公司、中国石油化工股份有限公司三家内资公司，它们已连续 5 年占据前三（见表 1-9）。

表 1-9 2013 年国内（不含港澳台）有效发明专利前十位企业　　单位：件

序号	企业名称	数量
1	华为技术有限公司	18880
2	中兴通讯股份有限公司	12902
3	中国石油化工股份有限公司	6416

续表

序号	企业名称	数量
4	中芯国际集成电路制造（上海）有限公司	2327
5	比亚迪股份有限公司	2099
6	杭州华三通信技术有限公司	1902
7	湖南邱则有专利战略策划有限公司	1821
8	中国石油天然气股份有限公司	1571
9	宝山钢铁股份有限公司	1436
10	联想（北京）有限公司	1411

资料来源：国家知识产权局2013年我国发明专利授权及有关情况新闻发布会。

2013年，国内企业（不含港澳台地区）发明专利申请受理量排名中，国家电网公司以7182件位居榜首，华为技术有限公司以5012件退居次席，中国石油化工股份有限公司居第三位（见表1-10）。

表1-10　2013年国内（不含港澳台）发明专利申请受理量前十位企业　　单位：件

序号	企业名称	数量
1	国家电网公司	7182
2	华为技术有限公司	5012
3	中国石油化工股份有限公司	3701
4	腾讯科技（深圳）有限公司	2002
5	海洋王照明科技股份有限公司	1983
6	中兴通讯股份有限公司	1948
7	联想（北京）有限公司	1870
8	中国石油天然气股份有限公司	1261
9	京东方科技集团股份有限公司	1173
10	中芯国际集成电路制造（上海）有限公司	1134

资料来源：国家知识产权局2013年我国发明专利授权及有关情况新闻发布会。

2013年，国内企业（不含港澳台）发明专利授权量排名中，华为技术有限公司继续位居首位，授权量为2251件，中国石油化工股份有限公司以1627件排名第二，中兴通讯股份有限公司退居第三位，授权量为1448件（见表1-11）。

表1-11　2013年国内（不含港澳台）发明专利授权量前十位企业　　单位：件

序号	企业名称	数量
1	华为技术有限公司	2251
2	中国石油化工股份有限公司	1627

续表

序号	企业名称	数量
3	中兴通讯股份有限公司	1448
4	中国石油天然气股份有限公司	527
5	海洋王照明科技股份有限公司	460
6	中芯国际集成电路制造（上海）有限公司	374
7	比亚迪股份有限公司	340
8	华为终端有限公司	288
9	奇瑞汽车股份有限公司	276
10	中国海洋石油总公司	275

资料来源：国家知识产权局2013年我国发明专利授权及有关情况新闻发布会。

2013年，国内（不含港澳台）PCT国际专利申请量前十位企业中，华为技术有限公司继续以3625件位居首位，中兴通讯股份有限公司以2156件排在第二，腾讯科技（深圳）有限公司以1057件首次跻身三甲（见表1-12）。

表1-12 2013年国内（不含港澳台）PCT申请量前十位企业　　单位：件

序号	企业名称	数量
1	华为技术有限公司	3625
2	中兴通讯股份有限公司	2156
3	腾讯科技（深圳）有限公司	1057
4	京东方科技集团股份有限公司	656
5	深圳市华星光电技术有限公司	483
6	华为终端有限公司	432
7	北京京东方光电科技有限公司	222
8	国家电网公司	130
9	合肥京东方光电有限公司	123
10	深圳市比亚迪汽车研发有限公司	94

资料来源：国家知识产权局2013年我国发明专利授权及有关情况新闻发布会。

另据对战略性新兴产业发明专利统计，2008~2012年中国战略性新兴产业发明专利授权量年均增长率为26.0%。其中，2012年战略性新兴产业发明专利授权数量首次突破6万件，同比增长27.07%（见图1-4）。

2011年、2012年，战略性新兴产业国内发明专利授权量高于国外在华发明专利的授权量，国内、外在华发明专利授权量的比值均大于2∶1。七大战略性新兴产业中，节能环保产业、生物产业、新能源产业的国内发明专利授权量优势明显，国内、外在华发明专利授权数量比值均超过3∶1（见图1-5）。

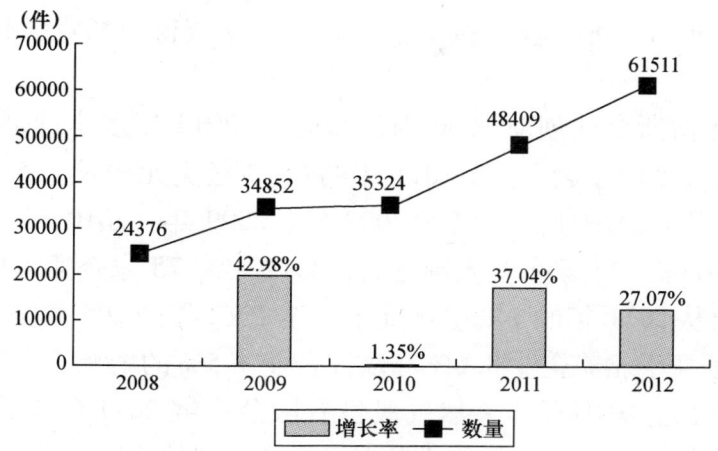

图 1-4 2008~2012 年战略性新兴产业发明专利授权走势

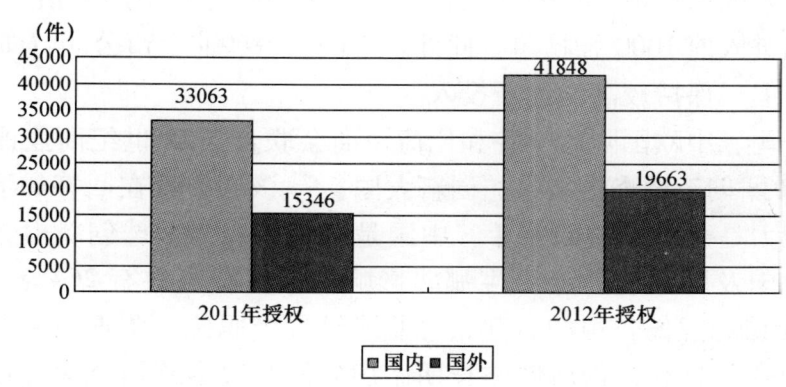

图 1-5 2011~2012 年战略性新兴产业国内外在华发明专利授权数量

在国内战略性新兴产业发明专利授权中，2011 年、2012 年，国内企业发明专利授权量所占比重分别为 49.4%、51.2%。从增幅看，2012 年国内企业的战略性新兴产业发明专利授权量同比增长 31.1%，高于同期发明专利授权量年增长率，企业作为创新主体的优势逐步加强。[①]

综上所述，中国企业在创新投入和产出方面有越来越良好的表现，企业作为研发投入和专利创造主体的地位已经确立，企业的研发设施条件明显改善，这为中国企业进一步转变发展方式、实现创新驱动发展奠定了坚实基础。

（三）中国企业迎来创新发展重要转折期

近年来，中国企业技术创新主体地位上升明显，中国企业的创新投入和创新

---

① 国家知识产权局规划发展司：《战略性新兴产业授权发明专利统计报告》，《专利统计简报》2013 年第 11 期（总第 150 期）。

绩效举世瞩目，相当一批企业具备了依靠技术创新获得市场竞争优势和持续发展的能力和条件。

据《2013年博斯全球创新1000强》报告①，2012年度全球创新1000强总投入达到历史新高6380亿美元，较2011年的6030亿美元增长了5.8%，但低于过去两年连续9%以上的增速。中国继2008年、2009年、2010年、2011年分别有15家、23家、40家、47家企业入围之后，2012年有75家企业入围。入围中国企业的研发总支出从2011年的148亿美元上升至2012年的205亿美元，比上年增长了38.5%，显著高于北美企业8.6%和欧洲企业4.5%的增幅。本年度首次有两家中国企业进入百强。中国石油天然气股份有限公司继2011年首次进入百强（70位）之后，再次以22.91亿美元的研发支出位列榜单第64位，继续领跑其他中国企业。中兴通讯股份有限公司凭借13.99亿美元的研发支出位列全球第100位，也是中国首个入围该榜单前百强的民营公司。中国石化、中国电信、联想、腾讯、百度等企业也进入前1000强榜单。此外，中国的一些非上市公司（如华为）没有在统计之列，但也保持较高的创新投入。

另博斯公司、中欧国际商学院和比荷卢商会联合《21世纪商业评论》专门发布了《2013中国创新调查：新兴的创新大国》。② 该调查旨在回答如下问题：中国企业的创新能力是否赶上国际对手？中国是否正在成为全球创新枢纽？在华创新的变化对于中国及跨国企业会产生哪些影响？此次调查共有264名受访者参与，超过80%的受访者担任公司的总裁、总监或经理级职位。调查结果显示，中国一直被贴上"山寨"标签，创新性被长期诟病，但在很多跨国企业心目中，中国企业的创新能力正在迅速提升。在非中国企业中，约64%的受访者表示，部分中国企业的创新实力与自己所在的公司持平或更强。相比之下，2012年的首次调查中仅有48%的非中国企业受访者持这一观点。

调查报告将创新企业分为三类：需求搜寻者（率先采取行动，着重开发新产品，如苹果、宝洁和海尔）、市场阅读者（较晚采取行动，着重在对现有产品进行持续改进，如现代汽车和卡特彼勒）和技术推动者（采用新的技术，追求突破并进行持续改进，但与客户的直接交流较少，如谷歌和博世）。尽管这三种创新战略都能实现巨大成功，但研究显示，长期而言，需求搜寻者的盈利能力和企业价值始终高于市场阅读者和技术推动者，但实现起来难度更大。在三类创新战略中，传统观点认为中国公司多为市场阅读者，倾向迅速复制并改进其他公司的产品。

---

① 由全球知名的管理咨询公司——博斯公司（Booz & Company）发起的全球创新1000强调查始于2005年，甄选出当年全球范围内研发支出最多的1000家上市企业（公开研发投入资料的企业），重点研究全球企业的研究创新投入及与企业业绩间的联系，至今已连续九年发布调查报告，2013年发布的研究报告是基于2012财年的企业数据。

② 博斯公司自2012年开始联合比荷卢商会、中欧国际工商学院等发布《中国创新调查》，通过采访在华领先的中国公司及跨国企业，了解企业创新状况和趋势。《2013中国创新调查：新兴的创新大国》是连续第二年调查结果。

但调查发现,中国企业中需求搜寻者的比例更高。44%的中国企业采取的是需求搜寻者战略,而全球创新1000强企业的平均值仅为27%。外资跨国公司中的需求搜寻者比例约为29%,接近全球平均水平,其余的大多为技术推动者。

中国正在成为真正的全球创新枢纽,来自发达市场的跨国企业加大在华创新力度。66%的企业在中国进行研发以满足全球市场需求,2012年调查为51%。跨国企业不断提升在华创新的附加值,25%受访者指出其在华研发的附加值高于其他地区。未来10年,将有越来越多的跨国企业在中国开展全球化创新。其中,消费品、医疗与工业品企业最为积极。94%的在华跨国消费品企业、88%的医疗/生命科学及工业品企业预计,将在2023年前在中国开展全球化创新。

中国企业高管普遍认为创新领域还有很大提升空间。调查结果显示,中国企业更关注核心创新能力,如平台管理和产能提升,而且不再将逆向工程视为唯一的创新来源。在华跨国企业则更为正式且注重流程,它们看重政府关系管理及对市场潜力的了解等。同时中国企业对未来将面临的创新挑战愈加担忧,人才获得与维系、成本快速上升等将成为关键的创新挑战。博斯公司全球合伙人范贺文(Steven Veldhoen)表示:"跨国企业已经开始逐步了解中国企业的能力并试图模仿,并与其现有的经营策略相结合,所以中国企业今后面临的最大挑战是保持自身优势。"

英国NESTA在2013年发布的《中国的吸收发展期》研究报告也认为,过去5年,一批中国跨国企业在内部进行创新,因而在全球视野中崭露头角,如百度、腾讯入选福布斯全球50大最具创新力公司榜单,中兴、华为等PCT国际专利申请数据居全球前列。中国从全球制造的碎片化和模块化中获益良多,这使得中国企业能够专注于特定的利基产品和服务价值链。

尽管上述报告和调查结果难以全面反映中国企业的创新状况,与国际知名跨国公司相比,中国企业的创新意识和创新能力仍有较大差距,中国企业在实现创新驱动发展上还有很长道路要走。但对中国企业,尤其是创新型企业的持续跟踪研究显示,随着创新政策环境的日益完善,中国企业的创新条件设施、创新质量和成效等近些年来的确在持续改善和提升,创新正在被越来越多的中国企业摆到企业战略的重要或核心位置,中国企业正在步入由要素驱动向创新驱动发展的重要转折期。

三、推动中国企业实现创新驱动发展

(一)加强顶层设计统筹推进

2012年7月,党中央、国务院召开全国科技创新大会,发布《关于深化科技体制改革加快国家创新体系建设的意见》(中发〔2012〕6号)。此次科技体制改革把"强化企业技术创新主体地位,促进科技与经济紧密结合"作为今后一段时期中国科技改革发展和国家创新体系建设的中心任务。

随后,国务院专门成立了包括26个部门和单位的国家科技体制改革和创新体系建设领导小组,负责组织领导科技体制改革和创新体系建设工作,审议相关重大政策措施,统筹协调有关重大问题,总结推广工作经验。2012年7月至2013年4月,领导小组先后召开三次会议,细化分解任务,明确分工,研究编制贯彻落实该《意见》的工作计划,研究部署重点推进的改革任务。注重加强对改革的宏观统筹和整体设计,紧紧抓住促进科技与经济社会发展紧密结合、创新科技管理体制机制等关键问题,出台改革举措,以重点突破带动整体推进。

2013年1月,国务院办公厅专门印发了《关于强化企业技术创新主体地位 全面提升企业创新能力的意见》(国办发〔2013〕8号),明确提出以深入实施国家技术创新工程为重要抓手,建立健全企业主导产业技术研发创新的体制机制,促进创新要素向企业集聚,增强企业创新能力,加快科技成果转化和产业化,为实施创新驱动发展战略、建设创新型国家提供有力支撑。并提出到2015年,基本形成以企业为主体、市场为导向、产学研相结合的技术创新体系。到2020年,企业主导产业技术研发创新的体制机制更加完善,企业创新能力大幅度提升,形成一批创新型领军企业,带动经济发展方式转变实现重大进展。为此,确定了进一步完善引导企业加大技术创新投入的机制、支持企业建立研发机构、支持企业推进重大科技成果产业化、大力培育科技型中小企业、以企业为主导发展产业技术创新战略联盟、依托转制院所和行业领军企业构建产业共性技术研发基地、强化科研院所和高等学校对企业技术创新的源头支持、完善面向企业的技术创新服务平台、加强企业创新人才队伍建设、推动科技资源开放共享、提升企业技术创新开放合作水平、完善支持企业技术创新的财税金融等推进企业技术创新的12项重点任务及相应的政策措施。

2013年6月,科技部、发改委、财政部等15个部门和单位共同成立国家技术创新工程部际协调小组,建立跨部门的联合推进机制,贯彻落实《国务院办公厅关于强化企业技术创新主体地位全面提升企业创新能力的意见》,重点落实五大工作,即"以建立创新型企业为重点,大力提升企业创新能力"、"以产业技术创新战略联盟为重点,促进产学研用紧密结合"、"推进科技资源开放共享,引导创新资源向企业集聚"、"营造企业技术创新的良好环境"、"加大政府对企业研发投入的引导力度"等,推动企业技术创新工作。

(二)部门加强协调完善政策

为调动企业内生创新动力,营造良好的创新环境,按照党中央、国务院的战略部署,国家相关部委出台了一系列完善激励企业创新的政策。

2012年3月,教育部、财政部印发了《关于实施高等学校创新能力提升计划的意见》（教技［2012］6号），目标是充分发挥高等学校多学科、多功能的优势，积极联合国内外创新力量，有效整合创新资源，构建协同创新的新模式与新机制，形成有利于协同创新的文化氛围。建立一批"2011协同创新中心"，集聚和培养一批拔尖创新人才，取得一批重大标志性成果，成为具有国际重大影响的学术高地、行业产业共性技术的研发基地、区域创新发展的引领阵地和文化传承创新的主力阵营。推动知识创新、技术创新、区域创新的战略融合，支撑国家创新体系建设。2013年4月，教育部首批认定14个协同创新中心。

2013年3月，科技部、国家发改委印发"十二五"国家重大创新基地建设规划，提出"十二五"期间，结合国民经济发展重大需求和现有创新载体的发展基础，选择具备优势创新条件和基础的领域，试点建设15～20个国家重大创新基地。通过国家重大创新基地建设，加强创新载体间的协同与集成，促进各类创新载体向全社会开放服务，大幅提升成果快速转化扩散能力；集成各类创新载体的优势资源，提高对国家重大需求的保障能力。同时，通过国家重大创新基地建设，有效解决现有创新载体存在的系统封闭、资源分散等问题。

2013年11月，财政部、科技部印发了《国家科技计划及专项资金后补助管理规定》（财教［2013］433号），决定在科技部归口管理的国家科技计划及专项管理中引入后补助机制，以充分发挥财政科技经费的引导作用，强化企业技术创新主体地位，推动科技和经济紧密结合，提高财政资金的使用效益。

为支持中关村国家自主创新示范区建设，2013年9月，财政部、国家税务总局、科技部等部门印发了《关于中关村国家自主创新示范区技术转让企业所得税试点政策的通知》（财税［2013］72号）、《关于中关村国家自主创新示范区企业转增股本个人所得税试点政策的通知》（财税［2013］73号）、《关于在中关村国家自主创新示范区开展高新技术企业认定中文化产业支撑技术等领域范围试点的通知》（国科发高［2013］595号）等先行先试政策。

2014年1月，科技部会同人民银行、银监会、证监会、保监会和知识产权局等六部门联合印发《关于大力推进体制机制创新扎实做好科技金融服务的意见》（银发［2014］9号）。从大力培育和发展服务科技创新的金融组织体系、加快推进科技信贷产品和服务模式创新、拓宽适合科技创新发展规律的多元化融资渠道、探索构建符合科技创新特点的保险产品和服务等七个方面对科技金融工作提出部署和要求。以全面推进科技金融工作，实现中央部门与地方科技部门和国家高新区的政策联动，形成合力，加快建立多元化、多层次、多渠道的科技投融资体系，引导金融资本和民间投资通过多种形式参与和支持科技创新创业，促进科技成果资本化、产业化，为建设国家创新体系提供资本支撑。

（三）地方优化环境积极推进

国务院办公厅《关于强化企业技术创新主体地位 全面提升企业创新能力的意见》，为各地加强企业创新主体地位，全面提升企业创新能力，推动创新型省市建设提供了更明确的指导。各地方党委政府围绕强化企业技术创新主体地位，将促进企业技术创新作为实施创新驱动发展战略的核心工作，纷纷出台指导本地区企业技术创新工作的纲领性文件，着力优化支持企业技术创新的政策法律环境。

按照国家技术创新工程实施方案的总体部署，各地继续深入推动创新型企业、产业技术创新战略联盟等建设。据不完全统计，全国省级创新型试点企业总数达9582家，评价命名的创新型企业5812家。产业技术创新战略联盟是产学研协同创新的新型组织，各地将产业技术创新战略联盟建设作为促进产学研合作创新、促进产业升级和培育新产业业态的重要手段。黑龙江省指导产业技术创新联盟制定产业发展规划、牵头产业技术发展路线图制定，对企业牵头建立的省级以上产业技术创新联盟，在申报科技计划项目时给予优先支持。对新认定的国家产业技术创新联盟试点的牵头单位，给予100万元奖励。

许多地区通过制定或修订本地区促进自主创新和科技进步的地方法规，确立企业技术创新主体地位，着力营造促进企业创新发展的法律环境。自2011年11月广东省人大常委会通过了国内第一部促进自主创新的地方性法规——《广东省自主创新促进条例》以来，江西省、辽宁省及广州、武汉、贵阳、珠海等城市陆续出台了促进科技创新的地方性法规。

各地围绕着支持企业研发能力建设、创新财政支持方式、落实国家有关企业技术创新的税收优惠政策等出台了一系列措施。山东省优先在企业布局建设重点实验室、工程技术研究中心、院士工作站，支持大中型工业企业和高新技术企业建立技术研发机构。山东省各类科技计划特别是重大科技专项，将企业研发机构建设作为立项支持的必要条件，通过项目支持倒逼企业建立研发机构。湖北省创新财政投入方式，采取以奖代补、贷款贴息、后补助、创业投资引导等多种形式，支持企业采用新技术、新工艺、新设备。宁夏回族自治区出台《企业科技创新后补助暂行办法》及其实施细则，实施企业科技创新后补助政策，以提高创新资源使用效率和科研管理水平，推动企业技术创新模式转变。河北省发布《关于支持科技型中小企业发展的实施意见》（冀政〔2013〕43号），提出重点培育数据产业、卫星导航、半导体照明、机器人装备、3D打印、非晶带材、新能源汽车、生物制药等20个市场竞争力强、国内影响力大的科技型中小企业聚集区。省和各设区市设立科技型中小企业发展专项资金，采取资助、配套、贴息、周转金、奖励等方式支持企业创新发展。

总之，在创新型国家建设目标和创新驱动发展战略的指引下，中国已经初步形成促进企业技术创新的制度安排和政策环境，中国企业正在进入创新驱动发展的历史新阶段。

第二章

创新型企业建设进展

自 2006 年至今,科技部、国资委、全国总工会先后在国家层面选择确定了五批 676 家创新型试点企业(以下简称试点企业),在试点基础上评价命名了三批 356 家创新型企业。本章基于采集的 2012 年数据,对创新型(试点)企业的基本概况、发展成效等进行分析。[1]

一、创新型企业的基本概况

在全部创新型(试点)企业中,目前有 5 家试点企业(其中 3 家被评价命名为创新型企业)发生重组合并或注销,不再纳入统计范围。下面分别从行业、地区、企业规模等不同角度,对 671 家试点企业及 353 家创新型企业的基本情况进行分析。[2]

(一)行业分布

按照《国民经济行业分类与代码》(GB/T 4754—2002)的两位数分类,671 家试点企业的行业分布情况统计如表 2-1 所示:

表 2-1 试点企业按行业分布 单位:家

	行业及其代码	第一批	第二批	第三批	第四批	第五批	合计
01	农业	1	0	0	1	2	4
02	林业	0	1	0	0	0	1
03	畜牧业	0	0	1	0	1	2

---

[1] 本章所称创新型(试点)企业指三部门在国家层面选择确定的创新型试点企业及评价命名的创新型企业。
[2] 中国网络通信集团公司、中国航空工业第一集团公司、中国生物技术集团公司、贵阳航天林泉科技有限公司、桂林利凯特环保实业股份有限公司 5 家企业因合并重组或注销不再纳入本报告统计范围。

续表

行业及其代码		第一批	第二批	第三批	第四批	第五批	合计
04	渔业	0	1	0	0	0	1
05	农、林、牧、渔服务业	0	1	0	1	2	4
06	煤炭开采和洗选业	1	1	5	2	1	10
07	石油和天然气开采业	0	1	1	0	0	2
08	黑色金属矿采选业	0	0	0	1	0	1
09	有色金属矿采选业	2	2	0	1	0	5
10	非金属矿采选业	0	0	0	1	0	1
11	其他采矿业	0	0	1	0	0	1
13	农副食品加工业	0	4	4	1	2	11
14	食品制造业	2	2	2	1	1	8
15	饮料制造业	0	0	0	1	0	1
17	纺织业	0	5	2	1	0	8
21	家具制造业	0	0	1	0	0	1
22	造纸及纸制品业	0	0	1	0	1	2
24	文教体育用品制造业	0	1	0	1	1	3
25	石油加工、炼焦及核燃料加工业	1	0	1	0	1	3
26	化学原料及化学制品制造业	7	13	13	7	4	44
27	医药制造业	9	26	21	7	28	91
28	化学纤维制造业	0	2	1	1	1	5
29	橡胶制品业	0	1	2	1	0	4
30	塑料制品业	1	2	0	0	0	3
31	非金属矿物制品业	3	2	8	0	2	15
32	黑色金属冶炼及压延加工业	4	5	7	0	3	19
33	有色金属冶炼及压延加工业	5	9	5	4	2	25
34	金属制品业	2	1	2	0	2	7
35	通用设备制造业	5	14	19	6	8	52
36	专用设备制造业	8	21	18	7	16	70
37	交通运输设备制造业	8	10	18	9	5	50
39	电气机械及器材制造业	3	18	12	11	9	53
40	通信设备、计算机及其他电子设备制造业	19	14	14	5	4	56
41	仪器仪表及文化、办公用机械制造业	2	1	6	0	2	11
42	工艺品及其他制造业	0	0	0	1	3	4
43	废弃资源和废旧材料回收加工业	0	0	1	0	0	1
44	电力、热力的生产和供应业	3	4	1	2	1	11
47	房屋和土木工程建筑业	1	3	1	1	5	11
48	建筑安装业	0	2	0	0	0	2
49	建筑装饰业	0	0	1	0	0	1

续表

行业及其代码		第一批	第二批	第三批	第四批	第五批	合计
54	水上运输业	0	1	0	0	0	1
57	装卸搬运和其他运输服务业	0	0	1	0	0	1
60	电信和其他信息传输服务业	0	2	0	1	3	6
61	计算机服务业	0	3	2	0	0	5
62	软件业	4	4	3	4	7	22
63	批发业	0	2	2	1	0	5
75	研究与试验发展	5	1	4	1	3	14
76	专业技术服务业	3	0	1	0	2	6
77	科技交流和推广服务业	0	1	0	0	0	1
79	水利管理业	0	0	0	0	1	1
80	环境管理业	0	2	0	0	2	4
91	体育	0	0	0	0	1	1
	合计	99	183	182	81	126	671

注：为便于统计分析，拥有多项主业的企业，其行业代码以企业填报的第一主业为准。下同。

671家试点企业共分布于52个行业，覆盖了全部两位数分类行业（98个）的一半以上，覆盖全部两位数制造业分类行业（31个）的25个，体现了在国民经济中比较广泛的行业代表性。其中，试点企业分布较为集中的行业有医药制造业（91家），专用设备制造业（70家），通信设备、计算机及其他电子设备制造业（56家），电气机械及器材制造业（53家），通用设备制造业（52家），交通运输设备制造业（50家），化学原料及化学制品制造业（44家）7个行业，共计416家，占全部671家试点企业的62.0%。

按照两位数的国民经济行业分类，353家创新型企业的行业分布情况统计如表2-2所示：

表2-2 创新型企业按行业分布　　　　　　　　　　单位：家

行业及其代码		第一批	第二批	第三批	合计
01	农业	1	0	0	1
03	畜牧业	0	0	1	1
04	渔业	0	1	0	1
05	农、林、牧、渔服务业	0	0	1	1
06	煤炭开采和洗选业	1	0	4	5
07	石油和天然气开采业	0	1	0	1
09	有色金属矿采选业	2	1	1	4
11	其他采矿业	0	0	1	1

续表

	行业及其代码	第一批	第二批	第三批	合计
13	农副食品加工业	0	3	2	5
14	食品制造业	0	1	1	2
17	纺织业	0	5	2	7
22	造纸及纸制品业	0	0	1	1
24	文教体育用品制造业	0	1	0	1
25	石油加工、炼焦及核燃料加工业	1	0	1	2
26	化学原料及化学制品制造业	5	12	14	31
27	医药制造业	9	12	15	36
28	化学纤维制造业	0	1	1	2
29	橡胶制品业	0	1	2	3
30	塑料制品业	0	1	1	2
31	非金属矿物制品业	3	0	5	8
32	黑色金属冶炼及压延加工业	4	3	5	12
33	有色金属冶炼及压延加工业	5	7	4	16
34	金属制品业	2	1	2	5
35	通用设备制造业	5	8	13	26
36	专用设备制造业	7	13	19	39
37	交通运输设备制造业	8	8	11	27
39	电气机械及器材制造业	3	8	12	23
40	通信设备、计算机及其他电子设备制造业	17	7	13	37
41	仪器仪表及文化、办公用机械制造业	2	1	4	7
43	废弃资源和废旧材料回收加工业	0	0	1	1
44	电力、热力的生产和供应业	2	3	1	6
47	房屋和土木工程建筑业	1	0	3	4
48	建筑安装业	0	1	1	2
54	水上运输业	0	1	0	1
57	装卸搬运和其他运输服务业	0	0	1	1
60	电信和其他信息传输服务业	0	2	0	2
61	计算机服务业	0	1	1	2
62	软件业	4	4	2	10
63	批发业	0	0	3	3
75	研究与试验发展	4	2	3	9
76	专业技术服务业	2	0	2	4
80	环境管理业	0	1	0	1
	总计	88	111	154	353

353家创新型企业分布于42个行业，包括22个制造业的分类行业。其中分布

较为集中的行业有专用设备制造业（39家），通信设备、计算机及其他电子设备制造业（37家），医药制造业（36家），化学原料及化学制品制造业（31家），通用设备制造业（26家），交通运输设备制造业（27家），电气机械及器材制造业（23家）7个行业，共计219家，占全部353家创新型企业的62.0%。

上述统计结果说明，创新型企业及试点企业的行业分布状况基本相同。创新型（试点）企业明显集中于上述7个重点行业，表明创新型（试点）企业的分布呈现比较明显的行业集中性（见表2-3）。

表2-3 创新型（试点）企业分布前7位行业　　　　　　　　　　单位：家

行业	试点企业		创新型企业	
	排名	企业数	排名	企业数
医药制造业（27）	1	91	3	36
专用设备制造业（36）	2	70	1	39
通信设备、计算机及其他电子设备制造业（40）	3	56	2	37
电气机械及器材制造业（39）	4	53	7	23
通用设备制造业（35）	5	52	5	26
交通运输设备制造业（37）	6	50	6	27
化学原料及化学制品制造业（26）	7	44	4	31
合计	—	416	—	219

（二）地区分布

下面按照国家行政区划（省、自治区、直辖市），对创新型（试点）企业的地区分布情况进行统计，其中由5个计划单列市推荐的企业，纳入所属省份统计（见表2-4、表2-5）。

表2-4 试点企业按地区分布　　　　　　　　　　单位：家

地区	试点企业					
	第一批	第二批	第三批	第四批	第五批	合计
北京	21	28	18	4	9	80
天津	2	6	6	0	4	18
河北	1	4	4	2	1	12
山西	2	3	6	2	3	16
内蒙古	1	5	2	2	1	11
辽宁	4	10	6	3	7	30
吉林	3	3	5	1	3	15

续表

地区	试点企业					
	第一批	第二批	第三批	第四批	第五批	合计
黑龙江	2	6	5	1	3	17
上海	5	6	7	5	11	34
江苏	3	6	7	7	7	30
浙江	5	10	13	7	9	44
安徽	2	6	10	7	7	32
福建	4	9	9	2	5	29
江西	2	4	4	2	2	14
山东	5	10	11	9	10	45
河南	2	6	6	2	2	18
湖北	4	5	6	2	2	19
湖南	2	5	4	1	4	16
广东	6	10	11	4	8	39
广西	0	2	3	2	1	8
海南	2	2	4	0	2	10
重庆	3	4	7	0	3	17
四川	4	6	6	5	5	26
贵州	1	3	3	0	3	10
云南	2	5	2	2	2	13
西藏	1	2	2	0	2	7
陕西	2	3	5	1	1	12
甘肃	2	4	2	3	1	12
青海	2	2	3	2	2	11
宁夏	1	3	2	1	3	10
新疆	3	5	3	2	3	16
总计	99	183	182	81	126	671

拥有试点企业数超过20家的地区有10个，依次是：北京（80）、山东（45）、浙江（44）、广东（39）、上海（34）、安徽（32）、辽宁（30）、江苏（30）、福建（29）、四川（26），共计389家，占671家创新型试点企业的58.0%。试点企业超过15家的地区还有湖北（19）、河南（18）、天津（18）、黑龙江（17）、重庆（17）、山西（16）、湖南（16）、新疆（16）、吉林（15）（见图2-1）。

拥有创新型企业数量超过15家的地区有8个，依次是：北京（54）、山东（24）、广东（23）、浙江（19）、辽宁（16）、安徽（16）、上海（15）、江苏（15），共计182家，占353家创新型企业的51.6%。创新型企业超过10家的地区还有福建（14）、四川（14）、河南（13）、天津（12）、湖北（12）、重庆（11）（见图2-2）。

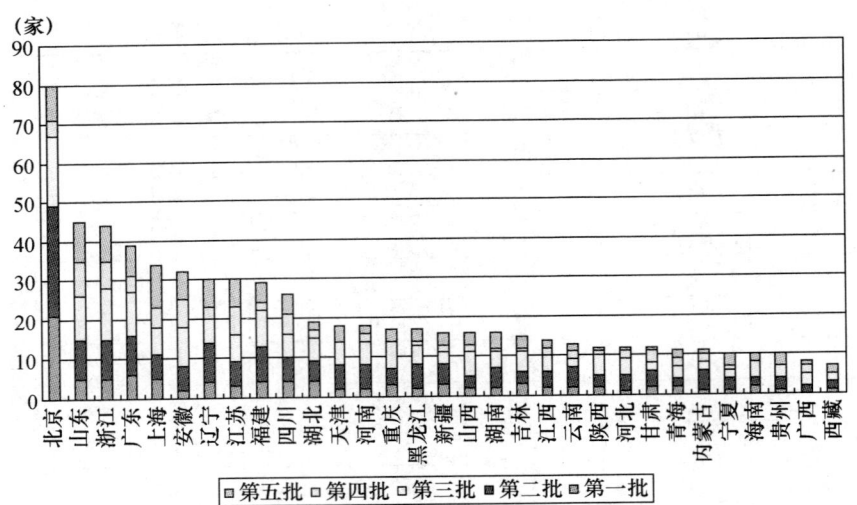

图 2-1 试点企业按地区分布

表 2-5 创新型企业按地区分布　　　　单位：家

地区	创新型企业			
	第一批	第二批	第三批	合计
北京	19	19	16	54
天津	2	4	6	12
河北	1	3	4	8
山西	2	1	6	9
内蒙古	1	2	1	4
辽宁	3	9	4	16
吉林	3	1	4	8
黑龙江	2	2	3	7
上海	4	3	8	15
江苏	3	6	6	15
浙江	5	6	8	19
安徽	1	6	9	16
福建	3	4	7	14
江西	1	4	2	7
山东	5	6	13	24
河南	2	1	10	13
湖北	4	3	5	12
湖南	2	4	3	9
广东	6	8	9	23

续表

地区	创新型企业			
	第一批	第二批	第三批	合计
广西	0	2	2	4
海南	1	0	3	4
重庆	3	4	4	11
四川	4	3	7	14
贵州	0	2	3	5
云南	2	1	2	5
西藏	1	1	1	3
陕西	2	2	1	5
甘肃	2	0	1	3
青海	1	1	2	4
宁夏	1	0	2	3
新疆	2	3	2	7
总计	88	111	154	353

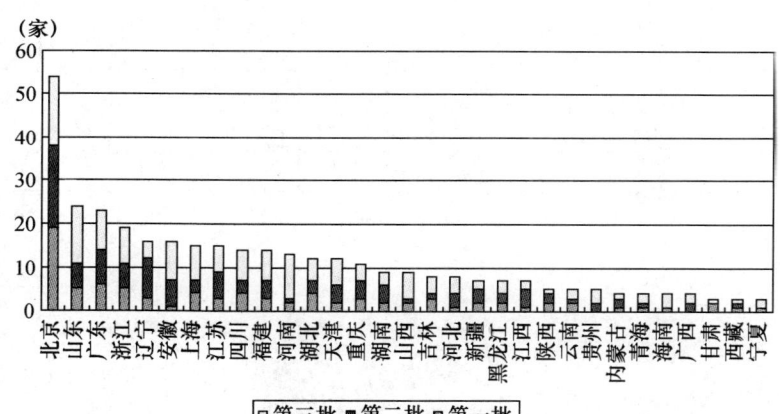

图2-2 创新型企业按地区分布

上述统计显示，创新型（试点）企业在空间分布上总体呈现向经济发达地区集聚的态势，说明创新型（试点）企业数量与所在地区的经济发达程度呈正相关。但中部地区的安徽、湖北、河南及西南地区的四川、重庆等地的创新型（试点）企业的数量也相对较多，在一定程度上与这些地区近年来经济快速发展趋势相吻合。8个国家技术创新工程试点省市（青岛市纳入山东省一起统计）拥有的创新型（试点）企业数量也都排在前列，显示了较强的示范作用。需要特别指出，由于创新型（试点）企业中有相当部分的中央企业和原国务院部门属的企业化转制院所，其总部主要设在北京等地，也影响到创新型（试点）企业的地区分布格局。

(三) 规模分布

2011年，通过创新型企业信息与数据采集系统，共采集到651家试点企业（含341家创新型企业）的有效信息。下面按照企业主营业务收入，将651家试点企业和341家创新型企业按1亿元以下、1亿~10亿元、10亿~100亿元、100亿~1000亿元、1000亿元以上五个规模档次，分别进行统计。[①]

在651家试点企业中，1亿元以下的企业31家，占企业总数的4.8%；1亿~10亿元的企业211家，占企业总数的32.4%；10亿~100亿元的企业251家，占企业总数的38.6%；100亿~1000亿元的企业106家，占企业总数的16.3%；1000亿元以上的企业52家，占企业总数的8.0%。其中，1亿~100亿元规模的企业合计共462家，占企业总数的71.0%（见表2-6、图2-3）。

表2-6 2012年试点企业按规模分布　　　　　　　　　　　单位：家

企业规模	1亿元以下	1亿~10亿元	10亿~100亿元	100亿~1000亿元	1000亿元以上	合计
第一批	3	16	38	28	11	96
第二批	9	46	64	31	23	173
第三批	8	61	73	25	12	179
第四批	1	25	38	14	1	79
第五批	10	63	38	8	5	124
合计	31	211	251	106	52	651

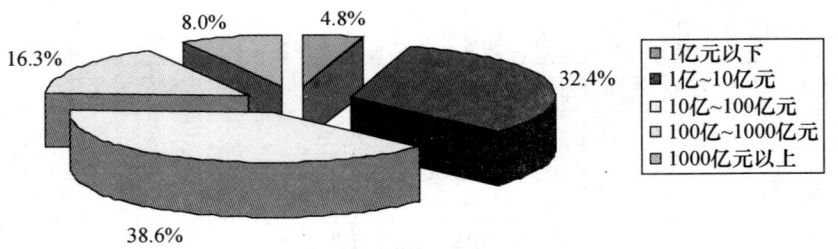

图2-3 2012年试点企业按规模分布

在341家创新型企业中，1亿元以下的企业12家，占企业总数的3.5%；

[①] 中国航天科技集团公司、攀钢集团有限公司、中国兵器工业集团公司、中国兵器装备集团公司、中国葛洲坝集团公司、重庆华立药业股份有限公司、湖北宜化集团有限责任公司、湖北鼎龙化学股份有限公司、云南南天电子信息产业股份有限公司、青岛喜盈门集团有限公司、中昊晨光化工研究院、宁波雅戈尔日中纺织印染有限公司12家创新型企业和中海油天津化工研究设计院、北京神州数码有限公司、沈阳北方交通重工集团有限公司、北京中科科仪股份有限公司、中国电子科技集团公司、阳光凯迪新能源集团有限公司、北方重工集团有限公司、中山大洋电机股份有限公司8家试点企业没有上报2012年数据，故本章只对651家试点企业和341家创新型企业的相关数据进行统计分析。下同。

1亿~10亿元的企业81家，占企业总数的23.8%；10亿~100亿元的企业140家，占企业总数的41.1%；100亿~1000亿元的企业70家，占企业总数的20.5%；1000亿元以上的企业38家，占企业总数的11.1%。其中，1亿~100亿元规模的企业合计共221家，占企业总数的64.8%。（见表2-7、图2-4）

表2-7 2012年创新型企业按规模分布　　　　　　　　　　　单位：家

企业规模	1亿元以下	1亿~10亿元	10亿~100亿元	100亿~1000亿元	1000亿元以上	合计
第一批	1	15	29	30	12	87
第二批	5	23	47	22	14	111
第三批	7	50	62	23	11	153
合　计	12	81	140	70	38	341

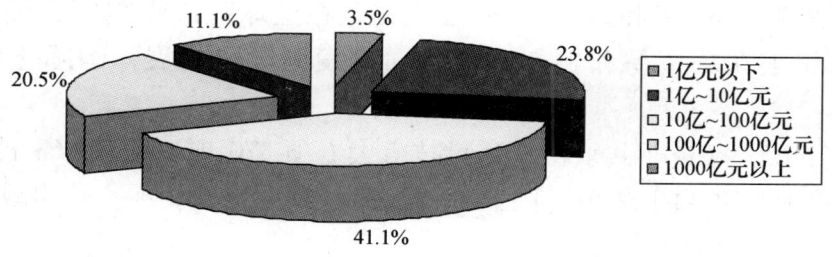

图2-4 2012年创新型企业按规模分布

上述统计显示，超过95%的创新型（试点）企业的主营业务收入在1亿元以上，超过65%的创新型（试点）企业的主营业务收入在1亿~100亿元，说明国家层面认定或命名的创新型（试点）企业总体上以大中型企业为主。

二、创新活动情况及比较

企业创新投入主要包括研发人员、研发经费和研发设施条件等，创新投入状况体现了企业资源配置的导向，是反映企业创新意识、衡量企业创新动力的重要指标。下面对651家创新型（试点）企业2012年的创新活动情况进行统计和比较分析。[①]

---

① 2012年申报数据的651家创新型（试点）企业中，有45家企业是其他企业的全资或控股子公司，为避免重复计算在统计总量时予以扣除。下同。

（一）创新投入

1. 总量及其增长

2012年，651家企业的研发经费支出总额达4162.4亿元，研发经费强度（研发经费支出与主营业务收入之比）为1.79%。

2012年，651家企业的研发人员数量达到98.9万人，研发人员强度（研发人员占企业员工总数的比重）达到7.44%。

全部创新型（试点）企业都建立了内部研发机构，许多企业研发机构被认定为国家或省级重点实验室、工程技术中心和企业技术中心等。据不完全统计，651家创新型（试点）企业共建立了721个工程技术中心，239个国家重点实验室，106个国家工程实验室，827个国家认定企业中心。651家企业拥有50万元以上大型科研仪器设备达38863台，总值达1950亿元。此外，还有一批企业通过直接投资、合作、并购等方式到海外设立研发机构，在全球范围吸纳创新资源。显示中国企业国际化正在从贸易和生产国际化向研发国际化发展，国际化程度进一步深入。

2012年，651家企业共承担国家科技重大专项370项，国家863计划项目466项，国家973计划项目172项，国家科技支撑计划项目499项，获得政府财政拨款超过135亿元。[1]

创新型企业在战略层面日益重视技术创新、强化激励创新的资源配置导向，使得企业创新投入总量持续增长，加上各级政府财政对企业创新的支持，为创新型企业技术创新活动提供了重要保障。

2. 创新投入比较

下面将651家创新型（试点）企业放在更大范围进行比较，选择全国规模以上工业企业和大中型工业企业这两个企业群体作为主要参照，比较创新型（试点）企业的创新投入状况。2012年，全国规模以上工业企业和大中型工业企业分别有343769家和56908家，651家企业占比分别为0.19%和1.14%。[2]

2012年，651家企业研发经费支出4162.4亿元，相当于全国大中型工业企业研发经费内部支出总额（5992.3亿元）的69.5%，相当于规模以上工业企业研发经费内部支出总额（7200.6亿元）的57.8%，相当于全国企业研发经费内部支出

---

[1] 许多国家科技计划项目有多家企业参与，本统计依据企业填报数据，有重复。
[2] 全国规模以上工业企业和大中型工业企业的数据引自国家统计局、科学技术部：《中国科技统计年鉴2012》，中国统计出版社2012年。全国规模以上工业企业统计范围为年主营业务收入在2000万元及以上的工业企业；大中型工业企业统计范围为从业人员为300及以上并且主营业务收入在2000万元及以上的工业企业。

总额（7625.0亿元）的54.6%。651家企业平均研发经费强度为1.79%，远高于大中型工业企业0.99%和规模以上工业企业0.77%的研发经费强度。

2012年，651家企业研发人员总量达到98.9万，约相当于全国大中型工业企业研发人员总量（243.5万）的40.6%，相当于规模以上工业企业研发人员总量（305.1万）的32.4%。

全部创新型（试点）企业都建立了内部研发机构。相比而言，全国大中型工业企业建有研发机构数22326个，建有研发机构的企业数有17022家，占比为29.9%；有研发活动的企业18847家，占比为33.1%。全国规模以上工业企业建有研发机构数45937个，建有研发机构的企业数为38864家，占比为11.3%；有研发活动的企业47204家，占比为13.7%。

比较结果说明，创新型（试点）企业是目前中国企业创新投入的主要力量，在资源配置的创新导向方面体现出较强的示范作用。

（二）创新产出

1. 总量及其增长

发明专利拥有量一定程度上反映企业的技术水平和技术储备状况。截至2012年底，651家企业的有效发明专利拥有量达到143518件，每千名员工拥有量10.82件，每千名研发人员拥有量145.1件。

当年度发明专利申请量和授权量反映了企业创新活跃程度和实现状况。2012年，651家企业的发明专利申请量为66610件，发明专利授权量为28876件。

据不完全统计，在651家企业中，2012年申请PCT国际专利的企业有158家，申请总量达到9130件。其中，有47家企业申请量超过10件。

许多创新型（试点）企业积极承担或参与国际、国家和行业的技术标准制定。据不完全统计，截至2012年底，651家企业主持制定过的国际技术标准1265件，国家技术标准15071件，主持制定过的行业技术标准18674件。

新产品（工艺、服务）销售收入（以下简称新产品销售收入）直接反映企业通过创新实现经济效益情况。2012年，651家企业的新产品销售收入38846亿元，其中，属国际市场新的产品销售收入4877亿元，占12.6%。

2. 创新产出比较

2012年，651家企业发明专利申请量达到66610件，占全国大中型工业企业发明专利申请量（124695件）的53.4%，占全国规模以上工业企业（176167件）的37.8%，占全年国内企业职务发明专利申请量（316414件）的21.1%，占全年受理的国内发明专利申请受理量（535313）的12.4%，占全年受理的国内外发明专利申请量（652777 件）的 10.2%。

2012 年，651 家企业发明专利授权量达到 28876 件，占全年国内企业职务发明专利授权量（78651 件）的 36.7%，占全年国内发明专利授权量（143847 件）的 20.1%，占全年国内外发明专利授权量（217105 件）的 13.3%。

截至 2012 年底，651 家企业有效发明专利拥有量达到 143518 件，占全国大中型工业企业有效发明专利拥有量（204636 件）的 70.1%，占全国规模以上工业企业有效发明专利拥有量（277196 件）的 51.8%，占国内有效发明专利拥有量（473187）的 30.3%，占全国有效发明专利拥有量（875385）的 16.4%。

2012 年，651 家企业的 PCT 专利申请量为 9130 件，占全国 PCT 申请公布量（18627 件）的 49.0%。

2012 年，651 家企业新产品销售收入达 38846 亿元，相当于全国大中型工业企业新产品销售收入总额（98192 亿元）的 39.6%，占全国规模以上工业企业新产品销售收入总额（110530 亿元）的 35.1%。

（三）经济效益

1. 总量及 TOP20

2012 年，651 家企业的资产总额为 301906 亿元。其中，前 20 名企业的资产总额合计 181482 亿元，占 651 家企业资产总额的 60.1%。中国石油天然气集团公司、国家电网公司、中国石油化工集团公司、中国移动通信集团公司四家企业的资产总额都超过 1 万亿元，分别约为 34094 亿元、23335 亿元、19568 亿元、12760 亿元（见表 2-8）。

表 2-8 2012 年创新型（试点）企业资产总额 TOP20 单位：亿元

排序	企业名称	资产总额	批次
1	中国石油天然气集团公司	34094.2	第二批
2	国家电网公司	23335.3	第一批
3	中国石油化工集团公司	19568.3	第一批
4	中国移动通信集团公司	12759.6	第二批
5	神华集团有限责任公司	8218.5	第一批
6	中国海洋石油总公司	8181.0	第三批试点
7	中国华能集团公司	7956.9	第一批
8	中国国电集团公司	7258.3	第三批
9	中国电信集团公司	6657.0	第二批
10	中国建筑工程总公司	6575.2	第二批试点
11	中国华电集团公司	5965.2	第五批试点

续表

排序	企业名称	资产总额	批次
12	中国铁路工程总公司	5554.6	第一批
13	中国南方电网有限责任公司	5545.7	第二批
14	宝钢集团有限公司	4984.4	第一批
15	中国铁道建筑总公司	4872.2	第三批
16	中国交通建设集团有限公司	4484.2	第三批
17	中国铝业公司	4284.1	第一批
18	首钢总公司	3844.3	第三批试点
19	中国长江三峡集团公司	3749.3	第四批试点
20	中国船舶重工集团公司	3593.5	第二批
	合计	181481.7	/

2012年，651家企业的主营业务收入为232600亿元。其中，前20名企业的主营业务收入总额共计139532亿元，占651家企业主营业务收入总额的60.0%。前三位中国石油化工集团公司、中国石油天然气集团公司、国家电网公司的主营业务收入都超过1.8万亿元，分别约为27942亿元、26643亿元、18676亿元（见表2-9）。

表2-9　2012年创新型（试点）企业主营业务收入TOP20　　　　单位：亿元

排序	企业名称	主营业务收入	批次
1	中国石油化工集团公司	27942.1	第一批
2	中国石油天然气集团公司	26643.4	第二批
3	国家电网公司	18676.4	第一批
4	中国移动通信集团公司	5909.9	第二批
5	中国建筑工程总公司	5701.0	第二批试点
6	中国海洋石油总公司	5238.7	第三批试点
7	中国铁道建筑总公司	4851.3	第三批
8	上海汽车集团股份有限公司	4809.8	第三批
9	中国铁路工程总公司	4796.5	第一批
10	中国中化集团公司	4509.1	第三批
11	中国南方电网有限责任公司	4182.4	第二批
12	中国第一汽车集团公司	3810.4	第一批
13	中国电信集团公司	3367.8	第二批
14	神华集团有限责任公司	3362.1	第一批
15	中国交通建设集团有限公司	2970.6	第三批
16	宝钢集团有限公司	2882.3	第一批

续表

排序	企业名称	主营业务收入	批次
17	中国华能集团公司	2702.8	第二批
18	中国五矿集团公司	2472.0	第三批试点
19	中国铝业公司	2398.2	第一批
20	中国冶金科工集团有限公司	2305.7	第二批
	合计	139532.4	/

2012年，651家企业的利润总额为14040亿元。其中，前20名企业的利润总额合计9997亿元，占651家企业利润总额的71.2%。中国石油天然气集团公司、中国移动通信集团公司、国家电网公司、中国海洋石油总公司、中国石油化工集团公司五家企业的利润总额都超过1000亿元，分别约为1839亿元、1562亿元、1090亿元、1050亿元、1047亿元（见表2-10）。

表2-10　2012年创新型（试点）企业利润总额TOP20　　单位：亿元

排序	企业名称	利润总额	批次
1	中国石油天然气集团公司	1839.0	第二批
2	中国移动通信集团公司	1562.2	第二批
3	国家电网公司	1090.3	第一批
4	中国海洋石油总公司	1049.8	第三批试点
5	中国石油化工集团公司	1046.6	第一批
6	神华集团有限责任公司	768.2	第一批
7	中国第一汽车集团公司	406.0	第一批
8	上海汽车集团股份有限公司	401.6	第三批
9	中国建筑工程总公司	298.5	第二批试点
10	中国长江三峡集团公司	193.5	第一批
11	中国电信集团公司	171.3	第二批
12	华为技术有限公司	153.8	第一批
13	中国交通建设集团有限公司	153.3	第三批
14	东风汽车公司	152.4	第三批
15	中国中煤能源集团有限公司	140.6	第三批试点
16	中国华能集团公司	120.7	第一批
17	中国国电集团公司	118.1	第三批
18	中国建筑材料集团有限公司	111.6	第三批
19	中国五矿集团公司	110.7	第三批试点
20	中国铁道建筑总公司	109.1	第三批
	合计	9997.2	/

2012年，651家企业的上缴税费为19347亿元。其中，前20名企业的上缴税费共计15036亿元，占651家企业上缴税费总额的77.7%。中国石油天然气集团公司、中国石油化工集团公司、中国海洋石油总公司、国家电网公司四家企业上缴税费都超过1000亿元，分别约为4334亿元、3077亿元、1318亿元、1189亿元（见表2-11）。

表2-11 2012年创新型（试点）企业上缴税费TOP20　　　　单位：亿元

排序	企业名称	上缴税收	批次
1	中国石油天然气集团公司	4333.6	第二批
2	中国石油化工集团公司	3076.7	第一批
3	中国海洋石油总公司	1318.0	第三批试点
4	国家电网公司	1189.2	第一批
5	中国移动通信集团公司	739.5	第二批
6	上海汽车集团股份有限公司	704.5	第三批
7	神华集团有限责任公司	572.3	第一批
8	中国第一汽车集团公司	569.7	第一批
9	中国南方电网有限责任公司	301.9	第二批
10	中国建筑工程总公司	277.7	第二批试点
11	中国华能集团公司	270.1	第一批
12	东风汽车公司	233.7	第三批
13	中国国电集团公司	223.9	第三批
14	中国铁路工程总公司	197.4	第一批
15	中国铁道建筑总公司	193.1	第三批
16	中国中煤能源集团有限公司	191.9	第三批试点
17	中国电信集团公司	179.9	第二批
18	山西焦煤集团有限责任公司	157.7	第四批试点
19	中国华电集团公司	157.2	第五批试点
20	中国交通建设集团有限公司	147.5	第三批
合计		15035.7	/

2. 经济效益比较

2012年，651家企业的资产总额、主营业务收入、利润总额分别为301906亿元、232600亿元、14040亿元，分别占全国规模以上工业企业的资产总额（768421亿元）、主营业务收入（929292亿元）、利润总额（61910亿元）的39.3%、25.0%、22.7%；分别占全国大中型工业企业的资产总额（564360亿元）、主营业务收入（603021亿元）、利润总额（40570亿元）的53.5%、38.6%、34.6%。

三、创新型企业 TOP20

(一) 研发经费支出 TOP20

2012年,前20位企业的研发经费支出总额达1874.3亿元,占651家创新型(试点)企业研发经费支出总额的45.0%。前20位企业的研发经费支出全部超过50亿元。其中,前六位企业的研发经费支出超过百亿元,分别是华为技术有限公司301亿元、中国移动通信集团公司158亿元、中国石油天然气集团公司131亿元、上海汽车工业(集团)总公司127亿元、联想(北京)有限公司118亿元、中国船舶重工集团公司101亿元(见表2-12)。

表2-12 2012年创新型(试点)企业研发经费支出额 TOP20　　　单位:亿元

排序	企业名称	研发经费支出	批次
1	华为技术有限公司	300.9	第一批
2	中国移动通信集团公司	157.9	第二批
3	中国石油天然气集团公司	131.4	第二批
4	上海汽车工业(集团)总公司	126.8	第三批
5	联想(北京)有限公司	118.0	第一批
6	中国船舶重工集团公司	101.3	第二批
7	中国航天科工集团公司	96.5	第二批
8	中国铁路工程总公司	90.8	第三批
9	国家电网公司	90.0	第一批
10	中国石油化工集团公司	79.7	第一批
11	太原钢铁(集团)有限公司	72.2	第二批试点
12	山西晋城无烟煤矿业集团有限责任公司	61.2	第三批试点
13	中国电信集团公司	61.1	第二批
14	宝钢集团有限公司	60.4	第一批
15	中国第一汽车集团公司	59.8	第一批
16	中国电子信息产业集团有限公司	55.3	第一批
17	东风汽车公司	54.6	第三批
18	中国冶金科工集团有限公司	53.5	第二批
19	中国北方机车车辆工业集团公司	51.7	第二批
20	海尔集团公司	51.3	第一批
合计		1874.3	/

（二）研发人员 TOP20

2012 年，前 20 位企业的研发人员总数合计为 47.2 万人，占 651 家创新型（试点）企业研发人员总数的 48.1%。其中，有 8 家企业超过 2 万人。前三位企业是华为技术有限公司、中国铁路工程总公司、中国交通建设集团有限公司，分别达到 7.0 万人、5.1 万人、4.2 万人（见表 2-13）。

表 2-13　2012 年创新型（试点）企业研发人员数 TOP20　　　　单位：万人

排序	企业名称	研发人员数	批次
1	华为技术有限公司	7.00	第一批
2	中国铁路工程总公司	5.07	第三批
3	中国交通建设集团有限公司	4.19	第三批
4	中国石油化工集团公司	3.81	第一批
5	中国铁道建筑总公司	3.29	第三批
6	中国石油天然气集团公司	3.19	第二批
7	中兴通讯股份有限公司	2.79	第一批
8	中国航天科工集团公司	2.72	第二批
9	东软集团股份有限公司	1.85	第四批试点
10	山西焦煤集团有限责任公司	1.74	第四批试点
11	中国船舶重工集团公司	1.69	第二批
12	上海汽车集团股份有限公司	1.55	第三批
13	中国核工业集团公司	1.49	第三批试点
14	美的集团股份有限公司	1.20	第二批试点
15	宝钢集团有限公司	1.09	第一批
16	中国船舶工业集团公司	0.95	第三批
17	新希望集团有限公司	0.94	第三批
18	中国电子信息产业集团有限公司	0.94	第一批
19	东风汽车公司	0.85	第三批
20	国家电网公司	0.84	第一批
合计		47.20	/

（三）有效发明专利数 TOP20

截至 2012 年底，前 20 名企业的有效发明专利拥有总量为 100409 件，占 651 家创新型（试点）企业有效发明专利拥有总量的 70.0%。TOP20 的有效发明专利拥有量都超过 800 件，超过 1000 件的有 17 家，超过 2000 件的有 8 家。其中，前三位的中兴通讯股份有限公司、华为技术有限公司、中国石油化工集团公司分别拥有33877件、26912件、7989件，合计68778件，占651家企业有效发明专利拥有量的47.9%，占前20名企业拥有量的68.5%，说明发明专利拥有量TOP20的创新能力比较突出（见表2-14）。

表2-14 2012年创新型（试点）企业发明专利拥有量TOP20　　　　单位：件

排序	企业名称	发明专利拥有量	批次
1	中兴通讯股份有限公司	33877	第一批
2	华为技术有限公司	26912	第一批
3	中国石油化工集团公司	7989	第一批
4	联想（北京）有限公司	5664	第一批
5	中国石油天然气集团公司	2879	第二批
6	中国化工集团公司	2510	第二批
7	比亚迪股份有限公司	2428	第三批
8	国家电网公司	2177	第一批
9	中国船舶重工集团公司	1832	第二批
10	电信科学技术研究院	1682	第一批
11	中国冶金科工集团有限公司	1639	第二批
12	宝钢集团有限公司	1554	第一批
13	中国航天科工集团公司	1540	第二批
14	海信集团有限公司	1348	第一批
15	中国电子信息产业集团有限公司	1326	第一批
16	中国铝业公司	1168	第一批
17	中国移动通信集团公司	1127	第二批
18	天津天士力集团有限公司	972	第一批
19	中国钢研科技集团有限公司	896	第一批
20	奇瑞汽车股份有限公司	889	第一批
合计		100409	/

（四）发明专利申请数TOP20

2012年，前20名企业的发明专利申请总量为38200件，占651家创新型（试点）企业发明专利申请总量的57.3%。其中，前三位的华为技术有限公司、国家电网公司、中国石油化工集团公司的申请量分别为8576件、3935件、3699件，合计16210件，占651家企业发明专利申请总量的24.3%，占TOP20申请总量的42.4%，说明发明专利申请TOP20企业的创新能力比较突出（见表2-15）。

表2-15　2012年创新型（试点）企业发明专利申请量TOP20　　　　单位：件

排序	企业名称	发明专利申请量	批次
1	华为技术有限公司	8576	第一批
2	国家电网公司	3935	第一批
3	中国石油化工集团公司	3699	第一批
4	中兴通讯股份有限公司	3600	第一批
5	中国航天科工集团公司	2025	第二批
6	联想（北京）有限公司	1921	第一批
7	TCL集团股份有限公司	1863	第三批
8	中国石油天然气集团公司	1605	第二批
9	中国船舶重工集团公司	1406	第二批
10	中国冶金科工集团有限公司	1356	第二批
11	珠海格力电器股份有限公司	1036	第二批
12	电信科学技术研究院	1006	第一批
13	中国移动通信集团公司	898	第二批
14	宝钢集团有限公司	807	第一批
15	中国电子信息产业集团有限公司	788	第一批
16	中国核工业集团公司	782	第三批试点
17	三一重工股份有限公司	751	第二批
18	中国南方电网有限责任公司	751	第二批
19	中联重科股份有限公司	699	第一批
20	中国北方机车车辆工业集团公司	696	第二批
	合计	38200	/

（五）发明专利授权数TOP20

2012年，前20名企业的发明专利授权总量为17891件，占651家创新型（试点）企业发明专利授权总量的62.0%。其中，前三位的华为技术有限公司、中兴通讯股份有限公司、国家电网公司的授权量分别为6352件、2834件、1066件，合计10252件，占651家企业发明专利授权总量的35.5%，占TOP20授权总量的57.3%，呈现发明专利授权比较集中的特点（见表2-16）。

表2-16　2012年创新型（试点）企业发明专利授权量TOP20　　　　单位：件

排序	企业名称	发明专利授权量	批次
1	华为技术有限公司	6352	第一批
2	中兴通讯股份有限公司	2834	第一批
3	国家电网公司	1066	第一批

续表

排序	企业名称	发明专利授权量	批次
4	中国石油化工集团公司	968	第一批
5	中国航天科工集团公司	758	第二批
6	中国石油天然气集团公司	692	第二批
7	中国冶金科工集团有限公司	642	第二批
8	中国船舶重工集团公司	639	第二批
9	电信科学技术研究院	629	第一批
10	比亚迪股份有限公司	624	第三批
11	中国移动通信集团公司	389	第二批
12	中国化工集团公司	364	第二批
13	宝钢集团有限公司	348	第一批
14	奇瑞汽车股份有限公司	302	第一批
15	联想（北京）有限公司	230	第一批
16	中国铝业公司	225	第一批
17	中国海洋石油总公司	214	第三批试点
18	福建星网锐捷通讯股份有限公司	208	第一批
19	中国南车集团公司	205	第二批
20	中国核工业集团公司	202	第三批试点
合计		17891	/

（六）PCT 国际专利申请数 TOP20

近年来，随着中国企业国际化进程加快，越来越多的创新型企业开始重视专利的国际化布局。2012 年，前 20 名企业的 PCT 国际专利申请量合计 8418 件，约占 651 家企业全部申请量的 92.2%。PCT 专利申请量超过 100 件的有 7 家企业，其中，前三位企业超过 1000 件，分别是中兴通讯股份有限公司 3906 件、华为技术有限公司 1803 件、TCL 集团股份有限公司 1006 件，合计 6715 件，占 651 家企业 PCT 专利申请总量的 73.5%，占 TOP20 企业 PCT 专利申请总量的 79.8%（见表 2-17）。

表 2-17 2012 年创新型（试点）企业 PCT 专利申请量 TOP20　　　单位：件

排序	企业名称	PCT 专利申请量	批次
1	中兴通讯股份有限公司	3906	第一批
2	华为技术有限公司	1803	第一批
3	TCL 集团股份有限公司	1006	第三批
4	电信科学技术研究院	561	第一批

续表

排序	企业名称	PCT 专利申请量	批次
5	三一重工股份有限公司	167	第二批
6	国家电网公司	127	第一批
7	中国移动通信集团公司	109	第二批
8	比亚迪股份有限公司	94	第三批
9	江西铜业集团公司	88	第二批
10	中国北方机车车辆工业集团公司	80	第二批
11	北大方正集团有限公司	75	第一批
12	江铃汽车股份有限公司	72	第四批试点
13	海信集团有限公司	63	第一批
14	西安西电捷通无线网络通信股份有限公司	47	第二批试点
15	四川长虹电器股份有限公司	43	第一批
16	联想（北京）有限公司	40	第一批
17	海尔集团公司	35	第一批
18	中国石油天然气集团公司	34	第二批
19	机械科学研究总院	34	第二批
20	同方威视技术股份有限公司	34	第五批试点
	合计	8418	/

四、创新型企业竞争力分析

下面将创新型企业群体放在国内外更大的背景下，分析其国内、国际及行业竞争力。

（一）国内行业竞争力

创新型（试点）企业是行业发展和科技进步的重要力量，在电子信息、机械工业、装备制造等诸多行业都发挥着举足轻重的作用。

在工业和信息化部公布的2014年（第28届）电子信息百强排行榜中，前10名企业全部是国家级创新型（试点）企业，前20名企业有15家（见表2-18）。

表 2-18 2014 年中国电子信息百强企业前 20 名中的创新型（试点）企业

序号	排名	企业名称	所属地	批次
1	1	华为技术有限公司	广东	第一批
2	2	联想控股有限公司［联想（北京）有限公司］	北京	第一批
3	3	中国电子信息产业集团有限公司	北京	第一批

续表

序号	排名	企业名称	所属地	批次
4	4	海尔集团公司	山东	第一批
5	5	海信集团有公司	山东	第一批
6	6	中兴通讯股份有限公司	广东	第一批
7	7	四川长虹电子集团有限公司（四川长虹电器股份有限公司）	四川	第一批
8	8	TCL集团股份有限公司	广东	第三批
9	9	北大方正集团有限公司	北京	第一批
10	10	浪潮集团有限公司	山东	第一批
11	11	比亚迪股份有限公司	广东	第三批
12	14	亨通集团有限公司	江苏	第三批
13	15	南京南瑞集团公司	江苏	第二批
14	16	同方股份有限公司	北京	第三批
15	19	武汉邮电科学研究院	湖北	第一批

注：企业名称一栏括号中名称是正式公布的创新型（试点）企业，下同。

在国家统计局服务业统计司、工业和信息化部运行监测协调局的指导下，《中国电子报》依据全国软件产业统计年报发布2014年（第十三届）中国软件业务收入前百家企业。其中，前10名企业有9家是国家级创新型（试点）企业，前20名企业有13家（见表2-19）。

表2-19 2014年中国软件业务收入百家企业前20名中的创新型（试点）企业　　单位：亿元

序号	排名	企业名称	软件业务收入	所属地	批次
1	1	华为技术有限公司	1216	广东	第一批
2	2	中兴通讯股份有限公司	463	广东	第一批
3	3	海尔集团公司	401	山东	第一批
4	4	北大方正集团有限公司	122	北京	第一批
5	5	浪潮集团有限公司	115	山东	第一批
6	6	南京南瑞集团公司	100	江苏	第二批
7	7	海信集团有公司	100	山东	第一批
8	8	南京联创科技集团股份有限公司	79	江苏	第一批
9	9	东软集团股份有限公司	75	辽宁	第四批试点
10	11	杭州海康威视数字技术股份有限公司	70	浙江	第四批试点
11	14	同方股份有限公司	59	北京	第三批
12	15	大唐电信科技股份有限公司（电信科学技术研究院）	51	北京	第一批
13	20	神州数码系统集成服务有限公司（北京神州数码有限公司）	47	北京	第二批试点

中国机械工业联合会、中国汽车工业协会根据2013年机械、汽车工业企业主

要统计指标数据，公布 2013 年机械工业百强、汽车工业三十强企业名单。

在 2013 年机械工业百强企业中，前 10 名企业有 9 家国家级创新型（试点）企业（或核心企业），前 20 名企业有 13 家（见表 2-20）。

表 2-20　2013 年中国机械工业百强企业前 20 名中的创新型（试点）企业　　单位：亿元

序号	排名	企业名称	主营业务收入	所属地	批次
1	1	中国机械工业集团有限公司	2362	北京	第五批试点
2	2	潍柴控股集团有限公司（潍柴动力股份有限公司）	1004	山东	第三批
3	3	徐州工程机械集团有限公司	930	江苏	第四批试点
4	5	中联重科股份有限公司	758	湖南	第一批
5	6	三一集团有限公司（三一重工股份有限公司）	722	湖南	第二批
6	7	中国东方电气集团有限公司	452	四川	第一批
7	8	盾安控股集团有限公司（浙江盾安人工环境股份有限公司）	436	浙江	第三批
8	9	广西玉柴机器集团有限公司（广西玉柴机器股份有限公司）	365	广西	第四批试点
9	10	新疆特变电工集团有限公司（特变电工股份有限公司）	353	新疆	第二批
10	11	山东时风（集团）有限责任公司	311	山东	第三批
11	13	哈尔滨电气集团公司	236	黑龙江	第三批
12	17	太原重型机械集团公司	206	山西	第一批
13	20	广西柳工集团有限公司（广西柳工机械股份有限公司）	170	广西	第二批

在 2013 年汽车工业三十强企业中，前 10 名企业有 8 家国家级创新型（试点）企业（或核心企业），前 20 名企业有 19 家（见表 2-21）。

表 2-21　2013 年中国汽车工业三十强企业中的创新型（试点）企业

序号	排名	企业名称	所属地	批次
1	1	上海汽车集团股份有限公司［上海汽车工业（集团）总公司］	上海	第三批
2	2	中国第一汽车集团公司	吉林	第一批
3	3	东风汽车公司	湖北	第三批
4	5	中国长安汽车集团股份有限公司（重庆长安汽车股份有限公司）	北京	第二批
5	6	广州汽车工业集团有限公司（广州汽车集团股份有限公司）	广东	第四批试点
6	8	万向集团公司	浙江	第二批
7	9	中国重型汽车集团有限公司	山东	第三批
8	10	长城汽车股份有限公司	河北	第三批
9	11	安徽江淮汽车集团有限公司（安徽江淮汽车股份有限公司）	安徽	第三批
10	12	陕西汽车控股集团有限公司（陕西汽车集团有限责任公司）	陕西	第三批试点
11	13	郑州宇通集团有限公司（郑州宇通客车股份有限公司）	河南	第一批
12	14	比亚迪汽车工业有限公司（比亚迪股份有限公司）	广东	第三批

续表

序号	排名	企业名称	所属地	批次
13	15	浙江吉利控股集团有限公司	浙江	第一批
14	16	重庆力帆控股有限公司［力帆实业（集团）股份有限公司］	重庆	第三批
15	17	奇瑞汽车股份有限公司	安徽	第一批
16	18	厦门金龙汽车集团股份有限公司（厦门金龙联合汽车工业有限公司）	福建	第三批试点
17	19	柳州五菱汽车有限责任公司（上汽通用五菱汽车股份有限公司）	广西	第五批试点
18	22	万丰奥特控股集团有限公司	浙江	第四批试点
19	26	陕西法士特汽车传动集团有限责任公司（陕西法士特齿轮有限责任公司）	陕西	第四批试点

在中国制造企业协会、中国装备制造行业协会、中央国情调查委员会和焦点中国网联合发布的"2013年中国装备制造业100强"中，前10名企业有7家是国家级创新型（试点）企业，前20名企业有13家（见表2-22）。

表2-22 2013年中国装备制造业百强企业的创新型（试点）企业

序号	排名	企业名称	所属地	批次
1	1	上海汽车集团股份有限公司［上海汽车工业（集团）总公司］	上海	第三批
2	2	东风汽车公司	湖北	第三批
3	3	中国第一汽车集团公司	吉林	第一批
4	5	中国兵器工业集团公司	北京	第二批
5	6	中国兵器装备集团公司	北京	第二批
6	8	首钢总公司	北京	第三批试点
7	9	武汉钢铁（集团）公司	湖北	第二批
8	11	中国船舶重工集团公司	北京	第二批
9	12	广州汽车工业集团有限公司（广州汽车集团股份有限公司）	广东	第四批试点
10	13	太原钢铁（集团）有限公司	山西	第二批试点
11	14	天津钢管集团股份有限公司	天津	第一批
12	16	潍柴控股集团有限公司（潍柴动力股份有限公司）	山东	第三批
13	19	中国北方机车车辆工业集团公司	北京	第二批

（二）国内综合竞争力

在中国企业联合会、中国企业家协会发布的2014年中国企业500强榜单中，前20强企业，国家级创新型（试点）企业占13家，前50强企业，占28家，前100强企业，占51家。中国石油化工集团公司、中国石油天然气集团公司、国家电网公司三家创新型企业继续名列三甲。显示大中型企业已经成为创新型企业建设的骨干力量（见表2-23）。

表 2-23 2014 年中国企业 100 强中的创新型（试点）企业　　　　　　　单位：亿元

序号	排名	企业名称	营业收入	批次
1	1	中国石油化工集团公司	29451	第一批
2	2	中国石油天然气集团公司	27593	第二批
3	3	国家电网公司	20498	第一批
4	7	中国建筑股份有限公司（中国建筑工程总公司）	6810	第二批试点
5	8	中国移动通信集团公司	6619	第二批
6	10	中国海洋石油总公司	5901	第三批试点
7	11	中国铁道建筑总公司	5887	第三批
8	12	上海汽车集团股份有限公司［上海汽车工业（集团）总公司］	5658	第三批
9	13	中国中铁股份有限公司（中国铁路工程总公司）	5604	第一批
10	15	中国中化集团公司	4669	第三批
11	16	中国第一汽车集团公司	4612	第一批
12	17	东风汽车公司	4550	第三批
13	18	中国南方电网有限责任公司	4470	第二批
14	21	中国五矿集团公司	4147	第三批试点
15	23	中国兵器工业集团公司	3853	第二批
16	24	中国电信集团公司	3815	第二批
17	26	神华集团有限责任公司	3678	第一批
18	29	中国兵器装备集团公司	3618	第二批
19	32	中国交通建设集团有限公司	3358	第三批
20	35	宝钢集团有限公司	3031	第一批
21	37	中国华能集团公司	2932	第二批
22	39	中国铝业公司	2794	第一批
22	41	中国建筑材料集团有限公司	2523	第三批
24	44	中国化工集团公司	2440	第二批
25	45	联想控股股份有限公司［联想（北京）有限公司］	2440	第一批
26	46	中国机械工业集团有限公司	2424	第五批试点
27	48	华为技术有限公司	2390	第一批
28	49	山西焦煤集团有限责任公司	2361	第四批试点
29	51	中国国电集团公司	2300	第三批
30	54	江苏沙钢集团有限公司	2281	第二批
31	56	武汉钢铁（集团）公司	2270	第二批
32	57	中国电力建设集团有限公司	2263	第五批试点
33	64	首钢总公司	2108	第三批试点
34	67	中国冶金科工集团有限公司	2072	第二批
35	68	中国医药集团总公司	2046	第三批
36	69	新兴际华集团有限公司	2016	第三批
37	70	广州汽车工业集团有限公司（广州汽车集团股份有限公司）	2015	第四批试点

续表

序号	排名	企业名称	营业收入	批次
38	71	中国华电集团公司	2001	第五批试点
39	72	大同煤矿集团有限责任公司	1993	第五批试点
40	73	山西潞安矿业（集团）有限责任公司	1988	第三批
41	74	江西铜业集团公司	1945	第二批
42	75	中国电子信息产业集团有限公司	1938	第一批
43	78	山西晋城无烟煤矿业集团有限责任公司	1926	第三批试点
44	83	中国有色矿业集团有限公司	1900	第三批
45	85	中国船舶重工集团公司	1874	第二批
46	89	金川集团股份有限公司	1848	第一批
47	90	海尔集团公司	1803	第一批
48	92	中国远洋运输（集团）总公司	1648	第二批
49	96	浙江吉利控股集团有限公司	1584	第一批
50	97	中国通用技术（集团）控股有限责任公司	1580	第五批试点
51	98	鞍钢集团公司	1551	第一批

注：因为统计渠道不同，本表企业营业收入数据与本章其他地方数据可能不同。

在全国工商联发布"2014中国民企500强"中，前20强企业中有6家国家级创新型（试点）企业，显示民营大企业成为创新型企业建设的重要力量（见表2-24）。

表2-24　2014年中国民企20强中的创新型（试点）企业　　　　单位：亿元

序号	排名	企业名称	营业收入	批次
1	2	联想控股有限公司［联想（北京）有限公司］	2440	第一批
2	4	华为投资控股有限公司（华为技术有限公司）	2390	第一批
3	6	江苏沙钢集团有限公司	2280	第二批
4	9	浙江吉利控股集团有限公司	1584	第一批
5	13	美的集团股份有限公司（美的集团有限公司）	1213	第二批试点
6	20	新希望集团有限公司	779	第三批

（三）国际竞争力

创新型（试点）企业是中国企业跨国成长的先行者，也是中国企业参与国际竞争的主要力量。以下选择《财富》世界500强和中国100大跨国公司两个榜单，来分析创新型企业的国际化状况和国际竞争力。

在2014年《财富》世界500强中，包括台湾在内，中国共有100家公司上榜。其中，中国大陆（含香港在内）的上榜公司有95家，比上年增加了6家。中国内地上榜企业91家，比上年增加6家。

在91家中国内地上榜企业中，有49家已经加入创新型企业建设的行列，其中37家被评价命名为创新型企业，分别占91家中国内地入选企业的53.8%和40.7%。其中华为投资控股有限公司（华为技术有限公司）、联想集团［联想（北京）有限公司］、江苏沙钢集团有限公司、浙江吉利控股集团有限公司四家民营创新型企业继续上榜，分列第285、286、308、466名（见表2-25）。

表2-25 2014年《财富》世界500强中的创新型（试点）企业　　　　单位：百万美元

序号	2014年排名	公司名称	2013年排名	营业收入	总部所在城市	批次
1	3	中国石油化工集团公司	4	457201.1	北京	第一批
2	4	中国石油天然气集团公司	5	432007.7	北京	第二批
3	7	国家电网公司	7	333386.5	北京	第一批
4	52	中国建筑工程总公司	80	110811.6	北京	第二批试点
5	55	中国移动通信集团公司	71	107647.3	北京	第二批
6	79	中国海洋石油总公司	93	95971.5	北京	第三批试点
7	80	中国铁道建筑总公司	100	95746.8	北京	第三批
8	85	上海汽车集团股份有限公司［上海汽车工业（集团）总公司］	103	92024.8	上海	第三批
9	86	中国中铁股份有限公司（中国铁路工程总公司）	102	91152.6	北京	第一批
10	107	中国中化集团公司	119	75939.0	北京	第三批
11	111	中国第一汽车集团公司	141	75005.6	长春	第一批
12	113	东风汽车公司	146	74008.2	武汉	第三批
13	115	中国南方电网有限责任公司	134	72697.1	广州	第二批
14	133	中国五矿集团公司	192	67440.2	北京	第三批试点
15	152	中国兵器工业集团公司	161	62659.1	北京	第二批
16	154	中国电信集团公司	182	62046.8	北京	第二批
17	165	神华集团有限公司	178	59823.0	北京	第一批
18	169	中国兵器装备集团公司	209	58837.1	北京	第二批
19	187	中国交通建设集团有限公司	213	54609.8	北京	第三批
20	211	宝钢集团有限公司	222	49297.3	上海	第一批
21	221	中国华能集团公司	231	47681.1	北京	第二批
22	227	中国铝业公司	273	45445.7	北京	第一批
23	267	中国建筑材料集团有限公司	319	41027.9	北京	第三批

续表

序号	2014年排名	公司名称	2013年排名	营业收入	总部所在城市	批次
24	276	中国化工集团公司	355	39690.9	北京	第二批
25	278	中国机械工业集团有限公司	326	39418.4	北京	第五批试点
26	285	华为投资控股有限公司（华为技术有限公司）	315	38875.8	深圳	第一批
27	286	联想集团［联想（北京）有限公司］	329	38707.1	北京	第一批
28	290	山西焦煤集团有限责任公司	403	38398.1	太原	第四批试点
29	297	中国国电集团公司	299	37857.5	北京	第三批
30	308	江苏沙钢集团有限公司	318	37095.3	张家港	第二批
31	310	武汉钢铁（集团）公司	328	36927.8	武汉	第二批
32	313	中国电力建设集团有限公司	354	36806.9	北京	第五批试点
33	348	首钢集团（首钢总公司）	322	34292.2	北京	第三批试点
34	354	中国冶金科工集团有限公司	302	33697.7	北京	第二批
35	357	中国医药集团总公司	446	33271.6	北京	第三批
36	365	新兴际华集团有限公司	406	32789.8	北京	第三批
37	366	广州汽车工业集团有限公司（广州汽车集团股份有限公司）	483	32775.6	广州	第四批试点
38	368	中国华电集团公司	389	32548.7	北京	第五批试点
39	369	大同煤矿集团有限责任公司	432	32458.1	大同	第五批试点
40	372	山西潞安矿业（集团）有限责任公司	430	32332.4	长治	第三批
41	381	江西铜业集团公司	414	31638.1	贵溪	第二批
42	382	中国电子信息产业集团有限公司	395	31517.8	北京	第一批
43	386	山西晋城无烟煤矿业集团有限公司	435	31324.3	晋城	第三批试点
44	398	中国有色矿业集团有限公司	482	30903.7	北京	第三批
45	403	中国船舶重工集团公司	417	30478.8	北京	第二批
46	451	中国远洋运输（集团）总公司	401	26805.5	北京	第二批
47	466	浙江吉利控股集团有限公司	477	25767.5	杭州	第一批
48	469	中国通用技术（集团）控股有限责任公司	—	25702.0	北京	第五批试点
49	475	鞍钢集团公司	493	25230.5	鞍山	第一批

注：因为统计渠道不同，本表企业营业收入数据与本章其他地方数据可能不同。

随着中国内地企业进入《财富》世界500强行列数量逐年增加，创新型（试点）企业入选的数量也水涨船高，从2005年的9家增加到2014年的49家。显示创新型（试点）企业的经济规模和国际竞争力持续提升（见表2-26、图2-5）。

表2-26 《财富》世界500强中创新型（试点）企业上榜数（2005~2014年） 单位：家

企业类型 \ 年份	2005	2006	2007	2008	2009	2010	2011	2012	2013	2014
中国上榜企业	18	23	30	35	43	54	69	79	95	100
内地上榜企业	15	19	22	26	34	42	58	70	85	91
创新型（试点）企业	9	13	16	19	20	27	32	37	48	49
创新型企业	8	9	10	12	13	18	28	33	37	37

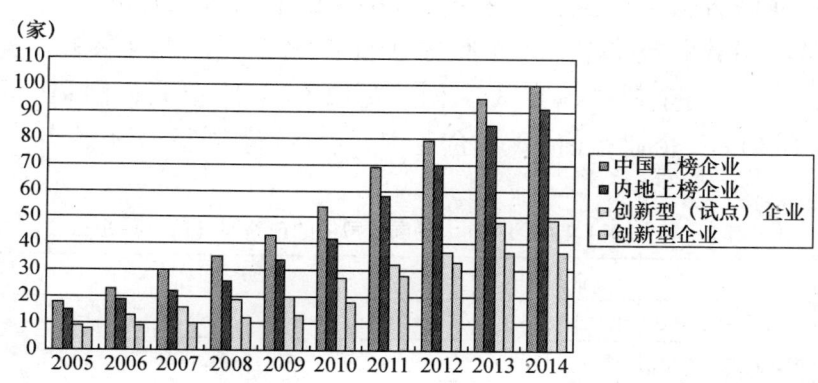

图2-5 《财富》世界500强中创新型（试点）企业上榜数

中国有越来越多的企业进入世界500强行列，2014年如果计入台湾地区的上榜企业，中国的上榜公司数量达到100家，保持较快增长，虽与美国的128家相比仍有差距（美国上榜公司在连续11年持续减少），中国企业在世界500强排行榜中第二军团的地位进一步稳固。

但考虑到中国内地入选企业中，民营企业只有华为、联想、沙钢、吉利、平安保险、山东魏桥、正威国际集团、中国民生银行、中国华信能源有限公司9家，绝大多数上榜企业仍属于垄断性、资源性行业的大型国有企业，而且上榜公司主要分布在钢铁、汽车、资源、化工、金融等领域，存在严重的结构失衡。中国上榜公司的管理水平、创新能力、经营效率和风险控制能力等与美、日等国的跨国企业相比也存在较大差距，128家进入世界500强的美国企业的总利润达到7987亿美元，占世界500强利润总额的40%。换言之，占世界500强公司总数约1/4的美国企业提供了2/5的利润。中国企业的平均收入和资产数量已与世界500强接近，但利润和人均利润则与世界500强公司有明显差距，与美国公司相比差距更大（见表2-27）。

表 2-27 《财富》世界 500 强的中国大陆企业

	世界 500 强公司	中国大陆企业（含香港地区）	美国企业	日本企业
公司数量（家）	500	95	128	57
平均收入（亿美元）	621	615	669	541
平均利润（亿美元）	39.1	32.2	62.4	24.3
平均资产（亿美元）	2470	2541	2168	2419
平均员工数（万人）	13.0	19.0	12.6	9.3

资料来源：财富中文网（www.fortunchina.com）。

据中国企业联合会、中国企业家协会 2014 年第四次发布的"2014 中国 100 大跨国公司及跨国指数"榜单，[1] 在 100 家企业中有 53 家是国家级创新型（试点）企业。其中，前 10 名企业中，有 8 家创新型（试点）企业；前 20 名企业中，有 15 家创新型（试点）企业；前 50 名企业中，有 33 家创新型（试点）企业（见表 2-28）。

表 2-28 2014 年中国 100 大跨国公司中的创新型（试点）企业　　　单位：亿元

序号	名次	企业名称	海外资产	批次
1	1	中国石油天然气集团公司	8964	第二批
2	2	中国石油化工集团公司	8058	第一批
3	4	中国海洋石油总公司	4604	第三批试点
4	5	中国中化集团公司	2386	第三批
5	6	中国远洋运输（集团）总公司	1850	第二批
6	7	中国铝业公司	1671	第一批
7	8	中国五矿集团公司	958	第三批试点
8	10	浙江吉利控股集团有限公司	824	第一批
9	11	中国建筑股份有限公司（中国建筑工程总公司）	803	第二批试点
10	12	中国交通建设集团有限公司	784	第三批
11	13	中国化工集团公司	764	第二批
12	14	中国电力建设集团有限公司	709	第五批试点
13	16	中国兵器装备集团公司	699	第二批
14	17	中国兵器工业集团公司	689	第二批
15	20	兖矿集团有限公司	581	第三批
16	22	宝钢集团有限公司	556	第一批
17	23	国家电网公司	534	第一批

[1] "2013 中国 100 大跨国公司及跨国指数"是中国企业联合会、中国企业家协会在"2013 中国企业 500 强"的基础上，参照联合国贸易和发展组织的标准，由拥有海外资产、海外营业收入、海外员工的非金融企业，依据企业 2012 年度海外资产总额的多少排序产生，跨国指数按照（海外营业收入÷营业收入总额 + 海外资产÷资产总额 + 海外员工÷员工总数）÷3×100% 计算得出。

续表

序号	名次	企业名称	海外资产	批次
18	24	中国华能集团公司	499	第二批
19	25	中国铁道建筑总公司	410	第三批
20	26	中兴通讯股份有限公司	390	第一批
21	28	中国中铁股份有限公司（中国铁路工程总公司）	362	第一批
22	29	中国冶金科工集团有限公司	359	第二批
23	31	TCL集团股份有限公司	334	第三批
24	32	中国电子信息产业集团有限公司	316	第一批
25	34	中国有色矿业集团有限公司	282	第三批
26	35	金川集团股份有限公司	278	第一批
27	37	武汉钢铁（集团）公司	250	第二批
28	38	中国移动通信集团公司	249	第二批
29	39	中联重科股份有限公司	243	第一批
30	40	首钢总公司	228	第三批试点
31	44	中国通用技术（集团）控股有限责任公司	179	第五批试点
32	46	神华集团有限责任公司	163	第一批
33	49	海信集团有限公司	128	第一批
34	53	潍柴动力股份有限公司	117	第三批
35	55	江苏沙钢集团有限公司	115	第二批
36	56	中国华电集团公司	115	第五批试点
37	58	万向集团公司	109	第二批
38	59	中国电信集团公司	106	第二批
39	60	中国机械工业集团有限公司	99	第五批试点
40	61	中国东方电气集团有限公司	94	第一批
41	62	山东如意科技集团有限公司	92	第四批试点
42	64	美的集团有限公司	81	第二批试点
43	66	中国建筑材料集团有限公司	79	第三批
44	69	上海汽车集团股份有限公司	68	第三批
45	71	四川长虹电子集团有限公司	62	第一批
46	76	徐州工程机械集团有限公司	56	第四批试点
47	77	铜陵有色金属集团控股有限公司	54	第二批
48	78	金龙精密铜管集团股份有限公司	53	第四批试点
49	80	北大方正集团有限公司	52	第二批
50	87	沈阳远大企业集团（沈阳远大铝业集团有限公司）	33	第三批试点
51	92	中国南车集团公司	29	第二批
52	97	中国航天科工集团公司	23	第二批
53	100	广西柳工集团有限公司	21	第二批

注：因为统计渠道不同，本表企业营业收入数据与本章其他地方数据可能不同。

在 2014 中国 100 大跨国公司中，跨国指数排前 10 位的企业有 6 家是创新型（试点）企业，分别是浙江吉利控股集团有限公司、中国中化集团公司、中国远洋运输（集团）总公司、山东如意科技集团有限公司、中国海洋石油总公司、中兴通讯股份有限公司。其中，浙江吉利控股集团有限公司的跨国指数仍居首位，达到 67.61%。表明创新型（试点）企业是中国企业跨国成长的主力军。

综上所述，尽管创新型（试点）企业数量有限，但对国民经济和区域经济发展的贡献份额越来越大，参与国际竞争的程度和实力也越来越强。伴随着创新型企业建设的深入，创新型企业群体规模仍将不断扩大，其作用和影响将继续提升，并示范带动更多企业走上创新驱动发展的道路，更有力地支撑中国经济发展方式转变和可持续发展。

第三章 地方推动企业技术创新进展

自国家技术创新工程实施以来，全国各地积极开展地方创新型企业、产业技术创新战略联盟和创新服务平台等建设，着力引导和促进企业技术创新。2013年1月国务院办公厅印发了《关于强化企业技术创新主体地位全面提升企业创新能力的意见》（国办发〔2013〕8号）（以下简称《意见》），明确提出以深入实施国家技术创新工程为重要抓手，全面提升企业技术创新能力，并提出了12项重点任务及相应政策措施，开创了技术创新工程的新局面，有力地推动了企业技术创新。

一、增强企业技术创新能力

各地围绕着强化企业技术创新主体地位，以实施技术创新工程为抓手，发挥市场配置资源的决定性作用和政府的引导支持作用，建立企业主导产业技术研发创新的体制机制，促进创新要素向企业集聚，着力支持企业提升创新能力。

（一）引导企业加大技术创新投入

各地采取各种措施引导企业加大技术创新投入，使企业成为技术创新投入的主体。一是通过科技计划项目、重大专项等形式，放大财政资金效果，提高财政资金使用效益，引导和带动企业加大投入；二是创新对企业研发活动的补助方式，由直接投资转变为主要对创新成果补助，提高资金的利用效率；三是充分利用奖励手段，对技术创新工作突出的企业给予物质和荣誉奖励；四是强化对企业技术研发的考核机制，重大科技事项与企业研发投入挂钩，完善和落实国有企业研发投入视同利润等措施。

北京市发挥财政资金的引导作用，鼓励企业与政府共同建立研发和科技成果转化基金，支持企业开展关键技术攻关和成果转化应用。北京市科技型中小企业技术创新资金累计资助了2500项技术创新项目，资助总金额8.8亿元，争取国家科技型中小企业技术创新基金支持7.74亿元，带动企业自筹经费、银行贷款和社会投资80亿元，资金带动比例达到1∶10。

吉林省规定省科技计划项目中支持企业的经费占财政科技投入的比重不低于70%，鼓励企业根据市场发展提出技术需求，参与项目的征集与立项决策，推动企业成为项目决策、资金投入和成果产业化的主体。对龙头企业研发投入给予补助，对符合条件的企业投入的用于自主研发活动的仪器设备的购置费或租赁费、中间试验和产品试制的模具、样品、样机及一般测试手段购置费等支出给予适当补助。出台了《吉林省国资委出资企业负责人业绩考核暂行办法》，对符合企业主业、当年新增研发投入按30%的比例视同年度利润，下一步还将适当提高比例，并对产业和产品结构调整的研发投入给予鼓励和支持。

河北省科技厅在省级各类科技计划项目申报、高新技术企业认定、科技园区基地建设、创新平台培育等有关重点工作中，实行与企业研发投入挂钩制度，鼓励企业加大研发投入。

山西省《关于深化科技体制改革加快创新体系建设的实施意见》明确企业主要负责人对技术研发的责任，提出加强研发能力和品牌建设，建立技术储备制度；建立健全国有企业技术创新的经营业绩考核制度，将国有企业研发投入视同利润纳入考核等。

湖北省创新财政投入方式，采取以奖代补、贷款贴息、后补助、创业投资引导等多种形式，支持企业采用新技术、新工艺、新设备。对近三年研发投入占主营业务收入达5%以上的企业，申报省级项目不受指标限制，当地政府根据企业贡献给予适当支持。

安徽省确立了对国家级创新型企业进行奖励的制度，通过对企业奖励实现对创新的奖励。2013年，安徽省政府表彰新增7家国家创新型试点企业，分别奖励各企业100万元，重点用于对企业研发技术团队的奖励。

宁夏回族自治区改进财政支持方式，实施企业科技创新后补助政策，制定了《自治区企业科技创新后补助暂行办法》及其实施细则，明确了后补助范围和标准等，以提高创新资源使用效率和科研管理水平，推动企业技术创新模式转变。

广州市政府2014年出台了《企业研发经费投入后补助实施方案》，提出自2015年起每年对上一年度企业投入的研发经费给予补助，以引导企业持续加大研发经费投入，力争2017年实现全市研发经费倍增、全社会研发经费投入占地区生产总值（GDP）比重达到2.7%的目标。方案规定，凡是在广州市注册的企业，只要有研发经费投入，按照规定程序办理，符合条件的均能获取补助。企业研发经费投入越多获取补助越多。企业上一年研发经费支出额不足1亿元的，按支出额的5%给予补助。企业上一年研发经费支出额高于（含）1亿元、不足5亿元的，对其中1亿元给予500万元补助，其余部分按支出额的2.5%给予补助。企业上一年研发经费支出额高于（含）5亿元、不足10亿元的，对其中5亿元给予1500万元补助，其余部分按支出额的2%给予补助。企业上一年研发经费支出额高于（含）10亿元的，对其中10亿元给予2500万元补助，其余部分按支出额的1%给予补助。方案还明确由市、区财政各承担补助额度的50%。每年相关部门将整理出经核实上一年度有研发经费投入的企业名单及企业研发经费支出额，由科技部门发布当年的《企业研发经费投入后补助专项申报通知》，对符合条件的申报企业，经审核、公示、市政府审定等程序后，分别由市区两级财政正式下达补助经费。

（二）支持企业建立研发机构

各地将支持企业研发机构建设作为企业技术创新工作重点，通过各种方式引导和支持企业研发机构建设，增强企业持续创新能力，取得显著成效。据不完全统计，北京市仅外资研发机构就达462家，辽宁省、山东省等认定的省级研发机构数超过千家，湖北省超过600家，湖南省达400家，黑龙江、重庆等省市均超过300家。

北京市对有条件的中央企业，支持其组建中央研究院和专业领域研发中心；鼓励市属国企根据自身发展战略设立研发机构；鼓励跨国公司在京设立研发总部；鼓励有条件的大型民营企业研发机构向中小企业开放实验仪器、装备和设施。此外，还认定联想集团、牡丹集团等52家单位成为北京市首批设计创新中心。

浙江省各地市大力支持企业研发机构建设。台州市对新增的各类市级以上的重点实验室、企业技术中心一次性给予100万元、35万元、10万元的补助。舟山市对新认定的国家级、省级企业研发中心，分别一次性给予100万元、40万元的专项补助。绍兴市启动实施了规模以上工业企业研发机构全覆盖五年计划，除对省级重点企业研究院给予1:1配套外，计划对围绕"十大产品重点领域"建设的市级重点企业研究院，每家给予不超过500万元的资助。

江苏省成立了推进企业研发机构建设工作联席会议，研究确立"两推进、双提升"的目标要求，构建完善省、市、县三级工作协调机制，全省企业研发机构大幅增长，大中型工业企业研发机构建有率达82%。

山东省优先在企业布局建设重点实验室、工程技术研究中心、院士工作站，支持大中型工业企业和高新技术企业建立技术研发机构。山东省各类科技计划特别是重大科技专项，将企业研发机构建设作为立项支持的必要条件，通过项目支持倒逼企业建立研发机构。山东还有160多家企业在境外建立了研发机构。

福建省在支持民营研发机构建设发展方面，实行公司制运作商业模式，科研成果由入股企业按股权比例实现共享。福建省安排4700多万元对引进的"福建奔驰汽车工业有限公司研发中心"等6家重大研发机构给予后补助，最高资助额达

1000万元。

黑龙江省规定经省级科技主管部门认定的企业研发机构,可独立申请和承担省级以上各类科技计划项目,并优先支持建立院士工作站、博士后科研工作站、博士后创新创业实践基地。对新认定的国家级企业技术中心、重点(工程)实验室、工程(技术)研究中心、质量检验检测中心,给予300万元奖励。

陕西省对新认定的企业国家重点实验室、工程技术研究中心和企业技术中心,加大后补助支持力度。对企业与高等学校、科研院所合作新建的省级企业技术中心,对考核优秀的省级工程技术研究中心和重点实验室,加大奖励力度。

(三)推动创新型企业建设

全国各地继续深入组织开展本地区创新型企业建设工作。据不完全统计,2013年,河北省、山西省、吉林省、安徽省、福建省、江西省、河南省、湖南省、广东省、广西壮族自治区、海南省、重庆市、四川省、贵州省、云南省、宁夏回族自治区、宁波市、厦门市18个省(区、市)及新疆建设兵团组织开展了新批次的创新型(试点)企业认定和评价工作。

从创新型企业建设规模看,全国省级试点企业总数达到9582家,评价命名的创新型企业达到5812家。其中,江苏省参加试点工作的企业数量累计达到1583家,四川省示范企业、试点企业和培育企业数量达1400家,北京、黑龙江、上海、浙江、安徽、福建、山东、广东等省市试点企业数量超过300家。江西、河南、重庆、云南的试点企业超过200家。试点企业超过百家的省份共有23个。

在推动创新型企业建设的过程中,各地采取了不同的培育和支持形式。辽宁重点推进百户创新龙头企业和千户创新型中小企业培育工程;贵州省2013年组织开展了首批创新型领军企业的推荐工作,全省共31家企业申报首批创新型领军企业;宁波市实施"科技领航计划",着力推进"初创企业引导、成长企业培育、领军企业提升、产业集群示范"四大工程,培育形成"科技型企业→高新技术企业→创新型企业→上市公司"的培育梯队。2013年新认定市级创新型试点企业42家,累计达到156家。同时完成了2739家创新型初创企业的备案(见表3-1)。

表3-1 2013年各地开展本地区创新型(试点)企业建设情况 单位:家

地区	省级试点企业数	省级试点开展批次	省级创新型企业数	省级创新型企业评价批次
北京	305	3	56	1
河北	127	3	36	2
山西	107	3	0	0
内蒙古	59	2	20	2
辽宁	120	1	120	1

续表

地区	省级试点企业数	省级试点开展批次	省级创新型企业数	省级创新型企业评价批次
吉林	190	4	97	2
黑龙江	307	3	50	1
上海	635	3	500	2
江苏	1583	4	1583	4
浙江	363	5	149	2
安徽	371	5	186	3
福建	904	6	302	4
江西	207	3	84	1
山东	392	3	69	1
河南	259	6	142	/
湖北	150	1	61	1
湖南	170	4	55	2
广东	454	7	286	6
广西	122	5	81	3
海南	10	1	0	0
重庆	260	4	38	1
四川	1400	6	1400	6
贵州	101	3	101	3
云南	238	7	90	2
陕西	127	4	43	2
甘肃	60	2	16	1
青海	28	3	28	3
宁夏	43	4	0	0
新疆	14	1	0	0
青岛	150	2	150	2
宁波	156	5	—	/
厦门	120	6	45	2
新疆建设兵团	50	3	24	1
合计	9582	/	5812	/

注：统计数据主要是在2013年各地推动企业技术创新工作报告的基础上，参考各省（区、市）科技管理部门网站等方面的最新数据补充而来；"/"表示没有提供相关数据，余同。

实践表明，地方创新型企业建设呈现良好的发展趋势。创新型企业群体持续壮大，创新型企业建设开展范围不断扩展延伸、创新型企业的示范作用越来越明显，已经成为地方转变发展方式的重要推动力量。

(四) 培育科技型中小企业

科技型中小企业是最具技术创新活力的企业群体，对科技型中小型企业技术创新的支持，就是对技术创新未来的支持。各地纷纷出台促进科技型中小企业发展的指导文件，对科技型中小企业、科技小巨人企业、科技型小微企业等给予财政、金融、税收、服务、政府采购等方面的大力扶持。

天津市发布《关于进一步促进科技型中小企业发展的政策措施》（津政发〔2012〕22号），鼓励科技人员离岗创业和大学生创业、激励具有自主知识产权的职务发明成果转化，支持科技金融对接平台开展有效融资服务活动，鼓励科技型中小企业开发新产品和购买科技成果。鼓励各类创新平台开放资源服务科技型中小企业，对于服务中小企业的科技平台的服务费用给予不超过50%、最高50万元的财政补贴。

河北省发布《关于支持科技型中小企业发展的实施意见》（冀政〔2013〕43号），提出到2017年，全省科技型中小企业达到3万家以上，年销售收入达到8000亿元以上。1500家"小巨人"年销售收入达1亿元以上，300家年销售收入3亿元以上。重点培育数据产业、卫星导航、半导体照明、机器人装备、3D打印、非晶带材、新能源汽车、生物制药等20个市场竞争力强、国内影响力大的科技型中小企业聚集区。省和各设区市设立科技型中小企业发展专项资金，采取资助、配套、贴息、周转金、奖励等支持方式。对科技"小巨人"企业给予一定的资金奖励，专项用于企业研发投入，并可以股权形式奖励企业研发团队和人员。建立科技型中小企业新产品政府采购供应商库，通过预留政府采购市场份额等措施，支持科技型中小企业发展。鼓励科技型中小企业引进创新型人才，引进的国外知名专家到企业进行技术合作的工资和差旅费计入企业成本，企业引进创新型人才的科研启动经费可列入成本。设立科技型中小企业上市专项资金，对在境内外多层次资本市场实现挂牌上市的科技型中小企业给予奖励。

山东省政府办公厅转发《支持高新区科技型小微企业创新发展的若干意见》（鲁政办发〔2014〕11号），加大对科技型小微企业的政策倾斜，构建了清晰的小微企业创新创业扶持路线图。对小微企业申报获权的首件发明专利，在原有资助基础上再增加5000元。积极引导15个地级市及淄博、潍坊、威海3家高新区设立了总规模1.25亿元的市级科技型中小企业创新发展专项资金。依托创新型产业集群、示范基地和科技企业孵化器，设立"科技型小微企业综合服务中心"或"科技型小微企业综合服务大厅"，构建省、市、重点行业三级专利信息网络服务体系，为小微企业提供政策咨询、行政审批、综合协调等社会化服务。

广东省形成了国家、省、市、区县四级结构完整、程序合理、制度规范、公正透明、绩效显著的科技型中小企业技术创新基金运作体系。全省共有26个单位设立地方创新基（资）金，年度规模合计超过4.1亿元。加强中小企业密集区域的创新产业集群建设，为中小企业技术创新提供科技支撑和良好环境。设立公共技术服务机构补助资金项目，对全省公共技术服务机构进行资助，形成了以广州、深圳、东莞、中山为核心，技术服务领域覆盖广的公共服务机构发展格局。

（五）提升企业开放合作创新水平

各地通过合作研究、博览会、研讨会、企业对接、交易会、交流会和展览等形式，为企业国际交流合作牵线搭桥，开拓企业国际化视野，探索建立对外科技合作与交流的长效机制，增强企业吸纳国际创新资源的能力。

辽宁省支持引进海外先进适用技术。2013年支持企业实施引进项目15项，完成92个海外企业并购项目，企业共获得国际先进技术173项，专利数量增加440个。

安徽省鼓励企业通过收购、入股等方式在国外建立研发中心，如蚌埠玻璃设计院收购德国CTF Solar公司、合肥天麦生物科技公司在以色列建立联合实验室，宁国中鼎公司分别收购了美国、韩国、法国相关的公司。

云南省对收购、并购国外（境外）研究机构给予补助，分别按其前3年对企业研究院（所）实际投入研发经费总和的10%、收购合同金额的20%、投资额的20%给予一次性资金补助，补助金额最高可达500万元。

重庆市成功举办"2013国际知名研发机构重庆行动"，引进推广先进实用技术135项，形成联合研发团队68个，共建联合创新中心32个。

湖南省联合长沙高新区搭建与意大利的科技园区和高新技术企业的对接桥梁，组织长沙地区120余家企业与意大利马尔凯大区Meccano技术转移机构进行对接。组织召开"洞庭湖—琵琶湖环境合作研讨会"、"中英可持续先进制造合作研讨会"，两次组织召开香港应用科技研究院重大科技成果来湘转化对接会。

上海市积极为科技企业搭建市场推广平台，组织首届上海国际技术交易会、中国国际工业博览会创新科技馆等展示交流活动。举办了2013电动汽车国际示范城市论坛、中韩产业集群创新合作交流研讨会、2013沪港台科技产业交流研讨会等。

湖北省组织百余家企业参加北方国际科技博览会、中国—东盟技术转移和创新合作大会、中国与东盟现代农业新技术与新品种技术转移对接活动、第十四届中国西部国际博览会，商务活动成果显著。

广西承办了首届中国—东盟技术转移与创新合作大会，来自中国和东盟国家科技部、知名技术转移机构、企业、大学和科研机构等1000余名代表参加大会活动。

二、推动产学研协同创新

产学研协同创新是连接基础研究、应用研究、技术开发和成果转化商业化的桥梁,企业、大学、科研机构及行业协会等非政府组织形成的创新网络,可以大大提高创新效率。产学研协同创新越来越受到各地的普遍重视,并向跨区域、国际化、网络化发展。

(一)推动产业技术创新战略联盟建设

产业技术创新战略联盟是产学研协同创新的新型组织,已成为各地促进产学研合作创新、促进产业升级和培育新产业业态的重要手段。

各地积极参加科技部等部门组织开展的产业技术创新战略联盟试点工作,同时根据本地实际启动省、市级产业技术创新战略联盟试点。北京市市级联盟数量达150家,成员单位6000余家,其中企业占成员比例达2/3;湖南省64家产业技术创新联盟的700家成员单位中,企业占比达70%;山东省组建了126家省级联盟;上海市市级联盟达78家;安徽、四川的省级联盟分别达到50家和60家。

各地紧紧围绕自身优势和发展重点,以优势产业和支柱产业的技术创新需求为导向,以提升企业持续创新能力和形成产业核心竞争力为目标,围绕产业技术创新链的构建,运用市场机制集聚创新资源,有目的地在特定行业开展产业技术创新联盟建设(见表3-2)。

表3-2 各地产业技术创新战略联盟建设的重点行业或领域

省别	开展联盟建设的重点行业或领域
北京	TD-SCDMA、闪联、开放标准平台软件
天津	固体废弃物处理、兽药、可再生能源
山西	现代煤化工、装备制造、新能源、农业产业
内蒙古	蒙药、道地药材种植、草原生态修复
黑龙江	全省十大重点产业
上海市	战略性新兴产业
安徽	重大制造装备、高端分析检测仪器设备、数字与新媒体出版
河南	高效精密磨具、新型电池、现代农业装备
湖北	空间信息智能服务、彩色墨粉及配套、兽药制剂、汽车电子、3D打印、环境监测
湖南	现代农业、新材料、先进制造、生物芯片、大气污染防治
广西	铝加工、汽车零部件、机床、量具量仪、特色农产品
四川	钒钛、特色农产品、新一代移动通信、信息安全、卫星导航
贵州	物流装备、军转民装备制造、磷煤化工、复合材料、特色农产品

续表

省别	开展联盟建设的重点行业或领域
云南	新能源、生物医药、高原特色农业
西藏	藏药、高原特色绿色食饮品、新能源
青海	高原有色金属、盐湖资源、沙棘
新疆	有色金属、新能源、石化下游、装备制造、电子信息
青岛	石墨烯、3D打印、页岩气、机器人
深圳	集成电路、无源元器件及集成、先进电池与材料

资料来源：根据各省区市报送科技部的贯彻落实《国务院办公厅关于强化企业技术创新主体地位全面提升企业创新能力的意见》推进企业技术创新工作年度进展情况的报告整理。

各地创新联盟发展形势，促进联盟创新活动的开展。北京市根据联盟发展阶段和要求，将联盟做实并形成长效机制，有15家产业技术联盟获得社团法人资格。辽宁省加强国际科技合作，与俄罗斯、乌克兰共建国际科技合作基地，建设辐、射、美、欧、日、韩的国际科技合作创新联盟。广东省积极吸纳行业内中小微企业参加联盟，不断发挥联盟在行业内的影响力，支撑和引领中小微企业的发展，增强联盟的活力。

各地通过加强指导、专项资金扶持、以联盟方式承担重大科技攻关项目等措施，推进联盟建设。黑龙江省指导联盟制定产业发展规划、牵头产业技术发展路线图制定，对企业牵头建立的省级以上产业技术创新联盟，在申报科技计划项目时给予优先支持。对新认定的国家产业技术创新联盟试点的牵头单位，给予100万元奖励。安徽省组织并支持省级产业技术创新战略联盟开展产业链研究，指导联盟绘制产业技术创新发展线路图，定期公示联盟产业链研究报告。湖南省加强对联盟建设的指导，组织召开联盟座谈会，对成立2年以上的省级联盟试点工作进行中期评估考核。云南省出台《国家产业技术创新战略联盟试点牵头单位工作经费补助暂行办法》，对新认定的国家产业技术创新战略联盟试点的牵头单位，一次性给予100万元的工作经费支持，鼓励和支持试点联盟加强产业共性技术研发和成果转化扩散。

（二）开展产业共性技术研发基地建设

产业共性技术研发是解决产业创新发展的核心问题之一，各地根据自身行业发展特点，加快推进产业技术研究院等的建设，以强化产业共性技术研发，支持产业持续健康发展。

湖北省出台了《关于推进产业技术研究院建设的指导意见》，提出通过政府引导、核心企业支撑、高校与科研院所合作共建等形式，用3~5年的时间，建设一批体制新、机制活、特色鲜明、科技创新能力强、品牌知名度高的新型产业技术研究院。2013年，在原有武汉生物技术研究院、新能源研究院等的基础上，重点依托行业领军企业，推进建设了宜昌磁电子、荆门医药、随州专用汽车、襄阳先进制造、宜昌精细磷化工、人福医药6家产业技术研究院。

四川省积极探索科研院所改革和服务产业创新的体制机制，围绕轨道交通、数字家庭、钒钛、油气、生物医药、环保装备等优势产业和新兴产业发展，企业牵头、市场导向、产学研结合，建立了10家产业技术研究院。

安徽省跟踪调研全省新型研发机构的建设与发展情况，推进产学研用深度合作。协调推进18家产业技术研究院组建并运行，筹建9家技术研究院。中科大先进技术研究院与中科院自动化研究所、计算技术研究所、工程热物理所、电子学研究所以及Intel、微软、阿里巴巴等国际知名企业等共建20家校所、校企合作的联合研发中心、联合实验室。

内蒙古自治区整合创新资源，在各盟市建设一批集产学研用为一体的新型研发机构。在建设主体上，以企业为主体建设；在管理运行模式上，实行理事会领导下的独立法人运行模式；在出资方面，由企业、盟市政府、自治区共同出资筹建；在支持方式上，通过科技重大专项予以重点扶持和引导；在项目选择和实施方面，紧紧围绕重点产业技术需求进行凝练和攻关。

深圳市整合源头创新机构、龙头企业、银行、创投机构、公共服务平台等资源，打通科研成果从实验室到资本市场整个创新链环节。推动设立移动互联网、基因等4个产学研资合作平台，组建联合无线通信技术研发基地、计时技术产业化基地、医学影像产业化基地等32家省部产学研示范基地。

河北省2013年重点组织推广河北沙河玻璃产业研究院、轻金属复合材料技术研究院的建设经验，全省依托企业建设的产业技术研究院达到10家。

广西围绕汽车、机械、有色金属等优势产业，重点推进千亿元产业研发中心建设，集中力量开展产业关键共性技术攻关，建成千亿元产业研发中心23家。

（三）强化科研院校对企业技术创新的源头支持

各地采取合作研究、组建协同创新组织、开展大学科学园建设、建立科技特派员制度等多种方式，激发科研院所和高校在创新技术供给方面的活力。

1. 协同创新中心建设

建立协同创新中心是发挥高校对企业技术创新源头支持作用的重要形式之一。辽宁省已认定5个"2011省级协同创新中心"，涵盖高端医疗影像、重大装备制造、通用飞机设计、精细化工等重点领域。吉林省教育厅与省财政厅2012年联合组建了"吉林省光电子重大需求协同创新中心"等6个吉林省重大需求协同创新中心。

2. 企业院士工作站建设

利用院士工作站制度达到院士软引进获取合作创新资源的目的成为很多地区，尤其是中西部地区和经济不发达省市的重要举措。山东省在全国率先推出企业院士工作站建设工程，累计有院士1200人（次）进站开展各种形式的咨询服务和创新活动，参与解决技术难题及转化相关成果3600多项。广西2013年启动院士工作站建设申报工作，认定第一批广西院士工作站60家，其中企业建立的院士工作站有25家，有指导院士34位，为院士服务广西经济社会发展搭建了工作平台。吉林省相继建成13个院士工作站，共引进两院院士30多位，建站单位与院士签订合作项目30余项。河北省建设院士工作站105家，进站合作院士达到357位。

3. 鼓励高校创新创业和成果转化

发挥大学在技术创新中的源头作用，既包括大学创新成果的产业化，也包括发挥大学在基础研究、教育培训等方面的优势。辽宁省将技术转移成效和创办科技型企业纳入高等学校和校长业绩评价体系，2013年以来省内高校有377名科研人员因技术应用、成果转化、有效专利而获职称或职务晋升，12人因科技成果转化业绩突出而破格晋升。山东省鼓励和支持科研人员在企业与科研院所、高等院校之间双向兼职和流动，规定在鲁高等学校、科研院所职务发明成果的所得收益，按至少60%、最多95%的比例划归参与研发的科技人员及其团队所有。湖北定期发布"高校、科研机构服务湖北经济社会发展排行榜"、"市州吸纳技术排行榜"。2013年由高校、科研院所向企业转移转化的成果交易金额近100亿元。天津市在南开大学等8所高校建设了8个科技成果转化中心，促进1000项以上科技成果向企业转移转化。江苏省形成"产学研合作成果展示洽谈会"、"跨国技术转移大会"两大工作品牌，组建"校企联盟"超过8000个，每年实施产学研合作项目超过1万项。

4. 科技特派员队伍建设

科技特派员作为联结知识创新、技术创新和产业化的桥梁，是产学研合作创新的一种有效形式。天津市2013年从全市高校中选派了408名科技特派员，派驻到相关领域企业。江苏省注重优化科技力量布局，加大"科技镇长团"组织力度，三年累计选派1514位专家教授到乡镇、街道、开发区任职。在全国首创研究生工作站，引导1万多名硕士、博士生到生产一线实践。8万多名专家教授常年活跃在基层和企业，为企业技术创新提供了源头支撑。湖南省出台了《关于实施"企业科技特派专家行动计划"的意见》，首批选派48名企业科技特派专家入驻企业开展技术创新服务。48家企业在特派专家的主导下，攻克了149项核心关键技术，开发了 118 项新产品。广东省支持科技企业开展"省部企业科技特派员行动计划"。利用省部产学研合作平台，从国家重点建设高校和国内重点科研机构中选派专家、教授，到全省民营科技企业蹲点挂职，为企业和产业提升开展全方位的科技服务，2013 年共新增企业科技特派员 555 名，累计派驻企业的科技特派员达到 7291 名。重庆市引导高校和科研院所向企业开放科技资源，先后启动实施"双十百千"科技特派员创业服务行动、"企业科技特派员——百人计划行动"和"企业科技特派员市区（县）联动试点项目"，推动科技人员"下乡入园进企"。贵州省科技厅重点针对产业园区企业发展需求，实施"百千万科技特派员进园区、驻企业行动"，2012 年企业科技特派员服务企业 293 个，仅帮助企业开发新产品一项就帮助企业新增产值 3.06 亿元。深圳市截至 2013 年 10 月，共有来自 132 所高校和科研院所的 1231 名科技特派员入驻企业，为企业技术升级与改造提供了强大的智力支撑。

三、改善企业技术创新服务

各地在技术创新服务平台建设、人才队伍建设、促进科技资源共享等方面，不断创新服务方式，提升服务水平，着力改善面向企业的技术创新服务，取得良好的经济和社会效益。

（一）加强技术创新服务平台建设

各地通过加强区域性公共科技平台、科技中介服务机构的建设，面向企业提供形式多样的技术创新服务。

上海市发布《关于进一步推进区县研发公共服务平台建设的指导意见》，通过"服务、政策、资金"三位一体推进平台市区联动工作。目前共有 13 个区县相继出台了鼓励平台建设的政策，打造"创业苗圃+孵化器+加速器"的孵化服务链。全市累计建设创业苗圃 59 家，培育苗圃项目 3236 个，其中 1458 个项目已经成立公司，育成率达 45%。整合社会化创业服务力量，通过引导多元资本参与载体建设，基本形成服务链延伸、共享商务服务、技术平台支撑、产业集聚、天使投资等多种模式，加速社会化创新创业群体的成长，累计服务科技型中小企业达 20000 余家次。

广东省连续 3 年组织实施"促进科技服务业发展专项计划"，累计安排科技项目经费超过 1 亿元，支持项目超过 500 项，在全省各地扶持建设一批园区科技服务机构、专业化科技服务平台、行业科技服务平台等，范围涵盖检验检测、技术创新、工业设计、企业融资、信息资源等中小企业热点服务需求领域。搭建专业镇技术创新网站、专业镇发展促进会网站以及省技术创新支援中心网站等交流沟通平台，主动向中小微企业传递政策信息、展示科技成果、提供行业（企业）动态、明确相关办事流程等，为中小微企业提供了便捷快速的服务。

安徽省推进"合芜蚌试验区科技创新公共服务中心"，建设综合性科技服务体系。服务中心以展示、转化、交易、服务四大功能为核心，着力建设两大展示平台、两大政务窗口、五大公用技术和科技服务平台、科技金融广场等功能平台。

湖北省建设完善科技创业服务体系和创新创业平台。建立"孵化器+加速器+产业园"的创业服务链，为科技人员提供创业导师、创业辅导、创业培训等全方位服务。鼓励高校允许全日制在校学生休学创业，学生创业实践可视其参加实习实训教育，创业之后可重返学校完成学业。

黑龙江省搭建"科技成果招商及转化对接活动信息发布平台"，通过网络平台面向社会征集优秀科技成果、各地产业需求，发布优惠政策、科技成果招商信息，有效地推动了一大批优秀科技成果实现落地转化。依托哈尔滨、大庆、齐齐哈尔三个国家级高新区，促进科研机构、大学与企业联合建立创新机构及转化平台。在哈尔滨科技创新城建成科技创新创业大厦，将新兴产业研发、科技资源共享、科技成果转化、科技企业孵化、科技金融投资、知识产权创造、创新战略联盟、国际交流合作等服务进行高度集成，为全省企业提供综合性专业服务。

云南省建设"一园两基地"区域科技中心和科技创新与技术转移基地，云南科技创新园建设纳入省2013年桥头堡建设重点项目。"研发创新与技术学术交流基地"总体规划于2013年3月经玉溪市政府批准实施；"成果孵化转化与科技总部基地"列入2013年全省"三个一百"重点建设项目计划和全省"产业建设年"督查项目。

广西通过联盟体系整合创新资源，围绕广西千亿元产业和战略性新兴产业创新需求，开展以企业知识产权战略、专利转化、专利预警为核心的知识产权服务，重点服务广西中小企业。

（二）促进企业创新人才队伍建设

各地着力完善人才政策，实施各类人才工程，推动体制机制创新，为创新人才搭建优良的发展平台，支持企业引进海外高层次人才，凝聚高端领军人才和创新团队，培养工程技术人才和技能人才，为企业创新发展提供智力支持。

重庆市积极引导高校和科研院所向企业开放科技资源，实施科技人才"双千计划"、"百名杰出科技领军人才培养计划"和"巴渝科技创新人才工程"等人才培养重点工程，建设"海外高层次人才创新创业基地"和举办"国际知名研发机构重庆行动"，支持企业培养和引进高端人才。

深圳市以科技计划和重大工程为平台，以产业技术创新战略联盟和产学研合作项目为纽带，建设一批工程创新实训基地，实施专业技术人才知识更新工程，加快培养经济社会发展重点领域紧缺专门人才。实施"优秀工程师培养计划",加快工程教育和工程师资格的深港互认进程,培养专业化、国际化、复合型工程技术人才队伍。以服务科研开发为目标,培养具有较高专业技能的科研支撑人员;着眼产业技术发展需求,培养了解产业科技前沿和市场需求的信息分析专门人才;围绕提高创业服务水平,培养一批人事代理、人才测评、就业指导等方面的专门人才。深圳市设立产业发展和创新人才奖,激励创新人才留在企业。实施人才安居工程计划,吸引高层次人才团队到企业工作。对符合条件的创新人才提供经济适用住房、廉租住房或者安居自主,使企业创新人才可以享受到与国有单位人员一样的住房优惠政策。

辽宁省积极引进海外高水平研发团队。2012~2013年,实施引进海外研发团队项目210项,引进海外研发人员600余人,培养高层次研发人才700余人,有91个项目成功研发出达到国际前沿技术水平或填补国内空白的新产品。56%的海外并购企业聘请了国际顶尖技术或管理人才及团队,有力促进了企业技术水平和管理水平的双提升。

黑龙江省通过发挥大学、科技园区对外合作渠道优势加强海外高层次人才的引进。2012年哈工大、哈工程、哈医大、哈尔滨高新区创业园及大庆海外留学创业园5家单位,成功引进27位创新创业海外高层次人才。黑龙江大学、省科学院石化院和东金集团三个国家级国际科技合作基地平均引进海外高层次人才5人。黑龙江省支持"千人计划"、"长江学者"等高端人才领办、创办中小微科技型企业。对领办、创办企业的"千人计划"和"长江学者"等高端人才,分别提供200万元、100万元一次性补助;建立了"黑龙江省创新人才推进计划项目储备库"。

山东省实施高端科技人才培养工程。把重大科技项目实施、创新平台建设、主导产业培育与高端人才的引进培养紧密结合起来,实施"泰山学者建设工程"、"创新团队建设工程"和"泰山学者药学特聘专家提升行动",加大省杰出青年基金、省自然科学基金、省中青年科学家科研奖励基金的支持力度,促使中青年优秀人才脱颖而出。

上海市建立了"千人计划"科技事业发展专窗,为海外高层次专家提供科技事业发展支持。服务专窗除了"人性化、定制化"服务以外,根据"千人专家"特殊需求,提供"一对一"的专业服务。

(三)推动科技资源开放共享

各地利用信息技术和政策手段,促进科技资源的开放共享,使科技资源得到充分利用,实现社会利益最大化。

北京市与25家中央在京单位和北京市属单位共建首都科技条件平台,通过市场化的制度安排,引导高校、院所、企业自愿开放科研仪器设备、科学数据、科技文献、自然科技资源、网络科技环境等科技资源。

浙江省整合现有科技创新服务平台，为量大面广的中小企业提供研发设计、技术咨询、检验检测等服务。全省71个科技创新服务平台整合科研设备设施价值达56亿元，加入平台服务层的企业达39000多家。截至2012年底，累计共提供检测服务约193万次，服务收入约13.3亿元。举办和参与组织各类技术咨询、学术交流会议9300余场次，接受咨询达148余万人次。

湖北省2013年开展了科技基础条件资源调查工作，对全省省属20家高校、126个科研院所的大型科学仪器、自然科技资源、科学实验基地等数据进行调查。湖北省重点支持科技信息平台和大型科学仪器共享平台建设，编制了《2010~2012年湖北省大型科学仪器协作共用情况白皮书》，启动信息平台功能系统升级改造和大型科学仪器状态发布系统建设。

甘肃省在整合原有专家库、成果库、大型仪器等条件平台基础上，整合了科技文献、科技成果、技术交易、科学仪器、创新人才等科技创新资源，启动建设"甘肃省科技创新公共服务平台"，形成了"一站式"服务窗口，有效促进科技资源在全社会的高效配置和共享利用，为区域科技创新提供强有力的支撑。

安徽省建立财政科技资金购买仪器设备审查机制，建立重大科学仪器设备利用率调查制度。对企业利用外单位仪器设备开发新产品、新技术，省及市（县）分别按其年度实际使用费的20%补助；对高等学校、科研院所和大企业对外开放科研仪器设备，为中小企业服务的，省及市（县）分别按其年度实际收入的20%补助。

山东省自2006年开始设立专项激励资金，对仪器设备开放共享中做出突出贡献的单位和个人给予奖励，通过以奖代补，以小投入撬动大资源，有力推动了仪器资源开放共享。

（四）加强成果转化服务载体建设

各地加强成果转化服务平台、孵化器建设等各类科技成果转化服务载体建设，创新服务模式，提升服务水平，促进科技成果转化和产业化。

湖北省90%以上的省级以上孵化器设立了面向在孵企业的统一服务窗口；95%以上的省级以上孵化器为在孵企业提供公共会议室、共享设施等公共服务；82.5%的孵化器建设有大型仪器共享、科技信息共享、产学研合作以及其他技术服务平台；67.5%的省级以上孵化器自身设有投融资平台；近半数以上的孵化器提供技术交易等增值服务。

大连市在国内率先探索了官助民办的孵化体制和"二次孵化"、"虚拟孵化"的理论创新与实践，启动了国际虚拟孵化器建设。

黑龙江省建立政府搭台、院所创新和企业转化三位一体的螺旋上升架构，搭建"科技成果招商及转化对接活动信息发布平台",加速一批重大科技成果的转化及产业化。

青岛市技术交易市场和技术交易网络信息服务平台(一厅一网)建成投入试运行,逐步形成科技成果网上交易网下对接相结合,技术、资金、人才相融合,具有交易、交流、服务、融资功能的综合性区域技术交易中心。

福建省依托"6·18"、北京科博会等平台,成功举办"第七届海西科技论坛"、"福建省高新园区推介及项目招商会"等多场对接活动,对接项目成果,促进成果转化。

四、完善企业技术创新政策环境

各地根据本地的特点和需求,贯彻落实国家的各项创新政策,努力优化区域创新政策环境,促进企业的技术创新。

(一)加强工作指导推动部门协调

各地党委政府深入贯彻党中央、国务院《关于强化企业技术创新主体地位全面提升企业创新能力的意见》等文件精神,纷纷出台指导本地区企业技术创新工作的纲领性文件。北京市发布《关于强化企业技术创新主体地位全面提升企业创新能力的意见》(京政发〔2013〕28号);湖北省先后出台《关于深化科技体制改革加快创新体系建设的意见》(鄂发〔2013〕4号)和《推进创新湖北建设的实施意见》(鄂发〔2013〕9号);江西省发布《关于进一步加强协同创新提升企业创新能力的实施意见》(赣府发〔2014〕11号);广西壮族自治区发布《强化企业技术创新主体地位全面提升企业创新能力实施方案》(桂政办发〔2014〕12号);甘肃省发布《关于强化企业技术创新主体地位全面提升企业创新能力的实施意见》(甘政发〔2013〕30号);宁夏回族自治区出台《关于加快推进科技创新的若干意见》(宁党发〔2013〕37号)。这些指导文件普遍将强化企业技术创新主体地位作为实施创新驱动战略的核心工作。

各地在党委和政府的领导下,建立了科技、财政、税务、金融、教育等多部门协调配合共同推进企业技术创新工作的有效机制,将工作真正落到实处。四川省科技厅、发展改革委、经济和信息化委、财政厅等20多个省级部门,联合制定了企业创新主体培育、重大科技成果转化、产学研用协同创新、产业创新牵引升级、区域创新发展示范等专项工作推进方案。河北省由科技厅牵头,联合省委组织部等九部门联合出台相关实施办法。吉林省科技厅联合发改委等八部门,共同起草工作方案。

（二）优化企业技术创新法律环境

许多地区通过制定或修订本地区促进自主创新和科技进步的地方法规，确立企业技术创新主体地位，推动自主创新工作的法制化、规范化，着力营造促进企业创新发展的法律环境。

自2011年11月广东省人大常委会通过了国内第一部促进自主创新的地方性法规——《广东省自主创新促进条例》以来，又有许多省市区出台了促进科技创新的地方性法规。2013年9月，江西省人大常委会通过《江西省科技创新促进条例》；2014年1月，辽宁省人大常委会通过了《辽宁省自主创新促进条例》；广州、武汉、贵阳、珠海等也通过了本市的科技创新促进条例。

这些地方性法规在支持企业技术创新方面有许多创新的规定。如《辽宁省自主创新促进条例》在第五章创新保障中，明确规定了一系列支持企业技术创新的措施：省政府设立省首台（套）重大技术装备专项资金，重点用于补助企业研制和示范使用省内首台（套）产品；省、市、县政府设立科技型中小企业技术创新资金；省、市、县政府应当整合财政性科技资金，设立引导性专项资金，通过风险补偿、参股创业投资企业等多种投入方式，引导社会资金投向企业技术创新、高新技术产业和关键技术攻关的中试项目；企业并购境外科技型企业、引进重大技术或者装备，编制引进消化吸收再创新方案并按照方案实施的，政府予以资金补助等。这些规定为企业技术创新活动的顺利开展提供了法律保障。

部分省市积极开展相关地方性法规的修订。《大连市科技进步条例》经辽宁省人大常委会审议批准，2013年8月1日正式施行，新修订的《条例》在加大对企业技术创新支持方面做出一些新的规定。黑龙江省正在修订《黑龙江省科技进步条例》，重点围绕"强化企业技术创新主体地位"完善相应措施。重庆市开展了《重庆市科技投入条例》和《重庆市促进科技成果转化条例》的修订工作，以进一步优化支持企业技术创新的法律环境。

（三）推动企业技术创新政策落实

各地采取多种措施，推动国家现有激励企业技术创新政策的落实，尤其是积极推动企业研发费用加计扣除、高新技术企业税收优惠等政策的落实。

上海市科委加强与相关部门的沟通协调，与市税务局建立了联合工作机制，在全市各区县范围内全面推广企业研发经费加计扣除"一站式"受理流程，优化工作流程。税收优惠的重点从过去的区域优惠为主，向"产业优惠为主，区域优惠为辅"转变，并进一步向自主创新型企业倾斜。

山东省有针对性地对企业进行高新技术企业申报辅导，召开高新技术企业认定管理培训班，邀请省财政、税务和知识产权局的相关人员及专家对高新技术企业申报条件和流程、审计规范及相关优惠政策落实等进行讲解,对企业专利申报实务和高新技术企业申报典型案例进行分析。

湖北省改进税收工作机制和工作方法,多方入手落实税收激励政策。省地税局发布《关于做好企业所得税税收优惠政策管理工作的通知》,对各项税收优惠管理的方式、备案及审批程序及附报资料进行明确。省科技厅会同省国税、地税部门联合出台《关于企业研究开发项目鉴定等问题的通知》,对企业研究开发费加计扣除政策执行过程中的共性问题进行明确,为企业研究开发费加计扣除政策具体实施提供了依据。

江西省科技厅会同两税部门赴上海等地就加计扣除政策进行调研,起草了《江西省企业研究开发费用税前加计扣除操作办法》。近年来在开展科技创新政策的顶层设计制定过程中,重点把加计扣除等政策列入相关政策法规条例中,并组织开展大范围、多层次的加计扣除等政策的宣传普及工作。

在各地政府的努力下,有关创新税收优惠政策落实力度不断加大,各地因研发费用税前加计扣除等政策落实的受惠额逐年增加,受益面逐渐扩大(见表3-3)。

表3-3 部分地区企业研发费用税前加计扣除情况

地区	研发费用税前加计扣除额(亿元)	享受企业数(家)
北京	82.60	2500
河北	27.00	564
黑龙江	16.47	117
上海	234.83	4092
安徽	23.96	—
福建	29.88	—
山东	9.32	—
河南	44.14	—
湖北	74.20	—
云南	2.34	—
青海	4.96	—
厦门	14.80	315
深圳	191.70	1338
新疆兵团	1.54	115

资料来源:根据各省区市报送科技部的贯彻落实《国务院办公厅关于强化企业技术创新主体地位全面提升企业创新能力的意见》推进企业技术创新工作年度进展情况的报告整理。

(四)加强对企业技术创新的金融支持

各地通过发展创业投资、加强科技金融机构建设、培育科技企业上市、开展融资担保、科技保险、知识产权质押贷款等方式，创新科技与金融结合形式，拓展企业投融资渠道，为企业技术创新提供金融服务，着力解决企业技术创新特别是科技型中小企业的融资问题，支持企业的创新发展。

山东省科技风险投资资金以股权投资形式向科技型中小企业和高新技术企业提供权益资本，累计安排资金14752万元。成立了省科技融资担保公司，先后与交通银行、招商银行、齐鲁银行、省再担保集团等金融机构开展战略合作，对省自主创新成果转化重大专项、省自主创新专项资金等重大计划项目给予连续支持。2013年，全省110多家企业办理了知识产权质押贷款，累计融资和银行授信超过11亿元。积极培育上市资源，争取济南、潍坊、威海高新区申请中关村科技园区代办股份转让试点资格，确定39家科技型中小企业列入创业板上市重点培育企业名单，促进高成长性中小企业发展。

青岛市设立天使投资引导资金，采取"阶段出资、跟进投资、风险补助"等方式，引导社会资本支持初创期科技小微企业。推进科技与金融深度融合，加快构建"拨、投、贷、转"科技金融服务体系。市财政注资1亿元组建政策性科技融资担保公司——青岛高创科技融资担保有限公司，推出知识产权质押组合担保、天使投资投贷联保等七大系列的科技信贷担保产品，为科技型企业担保贷款。加强两级联动，吸引金融机构、社会资本参与，加快共建科技信贷风险准备金池工作，进一步放大财政科技资金，实现准备金池对各区（市）的全覆盖。2013年，与17家银行、6家担保机构合作，会同区市共建了9个科技信贷风险准备金池，总规模1.35亿元，实现财政资金37倍放大效应，为68家企业提供贷款7.5亿元。

广东省制定出台了《关于促进科技和金融结合的实施意见》等多个政策文件。支持发展新型科技金融机构，成立了中行番禺科技支行和东莞银行松山湖科技支行两家面向科技型企业的金融服务专营机构。先后与招商银行、光大银行、兴业银行、中国银行、中国出口信用保险公司等10多家银行建立全面合作关系，支持科技型企业的信贷融资。广东粤科金融集团完成了工商登记变更，设立粤科科技小额贷款和粤科科技融资担保公司，积极开展集团融资租赁、知识产权评估与交易、科技金融产业园等业务，形成科技金融产业发展的一体化效应，打造政策性科技金融服务集团。省生产力促进中心成立"广东省科技型中小企业投融资服务中心"，为全省金融机构、担保机构和科技型中小企业提供政策法规、行业信息、融资需求、贷款项目申报等综合信息服务，帮助企业获得银行贷款和融资。在番禺建立科技金融示范区，加强科技金融示范区基础和配套设施建设，鼓励示范区在企业信用评级机制、"三资融合"、科技支行及财富广场等方面先行先试，推广科技金融示范区发展模式。2012年省科技厅联合广州市科信局、番禺区人民政府，以省、市、区、镇联动方式设立"风险池"资金，对不良贷款所产生的本息损失由"风险池"资金和中行番禺科技支行按比例承担。成立广东华南科技资本研究院，建立企业上市辅导平台。一方面从事科技资本市场、企业资本运营和重点发展领域的行业研究，为企业尤其是拟上市企业提供战略发展的决策参考；另一方面为科技型企业策划和设计上市方案，推动企业走向国内外资本市场。

江苏省设立首期2亿元的省级天使投资引导资金，创投管理资金规模达1256亿元。江苏省建立科技、金融、财政部门与"一行三局"联动机制，启动建设15个省级科技金融合作创新示范区。加大机制创新力度，新设29家科技支行、63家科技小贷公司，在全国率先实现省辖市和高新区"全覆盖"。

安徽省创业引导基金总规模达57亿元，省及合、芜、蚌三市参股的创业投资基金共投资126个项目，总投资额42.6元。安徽省配合省金融办等部门，推动区域性股权交易市场建设，股权托管交易中心顺利建成并开业试运行。

宁波市成立了科技金融服务中心和宁波市天使投资引导基金有限公司，引进举办"黑马大赛"、"中国创业大赛"等多个有影响力的天使项目对接平台，为天使投资机构、天使投资人以及创业项目搭建了相互交流沟通、合作对接和资源共享的天使投资平台，成立了由美国K4天使投资集团和浙江蓝源投资管理有限公司共同筹建的"宁波市天使投资俱乐部"，加快打造"天使之城"创业氛围。

陕西省建设科技金融超市和科技金融服务中心，为科技型企业融资提供全程化服务。启动了全省科技金融信息服务平台建设，平台涵盖科技金融数据中心、科技金融应用服务系统、科技金融管理系统和业务接口、科技金融服务平台门户四部分，启动了400科技企业融资服务热线，开通了400科技企业融资热线，为科技型企业提供全面、专业化融资服务。

（五）营造知识产权工作环境

各地将知识产权战略作为促进企业技术创新的核心战略，开展知识产权优势企业培育、鼓励企业参与技术标准制修订、加强专利奖励等工作，引导企业强化专利意识，加强专利保护，利用专利资源，提高竞争能力。

黑龙江省重点资助企业申请和实施国内外发明专利，支持重大发明专利的产业化。强化企业创新的知识产权导向，将拥有发明专利作为企业申请产业结构调整专项资金的重要立项依据。鼓励有条件的企业、科研院所、高等院校和行业组织等积极参与制定国际标准、国家标准，对牵头制定并被确定为国家或国际标准的企业、科研院所、高等院校和行业组织等给予10万元的奖励。

江西省提出"专利翻番"计划，启动实施知识产权富民强县和专利产业化两个专项，积极推进知识产权管理等"四大体系"建设，加强专利行政执法和维权援助信息服务，培育知识产权优势园区和企业，不断加大知识产权宣传，进一步推进了知识产权创造、运用、保护、管理和服务等工作。

山东省建立了10个国家级知识产权维权援助中心，4个国家级专利技术展示交易平台，专利代理机构发展到33家。

广西将专利工作和科技企业孵化器建设工作纳入自治区党委政府对各市和相关部门的绩效考评内容。开展"发明专利扫零"活动，鼓励企业以专利权转让方式从自治区外引进发明专利并消化吸收再创新，鼓励和支持企业向国外申请知识产权，涌现出一批知识产权优势企业。

青岛市深入开展企业发明专利清零服务，支持拥有自主知识产权的优势企业主持或参与各类技术标准的制修订。2013年，新设13个专利保护基地，帮助企业开展专利维权工作。加强专利执法，登记专利标记500多件，立案查处100起，处理专利侵权案件27起，有效维护了正常市场秩序，保护了专利权人的合法权益。

总之，自国务院办公厅印发《关于强化企业技术创新主体地位全面提升企业创新能力的意见》以来，各地在促进企业技术创新方面，目标更加明确、方案更加具体，政策更为有力，企业技术创新的政策环境日益完善，企业技术创新成效也更加明显。

第四章 产业技术创新战略联盟的组织和运行

近年来，我国产学研合作正在向深度融合发展，其中以企业为主导的产业技术创新战略联盟是产学研深度融合与协同创新的重要形式之一。与其他形式的产学研合作相比，产业技术创新战略联盟的组织形式更加规范，合作机制更加稳定，更能适应产业技术创新的需要。

本章以参加科技部等部门联合推进的产业技术创新战略联盟试点工作的联盟为研究对象，总结产业技术创新战略联盟的组织和运行的内在规律，为产学研各类行为主体参与产业技术创新战略联盟建设提供借鉴和参考。

一、概念与类型

（一）产业技术创新战略联盟的概念内涵

基于共同目标而结合的力量或组织，都可称为联盟。联盟的类型多种多样，有国家间的政治经济联盟，如欧洲联盟、非洲联盟、东南亚国家联盟等；有以扩大市场为目标的联盟，如价格联盟、营销联盟、服务联盟、广告联盟等；有同一个行业内产学研多方形成的产业联盟，包括合作研发联盟、市场合作联盟、技术标准联盟等。产业技术创新战略联盟是众多联盟类型中的一类，是以合作研发产业共性关键技术，提高产业竞争力为目标而形成的战略性联盟。下面在梳理联盟相关概念的基础上，对产业技术创新战略联盟的概念内涵进行阐述。

1. 相关概念

联盟一般指两个以上的主体联合在一起，为了共同的目标而建立的集合。联盟一般多指国与国之间出于政治目的合作关系，后来用在经济领域，指企业与其他主体间的合作关系。从经济意义看，联盟具有如下核心特征：

（1）经济主体之间为了实现战略性目的而达成的长期合作的制度安排。

（2）介于市场与企业之间，具有拟市场与拟企业的性质的组织。联盟成员间是介于市场与合并之间的关系，超出了一般的市场交易关系，但保持各自的独立，不存在相互隶属的关系。

（3）具有由契约或履约监管机制保障的规范健全的权益安排机制。

技术联盟是指两个或两个以上具有独立法人地位的主体联合起来，致力于某项技术或产品研发的组织。一般来说，技术联盟通常指企业之间构建的联盟。

战略联盟指的是由两个或两个以上有着共同战略利益和对等实力的主体或组织，为达到某些共同的战略目标，通过各种协议、契约而结成的优势互补或优势相长、风险共担的合作关系。这种合作是主体或组织为了现实生存或长远发展的需要而采取的行动，具有明确的战略意图和目标，有一定的稳定性，但在时间上不一定是永久的，也可能是一段时期的。

2. 产业技术创新战略联盟的定义

基于上述几个相关概念，结合实践探索，可以将产业技术创新战略联盟定义为：产业技术创新战略联盟（以下简称联盟）是指由企业、大学、科研机构或其他组织机构，以企业的发展需求和各方的共同利益为基础，以提升产业技术创新能力为目标，以具有法律约束力的契约为保障，形成的联合开发、优势互补、利益共享、风险共担的技术创新合作组织。

产业技术创新战略联盟具有一般联盟的共性特征，也有其独特的内涵。主要包含两方面的核心含义：一方面，产业技术创新战略联盟是围绕产业技术创新链构建的战略联盟。以产业技术创新为目标，通过技术创新活动将链条上下游的创新主体连接起来，体现各主体在整个创新过程中相互衔接、合作和传递的关系，使知识和技术在链式结构中得以流动、转化和增值。产业技术创新战略联盟实质就是产学研各方围绕产业技术创新链在战略层面建立的持续稳定的合作关系。另一方面，产业技术创新战略联盟是构建技术创新体系的重要组织载体，是探索建立联合开发、优势互补、成果共享、风险共担的产学研用合作机制的重要途径。通过组建联盟来加强产学研结合的组织化和制度化程度，有利于集成产学研各方优势，针对国家重点产业发展的迫切需求和技术瓶颈，实现共性关键技术与核心技术的突破，加快技术创新成果的商业化运用，推动产业技术进步和核心竞争力的提升。

3. 产业技术创新战略联盟的意义

产业技术创新战略联盟是产学研利益共同体，如引导得当，也能体现国家重点产业长远发展的利益，符合国家战略目标。在实施国家技术创新工程中，政府部门将发展产业技术创新战略联盟作为一项重要任务，选择部分产业技术创新战略联盟开展试点示范，以国家战略产业和区域支柱产业的技术创新需求为导向，以形成产业核心竞争力为目标，以企业为主体，围绕产业技术创新链，运用市场机制集聚创新资源，实现企业、大学和科研机构等在战略层面有效结合，共同突破产业发展的技术瓶颈。

因此，推动产业技术创新战略联盟构建和发展，是整合产业技术创新资源、引导创新要素向企业集聚的迫切要求，是促进产业技术集成创新、提高产业技术创新能力、提升产业核心竞争力的有效途径。引导和支持产业技术创新战略联盟组建，是深化科技体制改革，调整科技工作思路，改革和完善科技计划组织实施机制，创新政府对企业技术创新支持方式，提升企业技术创新能力的重要举措。

（二）产业技术创新战略联盟的基本特征

1. 以提升产业技术创新能力为目标

联盟开展的技术创新活动应体现产业的重大技术创新需求，有利于推动相关产业实现重大技术突破，形成产业核心技术标准，支撑和引领产业技术创新。联盟开展的技术创新活动应具有较强的产业带动作用，有利于集聚创新资源，打造产业技术创新链。联盟的技术创新任务应有利于解决产业发展的关键和共性技术问题，提升产业核心竞争力，促进产业结构优化升级。

联盟应围绕以下几方面任务开展工作：组织企业、大学和科研机构等围绕产业技术创新的关键问题，开展技术合作，突破产业发展的关键核心技术，形成重要的产业技术标准；建立公共技术平台，实现创新资源的有效分工与合理衔接，实行知识产权共享；实施技术转移转化，加速科技成果的商业化运用，提升产业整体竞争力；联合培养人才，加强人员的交流互动，为产业持续创新提供人才支撑。

2. 产学研联合创新组织

产业技术创新战略联盟是开展技术创新活动的联合体，由企业、大学和科研机构等多个独立法人组成。企业是推动产业发展的主要力量，大学、科研机构在产业技术进步中发挥引领作用，其他相关组织根据产业技术创新的需要作为联盟成员发挥相应作用。

由于产业技术创新战略联盟承担的任务和使命是突破产业共性和关键核心技术，其构成主要是创新链上有实力的产学研用各方的独立法人，如果构成中只有自然人、法人的分支机构，或者只有企业或大学、科研机构，则不足以发挥推动产业技术实现创新的作用，不符合产业技术创新战略联盟构成的组织要件。

3. 具有战略性合作关系

产业技术创新战略联盟是一种战略性的合作关系，是成员为了自身的生存和发展而进行的整体性、长远性、基本性的谋划，并在合作期间实现共赢的一种合作方式。这种成员方基于高度信任形成的共享竞争优势和利益的战略性的协同发展关系，能对产业发展产生重大影响，并对合作各方具有深远的意义。构建战略性合作关系，需要建立决策、咨询和执行等组织机构，以良好的运行机制作为保障。

产业技术创新战略联盟组建应符合以下条件：设立决策、咨询和执行等组织机构，建立有效的决策与执行机制，明确联盟对外承担责任的主体。联盟执行机构应配备专职人员，负责有关日常事务；健全经费管理制度，对联盟经费要制定相应的内部管理办法，并建立经费使用的内部监督机制。联盟可委托常设机构的依托单位管理联盟经费，政府资助经费的使用要按照相关规定接受有关部门的监督；建立利益保障机制，联盟研发项目产生的成果和知识产权应事先通过协议明确权利归属、许可使用和转化收益分配的办法，要强化违约责任追究，保护联盟成员的合法权益。

（三）产业技术创新战略联盟的主要类型

企业是组建产业技术创新战略联盟的主体，联盟的合作创新直接由企业的特征决定。依据核心成员企业的性质可以划分不同类型的联盟。

1. 划分依据

通过对部分试点联盟的调研发现，核心企业成员的行业市场集中度、在产品市场上的关系、实力对比这三个因素，对于产业技术创新的推动、联盟运行的协调成本和联盟的治理结构，具有非常重要的影响。可按照这三个因素进行分类。

（1）行业市场集中度。**市场集中度**[①]衡量联盟核心企业所在行业的市场结构集中程度，是指某一特定市场中少数最大企业（通常取前四位或前八位）所占的市场份额，一般来讲市场集中度越高，少数大企业的市场支配力越大，市场垄断程度越高、竞争程度越低。产业技术创新战略联盟一般都包含行业内排名前几位的企业，它们的市场支配力不同，联盟对产业技术创新的影响力也会不同。政府对联盟的支持方式和力度也应有所不同。

[①] "市场集中度"与"产业集中度"同为衡量集中度的指标，差别在于视角的不同，市场集中度站在企业的视角看企业的市场支配力，而产业集中度则从产业视角看该产业的结构。在学术文献中产业集中度是指某一行业所生产的某种产品按产量排序处于前几位（一般为前四位）的几家企业的产量之和与该行业该种产品的总产量之比，是用于衡量某个产业竞争性和垄断性的最常用指标。

(2) 成员的市场关系。核心企业成员在市场上的关系,指的是核心企业成员在产品或服务市场上,是相互竞争的关系,还是互补关系。① 在产品市场上的关系是互补还是竞争,决定了联盟合作研发的协调成本,也能够看出市场机制在推动合作中的影响。如果是竞争性关系,协调成本更高些;如果是互补性关系,合作研发更容易受到利益的驱动,市场机制发挥的作用更突出。

(3) 成员间实力差距。企业实力主要由财力、生产能力、技术水平、管理水平、销售能力等因素决定;高校和科研机构实力的影响因素包括科研经费资源、人力资源、学术资源等。成员间实力不同,在联盟组织运行中影响力、话语权等会相应不同。核心成员企业实力相当还是相差悬殊,联盟的理事(长)单位是一枝独大还是群雄并进,决定联盟治理结构的差异。如果实力相当,谁也不能确立相对强势的地位,那么在联盟运行中交易成本可能比较高;有的联盟因为企业成员实力相当,企业做盟主可能会导致联盟创新行为向私利倾斜,所以由具有公益性质的科研机构或大学牵头做盟主。

2. 八种理论类型

根据以上所述的三个角度,组合在一起可以概括为八种类型②(见图4-1),介于它们之间的,是若干个其他类型。

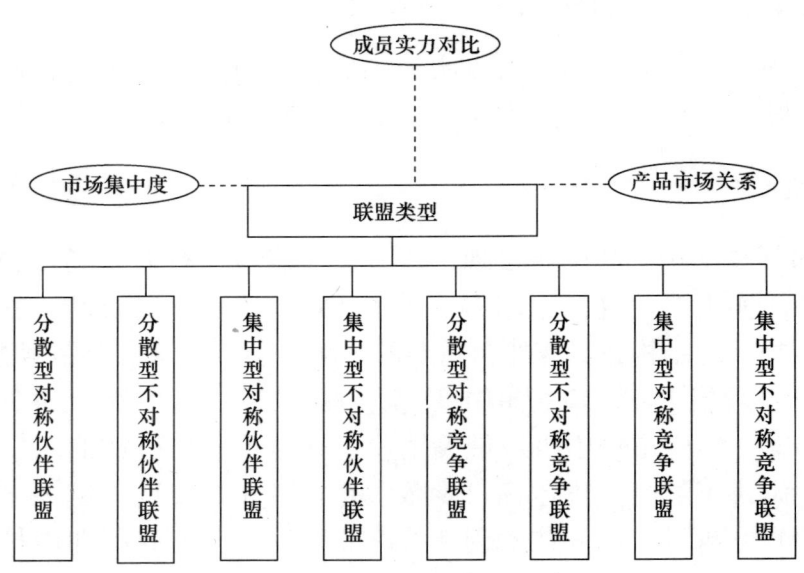

图4-1 产业技术创新战略联盟的八种理论类型

---

① 用"互补"一词来指代非竞争关系,包括产业链上下游之间的关系、产品市场上关联度较小的关系。
② 集中型和分散型表示市场集中度的两个极端;对称和不对称表示成员实力从相当到悬殊,对称和不对称一般形容两方关系,但本书用这两个词来近似描述多个成员实力对比的两种极端情况;伙伴和竞争近似地表示企业成员在产品市场上的互补或竞争关系。

有些联盟类型只是由理论推理而得出，在现实中不可能或者很少存在。现实中出现较多的是以下五种类型：

（1）集中型对称伙伴联盟。产业集中度很高，由规模较大的企业主导该产业，联盟成员间是互补的关系，成员企业间实力相当，往往是产学研三方的"强强联手"，同时又由一家主导而构成互补关系。

（2）集中型对称竞争联盟。成员企业处于集中垄断市场，它们在产品市场上是竞争关系，成员间实力相当。

（3）集中型不对称伙伴联盟。成员企业处于集中度很高的市场，成员间在产品市场上是互补的，成员间实力相差悬殊。这种联盟一般是核心成员与非竞争关系的大大小小规模不等合作伙伴的联合。

（4）分散型对称竞争联盟。企业处于分散的市场，成员间是竞争关系，成员实力相当。产业集中度低，企业规模实力差距不大，在产品市场上充分竞争，它们与实力相仿的大学或科研机构结成联盟。

（5）分散型不对称竞争联盟。企业处于分散的市场，成员企业之间是竞争关系，成员间的实力相差悬殊。产业集中度低，非常分散，成员企业之间在产品市场是竞争关系，它们与规模各异的大学或科研机构结成联盟。

3. 我国产业技术创新战略联盟的类型

目前我国的产业技术创新战略联盟中，以下五种主要类型都存在。

（1）集中型对称伙伴联盟，如电动汽车联盟，由国资委牵头、16家中央企业组建，尽管几家汽车企业在产品市场上是竞争关系，但东方电气、南车股份、中海油、中航科工、国家电网、中石化、南方电网等合作伙伴的作用主要是在资源整合、上下游产业链和产能配合等方面做好协调工作，共同发展电动汽车。

（2）集中型对称竞争联盟，如维生素产业技术创新战略联盟、抗生素产业技术创新战略联盟，这两个联盟分别由华药集团、石药集团牵头，联合国内27家该领域的优势企业、科研院所组成。其特点是在产品市场上，核心成员企业相互竞争，各个成员实力旗鼓相当。

（3）集中型不对称伙伴联盟，比较典型的是煤炭开发利用技术创新战略联盟，由神华集团牵头，联合中国航天科技集团、郑州煤机公司、北京煤机公司、三一重工等上下游大企业，以及上海交大、中国矿大、华北电力大学、煤科总院等知名高校和科研机构，共23家成员单位。神华集团在联盟中处于主导地位，其他成员围绕神华集团为核心，构成互补关系的联盟。

（4）分散型对称竞争联盟最为常见，如由九三集团、阳霖、哈高科及中国农业大学、中国食品发酵工业研究院等国内17家大豆加工企业、大学、科技机构组建成立的大豆加工产业技术创新战略联盟就属于这类联盟。大豆加工产业的市场集中度非常低，虽然联盟中的几家企业是行业翘楚，学研方也实力相当，但市场占有率特别低，它们的年营业额占行业的总营业额只有 2.5% 左右。

（5）分散型不对称竞争联盟，典型代表是半导体照明产业技术创新战略联盟。中国半导体照明产业发展比较快，但是企业规模较小，2010 年，中国半导体照明规模以上企业有 4000 余家。尽管在珠三角、长三角等区域形成了一定规模的产业集聚，但整体而言，该产业仍然是中小企业占主导，这些规模较小的企业联合实力较强的大学和科研机构组建联盟，共同开展合作研发。

二、合作结构与内部治理

为了实现联盟的目标，需要通过制度设计形成适合的组织结构关系，包括联盟的合作结构和内部治理结构。前者指联盟成员之间的相互关系；后者指联盟的组织管理。

（一）以契约为基础的合作

联盟能否成功与所选择的合作结构是紧密相关的，适合的合作结构能够在最大程度上提高联盟成功的概率。目前大多数关于联盟合作结构研究的分类是合约式联盟和股权式联盟。其中合约式结构可以进一步细分为单边合约与双边合约模式，股权式结构可以划分为单边持股、相互持股及合资企业三种类型。此外还有很多种联盟合作结构的分类方法。概括而言，大体是按照合作程度的大小，分为契约式、股权式、合资式等类型。

契约式联盟通常更符合合作创新组织模式的本质，股权式合作往往意味着企业之间相互持股的关系，对于产学研用各方主体都包含的联盟来说，股权式合作存在诸多困难，而且股权式合作往往带来垂直或横向的一体化，或者产生独立的经济实体，合作创新活动又被内化为企业内部活动，与联盟的开放性、动态性特征不符，也不适合产业技术创新的需要。建立在契约关系基础上的产业技术创新战略联盟更有利于保证合作各方共享资源、优势互补、相互信任、相对独立。

契约是两个或以上主体签署的具有法律约束力的协议，各方在平等自愿的基础上，享有约定的权利、承担相应的义务。在现实中，契约是不完全的，无时不在修改或重新协商之中。契约包含几个特征：第一，许诺。契约是当事人之间的一种合意过程。这种合意构成了双方当事人追求利益最大化的共同基础。这种合意是通过双方许诺而形成的。许诺就是要承担相当或相应的责任和义务。第二，信赖。信赖有两层含义：对在相互承诺的合意活动中求得一个价值最大化这一预期结果的信赖；对对方为保证这种预期结果愿意承担义务而且能够承担义务的信赖。第三，义务。承担义务即是遵守承诺。一方当事人应对合理信赖其言行的对方当事人负责。如果一方当事人知或可得而知其行为将使他方产生合理的期待，则他方就必须负责实现这些期待。[①]

产业技术创新战略联盟是独立的市场主体之间在信任基础上以契约为纽带建立起来的一种契约关系。联盟的契约是联盟成员之间通过共同协商、谈判而达成的权利义务关系，是成员签订的具有法律效力的协议（见图4-2）。

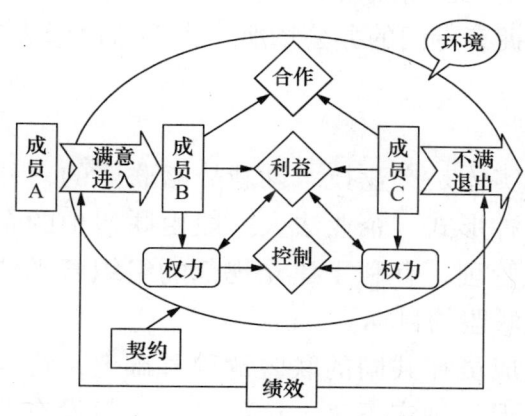

图4-2 产业技术创新战略联盟的契约关系

1. 由协议约束的契约形式

契约型联盟本身是一个动态开放的体系，是一种相对松散的联盟成员间的协作形式。联盟全体成员签署联盟协议，约定各自的权利、责任或义务。联盟协议通常比较原则，契约的完备程度较低。在联盟协议之下，针对具体的研发活动、成果收益分享等再制定细则或者签订项目协议，来约束各自的行为。协议的原则体现公平性和权利义务对称。联盟成员按约定投入资金、人才、设备、技术等要素，共享研发成果。

联盟通常选择具有较强实力和号召力的牵头单位作为对外承担责任的主体。牵头单位可以是实力超群的大企业，也可以是行业的"龙头企业"，或者在分散性较强的传统行业中，站在较为中立的立场、有威信力的行业协会或科研单位。

契约式联盟的执行机构，有独立实体的，也有依托牵头单位的。联盟的执行机构带有专职化和灵活性特征。目前中国的产业技术创新战略联盟执行机构大多采用秘书处形式，无论是否独立，但基本上已经实现了专职化，有专门的人员负责联盟工作，有专门的办公场地。专职人员数一方面和联盟规模有关，另一方面与专职化程度有关。专门的办公场所是衡量联盟开展工作情况的一个指标，属于

[①] 《产业技术创新战略联盟契约运用的法律研究》，科技部知识产权事务中心，2009年6月。

联盟的物质投入,和专职人员的人力资本投入一起,构成联盟各成员投入的"专用性资产"。对联盟成员来说,专用性资产投入之后,如果出现机会主义行为,这部分投入将变成"沉没成本",因此对增强联盟信用具有重要意义。根据问卷调查①,54家联盟都设立了专职人员具体负责联盟常设执行机构的运作,64%的联盟秘书处有1~5名专职人员负责工作,半导体照明产业技术创新战略联盟专职人员由51人组成,TD产业技术创新战略联盟有28名专职人员,这两家联盟的专职人员数最多。95%的联盟拥有专门的办公场所,大多数由牵头单位②提供。

2. 法人实体形式

成员出资组建法人实体是产业技术创新战略联盟的一种重要组织形式。包括企业法人、社团法人两种形式。企业法人一般由联盟中的企业成员出资建立。以企业实体形式实现联盟管理,有利于建立规范的组织管理体系,有利于形成顺畅的利益分配机制,实现联盟的目标。

社团法人是由联盟成员在共同的联盟章程基础上,符合社团注册的要求,以非营利性质的社团法人形式确定下来。这种形式一般没有营利性质,有利于联盟的整体运作,成员之间更容易建立相互信任、相互依赖的合作关系。

部分试点联盟建立了实体化的秘书处。如TD产业技术创新战略联盟、集成电路封测产业链技术创新战略联盟,将秘书处独立在牵头单位之外,挂靠行业学会或注册为非营利机构。

(二) 责权平衡的内部治理

与其他组织一样,联盟需要建立相应的内部治理结构。治理结构原是法律用语,意为公司权力机关的设置、运行及权力机关之间的法权关系。现在多指企业管理领域的法人治理结构,是一种对公司进行管理和控制的体系。联盟也是一种组织形式,也需要相应的治理结构。联盟的治理结构是联盟运行管理和控制的责任和权利分布,以及保证联盟有效运转的规则或程序。

大部分产业技术创新战略联盟按照功能设置了理事会、专家委员会和秘书处等,定期选举产生,按期任职。

理事会为联盟的最高权力机构,由联盟成员单位的主要负责人或指定代表人员组成;理事会以会议作为其决策方式,由理事长或副理事长召集和主持,商议决定联盟发展的重要事项。理事长由理事会选举产生,有任期。

专家委员会是联盟理事会的技术决策咨询机构,同时也是联盟集成技术创新

---

① 在科技部政策法规司支持下,先后开展了两次对试点联盟的问卷调查。
② 指联盟的理事长或副理事长单位。

项目的具体执行机构。专家委员会由理事会聘任，成员可以来自于联盟成员单位，也可以外聘国内外行业领域的知名专家学者，有任期。专家委员会可定期或不定期召开会议，形成共识后向理事会提出建议。

秘书处（或办公室）是联盟的常设执行机构。联盟秘书长由理事会选举产生，秘书处工作人员可由联盟成员单位主管科研开发的负责人组成，也有外聘人员。秘书处是理事会和专家委员会的常设办事机构，负责联盟日常事务和项目的协调管理工作。秘书处的工作实现专职化，与兼职工作不同，工作人员全心全力围绕联盟的发展开展工作。

为了有效及时地执行理事会决议，有的联盟在上述组织架构的基础上，增设了由技术负责人直接组成的执行层，例如汽车轻量化技术创新战略联盟，增设了"执行专务层"，由各单位的研究院（技术中心）的院长（主任）组成，可以当场决策，缩短了贯彻理事会决议的程序，节约了时间成本，形成了联盟理事会、专家委员会、秘书处、执行专务四个层面的工作机制，提高了联盟运行的效率。

（三）分散与集中相结合的研发模式

由于合作研发是产业技术创新战略联盟的主要任务，研发组织方式直接影响到合作研发的成效，在此专门探讨联盟在合作研发中的组织管理。

1. 分散式研发与集中式研发

在联盟的创新活动中，合作研发的执行有两种方式：一是分散式研发，成立技术研发小组进行技术攻关，或者由联盟成员分工研发，不同成员负责研究自己占有技术优势的领域。二是集中式研发，也包括两种方式：联盟成立合作实验室或共建研发中心，将各成员的研发人员组织集中到一个地点工作，加强隐性知识的交流；或联盟成员合资成立公司，专注于关键共性技术的研发和推广。

在试点联盟中，目前大多数仍以分散式研发为主；也有如抗生素产业技术创新战略联盟合资成立工程技术中心，开展集中式研发。半导体照明、汽车轻量化、再生资源等联盟建立联合实验室或研发公司。据不完全统计，目前有12家联盟以联盟名义已经申报或者正在申报国家重点实验室或工程技术中心。

2. 立项机制

目前，联盟的技术创新项目主要包括三类：国家科技计划项目、联盟层次的研发项目和成员间的委托研究项目。在立项机制上，国家科技计划项目由联盟理事会根据行业科技发展需求及联盟科技规划，拟定项目，专家技术委员会指导，由理事长单位负责申报，在有关部门立项；联盟层次的研发项目由成员单位根据联盟规划报联盟理事会、专家技术委员会审议立项；成员间委托研究项目由成员单位根据自身需求立项。

联盟技术创新项目立项的基本原则是，突出国家战略目标与行业需求相结合、重点与全面发展相结合、自主创新与集成创新和引进消化吸收再创新相结合，以多样化、多层次的自主研发与开放合作并存的创新模式，共同促进产业共性技术的研发与应用。

3. 项目的组织管理

在组织管理方面，国家科技计划项目、联盟层次研发项目由联盟组织实施，对外整体由联盟理事长单位总负责，联盟理事会全面负责项目组织实施、协调和管理工作。联盟专家技术委员会负责技术评估、咨询、总体目标审定、项目进展和工作质量监督，并组织协调解决重大问题。联盟秘书处负责项目日常管理、监督检查等，协调、指导成员单位执行好项目。承担分项任务的联盟各成员单位负责攻关人员、资金等科技资源的投入；任务负责人是所承担的分项任务的自然人责任主体，具体组织实施。

在具体执行方面，以联盟成员单位为主体，按各自产业领域技术优势承担项目分项任务，成员单位依据分项任务特点组成产学研团队，充分发挥高校前沿和应用基础技术研究与人才培养优势、科研院所开发人才优势与工程化开发能力、企业的先进制造工艺技术、工业化生产能力，建立项目技术研究、工业化生产的产学研机制。

在日常管理方面，坚持严格的管理制度，实施定期检查和年报制度，对课题的执行情况进行动态跟踪管理，确保进度和质量；积极发挥中介机构在科研开发中的作用，对项目的资金、绩效进行评估，并对项目执行开展监督。

在经费投入使用方面，联盟成员单位中企业单位是项目实施经费投入主体，各单位按任务情况及产学研分工合理匹配资金与其他资源。参加单位可积极探索落实多渠道、多元化、多层次的长效投入方式，充分利用地方政府和其他企业以及社会力量资金，集成各方力量投入项目实施，确保项目高质量完成。

在项目利益和责任机制方面，根据国家有关管理办法和联盟协议精神，建立联盟成员单位之间的责任分担机制，理事长单位可据此向有关成员单位追究责任。按照国家有关科技计划项目知识产权管理规定及联盟协议中对知识产权的约定，项目形成的成果及知识产权由承担单位共有，建立成果和知识产权权益分配机制，加强项目共有知识产权保护。建立联盟内国家实验室、工程技术研究中心、企业技术中心面向联盟成员开放机制和资源共享机制，促进项目科学、有序实施。

三、运行机制：利益、责任、信用和共享

联盟的运行机制包括核心机制和外围机制。联盟运行的核心是保障联盟整体利益和各成员的利益，追求共同利益是产业技术创新战略联盟发展的根本动力。当一个组织中的所有成员有相同的利益并分享充分信息时，自发的"合意"将是最有效率的，合意指的是意思一致，达成共识。只有"合意"，组织的每个成员按照自身的利益，才能从他的立场上正确地理解组织的最佳决策。同时，利益和责任是相对称的一体两面，建立起权利和义务匹配的责任机制是保证联盟稳定发展的基石。信用机制和共享机制是联盟运行的"外围"机制，是利益机制和责任机制得以建立和运行的保障和动力。

（一）利益机制：联盟发展的核心

利益是产业技术创新战略联盟运行中的核心要素，是连接联盟成员之间的纽带，利益关系是联盟的核心关系，利益的共享与分配是联盟运行机制的重要内容，贯穿于联盟运行的全过程，贯穿于联盟技术创新活动的全过程，是形成联盟产业技术创新价值链的最直接体现。联盟利益的根本是技术创新价值的分配，包括获取直接好处、潜在技术福利和社会贡献三方面。与一般单一主体的利益不同，产业技术创新战略联盟的利益体现出多主体、多形态、多维度的综合性和复杂性，既有参与主体的共同利益，也有参与主体的个体利益，而且不同主体有不同的利益，不同的主体及其利益既有一致性，也有交错性、冲突性，这种利益形态下的产业技术创新战略联盟是一种利益综合体，处理好利益关系，是联盟持续、稳定运行和发展的关键。

1. 利益来源

联盟利益的来源主要有三类：一是外来收益，主要是来自联盟外部的各种人、财、物的支持，表现为各级政府部门支持的条件建设、人才建设、基地建设，各级科技计划项目等政策性资金支持以及其他非财政科研开发的资金支持；二是联盟对外服务获取的收益，主要来源于技术成果，包括新产品、新工艺、新方法、新装置、专利、著作论文、标准、软件、培养人才、获奖等服务和产业化的收入，也包括合作开发中的知识、技术获取和更新等合作创新产生的超额收益；三是联盟整体收益的增进，由于在产业技术创新链条中形成了企业、大学、科研机构的联合，形成的群体和依托于这个群体的开发平台，为成员单位提供了对外交流合作的空间，联盟通过组织开展产业技术创新，为推进产业技术进步提供技术服务，联盟整体收益得到了增进，各成员也从中获得了实际或潜在的收益。

2. 利益分配

联盟利益分配机制的根本要义是使成员的权利与义务对等。如果能从联盟获得与义务不匹配的权利，将会带来成员之间的冲突。一般来说，联盟有不同类型的成员，有的会明确分类，有的联盟即使不分类，也对不同类型成员给予相应的利益分配权利。因为不同类型的成员，对联盟发展的付出是不一样的，必须加以区分。付出较多的成员，在利益分配中也享有更多的权利。

常见的利益分配模式有三种：一是产出分享模式，指参与合作的所有成员（包括盟主和盟员）按一定的分配比例系数从合作最终的总收益中分得自己应得的一份收益。这是一种利益共享、风险共担的分配模式。二是固定支付模式，指一个成员（一般是盟主）根据其他成员承担的任务，按事先协商好的金额，从合作总收益中支付固定的报酬（可以一次性支付，也可以分次支付），而盟主则享有合作的其余全部剩余，同时也承担全部风险。这种分配模式接近市场交易的模式。三是混合模式，这是前两种模式的结合，盟主既向其他成员支付固定的报酬，同时也从总收益中按一定比例向其支付报酬。模式的具体选用视实际因素而协商决定，包括市场机遇的性质、获利把握性、成员企业的规模大小、发展战略和风险态度等。产出分享模式较适用于知识联盟型企业，而固定支付模式更适用于产品联盟型企业。在实际运作过程中，以混合模式比较常见。

3. 知识产权分享

知识产权分享是联盟利益机制的关键。知识产权的合理分享，以及联盟内外技术转移契约的合理安排，是维系联盟最根本最持久动力的关键所在。在知识产权经营过程中，联盟要面临产权的产生、产权的权属关系、产权的竞争、产权的经营方式选择等实际问题。

知识产权的获得一般有三种方式：一是联盟层次共同合作研发的成果；二是成员间合作研发的成果；三是成员各自研发的成果。联盟通过一种合理的机制将各种成果集中在一起，统一管理和授权，但针对不同途径获得的成果，应选择不同的知识产权分享和利益分配模式。

联盟知识产权经营的重要途径是构建专利池。专利池是一种专利的集成，是对于技术愿景市场化过程中形成的有效专利的集合，通过构建专利池，可以加速技术整合、减少交易成本、促进技术转移和扩散。对于解决联盟的技术创新源，有效协调联盟成员的利益，具有重要的意义。有些专利池是形成产业标准的重要源泉。在联盟内部，成员间签署协议构建专利池，拥有专利的企业投入专利，交由联盟统一管理、对外授权、获得利益等。通过协议成员企业可以实现专利的交叉许可。

一般来说，在知识产权利益分配方面，联盟主要依据成员对专利池贡献核心专利的数量和质量等因素确定。在内部成员之间通过自愿的技术互换进行分配。由联盟创造的知识产权，成员具有优先使用权。

4. 试点联盟利益机制建设的探索

（1）构建协调的利益结构。使联盟整体利益与成员个体利益协调一致。平衡参与各方的利益，避免在同一个项目中竞争。

对成员单位联合研发成果设置一个保护期，在保护期内不向联盟外部扩散，保护期满后再向外部扩散。

（2）以协商约定方式建立公平分配机制。利益分配机制最重要的特征是公平性。在进行项目合作之前，合作参与方进行充分的协商，设立知识产权专门条款或者双方签署专门的知识产权协议，对合作中所涉及的知识产权归属及权益分配、违约责任、争议处理等事项做出具体约定。大多数联盟的做法是，在联盟范围内，成果由合作参与方共享，对非合作方的其他联盟成员则优惠转让。在合作之前，往往要量化预期收益，协商分配。正式开展一项创新活动前，在秘书处的监督下签署合作协议，对预期效益进行量化说明，通过协商达成收益分割办法，并确定分配的方式。

（3）用内部调节方式解决利益矛盾。在联盟范围内探索建立协调利益争端的机制。如有的联盟建立了知识产权协调委员会，商讨处理知识产权问题。知识产权协调委员会对外配合理事会处理知识产权问题，对内代表理事会协调内部知识产权争端，对有争议的创新成果归属权进行界定、判断。具体做法是，当合作方（尤其是多方合作）不能按照合同进行有效的知识产权划分时，可向理事会申请召开知识产权协调委员会以解决问题。每次会议的召开参与协调表决的委员人数为7人，理事长、秘书长列席监督，并聘请一位律师提供法律援助；当合作单位中涉及联盟外部单位时，多方联合召开协调会议。

（二）责任机制：联盟发展的基石

责任机制是规定联盟内部各个成员应负有的责任的制度安排。责任机制是利益机制的另一面，联盟的责任机制体现责权关系的结合和有机统一。

1. 责任机制内容

责任机制主要包括决策机制、责任主体和责任范围、责任的履行和监督等。构建产业技术创新链，实施产业技术创新活动是联盟的核心任务，构建联盟的责任机制要始终围绕产业技术创新链的构建和创新活动开展，要形成有利于推进产业技术创新的责权机制，要形成有利于实现共同目标的责权机制，从联盟构成要素、组织形式和利益关系等角度,推进形成产业技术上下游结合、共同投入机制,形成充分发挥各自优势的分工协作,形成共同创新成果共有共用的协同发展,形成公平对等、可控清晰的责权关系。

2. 试点联盟在责任机制方面的探索

(1) 建立责任、义务与权力对等的决策机制。建立以企业为主导,成员单位"一人一票",责任、义务与权力对等的决策机制。所有成员单位都有投票权,但必要时适当加大企业成员的投票权重,从投票权设计上将联盟决策主导权交给企业成员。

(2) 以契约、规章等形式明确责任主体和责任范围。以联盟契约为基础,联盟对外承担责任主体(理事长单位)是联盟承担国家科技项目和联盟对外合作项目组织管理的责任主体,对项目实施负总责;在联盟内部实行责任分担,签订相应的研究任务进度和指标等具体的合同,未按照相应契约完成的联盟成员,理事长单位向其追究相应责任。

联盟都建立了必要的规章制度,如项目管理、知识产权管理、秘书处管理等各类管理办法,努力做到权利与义务有据可依、有章可循。

(3) 严格责任履行和监督。履行责任时强化负责人的作用,将责任明确到个人。如有的联盟在每个项目中都实行"法人代表负责制",由合作方的法人代表负责,保证了项目开展的效率。在基本组织机构基础上,在工作层面设置联盟执行专务层,具体负责项目的管理和协调工作。

严格履行项目合同,按合同法落实项目参加方的责任;对违反成果和知识产权权益分配约定的单位,约定期限内不得承担联盟组织的国家科技计划项目和联盟自设科研项目。项目如没有按照合同执行,由秘书处提出整改意见,经联盟专家委员会批准后可更换课题牵头单位或主持人,或者经理事会批准终止资助并追究相应责任。

(三)信用机制:联盟发展的保障

联盟作为一种制度组织形式,为成员提供了稳定的预期和重复博弈的条件。现代博弈理论证明,当交易双方仅发生单次交易时,理性经济人必然会出现损人利己的道德风险行为;而当交易次数无限增加时,对长期利益的考虑会导致合作的出现,长期信任机制得以形成。在市场经济中,组织是将一次性博弈转化为重复博弈的机制,是培育良好信用的沃土。加入一个开放式组织相当于得到这个组织范围内的一个"信用认证",这是使成员实现长远利益最大化的一种手段。而联盟正是这样一种开放式的组织模式,联盟成员的信用受到联盟的约束,有利于企业信用的建立和维持。

1. 信用约束

为了规范联盟成员的行为，使联盟有效运转，利用信用建立约束机制非常重要。约束机制可以分为外生性和内生性两种。外生性约束机制是在经济、金融运行外部形成的，体现的是"人的意志"；内生性约束机制是经济运行过程中自然形成的，体现的是"市场的逻辑"。维护合作的信用约束，从内生角度来看，包括事前和事后的防范。

（1）事前防范。采取事前防范产生"锁定效应"，使联盟成员采取"守信用"的策略带来的收益大于采取机会主义行为带来的短期收益，从而建立起维护合作的信用约束机制。以下三方面会影响"锁定效应"：

一是资产的专用性越高，锁定效应越强。专用性资产是指用于特定用途后很难再移作他用性质的资产，若改作他用则价值会降低，甚至可能变成毫无价值的资产。专用性资产就成为信用的"质押"物。投入联盟中的资产专用性越强，则资产转作他用的转换成本越高，联盟成员在更大程度上被锁定在合作路径之中。管理才能、技术知识等无形资产，专用性程度一般都较高。这样，联盟成员因为投入了专用性资产，为了避免这些资产因不合作而遭受损失，联盟成员更趋向于合作。

二是投入联盟的专用性资产越平衡，锁定效应越强。平衡性指的是联盟成员投入的专用性资产的对称程度，资产越是对称，成员间的承诺就越对等，承诺的可信度越高，越有利于合作。

三是其他的经济联系构成抵押安排，这种安排越有效，锁定效应越强。除了现有的合作关系外，成员间还可能存在其他的经济业务联系，现有的合作关系如果失败，就会威胁或伤害到其他关系，所以存在的多种经济关系就构成了抵押安排，成员出于"投鼠忌器"的考虑，采取机会主义行为损害现有合作关系的可能性就会减小。

（2）事后防范。其发挥作用的程度会受到两个方面因素的影响：一是对机会主义行为的有效监督，这取决于联盟内信息充分程度；二是对已发现机会主义行为进行有效约束，这取决于法律的完备程度和仲裁体系的执行效率。

有的学者从正式治理和非正式治理机制两个层面，研究如何通过治理机制减少机会主义行为导致的联盟风险。正式的治理机制包括签订详尽的法律契约条款、专用性资产投资、与交易属性匹配的联盟治理结构；非正式的治理机制则主要通过社会关系规范加以协调，典型的包括信任和声誉。作为正式治理机制之一的专用性资产，不仅具有事前激励效果，而且会引起更复杂的事后治理反应。由于高水平的专用资产会导致套牢或者敲竹杠（Locked – in or Held – up），做出专用性资产投资的参与方将面临单边依赖和租金被榨取的窘境，此时基于专用性资产投资的机会主义控制机制反而成为机会主义的源泉。

联盟的信用机制是建立在责任机制和利益机制基础之上的，设计好利益分配点和相互的责任，在大家共同做事的过程中逐步形成信用机制。如果没有前面的责任和利益机制，信用机制很难建立。三大机制是紧密联系在一起、共成一体的。

2. 试点联盟信用机制建设的探索

（1）各项数据和信息公开化，创造公平的信息环境。据调查数据显示，在被调查的54家联盟中，有15家联盟拥有自己的网站，有17家联盟出版简报。一些联盟通过公布年报，召开联席会议等形式交流信息。有的还通过联盟QQ群、联盟聊天室等工具建立信息共享平台，保障合作信息畅通，加强信息交流共享，减少信息不对称性。

各成员单位轮流派出人员到联盟工作，加强了信息、隐性知识的交流共享，增强成员间的相互信任，为建立有效的信用机制创造条件。

（2）增强联盟的公平、公正性，用信任构建信用基础。牵头单位发挥表率作用。牵头单位以身作则，做到责任与利益对称。特别是在初期发展阶段，牵头单位往往投入大量的人、财、物，为联盟做出了更多贡献。同时，牵头单位协调其他成员按照自身的比较优势分工协作，在合理分工的基础上形成紧密的合作关系。

建立公正、立足行业全局的秘书处。秘书处可能设在某个牵头单位，但不代表所在单位的个体利益，而是执行联盟理事会的决策，为整个联盟谋利益。这是联盟有良好公信力的重要保证。

（3）建立信用记录，开展信用管理。为各联盟成员建立信用档案，在联盟成员承担国家科技计划项目或联盟成员之间合作任务进度的各时间节点上，对任务是否按进度完成、完成质量情况等定期考核并记录归档，按年度对联盟成员信用进行统计，信用等级与参与行业科技创新的程度挂钩，以此在联盟内形成一种良好的诚信氛围，提高成员的自律意识。

如肉类加工产业技术创新战略联盟建立了一套成员企业的信任评价指标体系，在3级指标框架中赋以权重，加总得出各企业的信用分值，记录为信用档案，以成员企业的社会信用来促进联盟内信用机制建设。

（4）严格、全面的奖惩制度保障。联盟通过多个项目合作周期的监督，评价成员单位诚信的累积效应，倡导诚信度高的单位进行合作。

开展创建"联盟创新优秀单位"、"联盟活动优秀单位"、"联盟创新人才"活动，力促全体成员共同参与，形成一种良性竞争模式。

对表现出信誉缺失的成员进行惩戒，迫使联盟成员修正不当行为或自觉退出。通过机制的设立来规范成员的行为，保证成员的弱点不会被其他成员所利用。

（四）共享机制：联盟发展的动力

资源共享是联盟建立和发展的主要动力之一。推进资源整合使联盟成为利益共同体，体现了联盟的共同投入和协同发展。推进成果共享辐射是联盟作为产业技术创新组织开放发展的要求，是联盟推进产业整体发展，促进行业中小企业发展的重要任务，也体现了联盟的开放创新。

1. 组织成员交流

采取召开会议形式实现成员交流，理事会、专家委员会定期或不定期举行会议，除了商讨联盟的重大问题之外，还开展技术交流和讨论。研讨会是联盟内部成员交流最普遍的方式。一般研讨会是以项目或细分领域为单位组织的，不定期由部门或项目负责人发起，对技术进展进行研讨。很多联盟组织大量的研讨会，既有大型的技术研讨会，也有小规模的交流会。

2. 开展合作研发

联盟成员来自产业的各相关领域，技术方面的优势资源可以互补，特别是基于产业技术创新链各环节的资源整合，可以强化优势，完成不同技术衔接领域的研发。联盟发挥自身在组织上和技术上的优势，组织成员企业、科研院校等开展合作，根据技术的领域和发展阶段组织协同研发，完成从技术愿景到市场化的过程，并根据研发需要提供资源共享平台，可有效地加速技术的研发速度。

3. 促进研发人员的交流互动

研发人员之间的交流是实现创新资源共享的重要方式，是推动联盟提升技术水平的重要推动力。联盟的各个成员单位，如企业、大学、科研机构等，派技术人员到联盟任职，或者共同组成研发团队，对已立项的竞争前研发项目、制造工艺项目等进行任务分工、进度安排，在这个过程中，实现资源在组织内部的共享，有利于知识特别是隐性知识的流动。

4. 整合创新资源

大部分试点联盟把整合成员单位的优势创新资源作为联盟发展的重要任务，联盟内各单位相互开放实验室，优惠提供项目研发及测试所需设备，实现资源对联盟内成员的开放与共享。有的联盟建立资源信息共享库，搭建信息共享、技术交易、成果转化等服务平台，推进实现联盟内的互利共赢。有的联盟建立了联合研发体系，开展产业链条上的共性技术研发。有的联盟合作组建共同投入、风险共担、利益共享的共性技术研发平台，如半导体照明产业技术创新战略联盟、汽车轻量化产业技术创新战略联盟、导航定位芯片与终端产业技术创新战略联盟依托联盟建立了重点实验室。在开放服务方面，有的联盟通过建立技术创新服务平台开展面向中小企业的检测、鉴定、标准等服务，有的联盟则通过开展专家服务企业行动，及时了解企业技术创新需求，协助企业诊断生产中遇到的问题，如木竹联盟组织开展"联盟专家企业行"等活动。

四、联盟成功运行的关键要素

（一）确立共同的目标

联盟成立的目的是满足产业技术创新需求，形成以企业为主体的新型技术创新组织，围绕产业技术创新链，运用市场机制集聚创新资源，实现企业、大学和科研机构等在战略层面的有效结合。联盟各成员单位确立共同目标，在共同的产业技术创新目标指引下，找到各自利益的平衡点，才能实现真正意义上的合作。

（二）选择适合的组织模式

组建联盟的出发点是"资源整合、优势互补、利益共享、风险共担"，组成联盟的各成员应该具有互补性的资源结构，这是联盟稳定性的保障和合作动力的重要来源。

联盟的组织模式可以多种多样，没有固定统一的模式。但无论采取什么样的模式，最根本的是能够保障联盟成员之间实现紧密有效合作。核心是能够实现共同利益和成员个体利益的平衡。联盟组织模式应随联盟发展不断完善，并通过协商方式对成员间的契约进行动态调整。

（三）建立有效的运行机制

运行机制是联盟生存发展的内在机理及其运行方式，建立有效的运行机制对联盟的健康发展至关重要。在每个技术领域，每个产业范围的联盟，拥有不同类型的成员，因此运行机制应与联盟特征相适应，因地制宜地探索符合联盟自身条件的利益机制、风险机制、信用机制、共享机制，形成一套协调、灵活、高效的运行机制，保障联盟持续发展。

（四）建立高效的执行机构

建立高效运行的执行机构对联盟顺利运行至关重要。作为联盟执行机构的秘书处，其使命是发起、建议、协调和执行联盟的各种活动，承担联盟理事会委托的职权和职责，应能够及时有效地贯彻落实理事会形成的决议、决策。通过秘书处的作用，协调联盟整体层面和各个成员层面的计划和行动，促进在研发领域的各项交流合作，提高联盟的运行效率。

（五）探索资源共享的有效方式

围绕联盟合作研发任务，探索各种形式的合作研发模式是深化联盟共享机制的重要形式。目前已经有半导体照明、汽车轻量化等联盟，发挥联盟成员各自的技术、资金、人才、市场等优势资源，通过整合资源，共建联盟实验室等机构或平台，联合开展产业关键共性技术研发，发挥了联盟在构建产业技术创新链中的核心作用。目前共建研发机构等的关键是要找到有效的管理运营模式，真正实现优势资源整合和共享的目的。

知识产权的管理与运用，是联盟在合作研发成果管理中需要面对的重要问题。联盟可以通过探索专利池、项目池、技术标准等多种途径，实现联盟成员的知识产权有效共享，最大程度地发挥联盟在产业技术创新中的影响力。

第五章 建筑企业技术创新评价

自 2007 年开展创新型企业评价以来，建筑业的创新型（试点）企业逐步增加，至今涉及建筑业的国家创新型（试点）企业已有数十家，其中主营业务为建筑业的企业就有 9 家。由于对建筑企业技术创新规律和特征的研究还未得到全面、深入的开展，创新型企业评价方法都是基于制造业企业的创新理论，在评价实践中已经显现出许多不适应问题，因此，在创新型企业评价工作中需要尽快建立适用于建筑业企业技术创新评价的方法。

本书基于建筑业技术创新的现有研究基础，从讨论建筑企业技术创新的意义，探讨建筑业技术创新的概念和特征入手，分析建筑企业技术创新与制造业企业技术创新的异同点，发现建筑业企业技术创新评价的独特之处，进而提出建筑业企业技术创新评价的基本思路及评价方法。

一、建筑企业技术创新的意义

建筑业在国民经济中的地位十分独特，产业关联广泛，对国民经济的低碳、节能、转型和可持续发展，以及改善国计民生、提高人民生活质量和推动城镇化建设等都具有重要影响。

（一）建筑业在国民经济中占据重要地位

建筑业是国民经济的重要物质生产部门。据相关研究，20 世纪末，在一般工业化国家中建筑业占 GDP 的比重超过了 12%；在 OECD 成员国中，建筑业占 GDP 的比重已经达到 15% 左右；在全球范围内，这个比例平均则在 10% 左右。随着我国经济的快速增长，固定资产投资率逐年提高，建筑业增加值平稳上升。1978 年以来，建筑市场规模不断扩大，国内建筑业产值增长了 20 多倍，建筑业对 GDP 的贡献率从 3.8% 增加到 7.09%，成为拉动国民经济快速增长的支柱产业。2009 ~

2011年建筑业的总产值分别增长至76807亿元、96031亿元和117059亿元,根据历年统计数据,扣除价格因素,年均增长12%左右,在我国国民经济各行业中占GDP的比重仅次于工业、农业,是第三大物质生产部门,高于运输业、服务业等行业。

建筑业涉及千家万户的生活生计,对提高人们生活水平等经济和社会目标的实现发挥着重要作用。对于发展中国家而言,建筑业在国民经济起步、增加就业以及长远的社会经济发展中扮演着尤其关键的角色。

(二)建筑业对关联产业和经济增长拉动显著

建筑业对上下游产业,包括相关的研发、咨询服务以及各类新型建材业的发展,都具有明显的拉动和辐射作用。我国建筑产品成本中,70%是材料消耗,可带动建材、冶金、化工、石油、森林、机械等50多个相关产业。根据《中国投入产出完全消耗系数表》(1997年)[①]分析,建筑业的完全消耗系数[②]为2.01332,也就是说,每增加1亿元建筑产值,可直接或间接带动其他产业增值2.01332亿元,使社会总产值共增加3.01332亿元,而感应度系数小于1,说明它对其他行业的影响作用大且对其他行业的依赖性小;建筑业的影响力系数[③]已经超过工业达到1.2236,更加高于农业、服务业等一、三产业,位居所有产业的第一位,对国民经济的拉动作用最强。[④]

(三)建筑业技术创新对节能减排、低碳生产作用巨大

建筑业耗能巨大,狭义的建筑业能源消耗(包括建筑材料制造、施工和运输、建筑日常运行的能耗)已占到全国能耗总量的30%~40%,超过水泥、钢铁行业的能耗总和;而包含建材生产、建筑施工及建筑使用等在内的广义建筑耗能占全社会耗能的65%甚至更高。据统计,建筑业消耗了地球上大约50%的能源、42%的水资源、50%的材料和48%的耕地,产生了全球24%的空气污染、50%的温室效应、40%的水源污染、20%的固体垃圾和50%的氯氟烃。在建筑活动的整个过程中,建筑用地、建筑材料生产、建筑设计、建筑施工、建筑使

---

① 参见《中国统计年鉴2003》。
② 完全消耗系数是全部直接消耗系数和全部间接消耗系数之和。完全消耗系数揭示了部门之间的直接和间接的联系,它更全面更深刻地反映部门之间相互依存的数量关系。在国民经济各部门之间,各种产品在生产过程中除有直接的生产联系外,还有间接联系,这使得各种产品间的相互消耗除了直接消耗外,还有间接消耗。完全消耗系数则是这种直接消耗和间接消耗的全面反映。
③ 影响力系数又称"带动度"。一个产业影响其他产业的程度叫影响力,也就是某产业的生产发生变化时对为其提供直接或间接投入品产业的生产发生相应影响的能力。不同产业的影响力各不相同,该系数如果大于1,表示该部门生产对其他部门生产的波及影响程度超过社会平均影响力水平。
④ 党悦:《建筑业在国民经济中的支柱地位分析》,《中国外资》2012年第3期。

用、建筑废弃物处理、建筑报废中所消耗的资源在所有产业中位列第一。[1] 因此，面向可持续发展的建筑业技术创新，对我国低碳节能转型成败具有决定性作用。

二、建筑企业技术创新的界定与特征

（一）建筑企业技术创新的概念

Mottowa 等（1999）认为："建筑业中的创新是一个新思想转变为具有经济的、功能的或技术价值的建筑产品组件的过程。"[2] Toole（1998）认为，建筑业的创新过程就是新技术的应用，或者通过降低成本、提高绩效或改善业务流程显著改进设计或建造过程。[3] Egmond 和 Ligny（2005）将建筑业的创新定义为发展、配置与应用知识和技术，开发新的或改进的产品和服务的过程，目的是提高生产率和满足客户需求。[4]

国内学者的研究主要从技术、企业、行业或国家的层面上来认识建筑企业技术创新、分析建筑业创新中存在的问题以及重点领域与相应的建议。伍戈（2000）分析了日本的经验，认为建筑企业技术创新的动力源主要有政府的扶持、战略的联盟、信息收集、声誉的推动和技术的融合五类。[5] 杨力强和陈军（2008）认为，建筑业企业技术创新能力就是建筑业企业在一定的技术、经济约束条件下，以提高企业自身的素质、增强企业综合竞争力为目的，对其所拥有的能够用于技术创新的资源（包括物力、财力、人力等资源）有效利用的能力。他们提出，建筑业企业技术创新能力可分解为内外环境因素两大方面，内部环境因素又分解为管理能力创新、创新投入能力、研究开发能力、创新产出能力、创新产出效果和市场营销能力。[6]

总之，当前已有研究是基于对建筑业实际状况进行考察和论证的结果，特别是国外研究，通过研究美国、英国、法国、澳大利亚、新加坡、丹麦和瑞典等国的建筑业，对建筑业创新水平表现较低提出了较合理的解释，但各种研究结论还

---

[1] 杜文更：《面向可持续发展的建筑企业绿色化创新研究》，武汉理工大学博士学位论文，2012年。
[2] Mottowa I. A., Price A. D. F., Sher W. The introduction and management of innovative construction processes and products. In: Proceedings of ARCOM conference, University of Reading, vol. (2). Reading, UK. 1999.
[3] Toole T. M. Uncertainty and home builders adoption of technological innovations. Journal of Construction Engineering and Management 1998, 124 (4).
[4] Egmond E. L. C., Ligny W. Successful industrialisation, innovation and prefabrication in construction. In: Proceedings of 11th joint CIB international symposium, combining forces. Advancing facilities management and construction through innovation. Understanding construction business and companies in the new millenium, vol. (1). Fillandia Hall, Helsinki, Finland, June 13 – 16, 2005.
[5] 伍戈：《日本建筑企业的技术创新及其启示》，《现代日本经济》2000年第1期。
[6] 杨力强、陈军：《浅析我国建筑企业技术创新》，《湖北社会科学》2008年第6期。

构不成较完整的理论体系，只反映了问题的不同侧面。国内的研究大多仍然表现为一般性研究，缺乏有数据或案例支撑的针对性的具体分析。

在文献分析和调研基础上，我们认为，建筑业企业技术创新是指企业在设计、建造和使用建筑的过程中所应用的新手段和新方法的系统过程。

（二）建筑企业技术创新的分类

建筑企业技术创新，按照创新内容一般可以划分为建筑结构创新、建筑工艺创新、建筑产品功能创新、建筑材料创新和服务模式（商业模式）创新等。

从建筑产品及生产的特点上看，按照创新活动中对建筑产品及生产的影响程度来分类，则又可分成五类，其影响程度由小到大的顺序依次为：渐进性创新、模块创新、建筑创新、系统创新、关键创新。[1]

从建筑企业的经营方式上看，创新可分成五类：履约经营、规模经营、多元化经营、联合经营、跨国经营。[2]

（三）建筑企业技术创新的特征

建筑业创新活动在很大程度上受到所在行业性质的影响，因而具有其鲜明的行业特征，特别是与制造业相比，存在很大的差异。通过对建筑企业技术创新活动特征分析，特别是对中国建筑工程总公司等国家级创新型企业技术创新活动的深入、系统分析，结合已有的建筑企业技术创新研究，在技术创新的不确定性、高风险、高回报等一般性特征基础上，我们归纳出建筑企业技术创新的10个主要特征：

1. 创新的项目组织性特征

受建筑工程项目的特征影响，建筑企业技术创新是以项目为基本组织单元的，即建筑企业技术创新是在一个项目组织内发生、实现的。创新的项目组织方式对企业技术创新的组织稳定性带来了极大的挑战。建筑产品的生产者常常是多个独立的组织（如设计、施工、监理等机构）临时结合形成的联合体，项目完成后，联合体即告解散。同时，建筑企业的供应商经常更换，即使是同一类型的建筑产品也常常需要寻找不同的供应商。因此，建筑工程项目管理实质上就是一条建筑技术创新链的建立与运行，创新的效率与效果取决于建筑技术创新链的资源动态组织整合，包括材料供应商、劳务协作商、设备供应商、地材供应商等多方的有效协作，才能顺利完成产品的生产。所有这些都使建筑企

---

[1] 甘永翠：《建筑企业创新思考》，《湖北社会科学》2005年第5期。
[2] 姚兵：《论建筑企业创新》，《建筑经济》2000年第2期。

业不像一般制造企业那样具有针对创新的较为全面稳定的内部资源，而且也产生了各个组织之间的协作配合问题。另外，建筑工程项目组织与创新各环节的分离性并存。在建筑项目中，设计环节通常与生产环节相分离，而生产环节又与维护环节相分离。

2. 创新的一次性与非规模经济性特征

这是由建筑产品的单件定制性和不可重复性特征决定的，这与制造业产品创新的批量化、规模化有本质上的差异。建筑产品都是单件定制，对于具体的承买人而言，每个特定项目，不论是新的产品或是维修服务，都是一种原型产品，没有替代品。同时，建筑产品都是唯一的，且常常是量身而定的，是不可重复生产的。每个建筑产品都是根据投资者（业主）特定要求和坐落的特定地点建造的，因而它受到建筑产品的经济用途、功能要求、地形、地质、水文、气候等自然条件，原材料、交通运输等经济条件以及民族、文化等社会条件的影响，每件建筑产品都有其独立的特点。每个工程项目的设计规模、建设内容、结构特点等各不相同，即使同一类型工程或者标准设计，建设费用也不一样，这些都使得建设工程的实物形态千差万别，不可能按同一模式重复生产。产品总是与具体所在的地理环境密切相关，即使用同一张图纸盖了两座一样的房子，对承包商而言，因为地理位置的不同，工程量、施工方法、工程造价都是不同的；对业主而言，因为交通、气候、景观、环境的不同，效用是不同的。因此，产品不具有规模经济性。施工企业获得的专利，常常只是针对某一个具体工程或在某一具体技术环节中研制出来的，很难在更大范围内推广。创新的一次性特点，还要求建筑产品创新活动必须一次建设成功，不可能先试验性地建设一次，经过检验定型后再重新建设。即使需要试验和检验，也只能是利用模型，而不可能全部规模地进行。

3. 创新的地理分散性特征

这是由建筑产品的不具流动性特征决定的。建筑产品是现场生产的，即生产地点和（交付）使用地点同一，不像制造业产品是在工厂车间里生产，各种有关条件可得到较好的控制。建筑产品是在哪里交付使用，就在哪里建设生产，生产环境复杂多变，条件较差，许多相关的因素无法控制，从而使某些需要对环境及条件进行控制的创新受到了限制。由于建筑产品固定在某一块具体的土地上，与土地相连，因此产品不能流动，流动的是承包商的生产线。

4. 创新的产品期货性与定制性特征

一般商品是先作为产品被生产出来，再作为商品来销售。而建筑产品是先完成商业定制，再来生产的，如铁路、公路、公共建筑等，不能先建好再摆在那里销售。因此，对于大部分建筑企业技术创新而言，创新产品的销路是事先已经确定的，客户是明确的，属于定制性创新。

5. 创新的业主（用户）主导驱动特征

与其他用户创新得到广泛应用的行业相比，建筑业中的用户包括最终客户和项目业主，最终客户对建设产品和服务的需求，以及对创新活动的激励与支持需要通过建设项目业主传达给建设产品和服务的提供方。建设业主在工程项目建设中处于特殊地位，是建筑产品供应链和最终成果的各利益相关方（如最终使用者、所有者和社会公众）的连接环节。业主应该在项目中建立起使参与各方能够进行良好交流与合作的机制，在项目的全寿命周期内对关键技术问题做出决策，主动承担大部分风险。通常，业主通过以下活动推动建筑行业的创新和发展：①对项目结果提出特殊要求；②在合同中提供经济刺激；③注重项目关系的质量；④采用基于价值的评标方法；⑤设计一套能够评估创新历史的资格预审体系；⑥利用绩效标准和规范；⑦分担风险、提高风险管理能力；⑧分权以鼓励更多的现场改进的创意；⑨提供创新知识；⑩有效的领导；⑪制定适当的承发包形式；⑫传播创新成果。①

6. 创新的技术复杂性与导入式集成化特征

建筑产品一般都是由大量不同的组成部分所构成，其技术创新活动具有明显的技术复杂性。承包商通常负责对一定范围内的不同部件进行装配，以及对不同系统进行整合。各个组成部分之间相互作用，同时又与环境相互作用，其中相当多的作用关系难以识别和特征化，因此创新有可能在这些相互作用中改变系统原有的平衡，并导致难以预料的后果。为规避创新的风险，实现创新产品的增值，特别是满足业主的具体要求以及符合市场规范和技术标准，建筑企业将会按照设计规格，在建筑生产中主动地将外部成熟、适用的技术资源或技术的物质载体引入进来，如建筑史上引入的 Portland 的砂浆专利（1824 年）、加强混凝土技术（1850 年）、Bessenner 钢处理技术（1856 年）、起重机技术（1861 年）、用于建造摩天大楼的钢结构框架技术（1885 年）和混凝土搅拌机设备（1912 年），以及现在符合绿色化、低碳化的新材料、新涂料等。一个建筑工程项目中完成来自各行各业的各种半成品和组件中各类技术和标准的集成化运用，最终在建筑总包的生产活动中实现并完成整个建筑产品的创新增值过程。故而，许多在建筑供应行业进行的正式研发活动，都服务于为了给建筑业的最终客户开发更好的产品，而建

---

① 杨丹珩、陈建国、彭栋宇：《建筑业创新引擎——业主驱动创新研究》，《建筑经济》2010 年第 9 期（总第 335 期）。

筑企业的 R&D 活动就是加强自身对外来技术的导入能力，加强建筑业在这种多部门的技术融合过程中承上启下的关键作用。

7. 创新的技术要素可视性特征

由于技术的外部导入特性，建筑业的技术创新主要集中在建筑工艺上，而非建筑设备和材料上的创新，因此建筑业技术创新具有明显的要素可视性（Visualization）。[①] 它使得其他企业能避开专利的限制而使创新迅速扩散。这种带有公共性质的建筑创新严重抑制了建筑企业技术创新的主动性和积极性，降低了企业创新动力。

8. 创新的成本动态性特征

这是由建筑产品规模较大、建设周期较长等特点决定的。一方面，这使得建筑企业技术创新的供给与需求受宏观经济波动影响较大，经济上行时投资增加，推动建筑业创新活动加快步伐，创新投入可控性增强；经济发展放缓时投资收缩，建筑业创新活动减少，创新投入的各种因素不可控性风险增加。另一方面，这也使得建筑工程项目承包合同为不完全契约。由于不完全信息造成不确定因素影响增大，创新设计与投资估算无法得到完全信息，业主无法准确估算投资，承包商亦无法准确估算成本，因此对合同双方来讲，承包合同都是不完全契约，需为技术创新设置一个可以接受的成本浮动空间。于是，创新成本的动态变化常常会演变成一个双方利益博弈的过程。

9. 创新的低资本投资特征

创新的产品一次性、成本动态性等特征促使建筑业技术创新具有明显的低成本偏好。OECD 认为，创新是某些优势的来源。由于创新者依赖于需求弹性以及比其竞争者更低价格和更高利润的结合，其能攫取更大的市场份额和寻求更大的租。但是在建筑业，情况有些不同。创新对于建筑业获取直接利润来说，是一种很糟糕的竞争工具。对建筑工程设置溢价并不是通常的做法，由于创新未必像在制造业中那样能给建筑业企业带来某种优势，为了适应价格竞争的需要，承包商通常会从追求技术差异转向追求成本上的差异。而消费者会趋向于奖励低成本的项目，这种偏好进一步加剧了建筑商重视降低成本胜过采纳新技术的状况。可见，创新在建筑业内是一种回报不确定的成本密集型投资，建筑企业通常不愿意将创新成本作为它们商业支出的一部分，而客户出于对预算和时间的考虑，通常会在面临创新时选择退缩。

[①] 刘永平：《建筑业技术创新障碍分析》，重庆大学博士学位论文，2001 年。

10. 创新的市场规范及其区域差异性特征

建筑市场规范对建筑企业技术创新至关重要。然而，世界各地建筑市场规范与标准之间的差异是十分巨大的，这不仅决定着企业是否可以进入市场，更决定着企业是否要采取创新来获取竞争优势。一方面，市场规范可迫使企业技术创新。Burrows 和 Seymour 认为，运营成本是建筑日常活动和产业变化实践的长期考虑中至关重要的因素。由于基于现场的项目生产方式，由运输成本形成的保护，以及缺乏对非创新性企业产生竞争压力等行业内部动力，在没有相应法律等强制性的要求下，建筑企业是不会进行创新的。另一方面，更重要的是不同地区之间的市场规范差异巨大，如美国各州的相关法律约束、日本市场对抗震性能的强制性要求以及阿拉伯地区的宗教信仰对建筑风格的影响等，都对外来企业形成一个进入障碍，限制了企业间的竞争，也抑制了企业技术创新的积极性。因此，建筑企业要进入新市场，必须首先要了解并适应新市场的相关法律法规与技术标准，这无疑增加了建筑市场需求的不确定性，为企业技术创新造成了新的障碍，增加了创新的成本。

此外，建筑业产品的耐久性、高成本、使用周期长以及建筑产品具有广泛的社会与环境效应（高度的社会责任）等特点，对建筑企业技术创新也都产生了重要影响，使其与制造企业技术创新的差异十分明显。

三、建筑企业技术创新测度的难点

建筑企业技术创新研究的薄弱让我们对建筑业技术创新活动的认识如同隔着一层纱，而建筑业技术创新的上述特点更是让我们在测度评价建筑企业技术创新时存在着大量的困难。

（一）如何测度建筑业的"隐性创新"

通常观点认为，建筑业属于劳动密集型行业，技术创新活动较少，甚至部分观点认为建筑业是典型的传统产业，不存在技术创新。这也可能是长期以来一直忽略传统产业技术创新研究、忽略建筑业技术创新研究的一个重要原因。但是这并不能说明在建筑业创新是可有可无的。

建筑业技术创新显著有别于制造业的技术创新，所以当从制造业看建筑业时，便会认为建筑业创新很少甚至认为没有创新。从整体上讲，建筑业具有进入壁垒低、国际竞争有限、价格竞争激烈等特点。许多建筑企业都处在一种较低的绩效、微薄的盈利、有限的投资和糟糕的组织能力等构成的恶性循环状态中。创新能够使一些建筑企业摆脱这种恶性循环。[①] 而有些学者则强调了建筑业本身的差异，基于制造业而产生的衡量标准没有准确反映出建筑业的创新水平。事实上，建筑工程的个体性、建筑设计的多样性、建筑功能的创新性，需要建筑企业具备一定的技术创新能力，适应多种变化条件下建设工程任务的施工技术要求。

现代建筑业正面临着重大的转变，迫使或倒逼建筑企业进行技术创新。消费者需要更加功能化的建筑和更为复杂的设施。材料、组件、设计和工程服务等建筑市场的全球化趋势正在增强，一些促进产业转型的新技术如自动化装备、智能材料、场外制造、集成建筑自动系统等正在快速发展。为了有效地响应迅速变化的商业环境，建筑业需要在技术、流程、组织和服务等方面不断地提高绩效。第一是建筑企业的创新要面对两个市场。中国建筑市场的特点就是从事建筑工作的人多，这决定了我国建筑企业迟早要进军国际建筑市场。第二是要迎接两个挑战。一是发展的挑战。目前全国建筑市场投资规模达到 33000 亿元，这是历史上任何年代所不能相比的。应该说投资规模大，建筑企业应该日子好过，但同时也应当看到各行各业的人员也在壮大发展。二是科技的挑战。建筑企业要发展，必须改变目前科技滞后的局面。中国建筑业在管理上存在着理论滞后和科技滞后、科技落后和管理落后。实践证明，各行各业高水平的竞争一定是高科技的竞争，建筑企业也不例外。第三是要顺应生产方式的转变。建筑企业的生产方式和经营方式必须要转变，由过去的粗放型向效益型转变。第四是建筑绿色化、生态化和智能化的挑战。Majdalani 等（2003）认为绿色建筑不仅仅关注的是物质上的创造，而且还关注经济、文化交流和精神上的创造。绿色设计已远远超过了仅仅关注于热能的损失、自然的采光通风等因素，它已延伸到寻求整个自然和人类社区的许多方面。[②]

建筑企业的技术创新虽然有 R&D、有新产品，但建筑业技术创新更多的是建筑工艺上的创新，是对外部技术和产品（组件、设备）等的引入，其中包含着大量的"隐性创新"。英国萨尔福大学的 Les Ruddock 和 Steven Ruddock 指出，在建筑行业中的大量创新被传统的测度方法所隐藏，没有在官方统计数据中体现出来，因而低估建筑业的创新活动。隐藏创新的存在会影响对行业生产力和效率的正确评价和判断。他们以英国经济为例，认为对建筑行业内的创新的识别和测量，与对知识型资产的支出怎样被包含进投资，是两个相关的问题。在创新活动中，建筑业技术创新很多都表现为经验式的，靠人员之间互相传播，

---

① Toke Reichstein. Last among equals: a comparison of innovation in construction. services and manufacturing in the UK, Construction Management and Economics, July 2005.

② Majdalani Z., Ajam M. and Mezher T. Sustainability in the construction industry: a Lebanese case study. Construction Innovation, 2006 (1).

而不是靠编码写成书本传播的，如建筑业的工法也表现为经验的程式化。如果对无形资产的定义包含了在像组织资本、人力资本等在内的更宽泛的知识型资产上的支出的话，对无形资产的投资要比对有形资产的投资大得多。因此"隐藏创新"和无形资产投资应该被全面加以考虑，以有效地评价该行业的生产率。

（二）如何测度介于制造业与服务业之间的建筑业技术创新

建筑业既有本身的特点，又兼具制造业和服务业的特征。在材料、组件和机械设备等方面具有制造业的特征，在设计等环节具有服务业的特征，而在工程方面则具有建筑业独有的特征。这是建筑业技术创新往往需要依赖多种技术的原因。

在行业划分上，建筑业横跨第二产业和第三产业。对建筑业概念的研究，不仅涉及建筑业本身的目标和范围，还涉及建筑业与其他经济部门之间的关系。在国民经济核算体系、《全部经济活动的国际标准产业分类》（ISIC, International Standard Industrial Classification of all Economic Activities）和《中心产品分类》（CPC, Central Product Classification）等体系和标准中，可以发现"狭义建筑业"和"广义建筑业"两种不同的分类方法：①按照传统的统计分类，建筑业主要包括建筑产品的生产（即施工）活动，因而是狭义的建筑业。②广义的建筑业则涵盖了建筑产品的生产以及与建筑生产有关的所有的服务内容，包括规划、勘察、设计、建筑材料与成品及半成品的生产、施工及安装，还有建成环境的运营、维护及管理，以及相关的咨询和中介服务等。这反映了建筑业真实的经济活动空间。

中国国家统计局于2003年5月颁布并于当年执行的新制定的《三次产业划分规定》。该划分规定是在《国民经济行业分类》（GBT/4754—2002）国家标准的基础上制定的。经过调整后，共有行业门类20个，行业大类98个。该标准把建筑业划为第二产业（见表5-1），建筑业的范围比1994年的标准还要窄，显然是"狭义建筑业"。该标准把工程管理服务、工程勘察设计、规划管理等相关建筑服务列在"第三产业"的"科学研究、技术服务和地质勘查业"门类的"专门技术服务业"大类中。显然，这样划分的目的是为了进行统计，而不是为了行业管理，对获取一个完整的建筑业创新活动统计数据造成了一定的困难。

理解建筑企业技术创新需要一个兼顾制造业和服务业的广阔的研究视角。Winch认为，从价值系统角度出发，所有产业都是通过特定的价值系统将产品和服务提供给客户。该价值系统可以简单地解释为"A（设计）→B（制造）→C（流通）→D（维护）"这样一个链条。在国际标准工业分类中，建筑业分类号是

表 5-1　建筑业在三次产业中的划分

三次产业分类类别	门　类	大　类
第一产业	A 农、林、牧、渔业	
第二产业	B 采矿业	
	C 制造业	
	D 电力、燃气及水的生产和供应业	
	E 建筑业	47 房屋和土木工程建筑业
		48 建筑安装业
		49 建筑装饰业
		50 其他建筑业

F45，包括 B、C 和 D 三个环节，即制造、流通和维护领域。很明显的是，建筑业中排除了 A 环节，即设计领域。经常被人们用来与建筑业进行对比的汽车业，包括 A 和 B 两个环节，即设计和制造领域。Winch 认为，由于产品创新多是由 A 环节完成的，D 环节由于其劳动密集的特点，通常创新程度较低。因而在分类中建筑业被剔除了创新水平高的 A 环节，同时加入了创新水平低的 D 环节。而汽车业恰好相反。这种分类方法本身就造成了一种人为的偏差，将分类中的建筑业（F45）与汽车业（DM34）直接进行比较，自然会得出对建筑业技术创新低的结论。Barrett 等亦发现，标准的建筑业定义并没有包括建筑业中富于创新和增值的活动，如建造、建筑和技术咨询、商务服务和房地产等业务。建筑业的创新活动涉及所有这些主体以及它们之间的互动过程，仅仅从某个特定的人或组织身上去寻找创新的源泉是非常有限的，应了解这些主体的需求、它们的能力、它们是如何互动的，以及这些互动的结果。因此，理解建筑业技术创新需要一个宽广和系统的视角。

（三）如何测度不是 R&D 胜似 R&D 的建筑设计

建筑行业的技术导入性特征决定了建筑企业的技术创新活动，特别是 R&D 活动将主要是围绕如何利用、导入外部新技术、新产品、新设备等其他产业的创新成果，运用于建筑过程之中——集中在进行建筑工艺的创新上，提高建筑产品的质量，加强建筑产品的性能，改善建筑产品与外部环境的关系，增加建筑产品的美学特质。因此，对整个建筑产品的设计活动，便成为建筑企业技术创新过程中一个非常重要的环节。

所谓建筑设计是指为满足一定的建造目的（包括人们对它的环境角色的要求、使用功能的要求、对它的视觉感受的要求）而进行的设计，它使具体的物质材料依其在所建位置的历史、文化文脉，景观环境，在技术、经济等方面可行的条件下形成能够成为审美对象的产物。它包括了形成建筑物的各相关设计。按设计深度分，有建筑方案设计、建筑初步设计、建筑施工图设计。按设计内容分，有建筑结构设计、建筑物理设计（建筑声学设计、建筑光学设计、建筑热学设计）、建筑设备设计（建筑给排水设计，建筑供暖、通风、空调设计，建筑电气设计）等。

1. 建筑设计，特别是工程设计是科学[①]

设计是创造性的劳动，是运用科学技术知识，按照客观规律，利用自然和改造自然，为人类社会创造物质财富的劳动。

2. 建筑设计具有创造性

建筑设计工作的核心，是要寻找解决上述各种矛盾的最佳方案。通过长期的实践，建筑设计者创造、积累了一整套科学的方法和手段，可以用图纸、建筑模型或其他手段将设计意图确切地表达出来，才能充分暴露隐藏的矛盾，从而发现问题，同有关专业技术人员交换意见，使矛盾得到解决。此外，为了寻求最佳的设计方案，还需要提出多种方案进行比较。方案比较，是建筑设计中常用的方法。从整体到每一个细节，对待每一个问题，设计者一般都要设想好几个解决方案，进行一连串的反复推敲和比较。即使问题得到初步解决，也还要不断设想有无更好的解决方式，使设计方案臻于完善。

3. 建筑设计是一种需要有预见性的工作

要预见到拟建建筑物存在的和可能发生的各种问题。这种预见，往往是随着设计过程的进展而逐步清晰、逐步深化的。

4. 建筑设计具有多样性

同一类型、同一标准的建筑物，由于采用不同的结构形式、不同的建筑材料、不同的平面组合和空间体形，就可设计出若干个费用不同的方案。为了选优就需要对各个设计方案，进行定性的技术经济分析和定量的计算，为投资决策提供科学的依据。进行建筑技术经济分析，首先要研究构成建筑物的各个设计参数和经济费用之间的关系。不同的设计方案对各个设计参数的确定会有很大的差别，因此，各方案的造价就很不相同。

---

① 谢文蕙：《建筑设计在提高建筑业经济效益中应起的作用》，《建筑学报》1984年第10期。

5. 建筑设计决定建筑成本

一是设计方案直接影响投资；二是设计质量间接影响投资；三是设计方案影响经常性费用。建筑设计方案的节约或浪费，不仅影响建筑企业的经济效益，对国民经济各部门的经济效益都有较大的影响。我国每年用于基本建设的巨额投资中，约有70%是通过建筑工程设计安排使用的。技术经济合理的建筑工程设计方案，据分析可以降低工程造价5%～10%，甚至可达到20%左右。近年来，全国基建总投资近万亿元，建筑工程设计如能节约5%，都是一笔巨额资金。

但是，如何对建筑设计活动进行测度却是十分困难的，因为设计活动在时间上非常自由，在空间上也非常灵活，设计成本主要是人的智力活动，其活动的质量、数量以及级别程度等都是不可知的。因此，一般来讲，对于一个工程项目而言，根据工程的特点规定设计应占的费用比例，如公共建筑一般设计费需占工程总额的15%～30%，而民用建筑如住宅等一般设计费用占5%～20%。

那么，在建筑企业技术创新评价中，如何看待建筑设计便成为一个问题——是否类似于制造业中的R&D活动？还是归入制造业技术创新活动中的产品设计活动？如是前者，那么建筑企业的R&D费用将会大幅超出当前科技统计中的R&D经费支出额。如果是后者，与当前统计划分一致，但是目前对建筑行业技术创新忽视的问题如何解决，又回到如何有效考察建筑企业技术创新的问题上了。英国关于传统产业技术创新的调查报告认为，传统产业中存在大量技术创新，是当前技术创新指标所未能反映出来的，其中设计是一类非常重要却又难以客观测度的创新活动。可见，如何测度建筑设计，是科学、合理、有效测度建筑业企业技术创新的一个重要问题。

（四）如何看待建筑业技术创新的市场规制作用

相对于技术，市场特别是市场规制对建筑业创新具有更重要的影响。一是客户和消费者对建筑业创新的影响力比较大。Manseau 和 Seaden 指出，建筑业正在发生重大的变化，人们需要更加功能化的建筑（如更加关注使用者的满意度和生产率）、更高级的配置（如能更好地控制能源效率或室内环境的智能化装置）、提高工作或居住条件、更能适应环境的约束等。国家质量标准和建筑成本也越来越面临国际间的比较。由于建筑项目的规模性、复杂性和独特性，一般来说，建筑客户对供应商的力量要远远大于消费者对制造品的作用。Manley 基于对澳大利亚建筑产业的大规模调查数据，对公共部门客户的创新能力进行了检验。结果显示，与承包人、顾问和供应商相比，客户具有相对较高的创新能力。

然而，建筑企业的内部和市场的因素没有被赋予足够的重视。建筑企业过于封闭，对于外部环境更加不开放，可能会无法充分利用企业外部创新来源的优势，即缺乏从外部环境中吸收知识的能力。这意味着对建筑企业而言，低水平的创新能力会使其愈发不重视那些阻碍创新的因素。Reichstein 在研究中发现，有 7.8% 的小企业和 76.2% 的大企业表示，市场条件不需要它们去创新。建筑企业深深地根植于它们的本地市场，而本地市场经常意味着挑剔的顾客。从这个方面来说，建筑业不同于其他行业甚至是传统的服务业。市场特性极大地影响着建筑企业的创新潜力。

规章和标准也对建筑业的创新具有重要影响。对英国的调查发现，建筑企业高度依赖专业化的和制度性的创新思想，因而大学和政府管制在建筑业创新过程中至关重要。标准的发展有助于推动建筑业中的创新和帮助进入国内外市场。然而，保护本地和特定团体利益的标准，以及适应性差的标准则是贸易的障碍，会窒息创新。

（五）如何确立技术创新的可数性

从建筑最初的设计思想（Idea）开始，到最终建筑产品的供应，建筑企业技术创新是一个非常复杂而漫长的过程。对于制造业而言，可以说每一个技术创新都是可数的。然而，在建筑业技术创新活动中，类似于最终产品与中间产品的技术创新一样，基于总包的建筑工程项目常常将技术创新淹没其中，而从最终产品上很难清晰地辨别出技术创新，如一个新项目设计的完成是不是意味着一个技术创新的完成？一栋楼房或者一个附属建筑的完成是否可以计为一个技术创新？这个问题的一个直接结果是，建筑业新产品的统计问题，如何归集新产品？新产品的边界在哪里？

有人认为，建筑业不需考察新产品，因为每一个建筑都是在基本规范、基本标准下的独特设计，产品之间没有完全一致的生产标准，都是存在差异的，所以可以说所有产品都是新产品。如果都是新产品，那么就没有必要统计新产品了。然而，基于中国建筑工程总公司的实地调研与专家访谈却也出现另一个观点，建筑业技术创新是明显的，即使是同一片小区住宅，不同之中也是有基本相同的，按照新产品关于新颖度的基本要求，是可以统计出新产品的。当然，独一无二的公共建筑等的确是新产品，但是内部也存在简单复制的环节，都是可以讨论的。

总之，技术创新的可数性的界定，是一个制造业中不曾发生的问题，但在建筑业技术创新评价中又是不可避免的问题。

（六）如何获得真实、准确的建筑企业创新统计数据

虽然自 20 世纪 90 年代以来，全世界科技统计特别是 R&D 统计得以快速发展，工业领域科技统计方法与制度不断发展、完善，并且 OECD 提出要向包括非 R&D 的创新统计进军，并在与欧盟合作的 CIS 调查中进行实践试验，但至今，建筑业科技统计却是比服务业科技统计还弱的一个领域，不仅因为制造业的创新指

标不能完全、有效反映建筑业技术创新，还因为建筑业内部科技统计基础薄弱而导致的统计数据质量问题。

缺乏绩效测度指标是阻碍建筑业技术创新的一个重要因素。Yitmen（2007）的研究表明，障碍建筑项目技术创新最主要的原因之一，就是缺少适当的绩效测度。若让持续的改进得以发生，必须要有绩效的测度，以检查和监督绩效，验证改善行动的变化和效果。[①] 在建筑业发展规划中，同样也缺少可测量的目标来指导和评价它们的实施效果，这常导致建筑业发展规划演变成一份"购物清单"，而没有去积极地协同各种创新活动。

建筑业的创新难以在以制造业为范本的传统测量方法中充分反映。建筑业中包含隐藏创新。隐藏创新是英国一家非营利机构提出的概念，指的是传统的指标反映不出的创新活动。由于传统衡量和统计创新的方法都是针对工业制造业的，具体度量指标以统计企业的投入（如R&D）和中间产出（如专利等）为主。而建筑业创新活动多以组织创新和过程创新为主，创新活动多出现于项目层面上，在企业层面上则不易显现。此外，建筑业创新的产出还应包括无形资产，如设计、品牌资产、人力资本和组织资本等。如果将无形资产考虑在内，建筑业创新问题的评价就会完全不同。如果用R&D投入来评价，建筑业的创新程度比较低，相对于制造业等来说，建筑业不会有那么高的R&D活动和投入。但是在整个施工过程中可能都贯穿着创新活动。

四、建筑企业技术创新评价思路与方法

（一）关于企业技术创新依存度指数

技术创新依存度指数的提出是基于对创新型企业四个基本特征的认识，即创新性、持续性、系统性和代表性。其中，创新性指企业实现了产品创新、工艺创新或服务创新，集中体现在企业对核心技术把握和拥有自主知识产权情况，以及技术水平在同行业的领先程度等方面；持续性指企业所具有的持续创新和发展的活力程度；系统性指企业为实现持续创新而进行系统的设计、组织和管理；代表性指企业创新行为对企业和行业发展所产生的市场和行业影响力和带动作用。因此，技术创新依存度指数是运用综合评价指数表征创新型企业的创新性、持续性、系统性和代表性，评价企业创新投入、创新产出、创新绩效和创新管理等对企业发展的影响。以此反映企业在获取市场竞争优势和持续发展过程中对技术创新依

---

① Yitmen I. The challenge of change for innovation in construction: A North Cyprus perspective. Building and Environment, 2007 (42).

存的程度和趋势。

1. "4+1"指标体系

企业技术创新依存度指数采用定量与定性相结合的综合评价方法，基于可采集性、可比性、可操作性，遴选出研发经费强度、千名研发人员拥有的授权发明专利量、新产品（工艺、服务）销售收入占主营业务收入的比重、全员劳动生产率4个定量指标和"创新组织与管理"1个定性指标，构成指数的指标体系（简称"4+1"指标体系，见图5-1）。

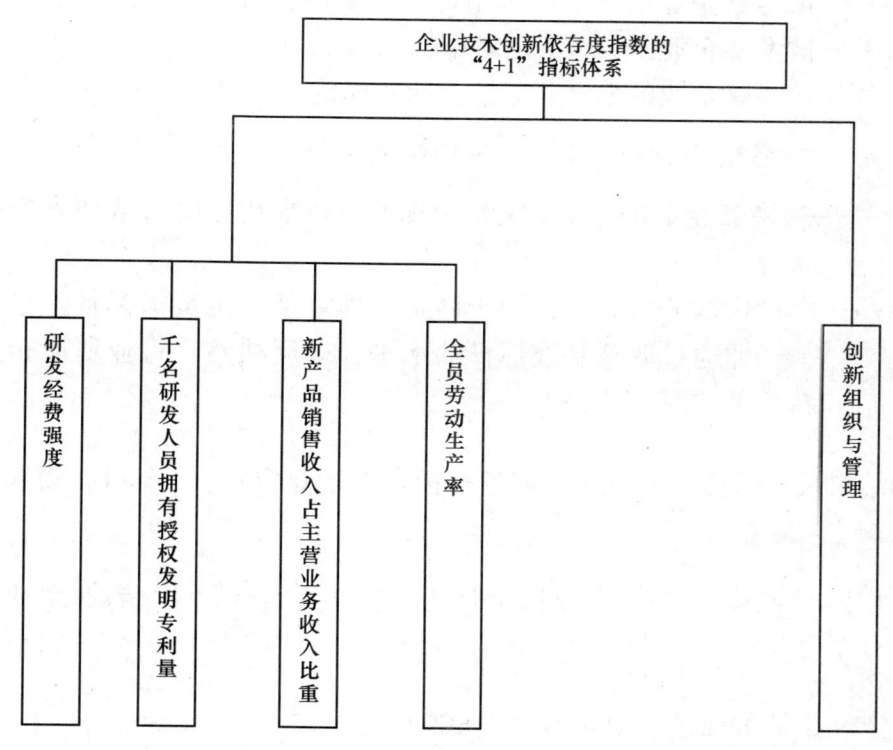

图5-1 创新型企业技术创新依存度指数的指标构成

"4+1"指标以考察企业发展对技术创新的依存程度为核心，是在深入研究创新型企业的内涵与特征，比较分析国内外针对企业创新的各种评价方法和指标研究的基础上，结合中国创新型企业试点和评价工作实践经验而确定的。这些指标在评价创新型企业中所起的作用是不同的。通过4个定量指标反映创新型企业创新战略实施的效果，定性指标反映企业创新战略制定、部署和实施的过程。这些指标互为补充、互相印证，既克服了单纯使用定量指标反映企业技术创新活动的局限性，又克服了单纯使用定性指标反映企业创新状况的模糊性，构成了一个比较完整和严密的指标体系。

2. 综合评价指数的生成

综合评价指数生成基于对被评价企业的4个定量指标和1个定性考察指标的综合评价。

（1）定量指标的赋值。具体计算公式如下：

$$B = \sum_{i=1}^{4} A \times f_i \times k \times \frac{\overline{x}_i}{\overline{\overline{x}}_i}$$

式中：B——被考察企业的4个定量指标的总赋值；

A——被考察企业的第i个定量指标的分数；

f_i——被考察企业的第i个定量指标的权重；

$\overline{x}_i$——被考察企业的第i个定量指标的数值；

$\overline{\overline{x}}_i$——被考察企业的第i个定量指标的行业平均数值（或研发经费强度门槛值）；

k——定量指标分值系数，用于调整或确定某一定量指标行业平均值的水平，即通过调整基准标杆的水平，以反映整个行业所属企业技术创新水平的变化趋势。

$\frac{\overline{x}_i}{\overline{\overline{x}}_i}$ 的结果反映了企业在第 i 个定量指标上的行业位置。$\frac{\overline{x}_i}{\overline{\overline{x}}_i} > 1$，表明企业高于行业平均水平；$\frac{\overline{x}_i}{\overline{\overline{x}}_i} < 1$，表明企业低于行业平均水平；$\frac{\overline{x}_i}{\overline{\overline{x}}_i} = 1$，表明企业与行业平均水平持平。

（2）定性指标的赋值。具体计算公式如下：

$$\overline{C} = \frac{\sum_{i=1}^{n} C_i}{n}$$

式中：$\overline{C}$——企业的专家综合评分均值；

C_i——第 i 个专家对企业的综合评价分值；

n——专家数，一般 n 不小于5。

定性指标分值的确定，由业内专家根据相关材料进行主观打分并加总，再由专家的定性赋分形成每个企业的定性评价分值。

（3）综合评价指数的生成。运用德尔菲方法，综合分析专家意见及定量、定性指标的影响程度，确定定量指标分值和专家综合评价分值的权重，最终形成企业技术创新依存度指数。具体的计算公式如下：

$$D = w_1 B + w_2 \overline{C}$$

式中： D——企业技术创新依存度指数；

w_1——定量指标分值权重；

w_2——专家综合评价分值权重。

(二) 建筑企业技术创新的评价思路

从上述分析可知，建筑企业技术创新活动不同于制造企业技术创新活动，因此，对建筑企业的技术创新评价亦应有别于制造业企业的技术创新评价。那么，如何克服上述的创新测度难点而提出有效的指标？如何考虑对建筑企业技术创新发展途径进行评价，特别是创新型企业的技术创新依存度指数评价方法对建筑企业技术创新评价是否适用？

从创新理论和创新评价实践经验上看，建筑企业技术创新评价的关键是在充分认识建筑企业技术创新的内涵、创新发展模式等的基础上，对企业的创新发展途径进行评价，相应的指标体系应是对企业通过技术创新获得成长的判定，是对企业依靠技术创新持续发展的判定。因此，技术创新依存度指数评价的理论基础和基本评价思路，即从系统和过程的角度考察企业创新特质和特性，从企业的"战略取向—组织构造—创新活动—创新产出与业绩"等全面考察企业创新特质和创新依存度，也是适用于建筑企业技术创新评价的。

同时也要考虑以下两个方面：一方面，建筑企业的技术创新评价是一个管理工具，要体现其作为一种工具的特性，如政策引导性、方向导向性等；另一方面，建筑业技术创新评价一定要在创新型企业评价方法的基础上，考虑到建筑企业技术创新的独特性，突出建筑业的特色特征，对指标进行必要的调整。故评价指标的调整要突出重点，也要突出行业特色。具体来讲需要注意以下几点：

第一，创新指标体系与科技指标体系有差别，要重视调查所得的数据。

第二，定量指标应力求精练准确，重点评价建筑业科技创新活动的效率。

第三，定性指标要能反映创新过程的特点，重在对建筑业中去量化知识、技能、管理、制度等无形资产进行考察。

第四，指标体现的设计要突出建筑业技术创新的基本特征。

第五，定性与定量结合的评价体系需要通过分阶段评价实现。如中国创新型企业评价就采用两阶段评审模式，对核心指标定量化处理，非核心指标靠专家测评。

在综合考虑以上因素基础上，需要对建筑企业技术创新依存度指数评价的指标体系进行适当调整，以更好地反映建筑企业技术创新的特点。

(三) 建筑企业技术创新的评价方法

在充分吸纳各方面意见，分析建筑企业一手的科技管理实践经验、相关研究成果和评价测算的基础上，以下提出建筑企业技术创新评价的"4+1"评价指标体系调整思路。

1. 关于定量指标的调整

（1）"研发经费强度"，即企业研发经费支出占主营业务收入的比。研发经费支出采用国家统计局与科学技术部的统计口径。对建筑企业而言，考虑到设计在建筑行业中具有非常重要的地位，在建筑企业技术创新活动中处于核心地位，因此在进行建筑企业技术创新评价中需要考察建筑设计活动。通过对建筑企业的管理者、建筑设计人员、科技管理人员和施工技术人员等调研，我们提出将建筑设计活动纳入到研发经费强度指标中进行考察，形成一个涵盖R&D经费和设计经费的建筑企业研发设计经费强度指标，以全面反映建筑企业对建筑产品的创造能力。在创新型企业评价中，可以考虑将建筑企业R&D经费强度和设计经费强度分别计算，然后再设置一个合适的权重加权合计得到一个建筑企业的"研发设计经费强度"指标值，代入计算。

（2）千名研究开发人员发明专利拥有量。指企业拥有的授权发明专利数与企业千名研发人员数量的比。对建筑企业来讲，由于工法不仅代表着施工水平，更影响着行业技术推广，是介于标准与专利之间的知识产品，并且具有准确的级别，对于建筑企业技术创新而言是一个重要的成果。因此，进行建筑企业技术创新评价，考虑将国家级工法折算归入发明专利一类，进行计算。如在创新型企业评价中，将建筑企业所获得的国家级工法按照一定的比例折算为发明专利，代入计算。

（3）新产品（工艺、服务）销售收入占主营业务收入的比重。新产品（工艺、服务）销售收入的计算主要采用国家统计局与科技部对新产品的统计口径。新产品一般是指采用新技术原理、新设计构思研制、生产的全新产品，或在结构、材质、工艺等某一方面比原有产品有明显改进，从而显著提高了产品性能或扩大了使用功能的产品。

根据建筑企业实践经验（现实做法），我们归纳出建筑业新产品的经验判断方法，具体包括如下几类：

第一，公共建筑全部是新产品。

第二，住宅只计算其中一个单体（单位工程），如按照基坑墙面的比例计算。

第三，路桥建筑：路道只能取其一段，桥梁可全部归入，具体需视其建筑技术要求判定。

第四，其他可根据新产品概念进行具体判断。

（4）全员劳动生产率。指企业年增加值与企业全体员工数量的比。工业、建筑业增加值是指工业企业（包括运输与邮电业）、建筑业企业在报告期内以货币表现的工业、建筑业生产活动的最终成果。收入法计算的工业增加值包括固定资产折旧、劳动者报酬、生产税净额和营业盈余。

2. 关于定性指标的调整

关于"创新组织与管理"定性考察内容也适当调整，具体包括如下内容：

（1）创新战略制定与实施。主要包括企业创新战略规划的制定情况和创新战略规划的实施情况。

（2）企业研发支撑体系。主要包括企业研发机构建设情况（包括与外单位联合建立研发机构情况）、创新团队建设情况、企业开展产学研合作情况、企业研发设备条件建设与共享情况等。

对建筑企业而言，其内部的设计院，常常是涵盖研发活动的，与制造业中的研发活动与设计活动界限分明有很大差异。可以考虑将设计院或设计部门纳入合计为"建筑企业研发设计支撑体系"统一考虑。

（3）创新管理与制度建设。主要包括知识产权的管理情况（战略的制定与实施情况及相关的制度措施）和企业内部激励创新的制度与措施。

（4）品牌塑造。主要包括知名品牌、驰名商标的拥有情况和为打造知名品牌、驰名商标的相关措施情况。

对建筑业而言，建筑企业资质是建筑企业品牌价值的一个重要体现，体现了建筑企业基于经济、技术以及经营管理等多方面的综合实力，是建筑企业技术创新评价中应给予重点考察的一个内容。

（5）创新文化建设及群众性创新活动。主要包括企业的核心创新理念等、群众性创新活动及职工合理化建议情况和工会推进职工创新活动情况等。重大科技奖励等情况包括省级以上科技进步奖、技术发明奖和自然科学奖等获得情况。

在针对建筑企业的"4+1"指标进行调整后，根据技术创新依存度综合评价指数的生成方式，测算出建筑企业的技术创新依存度指数。

3. 关于建筑企业技术创新评价方法

本章研究表明，有关创新型企业技术创新依存度指数评价方法仍然适用于建筑企业，但需要结合建筑企业技术创新的特点，对"4+1"评价指标体系进行适当调整，以充分体现建筑企业技术创新的规律。

当然本研究的结果仍需要在建筑企业技术创新评价的实践中进一步改进和完

善，以更好地发挥对企业创新的评价和引导作用，推动建筑企业创新发展。

通过建筑企业技术创新评价研究，加深了我们对建筑企业技术创新的内涵和特点的认识，也丰富和深化了创新型企业技术创新评价的理论和方法，以及对评价作为管理工具的理解。

第六章 创新型企业案例

近年来,中国涌现一批优秀的创新型企业,成为支撑中国产业竞争力提升和参与国际竞争的主要力量。通过对优秀创新型企业的系统案例分析,总结其成长的共性特点和规律,对于引导更多中国企业走创新发展之路具有重要示范意义。本章重点介绍国有骨干企业、民营高技术企业和企业化转制科研院所等不同类型的10个创新型企业案例。[①]

案例一
中船集团:跨越式创新战略打造世界级航母

中国船舶工业集团公司(以下简称中船集团,英文简称CSSC)组建于1999年7月,是中央直接管理的特大型企业集团和国家授权投资机构。中船集团是中国船舶工业的主要力量,产品涵盖散货船、油船、集装箱船等主要船型和液化天然气船(LNG船)、海洋工程装备等。中船集团还积极发展壮大修船业、船用配套以及钢结构等非船业务。中船集团目前已进入航运、航天、建筑、电力、石化、水利、环保、冶金、铁路、轻工等二十多个行业,发展成为在中国造船行业独占鳌头,在多个行业领域内快速发展的大型企业集团。

中船集团拥有一批中国最具实力的骨干造修船企业、船舶研究设计院所、船舶配套企业及船舶外贸公司,共有约60家独资和持股企事业单位。截至2012年底,集团资产总额达1993亿元,员工总数超过96000人,其中研发人员约9500人。2012年主营业务收入超过840亿元。

---

① 本章10个案例均选自"企业创新之道"课题组编写的《创新型企业案例》(第1~6辑)(清华大学出版社,2010年、2011年)。收入本章后对题目、标题、内容、文字进行修改,并对数据进行全面更新。

中船集团的前身为1950年成立的重工业部船舶工业局，历经第九工业管理局、第六机械工业部、中国船舶工业总公司等历史阶段。1999~2005年为组建与初期发展阶段，实现了进入世界造船集团"五强"的目标；2006~2010年为快速发展阶段，到2009年，造船产量已超过1100万吨，稳居世界造船集团第二位；2011年以来，努力向世界第一造船集团的目标挺进。

（一）以"五个世界领先"为目标的跨越式创新战略

组建之初，中船集团制定了做大做强造船主业、综合发展其他产业、打造世界一流造船集团、集中优势创新做强的跨越式创新战略。提出了"五三一"发展目标，即在2005年进入世界造船集团前"五强"、2010年进入前"三强"，到2015年力争成为世界第一造船集团，推动中国成为世界第一造船大国。2007年，进一步提出了"经济规模世界领先、科技水平世界领先、管理水平世界领先、人才队伍世界领先、盈利能力世界领先"的"五个世界领先"的创新战略目标。

为了落实总体创新战略，中船集团通过推进"船舶精品工程"，优化形成一大批品牌船型，着力强化市场竞争力；通过推进"高新产品工程"，重点突破一批高技术、高附加值船舶的关键核心技术，提升设计开发能力，进一步增强技术储备；通过加强海洋工程装备研发和体系化发展，拓展发展空间；通过加强船用设备技术引进、消化吸收和自主研制，大幅提升配套产品科技水平，支撑造船主业的发展；通过加强机制创新、管理创新，完善创新体系，建设创新文化，统筹配置和合理利用研发资源，提高整体科技水平和自主创新能力，为跨越式创新战略的实现提供有力保障。

（二）统筹运作创新资源的创新体制机制

为了保障科技创新工作的开展，中船集团积极创新研发管理机制和方法，提高科技管理水平，制定了《关于加强集团公司科技工作的指导意见》，在研发定位分工、计划集中管理、成果有序转让、经费集中投入、科研业绩考核等方面提出要求，统筹运作集团创新研发资源，提高整体研发效率和质量。

为了促进厂、所的科技资源有机整合，探索重大科研项目组织方式创新，中船集团充分利用708所和沪东中华的有关创新资源，联合组建大型LNG船项目开发组，实现组织、资源、成果三统一，为重大技术的联合攻关提供了行之有效的方法。为了使科研开发更好地服务于生产经营，建立了经济运行部、科技部、贸易公司联动机制，组建了船型开发专家组，共同研究生产经营对技术的需求，确定研发方向和重点，初步实现了科研、生产、经营的有机结合；为了建立健全科技创新激励和约束机制，制定了科技发展考核指标和评分办法，作为企业、事业单位负责人年薪制考核的重要依据，有力地推动了科技创新工作的开展。

（三）构建三位一体的研发支撑体系

中船集团研发支撑体系构建的总体思路是：加强包括国家重点实验室、国家工程实验室和国家工程中心在内的集团骨干研究院所体系建设，加强企业技术中心建设，广泛开展产学研合作，加大对研发的支持力度，完善运行机制，提高集团的综合创新能力。从而逐步建成以国家重点实验室、国家工程实验室和国家工程中心在内的集团骨干科研院所、集团骨干企业技术中心，与国内外研究机构、高校产学研合作的三位一体的多层次、高效率的研发支撑体系。

中船集团特别注重利用国内外科研机构、高校的科研资源，建立产学研合作关系。沪东中华造船（集团）有限公司通过与708所、上海交通大学、船级社以及多家外企、研究机构开展合作，掌握了大型液化天然气（LNG）船的设计建造等关键技术，实现了中国大型LNG船自主建造零的突破。产学研合作体系的建设和完善为集团提升自主创新能力和拓展业务领域提供了有力保障。

（四）集创造、运用、保护为一体的知识产权管理系统

中船集团围绕"五三一"目标和创新做强的战略部署，以形成集团知识产权核心竞争优势为出发点和落脚点，健全知识产权制度体系，完善知识产权管理机制，着力培育知名品牌和自主知识产权，大幅度提升集团知识产权创造、运用、保护和管理能力，力争到2020年，建设成为知识产权创造、运用、保护和管理水平一流的军工集团。

中船集团建立了由集团层面的知识产权领导小组和成员单位层面的工作小组构成的知识产权工作组织体系。集团公司统一部署和协调知识产权宏观管理，各成员企业和科研院所根据行业的具体情况制定和实施各具特色的知识产权管理战略。

在管理制度建设方面，中船集团制定了《知识产权管理办法》，编制了《知识产权战略纲要》，从知识产权制度建设，从知识产权创造、运用、保护等方面着手，大力提升中船集团知识产权管理水平。还参与国防科工局《知识产权全过程管理》和总装备部《国防知识产权战略实施》相关试点工作；支持船舶工业行业协会参与国家知识产权局船舶领域专业数据库的建设；组织集团商业秘密保护座谈会，针对技术秘密保护进行深入交流。

日益健全的知识产权制度，不断规范的知识产权管理，提高了集团知识产权创造、运用和保护能力，形成一批对集团发展具有带动作用的核心技术和关键技术自主知识产权，提升企业自主创新能力。

（五）抓住关键环节完善人才工作体制机制

中船集团坚持"人才强企"战略，以"人才领先"为目标，以"服务发展、人才优先、以用为本、创新机制、高端引领、整体开发"为方针，以高层次人才和高技能人才为重点，紧紧抓住选才、育才、用才、留才四个关键环节，完善创新人才发展体制机制，优化人才成长环境，积极开发利用国际国内两种人才资源，大力推进人才职业化、市场化、专业化、国际化发展，统筹提升各类人才队伍建设水平，努力培养和造就一支结构合理、绩效突出、水平一流的人才队伍。

中船集团以经营管理、工程技术和技能三支人才队伍建设为重点，以建设江南长兴、广州龙穴和上海临港基地等重大工程和项目为依托，大力实施"企业家培养工程"、"院士培养促进工程"、"专家队伍建设工程"、"优秀青年人才培养工程"、"高技能人才推进工程"、"紧缺人才引进工程"六大工程，不断完善人才工作体制机制，拓宽引才引智渠道，改进考评激励机制，健全教育培训体系，优化人才发展环境，成功吸引和培养大批优秀人才，基本满足了集团公司跨越式发展的需要。

（六）以卓越产品打造世界一流品牌

中船集团品牌战略的总体思路是：努力打造世界一流水平的自主品牌，研发生产技术性能指标先进、性价比高、市场占有率高、经济效益好、主流船东接受程度高的系列产品。

中船集团坚持以"质量第一，科技造船，持续改进，追求卓越"的经营理念为指导，在企业中推行质量文化建设，建立严格的质量责任制体系，加大过程质量控制和阶段质量评审，注重质量管理体系运行有效性的提高，实施精细化管理，大力推进"精品工程"，在三大主流船型中筛选出一批主打产品。中船集团以品牌产品的开发为基础，通过品牌产品的持续开发优化，不断确立和增强市场优势，为批量承接订单提供了有力支撑。为促进国际交流合作和品牌推广，中船集团积极参加挪威、汉堡、希腊等国际海事展，参与各类国际海事会议，与日本 NYK 公司开展技术交流会，推荐集团最新船型研究成果，扩大了与船东、中间商、设备商、船级社和银行的交流。

为了适应市场形势变化，满足市场需求，中船集团统筹相关资源，健全市场营销体系，不断完善经营模式；优化产品结构，不断丰富船型产品，以极具市场竞争力的产品和价格不断扩大市场份额，稳定船舶生产；统筹船舶与配套产品经营，促进船舶配套业务的协调发展。

中船集团已经优化形成了"第六代 76000 吨巴拿马型散货船"、"绿色好望角型散货船"、"广船灵便型成品油船"、"114500 吨/115000 吨 MINI－CAPE 型散货船"等一批具有市场影响力的品牌船型。中船集团的船舶产品已经出口到世界一百多个国家和地区，自2006年起，各主要造船指标已稳居世界造船集团第二。2012年在全球成交的新船订单比上年大幅下降，市场竞争异常惨烈的形势下，中船集团的经营接单工作仍交出了漂亮的成绩单。据统计，中船集团全年新接船舶订单按载重吨计，吨位占全球市场份额的16.9%，占中国市场份额的40.5%。截至2012年底，手持船舶订单按载重吨计，吨位占全球市场份额的9.8%，占中国市场份额的23.2%。上述两大指标首次全面超越韩国现代重工，居世界造船企业集团第一位。

（七）把创新文化理念体现到企业发展的方方面面

中船集团坚持以"建造一流舰船，提供卓越服务，实现和谐发展"的理念，以"志存高远，时不我待，勇于创新，敢为人先，不畏艰险，顽强拼搏"的企业精神，为海军装备建设和世界航运界提供卓越服务，走出了"依靠引进技术进入国际市场、依靠自主创新拓展国际市场"的特色鲜明的创新之路，为全面实现"五个世界领先"，成为世界第一造船集团，建设世界造船强国的企业愿景提供了有力保障。

中船集团通过实施企业文化视觉识别系统、开展系列文艺活动和利用报纸、网站的宣传，使中船集团的创新文化得以广泛传播，CSSC品牌得到世界航运界广泛认可。中船集团把创新文化理念体现到军品的决战决胜、主流民船的设计建造、用户的长期稳定合作和员工与企业的共同发展等各个方面，体现到产品的设计、建造、营销、服务等整个流程和以人为本上。特别是把创新文化融入到军工文化、质量文化、安全文化等子文化中，有效地促进了中船集团的发展。

中船集团通过组织召开科技交流大会、CSSC–NYK技术交流会等，促进了中船集团科技人员内外部的交流合作。中船集团举办了主题为"致力绿色环保、引领船舶未来、驶向理想彼岸"的"中船理想杯"未来船舶创意大赛，涌现一批有创意的未来船舶设计作品，展现了集团的科技实力和创新风采。各企事业单位根据自身特点开展了技术大比武、生产劳动小发明等科技创新活动，既丰富了职工的业余生活，也改进了生产工艺、提高了生产效率。

（八）企业创新成效

中船集团科技创新工作取得了显著进展，创新能力和综合技术水平不断提升。一是主流船型开发优化成效显著。以共同规范船型开发为契机，大力推动三大主流船型的优化升级，形成了比较完整的产品系列。同时，通过大力推进"精品工程"，优化形成了一大批品牌船型，部分产品性能达到或接近世界领先水平，为中船集团在市场兴旺期承接批量订单和市场低迷期抢夺订单提供了有力支撑。二是高技术船舶研制取得重大进展。一批高技术、高附加值船舶关键核心技术取得突破，部分重大产品实现接单建造，多项技术填补了国内空白，特别是在交付了首批5艘14.7万立方米LNG船的基础上，推出了自主研发的16万立方米、17.5万立方米、22万立方米LNG船，标志着中国具备了尖端产品的自主研发设计能力。三是海洋工程装备研制不断取得突破。成功承建世界最先进的3000米水深第六代半潜式钻井平台，顺利进入海工装备尖端产品领域，拓展了中船集团的发展空间。四是配套产品研制水平大幅提升。关键设备国产化率大幅提高，部分产品实现了系列化、批量化，填补了国内空白，有力支持了集团造船主业的发展。五是先进制造技术研究应用不断深化。通过加强数字化造船技术、先进工法以及先进工艺装备的研究和应用，造船效率明显提高，主流产品建造周期已接近世界先进水平。

中船集团正在大力推进产品结构调整，围绕建设海洋强国的需求，继续加大高技术船舶特别是海工装备的研发和市场开拓力度，力争实现高技术船舶占比持续提升的目标，进一步缩短与世界先进造船集团的差距，为全面实现"五个世界领先"的战略目标而奋斗。

案例二
同方股份：探索高技术产业孵化的"同方模式"

同方股份有限公司（以下简称同方股份）成立于1997年6月，并于同年在上海证券交易所上市，是由清华控股有限公司控股的高科技企业。同方股份依托清华大学的科研实力与人才平台，在信息、能源环境两大产业方向上不断探索、创新，按产业链孵化和培育了智能芯片、计算机、数字城市、大数据应用、多媒体、移动互联、知识网络、大军工、大安全、半导体与照明、环境科技、节能环保等与国家发展、国计民生密切相关的十二大主干产业集群，并在北京、河北、辽宁、江苏、江西等多地建成了与产业配套的科技园区。还大力发展金融产业。目前，同方股份旗下已有同方泰德、同方国芯、泰豪科技等多家上市公司。

截至2012年底，同方股份资产达337亿元，员工总数超过18000人。2012年主营业务收入超过220亿元，入选"中国电子信息百强"、"中国制造业企业500强"。

（一）依靠技术创新构筑核心业务领域

同方股份坚持技术创新和科技成果产业化为主要发展目标，以市场需求整合产业结构、以市场需求和产业发展引导技术发展，依靠自主研发构筑核心业务领域，实现持续增长。为此，公司围绕"技术+资本"、"合作+发展"、"品牌化+

国际化"的战略，把增强自主创新能力作为提升综合竞争力的根本，把调整产业和产品结构作为企业发展的主线，着力将技术创新能力转化为企业的市场优势和经济效益。

公司积极规划未来产业的战略方向，选择信息技术、能源、新材料、数字电视等作为公司技术创新重点领域，着力突破关键核心技术，获得自主知识产权，实现技术专利化目标。公司凭借在系统集成业务领域的综合实力，经国家建设部批准，相继获得机电安装工程施工资质。标志着企业从单一集成业务向系统设计、工程咨询、管理服务等集成服务方向发展，并逐步向以机电设备总承包业务为主的工程服务业方向延伸，进一步巩固了企业在系统集成业务领域的优势地位。

公司积极实施国际化战略，凭借着先进的技术和优良的品质积极参与国际市场竞争，参与国际间产业的分工与合作，拓展海外市场。

（二）推进多维度、多层面的体制与机制创新

同方股份在体制机制上的创新是多维度、多层面的，贯穿公司的各项业务，从整体上促进了公司的全面发展和成功转型。

公司搭建起了"面向公司业务，面向市场竞争"的矩阵式管理体系，重点进行组织体系建设、内部制度建设、资源平台建设、信息化建设、人力资源专业队伍建设等。

公司按照产业本部组织结构，打造以计算机、数字城市、物联网应用、微电子与射频技术、多媒体、半导体与照明、知识网络、军工、数字电视、环境科技等十二大主干产业为核心的业务平台。

公司依托清华大学的人才优势与技术优势，从学校已有的科研项目中发现、筛选能和市场结合的项目，经过二次开发孵化出新产业。这些新产品、新产业一方面可以充实到公司的实业领域，成为新的利润增长点；另一方面也通过各种有效方式如技术转移、企业重组实现大学科技成果向社会转化。

公司积极参与国际创新合作。如公司与日本东芝公司成立了软件开发中心，承接东芝医疗系统的软件开发业务。在日本神奈川县川崎市设立全资子公司"日本清华同方软件株式会社"，配合公司软件出口事业部开拓日本软件外包市场。在新加坡成立"亚太研发中心"，利用新加坡政府的优惠政策，开展了数字城市、微电子、水处理和能源环境四个领域的研究。

（三）构建虚实结合的多层次、开放的研发支撑体系

同方股份以总部研发机构为核心、构建了多层次、跨地区、开放的研发支撑系统。在海外设立了6个研发机构，开展适应于本企业同时可参与国际间合作的研发项目。还与清华大学共建了3个国家级工程研究中心和6个联合实验室。

同方股份的研发体系具有多层次的特点。总部研发机构负责研究开发中长期技术项目，解决企业未来发展的关键性技术研究，培育企业未来的利润增长点。下属的各产业本部及各控股公司内均设有研发机构，主要解决企业主营产品的技术改造以及产品的后续研发，培育企业近期的利润增长点。

公司将清华大学视为虚拟研究中心，通过"带土移植"的形式，把清华大学高水平的研发能力及人才队伍与公司自身的产业能力、市场开拓能力相结合，以一种拟风险资本运作方式，投资于学校、科研机构有前景的高新技术成果，进行成果孵化，形成新产业。

（四）建立"矩阵式"的知识产权管理体系

同方股份在知识产权管理过程中运用了矩阵式管理方式。知识产权的矩阵式管理是指对于知识产权的归属、实施、使用等，完全由总部集中管理，即公司总部对所有发明的申请权及专利权集中管理，而各子公司在应用专利方面依照公司总部知识产权管理部门制定的制度来实施这些专利，保护这些专利，公司总部专利管理部门将监督这些专利的实施和应用情况。各子公司的知识产权管理部门除依隶属关系向该子公司主管做业务报告外，还要受总部专利管理部门极强的业务和功能指导。在总部和各子公司，公司员工所完成的发明创造产生的知识产权均归属于公司总部所有，都由总部负责处理有关使用、授权等事项，各子公司知识产权部门在使用这些知识产权资产时，需要做好知识产权实施工作，执行知识产权的管理工作，并及时向总部知识产权部门汇报执行情况。

同方股份建立了覆盖企业研发、生产、管理、销售各环节的内部知识产权管理制度，使日常管理有章可循。增强员工的知识产权法律意识，通过协议、制度、机制和法律四个方面的措施防止人员流动导致企业知识产权流失。以协议或规章的形式规定了员工知识产权成果的归属，建立了知识产权创新激励机制，加强了对商业秘密的管理与保护。注意对知识产权信息资源的收集和利用，建立了内部知识产权信息库。从计算机网络的角度构建了知识产权安全体系，建立了知识产权预警、监控与法律纠纷的处理机制。

（五）形成人才培养的孵化器模式

同方股份围绕企业的发展战略，通过建立一套体现同方企业文化的人才管理机制，打造高素质人才队伍，提高企业竞争力，为企业的持续健康发展提供有力的人才支撑和组织保障。

公司在人才培养方面形成了自己独特的方式——孵化器模式。在孵化科技成果、孵化培育企业和产业的同时，对人才也进行孵化和培养。各产业本部及主干公司的总经理及他们的优秀团队都是伴随着产业的成长而最终成长为优秀的经营管理者、产业领军人物，而这些优秀人物又像磁场一样吸引聚集着更多志同道合的人才，形成人才的品牌效应。这种人才的孵化模式也正是同方企业文化的体现，就是让有能力、敢于承担的人担起更多的责任，给予更大的发展空间，就是要通过做事业，培养和造就一批具有国际眼光和复合型知识能力的企业家、一批高科技企业的领军人物。

公司建立了干部人才信息库及档案，并纳入信息管理系统，为干部的选拔、使用提供依据；积极策划现任干部的充电及培训方案，在管理能力提升的同时，更注重在战略、视野及拓展思路方面的培养。此外，关注技术骨干的成长，建立职业发展通道，为骨干人才解决实际问题，解除后顾之忧，形成稳定、长效的骨干梯队及后备人才储备。

（六）企业文化建设和品牌塑造相辅相成

同方股份源于清华，不仅拥有清华大学前瞻性的技术资源与人才优势，更重要的是传承了百年清华"自强不息，厚德载物"的文化精髓，并以实际行动践行着"承担、探索、超越，忠诚、责任与价值等同"的企业文化。公司认为，提高产品质量和服务质量等是塑造企业品牌的重要手段，但对于公司来说，品牌塑造还有另外一个更加重要的手段，就是基于更宽广的视野和更长远的战略，践行企业的社会责任，并以此作为同方股份最重要的品牌要素和品牌价值跃升的核心驱动力。2008年，同方股份作为核心倡导者参与发布了全球第一份以倡导企业社会责任为宗旨的《世界企业宪章》及行动纲领，呼吁企业在创造利润最大化的同时，更应完成企业人向社会人的转变，勇于承担在社会中的责任。

（七）企业创新成效

同方股份涉足的计算机、数字城市、物联网应用、微电子与射频技术、多媒体、半导体与照明、知识网络、军工、数字电视、环境科技等都是创新性极强的领域，持续创新使公司积累起较高的知名度和市场认可度。

同方股份先后承担国家"核高基"科技重大专项、国家863计划、国家发改委专项、国家科技支撑计划等项目56项，获得国家科技进步一等奖2项。截至2012年底，公司拥有有效专利1180件，其中有效发明专利436件。

同方股份不仅创造了巨大的经济价值和社会价值，还探索出中国高校、研究院所实现成果转化的一个成功模式。公司选择了一个适合自身条件的技术知识获取方式，依托清华大学的丰富人才、科技资源等优势，将清华大学变成公司的虚拟研究中心，成为产学研最紧密的合作形式。公司突破了传统的校办企业的模式，创造了一个联系技术知识源和技术知识应用终端的孵化器模式，将清华大学的科技成果进行二次转换，孵化成为成熟的技术、成熟的企业后，再转移到社会。公司还积极践行社会责任，通过树立良好的社会形象不断提升品牌价值。

案例三
长城汽车：创新"过剩投入"打造差异化核心竞争力

长城汽车股份有限公司（以下简称长城汽车）是分别在 H 股和 A 股上市的民营企业，主要从事汽车组装，汽车零部件及配件研发、设计、生产，汽车及零部件产品的销售及分销。旗下拥有哈弗、长城两个产品品类品牌，产品涵盖 SUV、轿车、皮卡三大品类，具备发动机、变速器等核心零部件的自主配套能力。

长城汽车下属控股子公司 30 余家，拥有四个整车生产基地。2013 年，长城汽车销售汽车 75.4 万台，同比增长 21%，其中长城哈弗 SUV 累计销售 41.74 万辆。营业收入 567.8 亿元，同比增长 32%，利润总额达 99.65 亿元。

长城汽车的前身是一家集体所有制企业——长城汽车制造厂，成立于 1976 年，主要从事改装汽车业务。1976～1990 年是长城汽车的起步时期，1990 年公司陷入困境，年亏损超过 200 万元；1991～2000 年通过自主开发，产品结构成功转型，实现了历史性飞跃，1996 年导入皮卡产品迅速成长为中国第一；2000～2005 年确定了"自己做主、组织创新"的新思路，2002 年开国内先河，创造了经济型 SUV 新时代，企业步入发展的快车道；2006 年以来，在技术、管理和营销三位一体的创新视角与理念下，长城汽车迈入了新的发展阶段。

（一）打造"1+1+1>3"的系统创新模式

长城汽车依靠技术创新的渐进式升级，形成了独特的自主创新模式。即以企业为创新主体、以国内外先进技术为资源，将产业价值链的技术、营销和管理等三个环节有效互融、互动，形成的"1+1+1>3"系统创新模式，进而不断提升企业核心竞争力，推动企业日益壮大。

在这一创新理念指导下，长城汽车以全球市场为目标，瞄准细分市场，实行差异化的研发设计策略，不断提升产品品质。一方面，通过聚集创新资源，与国际专业公司联合开发，实行"集成创新"，并牢牢把握"自主"这一核心，"消化吸收"用最低的成本换来最好的技术。长城汽车已与欧洲、意大利、日本、韩国等数十家国际设计公司开展密切合作，对项目进行联合开发。另一方面，通过聚焦 SUV、轿车和皮卡三大品类，坚持差异化，实施"三高"产品和创新战略（高豪华、高性能、高科技），不断提升产品品牌和品牌附加值。

为了确保创新战略的实现，长城汽车在软件、硬件上双管齐下。在软件建设上，长城汽车拥有一支6500多人的研发队伍，是"国家认定企业技术中心"、设立了"博士后科研工作站"，拥有先进的开发设备及成体系的职能部门和分支机构，并建立了有效的创新机制。在硬件建设上，建立了国内汽车业中首屈一指的试验中心、试制中心、模具中心，国内最大的模拟环境排放实验室、整车和零部件疲劳实验室、先进的发动机研发实验室以及汽车碰撞实验室、道路试验场等尖端设施，为持续的自主创新夯实了基础。

（二）以技术中心为核心统领研发管理体制

依据"推进二次创业、实现五个第一"的战略规划和目标，长城汽车着力从技术创新的决策系统、管理系统、研发系统和支撑系统四个方面进行体制建设。

长城汽车的技术创新决策系统由公司高层领导、技术委员会、专家委员会组成，负责制订企业技术创新的战略规划。技术中心建立技术委员会和专家委员会，将企业内部各部门和企业外部专业研究机构的专家联系起来，在全国范围内选择各种汽车整车、零部件技术专家和汽车生产、研发管理专家来参与公司重要决策的制定和前期研究、重大技术开发、技术引进、技术改造项目的策划、预研究、申请和组织实施。

长城汽车的技术管理体制包括三大部分：技术中心、项目管理部和精益促进部。技术中心不仅被赋予了在企业科技发展规划、科技研发、人才、科技信息、产学研、技术标准、科技档案以及质量控制上的管理权，而且被赋予了制订重要研究开发和创新项目计划、立项、过程管理、验收等职责，并且围绕技术创新工作设置了相关专业化部门。项目管理部负责统一规划协调整车的开发、验证及最后阶段的设计制造。精益促进部负责规范质量体系开发、建设以及整车开发过程中一些优化过程的推广。随着专业化管理的深入和细化，一系列开发流程和管理制度得以实施，规范了产品研发行为，保证了研发工作高效率的进行。

（三）构建内外结合、多层次的研发支撑体系

为实现打造"高品质"产品目标，长城汽车以技术中心为核心，健全技术开发、服务机构，形成了比较完善的独具"长城"特色的研发支撑体系。

长城汽车技术中心，下设技术研究院、工程院、模具中心。技术研究院主要从事产品开发、设计和验证、确认；工程院从事工艺过程、制造过程的开发、研究；模具主要从事整车模具开发、设计。技术中心是一个多层次的创新研发系统，一级研发机构涉及汽车整车和主要总成产品前瞻性、培养性和储备性研发及现有生产产品的改进，是总部直属的研发机构；二级研发机构，主要从事支撑生产经营活动的新产品开发、工艺创新和服务创新；三级研发机构，主要包括三个事业部的商品技术部和下属各子公司的技术部。

长城汽车投入巨资建成了试验中心、试制中心、培训中心、信息中心等"8"大中心,涵盖了试验平台、检测平台、信息平台、培训平台四个平台,与模具中心一起,形成了长城汽车的研发实力和特色。

为了提高公司的科研水平,增强产品竞争力,实现资源优势互补,长城汽车结合研发能力现状,鼓励各项目组与清华、北航等国内知名科研院所或大学进行项目合作。

多年来,长城汽车采取创新"过剩投入"策略,追求行业领先。2012年研发经费支出达15.5亿元,主要用于新车型的研发和实验室建设。

(四) 采取防御与进攻相结合的知识产权战略

长城汽车采用防御和主动进攻相结合的知识产权战略,形成了"高端进攻、中端跟进、低端防守"的专利战略。为此,长城汽车在组织结构、体系建设、检索预警和培训宣传方面,进行了全方位的建设和完善。

长城汽车设有三级专利机构:专利评审组、专利科、专利接口人。专利评审组成员由公司的高层领导和各领域的技术专家组成,负责专利方案评审和方针指导;在长城汽车技术研究院设立专利科,与设计研发人员紧密结合,有效保护全公司的设计、开发技术成果;在各子公司及研发部门设置专利接口人,主要负责本部门的专利宣传与挖掘。

为更好地推动公司专利管理工作的开展,使专利工作有章可循,专利科负责编制了8个专利方面管理规定及工作流程、5个技术标准和要求,内容涵盖申请、维护、激励、保密、放弃评估、专利监控等全过程操作;同时,还建立了多语言的国外申请授权翻译模板20余份,整理了26个国家和组织的专利制度。

截至2012年底,长城汽车拥有有效专利1355件,其中有效发明专利18件。

(五) 搭建人才成长的事业平台

长城汽车人才发展的战略目标是,让每一个员工都感到有方向,向人才提供广泛的事业发展舞台;搭建竞争平台,促使优秀人才脱颖而出;把人用好,让人才得以充分发挥,并给予合适的回报。

长城汽车以民族品牌为背景,以国际化发展为导向,不拘一格吸引精英人才,培养具有国际竞争力的人才,并为此制定了外聘专家休假制度,推出了安心工程、内部购车、安排子女入学等一系列的政策,解决员工的后顾之忧,用事业留人、用情感留人。

在人才培养上,长城汽车注重人才的培与养两手抓,确立了四大方针:招收大学毕业生作为后续发展的人才队伍,在国内招收有经验的专业人才,面向世界招收高素质的国际化人才;启动了"321"人才战略,计划用3年时间,吸纳国际、国内两个领域1000名技术专家；与河北农业大学合作组建"河北农业大学长城汽车学院"，重点培养汽车制造及相关专业实践能力强、综合素质高的实用型人才；制订了"人人要培训，天天必参与"的培训计划，并外聘管理专家进行培训，每年推出百余种培训班，形成了公共培训与专业培训相结合，多门类、多层次、多形式、多内容的培训体系。

在人才激励上，为每位员工制定清晰的行政序列和技术序列双通道发展的职业生涯规划；开展资格评定工作，将每位员工的能力与薪酬合理匹配，根据每位员工的贡献度合理调整薪酬，使员工在能力与贡献的矩阵中找到自己的位置。

目前，长城汽车拥有6500余人的研发队伍，并继续扩充，计划2015年专业技术人员过万。

（六）品类聚焦塑造专家品牌

长城汽车坚持不断创新，追求卓越，以"时尚、科技、精美"为品牌内涵，以"打造高质价比、创新技术的精美产品"为造车理念，定位于全球市场，努力打造国际化的优秀汽车品牌。

长城汽车多年来一直在细分领域深耕细作，立志于品类聚焦，做精做专。公司视质量为生命，不断学习丰田TPS的管理体系，推广1699质量体系，形成了GLM精益理念的"双十准则"，在追求精益生产的同时，将客户、供应商、经销商、服务商等视为事业的延伸，与他们互利互惠，合作共赢，力求打造战略性供应商和经销商。

长城汽车确立了以"客户满意"和"市场领先"为主要目标的营销战略，通过营销服务的创新变革，实施一系列组合拳，提升终端形象和服务质量，把人、财、物向"客户满意"聚焦，以超值服务为客户创造惊喜，不断提升客户满意度。公司把"一切以用户为中心"的营销理念落实到每一个细小环节，根据用户需求，经常性地开展专题服务活动；把销售当作开拓市场的"起点"，不断创新售后服务，以优质服务创造用户、留住用户，提升公司品牌形象。售后服务体系以其方便、快捷、负责、多网点、高标准的服务赢得了用户的赞许，遍布全国各地的营销和售后服务网络，使长城汽车具备了从产品到市场的整个价值链的竞争优势，获得了良好的用户口碑，有效地塑造了长城"中国皮卡第一品牌"形象。

长城汽车坚持聚焦发展，以"专注、专业、专家"为品牌理念，以专业化运营管理，打造专家品牌。目前拥有哈弗与长城两个产品品类品牌，哈弗品牌主要是开发、生产车身长4.3米以上的SUV车型；长城品牌，旗下主要包括轿车、小型SUV、皮卡及MPV车型。

在海外市场开拓上，长城汽车采取"稳健扎实、步步为营"的策略，首先在进口关税较低、汽车工业相对薄弱的国家打开突破口，在此基础上开拓其他市场。

同时，长城汽车以国际化品牌发展为目标，通过 KD 工厂建设、全球网络建设、国际化赛事营销、高端市场开拓等方式开展全球业务，积极开展海外售后服务，实行"一国一策"，建立了大批"点菜式"服务网点。长城汽车在海外发展取得不俗的表现，自 1998 年首次出口以来，长城汽车的出口量和出口金额已连续多年名列国内同行企业前茅。目前产品已出口到欧洲、澳洲、非洲、中南美、中东、亚太等地区。此外，长城汽车已在十几个国家建立了组装厂，其中 2012 年 2 月投产的保加利亚组装厂，是中国自主品牌第一个在欧盟建立的汽车组装厂。

（七）用精益文化孵化创新基因

2002 年，长城汽车吸收国内外企业管理的新思想、新理念，融合本企业的特点，经过整理归纳，形成了以"每天进步一点点"为核心理念的企业文化，成为长城汽车的灵魂和基石，体现了长城汽车追求卓越、勇于创新的精益文化理念。

为保证企业文化不仅仅被挂在墙上、写在纸上，长城汽车建立了国内第一个科学化、系统化的"活力体系管理制度"，由荣誉模块、关怀模块、教育模块、考核模块、薪酬模块、制度模块六大模块组成。通过 6 个模块功能的释放，形成员工对公司的共同价值观和高度认同感。

2006 年以来，长城汽车还开展了全员性创意功夫提案活动，每个子公司、每个车间的醒目位置，都有一个贴满表格、文字的"创意功夫提案"公示栏，上面刊登着员工提出的各项合理化建议。通过开展改善案例发表大赛，搭建精益管理共享 FTP 平台，将各公司优秀的案例发送至平台，在集团范围内进行创新成果共享。活动开展至今，员工共提出上百万条改善提案，其中，进口发动机流水线的防差错自动程序、发动机中冷技术、冲压机自动抓手技术等多项重大发明，或弥补了进口设备的不足，或打破了国外技术的垄断，在多个环节摆脱了国外技术的制约。

（八）企业创新成效

长城汽车从最初的产品改装、模仿创新到如今的精选平台，多系列、多品种车型，按欧洲先进标准同步开发，闯出了一条独特的自主创新道路。长城汽车立足全球，整合国际技术资源进行创新研发，拥有了国际一流的研发设备和体系，试验中心、试制中心、造型中心、动力中心"四大中心"均已达到国际一流、国内领先的水平。具备了 SUV、轿车、皮卡等系列产品以及动力总成的开发设计能力，可同时展开十多个车型的开发。在发动机、变速器、整车造型、整车设计、CAE、试验等各个环节都形成了自主的技术、标准及知识产权。

长城汽车采取对高品质的追求和差异化的产品策略，从细分市场做起，采取"错位竞争"，持续创新，一点点积蓄力量，逐步进入中高端汽车市场。使公司连续10多年保持高增长和高盈利的经营业绩。长城汽车在国际、国内两个市场一直保持着领先优势。在国内市场，哈弗SUV已连续11年保持全国销量第一，成为中国SUV的领导者品牌；长城皮卡已连续16年在全国保持了市场占有率、销量第一。长城轿车单品连续多月进入乘用车销售榜十强，成为市场的后起之秀。在国际市场，长城汽车注重出口产品的品质和出口经营质量，旗下产品率先通过欧盟车型认证。自1998年首次出口以来，长城汽车在出口量和出口金额方面连续多年名列国内同行企业前茅。

长城汽车以产业报国为使命，以成为中国汽车自主品牌的优秀代表为目标，努力向品牌国际化、市场全球化、管理现代化的跨国企业发展。

案例四
法尔胜集团：从麻绳到光纤的攀升之路

江苏法尔胜泓昇集团有限公司（以下简称法尔胜集团）是全民所有制国有企业法尔胜集团公司改制后成立的民营企业。是以金属制品为主，涉及光通信、新材料、现代服务业的多元化企业集团。公司目前拥有世界上最大的输送带用钢丝绳生产基地、最大的桥梁缆索生产基地、最大的精细钢丝绳生产基地、最大的切割钢丝生产基地（合资），中国最大的预应力钢绞线生产基地、最大的不锈钢制品生产基地和最大的钢帘线生产基地（合资）。

法尔胜集团拥有全资、控股和参股企业40多家。控股的江苏法尔胜股份有限公司1999年在深圳证券交易所上市。截至2012年底，集团总资产达94亿元，员工总数6376人，其中科技人员655人。2012年主营业务收入164亿元、利润总额6.5亿元、上缴税额8.5亿元。

法尔胜集团前身是江阴钢绳厂，源自1964年创建的澄江制绳生产合作社，创立之初主要生产捕鱼用麻绳；1966年，试制成功首条手摇钢丝绳，实现了麻绳到钢丝绳的升级换代，之后逐步从生产普通钢丝绳到生产具有"高、精、尖、小"特色的钢丝绳；1999年，开始向光通信、新材料等高科技领域进军。未来目标是打造具有国际竞争力的百年长兴企业。

（一）针对不同领域的差异化创新战略

法尔胜集团根据所涉及的金属线材制品、光通信和新材料三大领域的不同特点制定不同的创新战略。

在金属线材制品领域，法尔胜集团已有较强的研究开发能力和40多年的技术储备，目前在中细规格钢丝绳、橡胶骨架材料、桥梁缆索等领域实现了国际领先。在该领域的创新战略是以自主研发为主，将自主研发与产学研合作等方式有机结合。一方面，发挥企业自己的研究开发资源优势，在金属线材制品新产品开发、新工艺探索、新装备研制等方面进行集成创新，不断形成新的经济增长点，并提高和完善现有产品的质量水平；另一方面，针对金属线材制品领域国内应用基础研究相对薄弱的现状，与东南大学、重庆大学、南京理工大学等高等院校合作，围绕金属线材制品生产工艺机理、原材料组织和成分对金属线材制品性能影响规律等方向开展应用基础研究，力争通过应用基础研究方面的突破提高应用技术开发水平和能力，并创造全新的工艺与产品。

在光通信领域，由于目前中国与发达国家相比尚存在较大差距，法尔胜集团在该领域的创新战略是典型的引进消化吸收再创新模式。首先引进消化吸收国际先进的光纤预制棒制造技术，在此基础上进行再创新，在避免知识产权纠纷的前提下，开发出具有自主知识产权的光纤预制棒制造工艺，在跟上国际先进水平的同时，逐步推动综合技术水平不断上新台阶。在通信用光纤生产方面，通过光纤预制棒生产工艺的不断创新，在保障产品性能的前提下，不断降低生产成本，取得在国内外工程招标竞争中的优势；在特种光纤生产方面，通过光纤预制棒生产工艺的不断创新和配套的拉纤工艺改进，不断提高产品性能，通过特殊使用条件下的性能优势提高市场占有率并不断开拓新的应用领域。

在新材料领域，法尔胜集团的创新战略是密切跟踪国内外高等院校和科研院所的研究开发成果，并充分利用企业承建江阴创业园的良好机遇，密切跟踪各类具有产业化前景的项目，选择有发展潜力的项目和产品进行产业化，创造新的经济增长点。企业严格遵循"领先市场快半拍"的原则，重点关注技术与市场均相对成熟的成果，在进行产业化前进行充分的技术可行性与经济可行性论证，以提高产业化成功率，尽可能避免投资失误。

（二）实施科研项目分类管理

法尔胜集团设立了科技管理部，负责创新管理工作，对科研工作实行项目分类管理，即分创新基金、技术创新、双革四新三类项目进行管理。

法尔胜集团设立集团公司创新基金，每年投入至少3000万元。通过集团公司创新基金项目立项，以集团内部拨款和无息贷款的方式支持事关集团公司长期发展的核心技术、重大新产品、新工艺、新装备开发。集团下属成员企业重大研究开发项目可通过申请集团公司创新基金的方式获得资助，由集团公司科技管理部通过系统的评审程序确定是否立项。同时，集团公司科技管理部可根据集团公司发展需求设立研究开发项目，组织项目攻关小组进行技术攻关。科技管理部定期对已立项的创新基金项目进行跟踪管理以确保资金使用成效。创新基金项目结项必须由集团公司审计部进行审计，并由集团公司科技管理部进行验收。

法尔胜集团下属各成员企业可以自筹资金，根据用户需求或其他方面需要申请设立技术创新项目，但必须纳入科技管理部的跟踪管理，以确保创新成效。

生产一线员工所涉及的有利于提高生产效率、控制产品质量、降低生产成本、改进操作方法、改善机器配置等方面研究内容可申请设立双革四新项目，并到集团公司科技管理部备案。

法尔胜集团将每年的五月确定为科技创新月，召开集团公司科技创新大会。对未来一年的创新工作进行系统规划，并对过去一年的创新工作进行总结和回顾，表彰和奖励在过去一年中取得突出研究开发成就的集体和个人。集团公司规定将创新成果产业化后第一年所取得利润的10%、第二年利润的5%和第三年利润的2%奖励给项目攻关小组，其中组长所得比例不小于奖励总额的30%。

（三）建立分工明确、相互协作的三层次研发体系

法尔胜集团打造覆盖三层次创新的内部研发体系：以技术中心、工程装备中心和信息中心为主的核心创新；以新产品开发、日常生产工艺改进、装备改进为主的生产创新；以生产一线开展的双革四新等为代表的基层创新。三个层次各有分工，同时又密切合作，互相促进。

法尔胜集团先后与哈尔滨工业大学、重庆大学、东南大学、南京大学、西南交通大学、北京科技大学、清华大学、江南大学、南京航空航天大学、中国建材院石英和特种玻璃研究所、丹麦RISO国家实验室材料研究部、澳大利亚光子研究中心等国内外高校和科研院所建立长期合作关系，并先后合作承担多项国家、省、市级科技项目。集团公司2007年与东南大学签订全面合作协议，共同组建东南大学江阴新材料研究院，2009年与哈尔滨工业大学签订合作协议，共同建设企业院士工作站。

法尔胜集团2012年度研发经费支出5.3亿元，约占主营业务收入的3.2%。集团公司拥有国家级企业技术中心和金属材料检测中心，2009年获批组建国家金属线材制品工程技术研究中心。集团先后承担国家863计划、科技支撑计划等多项课题，涉及桥梁缆索的强度、寿命、安全和智能监测，超高强度高疲劳性能丝材的开发及应用，光纤预制棒工艺及装备开发等多个领域。法尔胜缆索公司参与的科研项目"千米级斜拉桥结构体系、设计及施工控制关键技术"获得2010年度国家科技进步一等奖，承担的"耐久型超高强度平行钢丝拉索关键技术及产业化"项目获"国家科技进步二等奖"。

（四）健全的知识产权管理制度为创新保驾护航

法尔胜集团以"知识产权引领发展、科技创新铸就未来"为知识产权管理方

针，鼓励员工发明创造和智力创作。集团公司大力促进研发成果的专利保护力度，积极申请和运用商标，提升产品信誉度和美誉度，通过有效的知识产权管理和对知识产权资源的运营、保护，促进和维护公司的技术与品牌优势。

法尔胜集团在科技管理部下设知识产权管理办公室，专门负责知识产权管理工作。集团下属子公司负责人为知识产权第一责任人，每个子公司设知识产权联络员，负责对日常知识产权事务进行管理。目前公司的主要知识产权管理制度包括：《知识产权管理条例》、《专利管理规定》、《商标管理规定》、《著作权管理规定》、《商业秘密管理规定》等。

截至2012年底，法尔胜集团拥有有效专利145项，其中发明专利48项。

（五）把构建核心人才群体作为企业战略核心

法尔胜集团坚持"以人为本，科技创新"的企业发展之路，一直把人力资源作为企业发展的第一资源，把构建核心人才群体作为企业发展的战略核心。公司在聚集人才方面的总体战略为"以待遇聚人，以事业留人，以感情凝人"。

法尔胜集团针对引进的各层次人才确立了相应的待遇与薪酬体系，以优厚的待遇、优质的服务吸引人才。公司还创造性地设立优秀人才推荐奖，鼓励社会各界尤其是公司广大干部职工举优荐贤。

法尔胜集团推行"学历、能力、资历"的公平选拔理念。首先，员工升级要有学历背景，有从事相关工作所必需的专业知识和经验；其次，赛马不相马，所提拔员工必须有胜任工作的能力，排除唯学历论；更为重要的是，所提拔人员必须通过对企业做出贡献来证明自己，获得职业发展机会。针对科技人才事业发展，先后出台了《科技拔尖人才选拔办法》、《关于设立优秀人才推荐奖的决定》、《企业博士后技术创新中心管理办法》、《科技孵化基金暂行办法》、《科技进步奖励条例》等一系列政策。

法尔胜集团高度关注员工培训工作。通过在职MBA培训，在职技术人员培训和公司中高层海外培训等方式，提高员工的知识水平和能力。还鼓励员工进行自学，对通过自学获得的学位一律予以承认，调整相应待遇并报销相关学习费用。

通过多年的持续引进与培养，法尔胜集团成功建立了一支高素质的人才队伍。江苏省江阴市企业单位引进的第一个硕士、博士、博士后、教授、研究员都在法尔胜集团。

（六）以创新和质量为依托创百年品牌

法尔胜集团以建设国际一流品牌为己任，牢牢坚持信誉至上的原则，充分认识到品牌是企业核心竞争力所在，是企业追求百年长兴的重要保障，并从人、财、物等方面优先保障品牌创建工作。一是以技术创新为手段，持续提高产品档次与质量；二是将 ISO9001：2000 质量管理体系的精神落实到具体工作，形成先进、高效、务实的质量管理工作体系；三是以比行业标准、国家标准和国际标准更为严格的企业标准为依据组织生产；四是完善检测体系，严把质量关。集团公司下属法尔胜材料测试中心通过国家实验室认可，其检测报告得到全世界 57 个签约国家和地区认可；五是积极宣传法尔胜品牌文化，提高知名度。倡导"用户的需求，我们的追求"、"产品质量是企业的形象，出口产品是民族的形象"、"科技是明天"、"管理严、细、深、实是内涵"、"欲塑名牌产品，必塑名牌员工"。企业利用电视、报纸、杂志、网站等多种宣传方式，在国内外对法尔胜品牌进行全方位覆盖宣传，并通过冠名世乒赛等方式积极参与公益和慈善活动，让更多的人了解"法尔胜"，相信"法尔胜"。

法尔胜集团建立了完善且富有特色的市场营销体系。在国内市场，建立了强大的市场营销部并先后设立了八大经营服务网点。对于外贸业务，设立了进出口公司，并先后在美国、巴西、澳大利亚、新加坡、法国、摩洛哥等地建立了代理与服务机构。集团将客户分为战略合作伙伴、重点客户和一般客户三种类型，重点突破，兼顾全局，市场占有率和客户忠诚度不断提高。

法尔胜集团注册的"法尔胜"商标是中国驰名商标，生产的"法尔胜"牌钢丝绳是全国冶金行业首批中国名牌产品，生产的"法尔胜"牌钢丝绳、钢绞线、钢丝、大桥结构用缆索、钢塑复合管材和通信用光纤均为江苏省名牌产品。

（七）弘扬创新文化，引领企业发展

法尔胜集团的创新文化萌芽于 1978 年。当时，法尔胜老一辈科技工作者通过手搬肩扛搞基建，土法上马造设备，一年内攻克了 10 个技术难关，在塑料棚内开发出输送带用钢丝绳，结束了中国输送带用钢丝绳纯进口的历史，也奠定了企业发展的基础。从此，创新就成为法尔胜人的发展理念。1990 年，法尔胜集团提出"以人为本、科技立厂、以质取胜、管理求实"的核心价值理念。二十多年来，企业始终坚持贯彻这一核心理念，并将其与"敢为人先、永不服输"的创新精神，"做事先做人"的处世原则，"严、细、深、实"的工作作风等企业核心价值观结合起来，打造出具有鲜明特色的法尔胜文化。

法尔胜集团强调将创新文化建设、创新体制与机制建设有机结合。通过创新文化建设引导员工形成和强化创新意识，自觉去创新。通过创新体制与机制建设，让员工从创新实践中得到利益和荣誉。两者互相补充，互相促进。

正是在创新文化的感染与激励下，法尔胜缆索产业从最早为获得工程使用实例，白送人家桥梁缆索都遭到拒绝，到现在开发出行业关键核心技术，占领国内 50% 以上市场份额；法尔胜光通信产业"敢为人先"，在行业内最早"吃螃蟹"，打破了发达国家对光纤预制棒的技术垄断，经过"八年抗战"，面临亏光全部注册

资本的"绝境",通过不断创新,降低生产成本、提高产品性能、开发新产品,最终迎来发展的春天。

(八)企业创新成效

持续创新使法尔胜集团的竞争力得到巨大提升。法尔胜集团已经确立了金属线材制品行业领先地位,综合经济指标位居全国同行第一,并进入全球同行前五强。在光通信产业,通过掌握核心技术——光纤预制棒制造技术,在产品性能与价格方面取得了重要话语权,是国内三家有能力生产光纤预制棒的企业之一,中国最大的军用保偏光纤供应商,中国第三大通信用光纤生产企业和高品质光缆和光器件供应商。在新材料产业,包括钢塑复合管、形状记忆合金、超导线材、人造大理石等的技术水平和产业规模均已进入国内同行前列。目前,全世界50%以上输送带增强材料由法尔胜集团提供,而该产品原先国内依靠进口;国内50%以上桥梁缆索市场份额由法尔胜集团占领,而十年前也主要依靠进口;国内70%以上军用保偏光纤由法尔胜集团提供,而该产品为发达国家对华禁运产品。

50年来,法尔胜集团通过创新发展不断提升产业结构和核心竞争力,通过提供一流的产品与服务创造国际品牌,通过务实先进的管理提高效率,创造了从搓麻绳、造钢绳再到造光绳的奇迹。

案例五
泉林纸业:开创"本色"的循环经济创新模式

山东泉林纸业有限责任公司(以下简称泉林纸业)是以秸秆制浆造纸综合利用为核心的集团化企业。公司主导产品有精制本色浆、本色文化纸、本色生活用纸、食品包装盒、黄腐酸肥料五大类上百个品种,涉及制浆造纸、有机肥料、交通运输、机械制造、林业生产、餐饮服务等多个行业。

泉林纸业共有14个全资子公司,年生产能力机制纸70万吨、精制浆40万吨、有机肥料60万吨、食品医疗包装盒24亿只。截至2012年底,泉林纸业资产总额达116亿元,员工1.2万人,其中科技人员1086人,研发人员745人。2012年主营业务收入77亿元,利润总额突破10亿元,上缴税额6.5亿元。

泉林纸业前身为高唐县造纸厂,始建于1976年,为国有企业,1978年5月正式投产,但直到1993年,一直未改变亏损局面;1998年引进奥地利多缸长网纸机后试产成功,产品检测达到国家A级标准;2000年改制为有限责任公司,企业不断发展壮大,利税突破亿元大关;2005年前后,启动20万吨铜版纸和5万吨

APMP 浆项目建设，并成为国家首批循环经济试点企业。

（一）注重特色发展的创新战略

面对激烈的市场竞争，泉林纸业将创新作为企业可持续发展及参与市场竞争的核心动力，逐步确立以技术创新为中心、文化创新为动力、体制创新为保障、人才创新为根本的创新战略。一是以发展低碳循环经济、实施秸秆综合利用为主线，注重用高新技术改造和提升传统产业，培育核心技术产品及品牌，形成泉林独有的技术创新特色；二是围绕 200 万吨秸秆综合利用等重大项目建设，持续加大技术创新投入，推进关键领域集成创新；三是以专利技术为支撑，实施全球化品牌战略；四是以国家级企业技术中心为依托，采取育、引、聘相结合的人才培养模式，努力建设一支自主创新能力强、研发水平高的人才队伍。

（二）集成力量协同推进技术创新

泉林纸业出台了多项促进技术创新的管理办法。《技术创新管理办法》对技术创新工作的管理程序及奖励办法做出规定；《年度创新评优办法》以年度评优的方式激励各部门创新性开展工作；《合理化建议管理制度》旨在充分发挥全员智慧，倡导员工对公司经营管理各方面大小事情提出合理化建议，促进公司经营效益提高和管理水平提升。

对于公司重点创新项目，泉林纸业成立以总经理为组长、技术总工为副组长的项目领导小组，进行项目立项、认证及前景分析，实行详细责任分工，并监督实施；针对技术难点成立项目攻关小组，制定详细的技术方案，对相关技术进行逐一攻关。领导小组赋予公司技术中心责任和权力，对技术开发实行项目组长负责制的运作模式。项目组长负责技术方案的编制、开发计划的制订、研制工作的组织和组内成员的考核以及奖金分配，领导小组和公司管理部进行检查和考核。

（三）建立以自主研发为核心、产学研结合的研发支撑体系

泉林纸业以国家级企业技术中心为核心，建立了以市场为导向、自主研发为核心、产学研紧密结合的研发支撑体系。企业技术中心下设浆纸科研所、环保科研所、林业科研所、肥料科研所、纸浆模塑科研所、检测分析中心、信息中心、技术创新办公室、知识产权办公室、技术工程部和职工培训中心等多个部门，相互之间各有侧重，又紧密配合。此外，公司还专门设立了"现代纸业循环经济和节能减排技术"泰山学者岗位，聘请行业领军人物加盟。

泉林纸业还与中国制浆造纸研究院、北京林业大学、中国农科院、中国农业

大学等多家知名院所和高校建立了良好的院企、校企合作关系，并签订了多项合作协议，共同开展多项课题的研究；与晨鸣纸业、华泰纸业、太阳纸业、山东轻工业学院等国内多家大型造纸企业、研究院校联合建立造纸工程实验室，共同研究制约中国造纸行业发展的关键难题，推动行业技术的发展。

（四）构建多层次、多方位的专利保护网络

泉林纸业设立了由总经理直接领导的公司专利领导小组和知识产权办公室。公司总经理担任领导小组组长，公司知识产权负责人任副组长，行政、技术、生产等各位副总为专利领导小组的成员。公司建立了专利数据库，引进美国的专利搜索分析（经纬线）软件平台，可在美国、欧洲、世界知识产权组织和国内在线开展协调、申报、检索、在线监控等工作，形成了一个多层次、多方位的专利安全保护网络体系。

泉林纸业以规范化、制度化为目标，制定了涵盖专利技术研发、专利权获取与保护等14个方面内容的《专利管理制度》，使企业专利工作有章可循。

截至2012年底，泉林纸业在秸秆综合利用制浆造纸及环境保护方面拥有有效专利124件，其中有效发明专利110件。

（五）引进和培养并重打造高素质创新人才队伍

泉林纸业将人才视为宝贵的战略资源，重视企业人才队伍建设工作，引进、培养了一批高素质人才。一是重视高层次人才引进，公司已招聘的560多名大学生，相当部分已成长为公司的中高层管理人员、技术人员，此外还通过行业协会推荐、猎头公司、资深人士引荐等方式，从社会各界引进了一批高层次专业人才，对公司技术水平的提高和管理改善起到了重要作用。二是充分发挥内部招聘的优势，基层管理人员一律从生产车间员工招聘，通过科学严格的笔试、面试、测评等环节，促使各类人才最大限度地发挥工作积极性和创造性。三是制定出台《公司股权激励管理制度》、《技术创新项目管理办法》等多项措施，激励科技人员创新。

（六）塑造绿色环保的"泉林本色"品牌形象

泉林纸业在品牌战略上，以绿色环保为前提，通过不断提高产品质量和实施多种宣传战略，提高"泉林本色"品牌的知名度和影响力。一是充分利用"泉林本色"产品的环保、健康优势，树立企业健康环保的高端品牌形象。如抓住上海世博会的机遇，本色纸品以会议特许商品的名义进入多个场馆展示、销售，提升社会知名度，强化品牌宣传。泉林模式还作为实施秸秆综合利用、发展循环经济

的成功典型在"全国农作物秸秆综合利用现场经验交流会"上做典型发言,并被中央电视台《焦点访谈》节目深入报道。二是在国内市场网络化经销、代理模式营销的基础上,根据产品特点实行多渠道联合策略,拓宽销售渠道。目前公司已与全国大部分省级印刷物资公司签订了长期用纸合同,本色食品包装盒90%远销欧美等地区;有机肥料畅销全国,并逐渐打开了日韩等国际市场。

(七)营造"时时创新、事事创新"的文化氛围

泉林纸业从公司发展的实际出发,为培育职工的创新精神,打造公司的创新文化,提出了"用生命经营泉林,让泉林造福社会"的企业宗旨和"时时创新、事事创新、永不自满、抢占先机"的发展理念。

泉林纸业多年来坚持利用入厂培训、岗前教育、演讲会、班前教育会、板报、专栏、企业报等多种形式开展教育,使创新的理念在职工思想上生根开花。泉林纸业积极组织开展各种内容的职工劳动技能竞赛,挖掘职工创新潜力。公司本着小规模、大范围、经常化的原则,力求实际、实用、实效,通过岗位练兵、"职业技能比武"等活动,评选、表彰优秀创新职工和创新成果,激发普通员工的创新潜力。2004年以来,连续多年开展"巾帼创业杯"选纸技能大赛;在组织开展的"职工节能减排月"活动中,一次就征集节能减排合理化建议280多条,充分调动了广大职工的积极性、主动性和创造性。此外,除经常组织加强业务技能培训外,还积极为职工学习创造条件,设立职工图书室、搭建学习平台,努力推动职工向创新型、学习型、技能型人才转变。

(八)企业创新成效

目前泉林纸业的工艺、技术和设备均达到了当今世界草类制浆造纸的较高水平,公司在非木材纤维制浆造纸领域处于行业领先地位。2013年,公司"秸秆清洁制浆及其废液肥料资源化利用新技术"荣获"国家技术发明二等奖"。

泉林纸业以创新和环保为着力点,构建了基于农作物秸秆综合利用的独具泉林特色的循环经济发展模式。公司以涵盖秸秆收储、备料、制浆、纸制品制造、肥料、环保、热电铵法脱硫、装备制造八大系统的200余项专利技术和"秸秆清洁制浆"、"环保型秸秆本色浆制品"等国际领先技术为支撑,以小麦、玉米等农作物秸秆为原料,构建并不断完善秸秆生产本色浆及本色浆制品、制造黄腐酸肥料、废气氨法脱硫后副产品作为制浆化工原料、制浆中段水综合治理后用于农业灌溉和回用于生产等四条主要的循环经济生产链,被誉为"泉林模式"。"泉林模式"不仅破解了制约造纸企业发展的纤维原料、环境保护和水资源三大技术瓶颈,还实现了资源—产品—再生资源的良性循环,形成了独特的产业竞争优势。对推进造纸行业调整结构、优化升级,进一步完善工农业循环产业链做出重要贡献。

案例六
株硬刀具：自主创新打造世界级工具综合供应商

株洲钻石切削刀具股份有限公司（以下简称株硬刀具）是株洲硬质合金集团有限公司的控股子公司，经营范围为硬质合金、陶瓷、超硬材料可转位刀片、配套刀具，整体硬质合金孔加工刀具、立铣刀及相关产品的研究、开发、生产、销售和服务。

株硬刀具拥有世界先进的生产工艺技术和生产线，能根据客户需求不断推出适合于模具业、汽车工业、航空工业的先进切削刀具和孔加工刀具，为机械加工制造提供成套的解决方案。截至2012年底，株硬刀具的资产总额达21亿元，从业人员1710人，其中科技人员510人，占员工总数比例达到30%，研发人员261人，占员工总数的15%。2012年，公司主营业务收入13.9亿元，利润总额1.86亿元，上缴税额超过9千万元。

株硬刀具的控股股东是株洲硬质合金集团有限公司，其前身是1954年成立的中国"一五"期间156项重点工程之一的株洲硬质合金厂——当时中国最大的硬质合金生产基地。2002年由株洲硬质合金集团有限公司为主发起人，在株洲硬质合金集团有限公司高性能精密硬质合金可转位刀片生产线技术改造项目基础上，成立株洲钻石切削刀具股份有限公司。2003年又与湖南钻石硬质合金工具有限公司实现整合。目前，株硬刀具已经成为具有国际影响力的硬质合金切削刀具制造企业。

（一）以强化原始创新能力为创新战略重点

株硬刀具以强化原始创新能力为重点，加大新技术、新产品、新工艺、新装备开发力度，推进产品结构优化，加快产业升级换代。在技术创新中，坚持以我为主，以外为辅；应用为主，基础为辅；纵向深入，横向互动；通用重改，原创重特；产品工艺，齐头并进。坚持自主创新，以技术开发为基础，以成果转化和产品开发为重点，以高效、高精度、高可靠和多用途、专业化为发展方向，解决产业发展中的共性关键技术问题，开发切削刀具的新产品，提高成果转化率。株硬刀具紧密追踪先进技术发展方向，在超细复合粉体技术、纳米硬质合金制备技术等领域开展前瞻性研究，开发新型PVD/CVD涂层刀具、超硬刀具，开发针对汽车行业、航空航天行业、机械行业、轨道交通、模具行业、能源设备和重大成套设备等领域不同特点的专用型刀具。

为实现"世界级工具综合供应商"这一目标，株硬刀具提出了新时期的发展战略：不断提高自主创新能力，把增强企业研发能力作为公司长远发展的战略基点和调整产品结构、提高公司经济发展质量的核心；加强产品系列化和标准化，完善以铣刀为主的刀具品种和质量，达到或超过世界先进水平。发挥整体刀具的质量、成本优势，大力推进标准化工作，打造全球最具有性价比的整体刀具生产基地。做精做优车削刀具材料、槽型，突出车削刀具优势，形成具有竞争力的系列化产品；树立以服务客户为核心的现代营销理念，打造传递价值最有效的途径；为客户提供全套的刀具服务，把进入轿车行业的刀具配套作为刀具配套服务能力最重要的目标。

近年来，株硬刀具加大对产品升级的投资力度，实施一批新产品、新技术产业转换项目，推出的黑金刚涂层系列切削刀片性能达到国际领先水平，产品一经推出，就促使国际强势企业的产品价格从 175 元/片降至 35 元/片；推出的小松鼠切断切槽刀用于航空发动机关键零部件加工，打破了国际强势企业的技术封锁和价格垄断。

（二）考核与激励结合促进创新活动开展

株硬刀具不断完善创新管理、运行体制，建立了有效的激励政策，最大限度地调动员工创新的积极性，逐步建成了 SAP 系统、中英文网站和电子商务系统、BI 报表系统、工艺质量系统及 OA 协同办公管理系统等完整的信息系统，为创新提供良好的平台。

株硬刀具坚持创新管理与市场机制、激励机制相结合，为技术创新提供良好的外部条件和制度保证；坚持技术创新与结构调整相结合，使技术创新在结构产品更新、产业技术升级和培育新的经济增长点方面发挥重要作用，使得创新制度逐渐形成一种动力，推动创新实现。不断完善绩效评价体系，建立以员工岗位贡献率为基础，岗位绩效为评价标准，岗薪待遇能高能低的宽幅薪酬管理模式，鼓励员工在工作岗位开展创新活动，建立起核心人才的薪酬激励与约束机制，充分调动核心人才的创新动力。

（三）构建"产、学、研、用"相结合的研发体系

株硬刀具坚持以自主创新为核心，"始于市场、终于市场"的研发策略，建有专门的研发中心，涵盖了从材质开发、结构设计到产品应用性研究等各个环节的研究开发，建立了从材料研究到切削刀具应用研究的系统性研发平台，包括切削刀具研究涂层及后处理开发平台、使用技术研发平台、切削材料工艺研究平台、工具设计开发平台、材料性能分析检测平台、切削试验平台六个研发平台。

株硬刀具长期注重"产、学、研、用"相结合，构架了以市场需求为导向，

以研发中心为主,各生产厂为辅,高等院校、科研院所为合作伙伴的"产、学、研"结合的科研开发体系,辅以产学研用联合与合作攻关机制,在多层复合涂层、超硬涂层等先进刀具涂层技术的试验验证研究方面,与清华大学、湖南大学、中南大学、山东大学、华中科技大学、北京科技大学、湘潭大学、奇瑞汽车等单位建立了长期的项目合作关系,还注重与国外强势企业和大学的合作,与德国的CE-MECON、DORST、PVA、WENDT、FRANKFURT、SIEMENS,列支敦士登的BALZERS,德国亚琛理工大学、加拿大康考迪亚大学、美国密歇根大学等国际知名公司和大学建立了长期的合作关系,极大地提高了公司的市场竞争力。

2012年,公司研发经费支出超过7000万元,占当年主营业务收入的5.1%。

(四)通过专利预警与规范管理加强知识产权工作

株硬刀具对硬质合金刀具技术领域展开系统的专利战略研究,从培育具有自主知识产权企业和核心技术产品的目标出发,建立一套符合企业特色、具有实际运用价值的专利分析预警体系,为企业确定技术研究方向、制定发展策略提供指导与建议。

公司建立了跨部门的知识产权办公室,制定了《知识产权管理制度》、《保密管理条例》等制度,对知识产权工作进行规范管理,还成立了知识产权管理综合组、专利审查组和专利申请组,专人负责知识产权管理工作,将知识产权管理纳入企业技术管理工作全过程,充分利用知识产权制度提高公司科技创新水平,强化科技人员和科技管理人员的知识产权意识,推动企业重视和加强知识产权管理。注重将技术形成专利,促使专利最终形成标准;积极参与国家标准、行业标准和企业标准的起草工作,主持制定3项硬质合金可转位刀片的国家标准;积极参与标准委员会,株硬刀具是全国技术标准化委员会数控刀具组组长单位。

截至2012年底,株硬刀具拥有有效专利199件,其中有效发明专利133件,位居国内硬质合金切削刀具行业前列。

(五)从培养和积累入手不断壮大人才队伍

株硬刀具坚持以人为本,大力培养青年科技人才,重视对科技带头人和拔尖人才,努力营造人才辈出、人尽其才、人尽其用的良性体制环境,健全人才公平竞争的制度规范和保障、激励机制,提高人才队伍的整体水平和综合素质。倡导求真务实、勇于创新的科学精神,鼓励探索和冒尖、激发创新和超越,尊重个性,宽容失败,形成宽松和谐、健康向上的创新文化氛围,做到政策留人、事业留人、感情留人、待遇留人。

株硬刀具重点从人才的培养和积累抓起。为了让员工能够快速适应公司的环境和发展速度,公司制订了详细的新员工入职培训计划。还定期组织对在岗老员工的技术、技能培训，给新、老员工的知识更新与技术更新、提高提供了平台。公司有完备的薪酬激励制度，设立项目奖、年终奖、重大贡献奖、科技进步奖等，对做出创新性贡献的员工进行奖励。还建立股权期权等多样化的奖励机制，留住优秀人才，充分调动科技人员的积极性、主动性和创造性。

（六）以严格质量和服务营销为基础的品牌提升战略

株硬刀具以"精细管理，创一流品质；科技创新，铸世界品牌"为公司的质量方针，以"立足科技，打造世界品质"为不懈追求的质量目标，制定了严格的管理制度，规范质量行为，树立以诚信为本、以顾客为中心的质量理念，持续改进产品质量、工作质量和服务质量，内强管理，外重服务，立足科技，全面提升满足顾客需求的能力。

株硬刀具着力建设现代服务营销体系，构建区域营销网络，形成了以点带面、点面结合、多层次、多渠道的立体营销网络。公司竭力推行服务营销的理念，从单纯的产品销售向为客户提供先进的技术方案、提供客户的加工配套服务转变。销售人员与技术服务工程师协调配合，商务与技术服务有机结合，为客户提供"配套项目工程"、"技术解决方案"、"加工优化工程"、"项目交钥匙工程"、"培训数控加工人才"等服务产品，树立公司服务营销的市场形象。

株硬刀具执行"一区一策、一品一策、一户一策"的品牌策略。营销人员走到用户身边去，面对面了解用户的实际需求，实地为用户提供更加优越的刀具解决方案。重点区域、重点产品、重点客户，在营销工作中占有特殊重要位置，具有以点带面的作用。针对重点区域，全方位收集信息，把握现有市场，开发潜在市场。针对重点客户，了解客户的生产经营状况、需求现状，增强营销的计划性。针对重点产品，不仅了解客户要求，更注重了解竞争对手的优势和劣势，增强营销的针对性。

在立足国内市场的同时，高度重视海外市场的开拓。2004年成立欧洲分公司，2006年成立美国分公司，至今逐步建立起覆盖五大洲的海外营销网络。通过参加国际性展览、开展海外经销商培训等，增强技术服务力量，加大海外市场的运作力度，株硬刀具的"钻石"牌产品在国外市场具备了较高的认知度，品牌形象不断提升，海外市场发展势头强劲，远销60多个国家和地区。

（七）"与时俱进、敢于创新"的企业文化

株硬刀具以解放思想、转变观念为先导，创建学习型企业，引导广大职工树立"追求过硬，进取无限"的企业精神，培育"与时俱进、敢于创新、求真务实、人才为本"的企业创新文化，促进各项工作不断开创新局面。

公司通过各种方式宣传和推广创新文化，营造良好的创新活动氛围；开展知

识产权推广活动，对员工进行宣传和培训，并举行专利知识竞赛活动，增强员工对专利知识的认识与了解，加强专利申报的管理和推动；组织开展技能比武、技术培训、岗位练兵等多种形式的群众性技术创新活动，鼓励员工立足岗位创新，发挥员工在提升制造工艺水平和产品实物质量方面的聪明才干与创新精神，调动其开展技术革新、发明创造的积极性，不断推进产品质量的持续改进。

（八）企业创新成效

株硬刀具以"打造成世界级工具综合供应商"为目标，走出一条适合自己的创新发展之路，站到了国内刀具研究前沿，多项核心技术达到国际领先或国际先进水平。近年来，公司先后承担了国家科技支撑计划和科技重大专项的多项课题，在高性能金属切削刀具领域内取得一系列具有自主知识产权的科研成果，掌握了具有自主知识产权的PVD/CVD刀具涂层的核心技术，开发出一系列新产品，产品品种超过23000种，新产品贡献率超过60%，高精密可转位刀片占据国产刀片85%的市场，整体硬质合金刀具在国产刀具中的市场占有率位居首位。

案例七
格力电器：创新铸就精品

珠海格力电器股份有限公司（以下简称格力电器）成立于1991年，是集研发、生产、销售、服务于一体的专业化空调企业，在全球拥有珠海、重庆、合肥、郑州、武汉、石家庄、芜湖、巴西、巴基斯坦九大生产基地，独立研制开发出包括家用空调、家庭中央空调和商用中央空调在内的20大类、400多个系列、7000多个品种规格的产品，业务遍及全球100多个国家和地区。

截至2012年底，格力电器资产总额达1076亿元，从业人员超过2.7万人，其中研发人员3600多人。2013年，公司实现营业总收入1200亿元，净利润108.7亿元，纳税超过102.7亿元。

20世纪90年代是格力电器的创业和发展阶段，通过推动营销变革，形成独具格力特色的渠道管理模式。通过推进卓越绩效管理，实施"精品战略"，奠定了格力产品的市场地位；21世纪，格力电器进入创新驱动发展和国际化阶段，确立了"技术创新，自主研发"的长远发展战略，实现一系列技术突破，努力实现"打造百年企业、创立国际品牌"的愿景。

(一)坚持"工业精神"主导下的全面创新战略

格力电器努力实践"弘扬工业精神,追求完美质量,提供专业服务,创造舒适环境"的使命,以"一个没有创新的企业是一个没有灵魂的企业"为座右铭,坚持"工业精神"主导下的全面创新,把技术创新作为格力发展的核心动力,确立了"一个方针、两个战略、四个面向"的战略,即一个方针:生产一代、开发一代、研制一代、构思一代;两个战略:精品战略和创新战略;四个面向:设计要面向消费者、面向生产、面向运输、面向售后维修。

格力电器坚持以自主创新能力为后盾,以自主品牌优势和产学研结合为推动力,认真贯彻落实"八严"方针,即严格的制度、严谨的设计、严肃的工艺、严厉的标准、严密的服务、严明的教育、严正的考核、严重的处罚,建立了全球最大的空调研发中心,完善产学研合作开发的模式,形成以专利保护为核心的知识产权战略,推行企业创新奖励制度,激发全员创新热情,形成良好的创新氛围,奠定了格力打造全球信赖的空调生产企业的坚实基础。

(二)完善内在创新体制机制

格力电器将完善内在创新体制和机制作为企业创新体系建设的重要内容。公司制定了长期、短期发展规划,按照目标管理方法进行系统的展开、实施,以确保公司朝预定的方向目标前进。

格力电器在领导、战略、顾客及市场、资源、过程管理、测量分析及改进、经营等各个方面均不断地进行流程优化,强化资源配置,保证了管理体系的持续改进。

在创新机制方面,为了奖励在技术发明、技术攻关和管理革新中做出突出贡献的集体和个人,充分发挥广大员工的积极性和创造性,加强企业产品研发实力,提高产品竞争能力及创新力,格力电器结合公司的实际情况,制定了《科技进步奖奖励办法》。公司每年立项近千个,涌现出许多优秀的创新项目,为公司开发了大量的新产品、新技术和新工艺。同时为了鼓励员工发挥主人翁精神,积极对公司的管理、设计、生产等提出合理、宝贵的意见,建立了合理化建议系统并开展了合理化建议活动。

(三)构建立体研发支撑体系

格力电器于1999年建立研发中心,并逐步发展为全球最大的空调研发中心,成为企业技术创新和技术储备的基地。中心下设制冷技术研究院、机电技术研究院、家电技术研究院、自动化研究院4个基础性研发机构和400多个国际一流的实验室，还聘请了专业领域的专家顾问团队，积极推进产学研合作，逐步建成行业内独一无二、立体的研发支撑体系。

格力电器通过举办项目合作、研讨会、洽谈会、聘请专家讲学、联合培养人才等多种方式，广泛开展各个层次的国内外技术交流与合作。公司采用以"以合同招标式研究为基础，联合申报项目为重点，兼顾非正式合作研究与人才交流"的合作方式，充分利用高等院校和科研院所的资源，为企业创新注入新鲜的血液。在国际科技合作方面，公司以"请进来"的技术合作与"走出去"的学术交流方式为主，逐步形成"以我为主，互利共赢；统筹引进，突出重点"的合作态势。

格力电器通过高强度的科技投入保障研发体系建设和高效运行。2012年研发经费支出超过30亿元，占主营业务收入的3%。

（四）以专利保护为核心的知识产权战略

格力电器形成了以专利保护为核心的知识产权战略，建立了以专利、商业秘密等为主要内容的知识产权体系，构建了涵盖专利申请、实施、维权和防御的专利管理体系。

格力电器知识产权管理历经了消化吸收快速发展、改进创新国内领先、集成创新国际领先三个阶段。其中，1991~1998年为引进技术消化吸收和快速发展阶段；1999~2003年为知识产权管理基础阶段，主要是通过改进创新达到国内领先水平；2004年至今为第三阶段，即知识产权战略管理阶段，主要是通过集成创新达到国际领先水平。

格力电器建立起一套层次清晰、权责分明的知识产权管理架构，形成总部知识产权管理机构统管分/子公司知识产权事务的格局。公司知识产权办公室有专职知识产权工程师，在总部各部门设有兼职的知识产权管理人员，在各分/子公司设立专门的知识产权工程师，定时向总部汇报各分/子公司的知识产权情况。

格力电器制定了《知识产权管理办法》作为公司知识产权工作的程序文件；颁布了《专利管理办法》和《商标管理办法》，详细规定了公司专利、商标工作的流程，规范了专利、商标工作；公司还制定了《合理化建议管理办法》、《对外技术交流合作管理办法》、《产品认证控制管理办法》等。

随着知识产权管理的不断完善，格力电器的知识产权工作取得了丰硕成果。2007年，格力电器成为全国第一批企事业知识产权示范创建单位。截至2012年底，公司拥有有效专利5134件，其中有效发明专利238件。

（五）建立凝聚一流人才的长效机制

格力电器始终坚持以人为本，倡导"忠诚、友善、勤奋、进取"的企业精神，致力于创造稳定一流的用人环境，在吸引、使用、培训、激励人才方面制订了一系列长效有力的措施，使企业凝聚了一批一流人才，建立起一支高素质的研发、制造、销售和管理团队。

公司建立了德才兼备、品德优先的选人机制、"能者上、庸者下"的内部晋升机制和优胜劣汰的竞争机制。建立了中层干部岗位竞聘制度，从基层技术、管理人员中选拔和储备中层管理干部；设立管理人员储备库，对储备人才提供管理培训和岗位指导。

公司除提供在当地富有竞争力的薪酬外，还提供各种各样的货币性福利和非货币的福利政策，建立了多种奖励机制，以激励人才并奖励对企业做出突出贡献的员工。设立股权激励制度，对中层干部和业务骨干采取入股分红的方式；设立人才议薪制度，对特殊岗位的骨干人才给予工资体系之外的薪资报酬。

公司组织各种培训机会，创造宽松的尊才、爱才、育才、用才环境。对应届大学生设立一年的见习时间，并指定技术和管理骨干担任大学生导师；每年安排包括质量、管理、技术、生产操作及文化艺术等各层次多种类的内外部培训、学习和交流活动，使所有员工都有提高个人素质和能力的机会，为员工的职业发展提供良好条件，为公司发展注入长盛不衰的勃勃生机。

（六）以高质量保证名品牌

在实施创新战略的过程中，格力电器将品牌建设和知识产权战略体系的建立作为两项重点工作来做。质量是品牌的基础和保证，格力电器以技术创新、管理创新为推动力，在产品质量上狠下功夫，提出"打造精品企业、制造精品产品、创立精品品牌"战略，以"好空调，格力造"和"买品质，选格力"著称国内空调市场，在广大消费者中享有较高的声誉。

格力电器建立了完善的企业商标管理制度，打造专业化、高素质的商标管理团队，充分保障品牌战略的顺利、有效实施。为开拓国际市场，发展对外贸易，维护自己的合法权益，完善全球范围内的商标注册工作，格力电器已经累计在亚洲、欧洲、非洲、美洲等全球范围内200多个国家和地区申请、注册了4500多件商标，成为中国企业在国外申请商标数量领先的企业，从根本上消除了商标被他人抢注的隐患。格力电器通过一系列的品牌战略保护了品牌的专有权及显著性，同时维护了广大消费者在信赖、使用格力品牌时的合法权益不受侵害。

（七）打造格力特色"实"文化

格力电器经过多年的发展和努力，形成了属于自己的企业"实"文化。以"实、信、廉、新、礼"为核心价值观，以"忠诚、友善、勤奋、进取"为企业精神，以"少说空话、多干实事"为工作态度。在格力文化的核心价值观中"新"代表了创新、开拓、进取的含义，公司发展正是不断进行技术、管理和营销创新，从而不断创造辉煌。为推动公司"全过程、全员参与、方法方式多样化"的创新活动，公司开展了形式多种的创新项目竞赛活动，着力营造出鼓励创新、尊重创新的文化氛围。

格力电器为激发职工的责任心、工作热情、创造性和团队合作精神，提高产品质量和生产效率，加快产品升级换代，开展了广泛的合理化建议活动。坚持把企业生产和发展中的重点、难点、安全生产的薄弱环节作为技术革新的切入点，积极开展创造文明、工艺和技术改进、先进操作方法推广应用等活动。

（八）企业创新成效

格力电器坚持不懈地追求创新发展，将创新作为自己发展的永动力，全面贯彻"创新战略"和"精品战略"，形成了具有格力特色的创新体系，获得一系列的自主知识产权的核心技术，至今已开发出7000多个品种规格的产品，空调品种规格之多、种类之齐全居全国同行首位。公司开发的多项高端产品填补了国内空白，如全球首台超低温热泵数码多联机组（2005年），全球首条碳氢制冷剂R290分体式空调示范生产线和全球首台直流变频离心机组（2011年），双级增焓变频压缩机（2012年），光伏直驱变频离心机系统（2013年）等，打破了国际制冷巨头的技术垄断，在国际制冷界赢得了广泛的知名度和影响力。2005年至今，格力空调产销量连续9年领跑全球，用户超过3亿。格力电器也成为中国首家超过千亿的家电上市公司，成为中国首家净利润、纳税双双超过百亿的家电企业，连续12年上榜美国《财富》杂志"中国上市公司100强"。

实干赢取未来，创新成就梦想。格力电器坚持专业化的发展战略，求真务实，开拓创新，正致力于为全球消费者提供技术领先、品质卓越的空调产品，着力"缔造全球领先的空调企业，成就格力百年的世界品牌"。

案例八
丝丽雅：持续变革创新的行业引领者

宜宾丝丽雅集团有限公司（以下简称丝丽雅）是我国西南地区唯一以生产粘胶纤维和棉浆粕为主导产品的大型国有企业，是全球规模最大的粘胶长丝生产企业之一，依托构建的盐坪坝纺织工业园区和长信创业园区，打造集纤维制造、地产开发、能源化工、制浆造纸、酒类酿造、投资贸易等为一体的产业集群。

丝丽雅直接和间接控股了丝丽雅股份公司等8个公司。截至2012年底，丝丽雅资产总额82.5亿元，从业人员10045人，科研人员2900多人，其中研发人员近

1500人。2012年企业主营业务收入98.3亿元，利润总额2.3亿元，上缴税额2.7亿元。

丝丽雅前身为宜宾化学纤维厂，1984年筹建，1987年投产。1987～1997年为初期发展阶段，企业产品和产业单一。1997～2005年为快速发展阶段（1999年成立集团公司），粘胶长丝产品生产规模成为全球第一。2005年至今，进入多元化发展阶段，着力打造创新型国际化丝丽雅。

（一）"更高目标、更深研发、更大创新"的科技方针

丝丽雅根据粘胶纤维产业的特点及企业实际经营状况，提出"变革有为、开放创新、大智图强"的战略方针，制定了"选更高目标、用更宽才智、做更深研发、出更大创新"的科技方针，并在上述方针的指引下，明确了近、中期创新战略思路：一是凭借高新技术和信息化技术，改造传统粘胶长丝产业，优化和提升产品结构，降低制造成本，增强国际竞争力。二是通过多向合作，积极开发新纤维材料，大力发展高品质差别化、功能化粘胶长丝纤维系列新产品以及新型绿色纤维。三是开发和应用清洁生产和资源循环利用新技术，节能减排，实现可持续发展。四是整合上下游产业资源，进行产业链联动开发，加快新技术的成果转化和应用速度。五是不断进行市场拓展和开发，为新技术和新产品的规模化推广做好先期市场准备。六是不断完善创新管理体系，建立高效的创新运行模式。

（二）兼具决策、执行、实施的创新管理体系

丝丽雅建立了一套由决策层、执行层和实施层构成的科技创新组织管理体系。决策层由公司高层管理者构成，负责对公司技术创新规划、研发计划、重点科技创新工程等进行决策；执行层由各级职能管理部门及公司内外相关领域专家组成的顾问团构成，负责每项创新计划的执行和考核；实施层由公司各研发单位和各子/分公司制造部门构成，负责具体实施每项创新计划。丝丽雅通过这种组织管理体系，推动各级各类人员参与创新活动，形成了公司多层次、多形式、全方位的创新。

（三）层次分明、产学研结合的研发体系

丝丽雅的研发体系由三个层次构成：一是集团公司技术中心，重点是参与制定和执行企业的技术发展战略，制定并实施技术改造、技术引进、技术开发的规划和计划，承担涉及多学科、应用面较广、需要产学研合作、对行业发展具有重要影响的关键技术、共性技术的中长期科研及开发项目。二是以集团实验室为主体的研发机构，重点是根据各子公司、分公司发展需要，具体承担市场所需产品

的研究开发。三是各子公司、分公司对产品本身的生产性、经济性、工艺性等方面加以完善。

为改善科研开发及试验的基础条件，丝丽雅着力建设"国家认定企业技术中心"、"国家级博士后科研工作站"和"四川省重点实验室"。其中，国家认定企业技术中心是创新管理的核心机构，中心主任由董事长亲自担任。其机构按直线职能式设置，下设技术创新委员会、技术中心办公室、技术专家委员会、知识产权办公室、博士后科研工作站及专业研究所等相关的职能机构和研究实体。公司技术中心每年按销售收入的6%以上投入科技经费，保障了公司创新工作的开展。

丝丽雅还投资4000多万元建立了新型纺丝机实验平台、雅菲特实验平台、蛹蛋白实验平台、着色丝实验平台等9个实验平台，实验室面积达2000多平方米。各实验平台软硬件设施齐备，管理规范有效，每年开展科技创新项目数十项。

丝丽雅先后与四川大学、东华大学、大连理工学院、中山大学、香港理工大学、四川纺织研究所等国内外10多所高校和科研院所建立了密切的合作关系，通过科技成果转让、合作项目开发、共建研究机构等多种产学研合作方式，致力于开发核心技术，增强企业竞争能力。同时，针对市场需求，丝丽雅还以多种形式（技术入股、效益提成、技术转让等）引进高校、科研院所研发的新产品、新技术，进行产业化开发，充分发挥企业与高校各自的优势，逐步建立起一个稳定、健康的科技成果转化通道，较好地实现了科技与产业有机结合的双赢模式。

丝丽雅不断加大技术创新投入，2012年研发经费支出达4.9亿元，占主营业务收入的比重超过5%。

（四）让知识产权成为创新"防火墙"

丝丽雅提出"以知识产权维权促进企业健康和谐发展"的思路，旨在强化公司的知识产权意识，加快对先进技术的引进、再创新，加快自主创新的步伐。

丝丽雅2003年即在全国同行中率先成立了知识产权办公室，建立健全了企业知识产权维权"防火墙"体系，即制定、实施知识产权战略，建立一支具有自我判定、自我保护、自我实施的专业知识产权管理人才队伍。

丝丽雅陆续出台了《科技项目管理规定》、《职务专利申报及奖励实施办法》、《专利工作管理办法》、《商标管理制度》、《商业秘密保护制度》等制度。通过制度建设和不断完善各项措施，强化了知识产权工作的开展和保护力度。

目前丝丽雅已拥有100余项国际领先技术，200余项国内领先技术和100余项自主知识产权，是行业20多项高新技术群及产品标准的提出者和创建者。

（五）推行人才"珠峰"战略

丝丽雅推行人才"珠峰"战略，即通过建设优秀的丝丽雅"极限"文化，让人才树立崇高的目标，不断下达有极限挑战性的任务，让人才的成长"痛并快乐着"。其主要思路是：科学规划，合理配置，不断引进高素质人才，优化公司人力资源结构；加强对员工的培训和开发，提高员工的业务能力和综合水平，为企业发展提供充足的人力资本；改进员工绩效评价方法，使其成为一个高效、协作的团队；建立完整的人力资源管理系统，促进人事管理向全面人力资源管理转变。

在吸引人才方面，丝丽雅创造性地提出了"好莱坞"模式，即为人才提供一个充满事业和魅力的大舞台，让人才穿上"舞鞋"，充分展示个人魅力，施展个人才华，将个人的成长、财富、梦想与企业的愿景、发展、效益紧紧联系在一起。

在人才培训方面，丝丽雅组织管理人才到清华大学等高校学习，到培训基地进行封闭式训练，以此培养人才的团队精神和协作能力，激发其潜能和活力，并形成了经营管理者的"24条标准"及"职业经理人的8条定义"。

在人才激励方面，丝丽雅制定了《科技开发之星评选办法》、《科技管理之星评选》、《科技成果奖励办法》等激励制度，对科技人员和从事科技管理的人员进行全过程激励，以调动科技人员的创新热情，激励他们快出成果、多出成果。公司每个季度对在项目研究和科技管理工作中做出突出业绩的员工进行奖励，做到了研究有激励、管理有激励、成果有奖励，让科技人员感受到了创新的价值和企业对创新工作的高度重视。特别是在科技成果奖励上，丝丽雅通过股票、现金、荣誉等形式进行奖励，同时也采取了符合企业实际和市场经济规律的期权激励办法，极大地调动了科技人员创新积极性，推动了人才资源向人才资本的转变。

（六）以品质为基础的营销策略抢占国内外市场

为了打造国际化知名品牌，丝丽雅根据国家标准制定了企业产品质量标准，坚持开展全员质量攻坚战，"用最优秀的员工创造最优秀的品质"。

在生产过程中，丝丽雅加强对员工的质量意识培养，开展了多次质量提升活动，深化"TQC质量工程"，推行"严格自我"的品质管理，用市场需求推动生产，用产品质量稳定市场。同时，丝丽雅重点实施高速纺丝技术和"一锭多丝"技术，占领量大价中的批量市场，并通过健全的市场网络，实现了销量、价格、市场占有率的同步提升，提高了企业品牌的影响力。

丝丽雅积极提高粘胶纤维产业的市场开拓能力和市场占有率，运用成本和价格机制、国内销售国际化、差别化经营、市场渗透与集中控制四个策略推进市场开拓，迅速占领国内、国际市场，并在把握战略机遇、开辟国际市场中进一步提高企业在国际市场的定价权，确立了公司效益型出口强势企业地位。

（七）营造敢于创新、善于创新、持续创新的文化氛围

丝丽雅提出了"创新才能更美"的经营理念，提出了"变革有为、开放创新、

"以智图强"的战略方针，成就了以"创新"为基本特征的丝丽雅文化，推动了公司的高速发展。

丝丽雅在发展壮大的过程中，不断用先进的思想观念和管理理念冲击企业管理，形成了"美丽、魅力、快乐"、"30 条效益思维"、"十二大世界观"等成果。各基层单位也在实践中总结、提炼、创新出富有特色的"制造部文化"、"工段文化"、"班组文化"和"岗位文化"，形成了敢于创新、善于创新、持续创新的文化氛围。

通过企业文化建设，丝丽雅将内部的各种力量和职工实现自身价值的愿望汇集到一个共同的方向，产生一种向心力和凝聚力，使职工个人的思想感情和价值取向与企业总体战略的成败紧密联系起来，从而使之愿意与企业同甘苦、共命运。

丝丽雅积极倡导"事事皆可创新、时时皆可创新、人人皆可创新"，鼓励人人参与创新并建立了人人参与创新的多个平台。开展合理化建议、QC 课题攻关、新技术和新产品创意提出、研发项目和技改项目参与等系列创新活动，为每个员工提供公平参与创新的机会和创新致富的途径。

（八）企业创新成效

依靠创新发展图强，目前丝丽雅的生产规模、成长速度、出口量、净资产收益率、专利技术数量、专利技术价值、人均劳动生产率、经济效益等 30 多项指标均名列国内行业第一；企业劳动生产率、资产贡献率、资本收益率和投资增长率均在全国同行业中名列前茅。公司产品国内市场占有率保持在 33% 以上，国际市场占有率保持在 25% 以上，出口量占销售总量的 50% 左右。

丝丽雅在自身发展壮大的同时，致力于用领先的科技和创新的管理引领行业发展。公司向同行业 10 多家企业授权使用自主研发的"一锭多丝"专利技术，推动了行业增长方式由资源依赖型向创新驱动型转变，大幅度提升了中国粘胶长丝行业的生产能力，同时也显著降低了国内同行业的产品成本，大大提升和增强了国内同行业企业在国际上的竞争能力和水平。

案例九
研祥智能：不断创新打造特种计算机行业领先企业

研祥智能科技股份有限公司（以下简称研祥智能）成立于 1993 年，主要进行特种计算机、嵌入式智能平台 EIP、嵌入式安全平台 ESP、一体化工作站、嵌入式软件等产品的开发、生产、销售，是中国特种计算机行业领军企业。主要业务涵盖新一代信息技术、高端装备制造、新能源、物联网、节能环保等战略性新兴产业和重点领域，产品广泛应用于国防、航空航天、能源、电子、交通、电信、金融、网络、监控等各行业。

研祥智能拥有49个遍布全球的分公司及办事处，设有4个国内研发中心和1个欧洲技术中心。拥有国家特种计算机工程技术研究中心、国家工程实验室等国家级创新平台。截至2012年底，资产总额达35亿元，员工1200多人，其中科技人员385人，研发人员265人。2012年主营业务收入5.7亿元，利润总额超过1亿元，上缴税额2400多万元。

研祥智能2000年进行股份制改造，2003年在香港上市，2010年成功转主板。2010年公司正式进军北美市场。目前公司已经设定"在2017年成为本行业全球No.1"的发展目标。

（一）持续创新、追求卓越的创新发展思路

研祥智能以"坚持在特种计算机专业化发展，成为全球领先企业"为愿景，以"不断创新，为客户创造价值，加速全球智能化进程"为使命，把"恪守诚信、创新发展、协作共赢"作为核心价值观。据此，提出"雷同永远落后，创新才有发展；关注变化、与时俱进、追求卓越"的创新发展思路。

公司将创新战略思路融入到产品、技术、供应链、人力、财务、IT等各项工作当中，以管理创新为基础、技术创新为关键、营销创新为纽带，打造不断创新的营运模式，以确保创新活动的有效性和持续性。

公司在产品设计、研发方面始终围绕客户的需求，为全球客户提供最具竞争力的产品和服务，为客户创造价值。公司运用自身的技术力量攻克技术难关，突破行业技术瓶颈，并在此基础上推动创新的后续环节，完成技术的产业化，实现技术引领市场。

（二）产品、管理、市场多维度创新

为了建立一个可持续发展的组织，研祥智能开展多维度创新，包括产品与技术创新、管理改进与创新、市场与行业创新，以保持企业领军地位。

在产品和技术创新方面，公司建立了《技术预研流程》、《知识产权管理制度》、《知识产权奖励办法》、《技术攻关奖》等规章和政策，设立了创新基金，建立了年度创新评奖机制。公司允许创新活动出现合理失败，激励全员创新积极性。

在管理改进和创新方面，公司在早期阶段的价值导向是"市场"和"成败"。当成为国内市场第一（2005年）后，开创性地提出"技术导向与市场导向并重"的管理理念，总结公司管理实践，经验不断升华，并出版了《非经典管理》、《研祥——再造非经典》等公司文化成果，推动管理创新。此外，公司相继引入多种

管理体系，持续改善经营管理。1998年引入ISO9000，打造有竞争力的供应链和管理团队；2001年引进ISO14001，构建环境管理系统；2005年导入GJB9000A，按照军品标准组织生产和管理；2005年开始，引进卓越绩效模式，踏上追求卓越之旅。

在市场和行业创新方面，2000年前，公司所处行业和产品被定位为"工控机（IPC）"，局限于提供工业现场控制计算机。随着中国产业升级和嵌入式技术的发展，产品开始广泛应用于交通、银行、能源等行业和领域。为此，公司开创性地提出"嵌入式智能平台（EIP）"概念，对行业市场做了全新的定义，扩展了行业市场的外延。2007年，随着军工产业对嵌入式计算机需求的出现，公司再次调整市场策略，提出"特种计算机"的行业新定位和方向，包含了"工业用计算机、嵌入式计算机、军用计算机"的完整产品系列，由此确立了研祥智能的三维直销模式，针对快速变化的市场环境，提升快速决策和反应能力。2007年，基于公司愿景和国际化，公司设立品牌国际市场管理部，正式进军国际市场。

（三）构建"预研—在研—改进"的研发体系

研祥智能目前设有"一院五中心"，即技术研究院，深圳、北京、上海、西安4个国内研发中心和1个欧洲技术中心。技术研究院始终跟踪EIP相关技术最新动态，为新技术、新产品的研发奠定良好的技术基础；5个研发中心负责研发EIP壳级产品、EIP板级产品、遥距数据模组的标准品及ODM定制等。

公司建立了"预研—在研—改进"的研发体系，支持产品不断创新、不断改进、不断提高。本着"能够产生效益的技术才是我们努力的方向"的务实原则，坚持市场导向与技术导向并重，并据此合理配置企业资源。公司采取"技术攻关"、"创新大奖"等措施，鼓励在研发过程勇于创新，努力提高产品性能和品质。

公司在开展适应性创新，在核心技术下游或非核心技术领域实施创新的同时，还跟踪和关注核心技术的发展趋势，与拥有核心技术的高校、科研院所或企业建立良好的合作关系，争取比竞争对手更快、更优惠地取得核心技术的使用权。目前研祥智能已与中科院计算所、中科院自动化所、西北工业大学、香港理工大学等高校和院所建立了合作关系，共同进行项目的开发研究和产业化。公司与中科院建立了嵌入式应用联合实验室，被国家发改委授予"国家工程实验室"，也是广东省特种计算机工程技术中心的依托单位。

2012年，研祥智能的研发经费支出3950万元，占主营业务收入的6.9%。

（四）保护与预防结合的知识产权策略

研祥智能的知识产权总体战略是积极申请保护，时时预防对手，为产品保驾护航。公司采取基本专利和外围专利相结合的策略，除了对核心的技术和产品申请专利保护外，对非核心技术也进行申请，形成一个专利包，围绕每一个技术点累积大量的专利，形成一张越织越密的专利网，使竞争对手无从穿越。同时还积极注册商标和登记版权，进行主动保护。由法务、市场、技术与知识产权部联合组成知识产权保护渠道，时时预防和设防对手。充分运用知识产权，实现研发成果专利化，专利技术产业化。同时，积极参与行业标准制定，将专利技术与标准相结合，引领行业技术发展。

公司设有知识产权部，负责知识产权制度和管理平台建设，负责竞争对手技术分析和跟踪、人员培养和培训等工作。每个研发中心和产品线均设有知识产权工程师，负责该研发中心和产品线的专利挖掘、申请和利用。公司针对专利、商标、版权、商业秘密等的保护，制定了《知识产权管理制度》、《知识产权奖励办法》、《知识产权文件的控制及管理办法》、《竞争对手知识产权跟踪管理办法》、《专利代理机构考核管理规范》等制度。通过知识产权管理，一方面将知识产权工作贯穿于公司技术创新的各个层次，促进创新工作开展；另一方面保护产品市场，知识产权保护工作伴随市场扩张，分布到市场所到之处。

研祥智能主导编写了特种计算机行业已经颁布的全部19项国家标准和2项行业标准，承担工信部委托"十二五"工业计算机发展规划起草。截至2012年底，拥有有效专利218件，其中有效发明专利61件。

（五）培育高素质的创新人才队伍

为了迅速培养创新人才，研祥智能建立了知识管理平台。对技术知识、岗位知识、产品知识、BUG日志等重要知识进行收集和管理，用于员工培训，便于其快速适应岗位。同时还设立了技术序列导师制度，采取"一师一徒"的方法，让员工迅速成长。针对新进职员，专门组织开展每周一次的"新人交流会"，其主要内容是邀请公司各个岗位上的精英做技术培训和产品讲座，为新员工提高自身行业知识和技术水平提供一个快捷、重要的途径。公司除了定期对研发人员进行内部技术培训外，还会每年按计划不定期地邀请英特尔、风河、微软等国际一流企业的专业人员来公司开展培训和交流。公司围绕"干什么、练什么、缺什么、补什么"这一中心指导思想，开展"铸剑计划"岗位大练兵活动，立足学习训练，提高员工的职业素质和专业技能。

历经十几年磨炼，公司拥有了一支极具创造性、经验丰富、勇于突破、知识结构丰富的研发队伍，从业10年以上资深工程师达200多人。公司人才机制灵活，吸引了如计算机、软件、网络、通信、自动控制、微电子、精密机械、机电一体化等专业领域的高精尖技术人才，形成了多级人才梯队，为公司发展奠定了坚实的人才基础。

研祥智能不仅关注员工的工作，也关注员工的生活。公司提供经费每年组织员工外出旅游，安排外出培训和学习，提供带薪年休假等，还指导员工的职业生涯规划，为员工发展创造空间和机会。

（六）打造中国特种计算机的第一品牌

研祥智能在营销模式上没有完全模仿外资企业，没有走以代理为主的营销道路，而是确立了以直销为主、多种营销模式配合的营销方法。基于特种计算机行业的服务需求远大于一般商业电脑的状况，公司建立了国内最大、覆盖面最广的销售与服务体系，形成公司竞争优势。公司销售区域及售后服务网点涵盖全国主要城市，形成了"EVOC"特种计算机产业联盟。2006年公司通过市场创新，采取以产品线销售、区域销售和行业销售相结合的三维立体销售模式，形成庞大的销售、服务网络，能够随时为客户提供周到的服务。

研祥智能非常重视自有品牌的价值，通过产品品质赢得口碑，结合科技创新、产品创新、市场创新，突破层层壁垒，逐步将"EVOC"打造成中国特种计算机的第一品牌。2009年研祥"EVOC"被认定为中国驰名商标，随着"EVOC"出入欧美各国际知名展会频率次数的增高，国际市场份额逐年加大，"Embedded Victor of China"（中国嵌入式之王）正在向国际一流品牌前进。

（七）独具特色的"非经典管理"文化

通过将创新思想与公司理念相结合，使企业的上上下下始终保持努力创新的氛围和风貌。"淡化级别"、"实用主义追求"、"即时罚款和奖励"、"永无止境地追求效率"、"如实简单，提供建议"等一系列口号构成了企业文化的重要组成部分。研祥企业文化以简单高效、永远有改进的空间为核心，长期以来使公司在纷繁复杂的市场变革中形成了独具研祥特色的"非经典管理"，成为众多高校MBA\EMBA教学的经典案例。

公司设立了技术攻关奖、专利奖、产品奖（董事长奖）等，鼓励技术人员勇于承担攻克公司技术难题。公司开展了一系列员工全员参与的创新活动，鼓励员工立足岗位，从企业发展实际出发，积极创新，不断改进。公司通过设立"金点子"有奖建议箱、每个月评选"建议之星"等制度来为企业发展提供创新源泉。

（八）企业创新成效

研祥智能通过管理创新，营造了企业创新的良好氛围；通过技术创新，使产品竞争力得以提升，满足客户的特殊需求；通过营销方式创新，不断开拓市场；通过全员参与创新，创造出持续增长的业绩和高效的运营模式。公司产品多次获得省、市科技进步奖和行业创新产品奖。根据赛迪集团（CCID）的统计，研祥智能在市场份额和产品技术领先程度方面已经连续七年位居同行业全国第一、全球第三。公司创新产品因其特殊的性能，满足特殊行业人士在恶劣环境下作业的需求，在国防现代化建设和国民经济工业与信息化建设中应用广泛，为推动国家基础设施建设、推进国家信息化进程发挥着重要作用。

案例十
中纺院：创新编织美好蓝图

中国纺织科学研究院（以下简称中纺院）建于1956年，是国内纺织行业最大的综合性研究开发机构和实力较强的高新技术产业集团。主营业务包括化纤及纺织工程设备制造、纺织新材料、纺织化工与生物技术。中纺院是纤维基复合材料国家工程研究中心、国家合成纤维工程技术研究中心、纺织行业生产力促进中心、国家纺织制品质量监督检验中心、纺织工业标准化研究所的依托单位。

截至2012年底，全院资产总额达34亿元，员工2524人，其中，科研人员570人，研发人员509人。2012年，主营业务收入21亿元，利润总额1.6亿元，上缴税费1.4亿元。

中纺院原隶属国家纺织工业部。1984年进入体制改革期，由单纯科研型向科研经营型转化，1996年被列为首批国家重点科研院所试点单位，1999年转制为中央直属大型科技企业，2009年整体并入中国通用技术集团公司。中纺院正瞄准建设国际一流的纺织技术开发基地和高新技术企业集团，不断提升核心竞争力和市场占有率。

（一）重点实施三大战略推进创新发展

中纺院的创新战略思路为：以科技进步为动力，根据建设纺织强国和集团转型升级的战略目标，充分发挥多学科交融和集成配套能力较强的优势，以市场为导向，以行业共性、关键性技术开发为重点，大力加强自主创新、结构调整和技术改造，通过体制机制创新推进科技成果产业化，延伸产业链，着力提高产品和服务的附加值。

中纺院重点实施三大战略推进企业创新战略思路的实现。一是重大项目引领战略。重大项目指集全院之力开展的重点科研、产业化、工程化项目，针对重大项目建立与之相适应的研发体制和机制，设计规范的可操作的激励制度，技术人员和资金向重点项目倾斜，从战略高度保证重点项目的实施，通过重大项目带动全院科研和产业的发展，并取得一批有显示度的成果。二是成果转化项目促进产业可持续发展战略。院级研发机构从选题到立项应保证有一定比例的项目可在院内转化，这类项目应该是符合国家产业政策和院发展战略要求，具有一定的投资额度，具有较高的投入产出回报率。每年至少应保证有一个这类项目，以保证研究院产业化项目可持续发展，为长远发展培育新的盈利点。三是产业技术转型升级战略。研究院已经被市场认可且具有一定盈利能力的产品通过院重点科研项目和技术改造项目的实施，保持和提升产品的技术优势、增加产品附加值和竞争力、开发系列化产品、引领细分领域的发展、提升和稳定市场份额，保证主营业务收入的稳步增长。

（二）探索适合转制院所的创新管理体制

中纺院努力探索建立适合企业化转制科研院所特点的管理体制机制。一是制定促进两级研发体系的互动发展创新机制。院级研发机构通过动态的、产学研相结合的开放运行方式承担国家重大科研项目、行业共性和前瞻性技术的研究，同时，参与为集团公司中长期发展所需的新技术研究。各子公司研发机构以中短期研发项目和新产品开发工作为主。二是建立产业技术创新战略联盟的运行、管理机制。建立起合理的利益分配机制、合作研发机制，确保联盟各项工作的顺利开展。三是制定技术要素参与分配的政策，制定成果转化过程和产生效益后，对发明人或成果研究人员进行激励或再分配的政策。四是针对院属企业产权多元化改革后，持股人相对固定，新进企业的骨干人员难以享受股权激励的问题，探索建立开放性股权激励的相关政策。同时还实行专利发明人的公开奖励制度。

（三）围绕二元发展目标构建两级研发支撑体系

中纺院转制之初即确立了建设"纺织行业技术开发基地"和"纺织高新技术产业集团"的二元发展目标，相应地建立了院级和院属企业两级各有侧重又有联系的研发体系，以支撑二元发展目标的实现。

院级研发机构包括院研发中心和复合材料中心，重点围绕国家战略需求、行业技术进步、改善人民生活质量等内容持续不断地提供具有前瞻性、基础性、关键性科研成果。同时承担着建设"生物源纤维制造技术国家重点实验室"、"国家合成纤维工程技术研究中心"、"纤维基复合材料国家工程研究中心"的任务。

院属企业研发机构包括研究院15个院属企业的研发团队，凭借贴近市场、快速反应的特点，不断在细分领域研究开发新技术、新产品、新工艺，随着每个企业的逐步发展壮大，研究院建设纺织高新技术产业集团的发展目标也在逐步实现之中。

在产学研合作方面，中纺院组织开展了化纤产业技术创新战略联盟的建设，积极参与新一代纺织设备产业技术创新战略联盟的建设，组织开展绍兴纺织产学研技术创新战略联盟的建设，并积极组建国家纺织产业技术创新服务平台、化纤产业技术创新服务平台、纤维材料工程化技术创新服务平台、纺织标准检测公共服务平台、纺织科技文献库等公共服务平台，极大地推动了纺织行业科技资源的整合，为支撑纺织行业自主创新、促进纺织产业结构调整、增强国际竞争力做出了贡献。中纺院加强与纺织行业产业集群地区——浙江绍兴的合作，2005年与绍兴市政府共同出资组建了中国纺织科学研究院江南分院，充分发挥研究院科技、人才优势和绍兴市乃至长三角地区产业、市场优势，通过官产学研紧密结合的方式，推动和促进区域经济和纺织行业的发展。中纺院与大型企业合作，共建研发机构。1999年与中国石化股份有限公司科技开发部共建了北京合成纤维研究开发中心。十多年来，合作逐步深入和扩大，不仅培养、锻炼了中纺院的创新人才队伍，改善了科研条件设施，也切实为中石化所属企业提供了一大批先进、实用的科研成果。此外，中纺院还在重大科研项目实施和成果推广转化过程中广泛开展产学研合作，效果显著。

2012年，中纺院研发经费支出约1.5亿元，占主营业务收入的6.9%。

（四）健全知识产权管理工作体系

中纺院建立了较为完善的知识产权管理工作体系，由院长直接负责院知识产权管理工作，院科技管理部负责专利管理工作，产业管理部负责商标管理工作，审计和法律事务部负责法律纠纷和诉讼问题的处理，人力资源部对商业秘密等保密工作进行督促监督。同时在下属各子公司和部门中设置专门的知识产权人员负责知识产权工作的具体实施，将知识产权工作落实到人、落实到岗。

在知识产权管理制度方面，研究院制定了《知识产权保护工作管理规定》和《专利管理办法》，研究院还将院属各单位的专利申请和保护工作与其业绩考核联系起来，并实施专利授权奖励制度，充分调动了科研人员申请专利的积极性。

截至2012年，研究院拥有有效专利214件，其中有效发明专利102件。先后被评为北京市专利试点企业和北京市首批专利示范企业。

（五）构建创新人才成长平台

中纺院坚持以人为本，不断改善科研、生产、经营环境，努力构建和完善人才成长平台，持续创新人才培养和激励机制。

中纺院通过内部培养、外部引进、竞争上岗、破格选拔、岗位轮换、教育培训等多种举措，逐步建立起由学术带头人、科研骨干、经营管理人员、高级技能人员等组成的创新型人才队伍。在干部选拔机制上，建立了中层管理岗位竞争上岗制度，"生物源纤维制造技术国家重点实验室"主任面向社会及国内外公开招聘。中纺院积极倡导"人岗匹配、才尽其用"的理念，完善院企两级培训体系，健全绩效和薪酬管理制度，优化收入分配体系，创新福利管理体系，为人才提供了良好的工作和生活环境。

（六）内外结合推进品牌塑造

中纺院加强对院属企业及其产品品牌的集中管理和整体策划，并注重从企业内部与外部两方面进行品牌塑造。在内部塑造方面，培养了一支能够创造品牌、维护品牌的员工队伍。不断提高员工业务素质和综合素质。培养员工的品牌意识，树立产品就是品牌，品牌就是效益的观念。提高产品质量，为品牌的发展奠定基础。在外部塑造方面，主要通过品牌传播、宣传，充分利用企业的营销人员，并采用名片、企业宣传册、向客户赠送印有公司标志的纪念性物品等方式，对外宣传企业品牌。

同时，利用在研发、技术、信誉等方面的优势，为适应各产业产品竞争和技术发展的要求，中纺院采用差异化的市场营销策略，不断提供高性能、多品种和差异化的产品，并实行全方位的售后服务，在行业细分市场上建立产品技术领先、品质高、客户放心的经营品牌特色。

在巩固国内市场的同时，中纺院还全力抢占国际市场，实施"走出去"战略。院全资企业中丽制机公司从2004年开始着手寻求在发展中国家开展技术合作，承接新建化纤纺丝工程和技改工程。现已向印度、叙利亚、孟加拉国、泰国、伊朗、巴基斯坦等国家提供纺丝设备和工程服务，在伊朗、泰国、叙利亚、孟加拉、巴基斯坦等国的项目先后成功开车生产。

（七）培育和谐共进的创新文化

中纺院坚持和奉行"团结、拼搏、求实、创新"的企业精神，将自主创新、科学发展、和谐共进作为企业创新文化的重要内容。

通过积极鼓励和引导各子公司培育各具特色的子公司文化，形成了母、子公司既相互统一又相互联系的企业文化。通过《中纺院资讯》、外网和OA办公自动化工作平台，对各经营单位企业文化信息进行交流和宣传，推动了各子公司文化培育，同时也促进了全院企业文化建设的和谐发展。每年对院新入职员工培训中，企业文化的宣传教育是重要内容。

员工创新热情是企业创新文化的重要组成部分，中纺院重视调动职工的创新积极性，充分发挥职工的创造性和能动性，通过召开座谈会、领导下基层调研走访、开辟OA局域网论坛，及院领导接待日等方式，广开渠道，多层面发动员工提合理化建议。在职工中开展"我为企业建一言"、"爱企业，献良策，做贡献"等主题活动，在青年职工中开展"创新创效"活动，为企业创新发展多提合理化建议。

中纺院将技术创新方法 TRIZ 理论应用到企业创新文化中，对院内科研骨干进行创新方法培训，进行创新思维训练，丰富了科技创新工作的思路和方法，提高了创新工作的效率。

（八）企业创新成效

中纺院通过实施创新战略，加强体制机制创新，充分调动了科研人员的积极性，创新成果不断涌现，取得了良好的社会和经济效益，提升了中纺院的综合竞争力。2012 年，中纺院六项科研成果荣获中国纺织工业联合会科学技术进步奖。目前正在着力推进的以行业关键、共性、前瞻技术产业化为目标的"新溶剂法纤维素纤维产业化技术开发"、"新一代聚酯纤维的工程化技术开发"、"高新技术纤维在产业用纺织品的应用技术开发"三大科技项目，以及"中国纺织科学研究院高新技术园（天津武清）"、"中国纺织科学研究院江南分院科技产业园"等科技园区建设，立足于促进行业战略性新兴产业的发展和重要科研成果的转移、转化，为行业内的协同创新搭建平台。中纺院凭借在行业产学研用创新体系中的独特地位，努力为推动和促进纺织行业技术进步做出更大贡献。

第七章

创新型企业TOP100
——基于企业技术创新依存度指数

自2008年科技部、国资委、全国总工会启动创新型企业评价工作以来，至今评价命名了三批创新型企业。创新型企业评价是依据企业技术创新依存度指数来进行的。本章根据采集的创新型企业2012年数据，运用技术创新依存度指数方法，对评价命名的创新型企业的年度技术创新依存度指数进行测算。

为了更准确地反映企业化转制院所的特点，转制院所类创新型企业不纳入创新型企业TOP100，而是单独排出转制院所类创新型企业TOP20。

一、创新型企业TOP100

2012年共采集到336家创新型企业的相关数据（包括30家转制院所类创新型企业）。下面对除30家转制院所类创新型企业外的其他306家企业的技术创新依存度指数进行测算，形成创新型企业TOP100（见表7-1）。

表7-1 创新型企业TOP100

排序	企业名称	指数
1	广东威创视讯科技股份有限公司	0.971
2	华为技术有限公司	0.950
3	海尔集团公司	0.920
4	中兴通讯股份有限公司	0.913
5	太原风华信息装备股份有限公司	0.907
6	金发科技股份有限公司	0.904
7	联想（北京）有限公司	0.886
8	潍柴动力股份有限公司	0.874
9	深圳市格林美高新技术股份有限公司	0.872
10	聚光科技（杭州）股份有限公司	0.862

续表

排序	企业名称	指数
11	山东绿叶制药股份有限公司	0.858
12	福建星网锐捷通讯股份有限公司	0.858
13	江苏阳光股份有限公司	0.856
14	北京碧水源科技股份有限公司	0.853
15	汉王科技股份有限公司	0.847
16	北京信威通信技术股份有限公司	0.845
17	中信重工机械股份有限公司	0.841
18	上海贝尔股份有限公司	0.840
19	海信集团有限公司	0.836
20	山东龙力生物科技股份有限公司	0.808
21	石河子市华农种子机械制造有限公司	0.808
22	合肥工大高科信息科技股份有限公司	0.801
23	研祥智能科技股份有限公司	0.800
24	厦门特宝生物工程股份有限公司	0.780
25	安徽科大讯飞信息科技股份有限公司	0.779
26	天津市天锻压力机有限公司	0.776
27	福建新大陆科技集团有限公司	0.774
28	永济新时速电机电器有限责任公司	0.766
29	曙光信息产业股份有限公司	0.764
30	北京大北农科技集团股份有限公司	0.758
31	海南全星药业有限公司	0.756
32	珠海格力电器股份有限公司	0.755
33	沈阳透平机械股份有限公司	0.750
34	海南立昇净水科技实业有限公司	0.748
35	中国船舶重工集团公司	0.747
36	特变电工股份有限公司	0.745
37	西陇化工股份有限公司	0.736
38	西部矿业股份有限公司	0.735
39	上海宝信软件股份有限公司	0.733
40	厦门雅迅网络股份有限公司	0.733
41	吉林省博大制药有限责任公司	0.729
42	新疆众和股份有限公司	0.729
43	株洲钻石切削刀具股份有限公司	0.728
44	上海汽车集团股份有限公司	0.727
45	天津力神电池股份有限公司	0.724
46	大连光洋科技工程有限公司	0.718
47	兖矿集团有限公司	0.718

续表

排序	企业名称	指数
48	白云电气集团有限公司	0.712
49	广州迪森热能技术股份有限公司	0.708
50	中国航天科工集团公司	0.705
51	长春轨道客车股份有限公司	0.701
52	浙江吉利控股集团有限公司	0.696
53	宁夏东方钽业股份有限公司	0.695
54	山东冠丰种业科技有限公司	0.694
55	奇瑞汽车股份有限公司	0.693
56	上海新时达电气股份有限公司	0.693
57	锦州奥鸿药业有限责任公司	0.693
58	山东泉林纸业有限责任公司	0.693
59	长飞光纤光缆有限公司	0.692
60	中国冶金科工集团有限公司	0.688
61	唐山轨道客车有限责任公司	0.686
62	天津市环欧半导体材料技术有限公司	0.686
63	贵州益佰制药股份有限公司	0.686
64	重庆长安汽车股份有限公司	0.685
65	濮阳濮耐高温材料（集团）股份有限公司	0.684
66	无锡尚德太阳能电力有限公司	0.683
67	万华化学集团股份有限公司	0.682
68	中国电子信息产业集团有限公司	0.681
69	西藏金稞集团有限责任公司	0.681
70	北新集团建材股份有限公司	0.680
71	中国乐凯集团有限公司	0.676
72	TCL集团股份有限公司	0.674
73	宁波大成新材料股份有限公司	0.671
74	辽宁聚龙金融设备股份有限公司	0.670
75	北大方正集团有限公司	0.669
76	天水星火机床有限责任公司	0.668
77	瓮福（集团）有限责任公司	0.667
78	浪潮集团有限公司	0.665
79	力帆实业（集团）股份有限公司	0.664
80	上海重型机器厂有限公司	0.664
81	中控科技集团有限公司	0.662
82	江中药业股份有限公司	0.662
83	天津赛象科技股份有限公司	0.661
84	南昌弘益科技有限公司	0.660

续表

排序	企业名称	指数
85	浙江医药股份有限公司新昌制药厂	0.658
86	厦门宏发电声股份有限公司	0.658
87	湘潭电机股份有限公司	0.657
88	贝发集团股份有限公司	0.656
89	金川集团股份有限公司	0.655
90	四川长虹电器股份有限公司	0.654
91	东风汽车公司	0.653
92	贵州百灵企业集团制药股份有限公司	0.652
93	内蒙古鄂尔多斯羊绒集团有限责任公司	0.650
94	深圳市同洲电子股份有限公司	0.649
95	彩虹集团公司	0.647
96	贵研铂业股份有限公司	0.646
97	山东金正大生态工程股份有限公司	0.646
98	厦门华侨电子股份有限公司	0.646
99	泰豪科技股份有限公司	0.645
100	山西信联集团实业有限公司	0.645

注：企业技术创新依存度指数取小数点后三位，分值相同的依据小数点后四位排序，下同。

二、转制院所类创新型企业TOP20

下面对30家转制院所类创新型企业的技术创新依存度指数进行测算，形成转制院所类创新型企业TOP20（见表7-2）。

表7-2 转制院所类创新型企业TOP20

排序	企业名称	指数
1	中国钢研科技集团有限公司	0.884
2	海洋化工研究院有限公司	0.848
3	电信科学技术研究院	0.811
4	安徽华东光电技术研究所	0.798
5	江苏省交通科学研究院股份有限公司	0.787
6	中材科技股份有限公司	0.778
7	上海电器科学研究所（集团）有限公司	0.775
8	北京有色金属研究总院	0.774
9	中国电器科学研究院有限公司	0.750
10	煤炭科学研究总院	0.734
11	中国日用化学工业研究院	0.721

续表

排序	企业名称	指数
12	西北有色金属研究院	0.721
13	中国纺织科学研究院	0.698
14	中国食品发酵工业研究院	0.681
15	中钢集团洛阳耐火材料研究院有限公司	0.680
16	合肥通用机械研究院	0.679
17	上海电缆研究所	0.654
18	沈阳化工研究院有限公司	0.647
19	上海医药工业研究院	0.625
20	天津药物研究院	0.604

三、评价理论和方法

创新型企业 TOP100 和转制院所类创新型企业 TOP20 的评价是基于企业技术创新依存度指数。

（一）"4+1"评价指标体系

技术创新依存度指数是运用定量与定性相结合的综合评价方法，基于可采集性、可比性、可操作性，遴选出研发经费强度、千名研发人员发明专利拥有量、新产品（工艺、服务）销售收入占主营业务收入的比重、全员劳动生产率 4 个定量指标和"创新组织与管理" 1 个定性指标，构成"4+1"指标体系，来表征创新型企业的创新性、持续性、系统性和代表性四个基本特征，评价企业创新投入、创新产出、创新绩效和创新管理等对企业发展的影响。

"4+1"指标以考察企业发展对技术创新的依存程度为核心。通过 4 个定量指标反映创新型企业创新战略实施的效果，1 个定性指标反映企业创新战略制定、部署和实施的过程。这些指标互为补充、互相印证，从不同侧面反映了企业技术创新的意愿、行为和绩效，既克服了单纯使用定量指标反映企业技术创新活动的局限性，又克服了单纯使用定性指标反映企业创新状况的模糊性，构成了一个比较完整和严密的指标体系。可以比较全面、系统地考察和评价企业发展对技术创新的依存程度。

1. 研发经费强度

该指标指企业研发经费支出占主营业务收入的比重，反映企业在资源配置上对技术创新倾向的程度。通过该指标，可以考察企业运用资本资源实现发展过程中对技术创新的依赖程度。这也是国际上通用的测度企业技术创新的重要指标。研发经费支出采用国家统计局与科学技术部的统计口径。

2. 千名研发人员发明专利拥有量

该指标反映企业对核心技术和自主知识产权的掌控情况和创新效率。发明专利拥有量是指在考察期间内企业作为专利权人拥有的、经国内外专利行政部门授权且在有效期内的发明专利数量。研发人员（全称研究与试验发展人员）是指参与研究与试验发展项目研究、管理和辅助工作的人员，包括项目（课题）组人员，企业科技行政管理人员和直接为项目（课题）活动提供服务的辅助人员。

3. 新产品（工艺、服务）销售收入占主营业务收入的比重

该指标反映企业收入构成和获取利润中直接源自技术创新成果的部分。新产品（工艺、服务）销售收入的计算主要采用国家统计局与科学技术部对新产品的统计口径。新产品一般是指采用新技术原理、新设计构思研制、生产的全新产品，或在结构、材质、工艺等某一方面比原有产品有明显改进，从而显著提高了产品性能或扩大了使用功能的产品。

某些能源、采矿、建筑、通信服务以及工程类企业，产出具有一定特殊性，创新活动具有个性特征。对这些个别特殊企业的评价采取以下两种处理方式：一是对该指标的权重予以单独考虑；二是对指标数据的采集方法进行个案处理，如可以采用新工艺、新技术带来的新增产品或提供的工程、服务收入占主营业务收入的比重来体现。

通过"千名研发人员发明专利拥有量"和"新产品（工艺、服务）销售收入占主营业务收入的比重"两个指标，可以考察企业获取竞争优势和取得经济效益对技术创新的依赖程度。

4. 全员劳动生产率

该指标指企业当年创造的增加值与员工数量的比，反映企业综合经济效益情况。通过该指标可以综合考察企业发展过程中投入产出的整体效率，其中也包含着技术创新对企业发展的贡献，这在一定程度上体现了绩效和创新之间的依存关系。该指标是国际通用的反映企业或其他经济体的技术创新依存度的综合指标。

工业、建筑业增加值是指工业企业（包括运输与邮电业）、建筑业企业在报告期内以货币表现的工业、建筑业生产活动的最终成果。收入法计算的工业增加值包括固定资产折旧、劳动者报酬、生产税净额和营业盈余。

5. 创新组织与管理

该指标主要包括创新战略谋划、研发组织建设、知识产权管理和创新文化建设等内容，结合定量指标，可以综合反映企业着眼长远发展对技术创新的依存情况。

（二）影响测算的三个关键问题

企业技术创新依存度指数是采用综合评价方法将4个定量指标与1个定性指标（即"4+1"指标）结合起来，以综合反映企业发展对技术创新的依存程度。

由于面对的企业类型不同、行业多样、规模各异，评价既要反映企业技术创新的基本特征和规律，又要体现不同企业之间的创新差异。为此，技术创新依存度指数的生成需要着重解决以下三个关键问题：

1. 不同规模企业的创新差异性

通过对不同规模企业技术创新规律的分析，针对不同规模和所处不同技术密集程度产业领域的企业，采用两个维度进行研发经费强度门槛值的设定：一个维度（X轴）是按主营业务收入将企业分成不同规模档次，基于对研发经费支出与企业规模的关系研究，将企业分为四个档次：5亿元以下、5亿~100亿元、100亿~1000亿元、1000亿元以上；另一个维度（Y轴）是按产业的技术密集度分为四类：高技术密集度产业群、中高技术密集度产业群、中低技术密集度产业群、低技术密集度产业群。两个维度交叉形成"12+1"个域，即前三个企业规模档次与四类技术密集度产业交叉形成12个域，分别给出不同的研发经费强度门槛值；同时考虑到特大型企业研发经费支出的特殊性，将1000亿元以上规模档次与四类技术密集度产业交叉形成的域视为一个，给予"基准研发经费门槛植+X"，X按企业所在行业平均研发经费强度情况给予不同取值。将每个域给定的研发经费强度门槛值作为企业研发经费强度指标的基准标杆。具体测算中，以企业研发经费强度的门槛值作为标杆进行测度，在一定程度上可以消除规模差异对评价结果的影响。

2. 不同行业企业的创新差异性

解决方法是选择行业平均数作为基准标杆。因为在同一行业内企业的生产经营活动相近，具有相似的产品（服务），企业技术创新活动的性质、方式和特征相同或相近，具有可比性。具体说，任何一个定量指标的行业平均数反映的是行业中企业群体的平均水平。选择行业平均数作为测度的基准标杆，在一定程度上可以消除行业差异对企业指标的影响。

3. 指标权重的确定

主要采用德尔菲方法，由专家们对各指标重要性进行打分，再综合分析专家给出的分值以及各指标对创新的影响程度，最后确定各指标的权重。

概括而言，通过采用行业平均值和研发经费强度门槛值作为基准标杆，在相当程度上消除了行业、规模的差异对定量指标的影响，然后基于德尔菲方法综合考量赋予各指标相应的权重，可以更加全面地体现各定量指标和定性指标对技术创新的影响程度。

（三）技术创新依存度指数生成

综合评价指数生成基于对被评价企业的 4 个定量指标和 1 个定性考察指标的综合评价。

1. 定量指标的赋值

具体计算公式如下：

$$B = \sum_{i=1}^{4} A \times f_i \times k \times \frac{\overline{x}_i}{\overline{\overline{x}}_i}$$

式中：B——被考察企业的 4 个定量指标的总赋值；

A——被考察企业的第 i 个定量指标的分数；

f_i——被考察企业的第 i 个定量指标的权重；

$\overline{x}_i$——被考察企业的第 i 个定量指标的数值；

$\overline{\overline{x}}_i$——被考察企业的第 i 个定量指标的行业平均数值（或研发经费强度门槛值）；

k——定量指标分值系数，用于调整或确定某一定量指标行业平均值的水平，即通过调整基准标杆的水平，以反映整个行业所属企业技术创新水平的变化趋势。

$\frac{\overline{x}_i}{\overline{\overline{x}}_i}$ 的结果反映了企业在第 i 个定量指标上的行业位置。$\frac{\overline{x}_i}{\overline{\overline{x}}_i} > 1$，表明企业高于行业平均水平；$\frac{\overline{x}_i}{\overline{\overline{x}}_i} < 1$，表明企业低于行业平均水平；$\frac{\overline{x}_i}{\overline{\overline{x}}_i} = 1$，表明企业与行业平均水平持平。

2. 定性指标的赋值

具体计算公式如下：

$$\overline{C} = \frac{\sum_{i=1}^{n} C_i}{n}$$

式中：$\overline{C}$——企业的专家综合评分均值；

C_i——第 i 个专家对企业的综合评价分值；

n——专家数。一般 n 不小于5。

定性指标分值的确定，由业内专家根据相关材料进行主观打分并加总，再由专家的定性赋分形成每个企业的定性评价分值。

3. 综合评价指数的生成

运用德尔菲方法，综合分析专家意见及定量、定性指标的影响程度，确定定量指标分值和专家综合评价分值的权重，最终形成企业技术创新依存度指数。具体的计算公式如下：

$$D = w_1 B + w_2 \overline{C}$$

式中：D——企业技术创新依存度指数；

w_1——定量指标分值权重；

w_2——专家综合评价分值权重。

总之，企业技术创新依存度指数是在深入研究创新型企业的内涵与特征，比较分析国内外针对企业创新的各种评价方法和指标研究成果的基础上，结合中国创新型企业建设和评价工作实践经验，总结形成的一套专门评价企业发展对技术创新依存程度的理论和方法。该评价方法的最大特点是用一个综合性指数对不同行业、规模和技术密集度的企业进行评价和比较。创新型企业评价工作的实践表明，企业技术创新依存度指数作为一种定量与定性相结合、综合考察企业发展对技术创新依存程度的评价方法，比较有效地发挥了评价导向作用。但由于企业技术创新过程的极其复杂性，企业技术创新依存度指数作为一个新的评价企业技术创新的方法，还需要一个在理论和实践上不断完善的过程。本年度报告是继上一年度报告后的又一次尝试。在以后年度里将继续完善评价理论和方法，以更好地发挥对企业技术创新的评价导向作用。

政策文献

政策文献

国家政策

国务院办公厅关于强化企业技术创新主体地位 全面提升企业创新能力的意见（国办发〔2013〕8号）

国务院关于印发"十二五"国家自主创新能力建设规划的通知（国发〔2013〕4号）

科技部 国家发展改革委关于印发"十二五"国家重大创新基地建设规划的通知（国科发计〔2013〕381号）

财政部 科技部关于印发《国家科技计划及专项资金后补助管理规定》的通知（财教〔2013〕433号）

关于印发科技类民办非企业单位进口科学研究和教学用品免税资格审核认定管理办法的通知（国科发政〔2013〕52号）

财政部 国家税务总局关于研究开发费用税前加计扣除有关政策问题的通知（财税〔2013〕70号）

财政部 国家税务总局关于中关村国家自主创新示范区有限合伙制创业投资企业法人合伙人企业所得税试点政策的通知（财税〔2013〕71号）

财政部 国家税务总局关于中关村国家自主创新示范区技术转让企业所得税试点政策的通知（财税〔2013〕72号）

财政部 国家税务总局关于中关村国家自主创新示范区企业转增股本个人所得税试点政策的通知（财税〔2013〕73号）

科技部 财政部 税务总局关于在中关村国家自主创新示范区开展高新技术企业认定中文化产业支撑技术等领域范围试点的通知（国科发高〔2013〕595号）

教育部 财政部关于实施高等学校创新能力提升计划的意见（教技〔2012〕6号）

国务院办公厅关于强化企业技术创新主体地位全面提升企业创新能力的意见

国办发〔2013〕8号

各省、自治区、直辖市人民政府，国务院各部委、各直属机构：

《国家中长期科学和技术发展规划纲要（2006~2020年）》实施以来，以企业为主体、市场为导向、产学研相结合的技术创新体系建设取得积极进展，激励企业创新的政策措施逐步完善，企业研发投入的积极性不断提高，研发能力得到增强，重点产业领域取得一批创新成果，为产业升级和结构调整提供了有力支撑。但目前我国企业创新能力依然薄弱，许多领域缺乏具有自主知识产权的核心技术，企业尚未真正成为创新决策、研发投入、科研组织和成果应用的主体，制约企业创新的体制机制障碍仍然存在。为深入贯彻落实党的十八大精神和《中共中央 国务院关于深化科技体制改革加快国家创新体系建设的意见》（中发〔2012〕6号），全面提升企业创新能力，经国务院同意，现提出以下意见。

一、指导思想和主要目标

（一）指导思想。坚持以邓小平理论、"三个代表"重要思想、科学发展观为指导，围绕促进科技与经济社会发展紧密结合，统筹发挥市场配置资源的基础性作用和政府的引导支持作用，以深入实施国家技术创新工程为重要抓手，建立健全企业主导产业技术研发创新的体制机制，促进创新要素向企业集聚，增强企业创新能力，加快科技成果转化和产业化，为实施创新驱动发展战略、建设创新型国家提供有力支撑。

（二）主要目标。到2015年，基本形成以企业为主体、市场为导向、产学研相结合的技术创新体系。培育发展一大批创新型企业，企业研发投入明显提高，大中型工业企业平均研发投入占主营业务收入比例提高到1.5%，行业领军企业达到国际同类先进企业水平，企业发明专利申请和授权量实现翻一番。企业主导的产学研合作深入发展，建设一批产业技术创新战略联盟和产业共性技术研发基地，突破一批核心、关键和共性技术，形成一批技术标准，转化一批重大科技成果。企业创新环境进一步优化，形成一批资源整合、开放共享的技术创新服务平台，面向企业的科技公共服务能力大幅度提高，涌现出一大批富有活力的科技型中小企业和民办科研机构。到2020年，企业主导产业技术研发创新的体制机制更加完善，企业创新能力大幅度提升，形成一批创新型领军企业，带动经济发展方式转变实现重大进展。

二、重点任务

（一）进一步完善引导企业加大技术创新投入的机制。企业要按照社会主义市场经济体制的要求，不断深化自身改革，适应市场化和全球化竞争的需要，增强创新驱动发展的内在动力；要明确企业主要负责人对技术研发的责任，加强研发能力和品牌建设，建立健全技术储备制度，提高持续创新能力和核心竞争力。各级政府要鼓励和引导企业加大研发投入，大力培育创新型企业，充分发挥其对技术创新的示范引领作用。推进科研项目经费后补助工作，鼓励和引导企业按照国家战略和市场需求先行投入开展研发项目。建立健全国有企业技术创新的经营业绩考核制度，落实和完善国有企业研发投入视同利润的考核措施，加强对不同行业研发投入和产出的分类考核。中央国有资本经营预算产业升级与发展专项资金要加大对中央企业技术创新的支持力度。国家科技计划项目征集和指南编制要充分听取企业专家的意见，产业化目标明确的重大科技项目由有条件的企业牵头组织实施。加强国家科技奖励对企业技术创新的引导激励。

（二）支持企业建立研发机构。引导企业围绕市场需求和长远发展，建立研发机构，健全组织技术研发、产品创新、科技成果转化的机制，大幅度提高大中型工业企业建立研发机构的比例。在明确定位和标准的基础上，引导企业建设国家重点实验室，围绕产业战略需求开展基础研究。在行业骨干企业建设一批国家工程（技术）研究中心、国家工程实验室，支持企业开展技术成果工程化研究。加强国家认定企业技术中心和技术创新示范企业工作。对企业国家重点实验室、国家工程（技术）研究中心、国家认定的企业技术中心以及科技类民办非企业单位，依据相关规定给予进口科技开发用品或科教用品的税收优惠政策。对民办科研机构等新型研发组织，在承担国家科技任务、人才引进等方面与同类公办科研机构实行一视同仁的支持政策。

（三）支持企业推进重大科技成果产业化。建立健全按产业发展重大需求部署创新链的科研运行机制和政策导向，推进新技术、新材料、新工艺、新模式、高端装备等的集成应用，实施国家高技术产业化示范项目、国家科技成果转化引导基金、国家重大科技成果转化项目、国家文化科技创新工程等，大力培育发展战略性新兴产业。组织实施用户示范工程，采取政策引导、鼓励社会资本投入等方式，促进科技成果推广应用，运用高新技术改造提升传统产业。依托国家自主创新示范区、国家高新技术产业开发区、国家创新型（试点）城市、国家高技术产业基地、国家新型工业化示范基地、信息化与工业化融合示范区、国家农业科技园区、国家级文化和科技融合示范基地、国家现代服务业产业化基地等，完善技术转移和产业化服务体系，吸引企业在区内设立研发机构，集聚高端人才，培育发展创新型产业集群。

（四）大力培育科技型中小企业。国家中小企业发展专项资金、中小企业技术改造资金等要大力支持中小企业技术创新和改造升级。扩大科技型中小企业技术创新基金规模，继续实施科技型中小企业创业投资引导基金、新兴产业创投计划、中小企业创新能力建设计划和中小企业信息化推进工程，强化火炬计划、星火计划、国家重点新产品计划对中小企业产品和技术创新的政策引导作用，引导和支持中小企业创新创业。综合采用买（卖）方信贷、知识产权和股权质押贷款、融资租赁、科技小额贷款、公司（企业）债券、集合信托、科技保险等方式，支持科技型企业开展技术创新融资。为小型微型科技企业创造公平竞争的市场环境，促进其健康发展。

（五）以企业为主导发展产业技术创新战略联盟。支持行业骨干企业与科研院所、高等学校签订战略合作协议，建立联合开发、优势互补、成果共享、风险共担的产学研用合作机制，组建产业技术创新战略联盟。支持联盟按规定承担产业技术研发创新重大项目，制订技术标准，编制产业技术路线图，构建联盟技术研发、专利共享和成果转化推广的平台及机制。积极探索依托符合条件的联盟成员单位建设国家重点实验室。深入开展联盟试点，加强对联盟的分类指导和监督评估。围绕培育发展战略性新兴产业，结合实施国家科技重大专项，通过联盟研发重大创新产品，掌握核心关键技术，构建产业链。围绕改造提升传统产业，通过联盟开展共性技术攻关，解决制约产业升级的重大制造装备、关键零部件、基础原材料、基础工艺及高端分析检测仪器设备等难题。围绕发展现代服务业，通过联盟加强技术创新、商业模式创新和管理创新，培育现代服务业新业态。

（六）依托转制院所和行业领军企业构建产业共性技术研发基地。针对重点行业和技术领域特点和需求，在钢铁、有色金属、装备制造、建材、纺织、煤炭、电力、油气、新能源与可再生能源、电子信息、生物医药、化工、轻工、现代农业、现代服务业等产业，依托骨干转制院所、行业特色高等学校和行业领军企业，通过体制机制创新，整合相关科研资源，推动建设一批产业共性技术研发基地，加强共性技术研发和成果推广扩散。对产业共性技术研发基地的运行管理、技术扩散服务的绩效实行定期评价。

（七）强化科研院所和高等学校对企业技术创新的源头支持。鼓励科研院所和高等学校与企业共建研发机构，共建学科专业，实施合作项目，加强对企业技术创新的理论、基础和前沿先导技术支持。实施卓越工程师教育培养等计划，推行产学研合作教育模式和"双导师"制，鼓励高等学校和企业联合制定人才培养标准，共同建设课程体系和教学内容，共同实施培养过程，共同评价培养质量。推动科研院所、高等学校面向市场转移科技成果，有条件的科研院所、高等学校应建立专业技术转移机构和技术成果供需平台。完善落实股权、期权激励和奖励等收益分配政策，以及事业单位国有资产处置收益政策和人事考核评价制度，鼓励科研院所、高等学校科技人员转化科技成果。

（八）完善面向企业的技术创新服务平台。面向行业技术创新需求，促进科技资源整合和优势互补，推动形成一批专业领域技术创新服务平台，培育一批专业化、社会化、网络化的示范性科技中介服务机构。以中央财政资金为引导，带动地方财政和社会投入，支持围绕地方特色优势产业和战略性新兴产业创新发展的区域公共科技服务平台建设。推动平台面向中小企业提供研发设计、检验检测、技术转移、大型共用软件、知识产权、标准、质量品牌、人才培训等服务，提高专业化服务能力和网络化协同水平。探索通过购买公共服务等方式，引导建立促进技术创新服务平台有效运行的良好机制。加快建设技术交易市场体系、科技创业孵化网络和科技企业加速成长机制。

（九）加强企业创新人才队伍建设。在海外高层次人才引进计划、创新人才推进计划等相关重大人才工程和政策实施中，支持企业引进海外高层次人才，引导和支持归国留学人员创业。加强专业技术人才和高技能人才队伍建设，培养科技领军人才、优秀创新团队。加强对企业科研和管理骨干的培训。健全科技人才流动机制，鼓励科研院所、高等学校和企业创新人才双向流动和兼职。继续坚持企业院士专家工作站、博士后工作站、科技特派员等科技人员服务企业的有效方式，不断完善评价制度，构建长效机制，对于服务企业贡献突出的科技人员，采取优先晋升职务职称等奖励措施。广泛开展职工合理化建议、技术革新、技能大赛等群众性技术创新活动，对有突出贡献的职工优先晋升技术技能等级，充分调动职工参与技术创新的积极性，提高企业职工科技素质。

（十）推动科技资源开放共享。健全科技资源开放共享制度，深入开展全国科技资源调查，促进科技资源优化配置和高效利用。建立健全科研院所、高等学校、企业的科研设施和仪器设备等科技资源向社会开放的合理运行机制。加大国家重点实验室、国家工程实验室、国家工程（技术）研究中心、大型科学仪器中心、分析测试中心等向企业开放服务的力度，将资源开放共享情况作为其运行绩效考核的重要指标。加强对国家科技基础条件平台开放服务工作的绩效评价和奖励补助，积极引导其对企业开展专题服务。加强区域性科研设备协作，提高对企业技术创新的支撑服务能力。

（十一）提升企业技术创新开放合作水平。鼓励企业通过人才引进、技术引进、合作研发、委托研发、建立联合研发中心、参股并购、专利交叉许可等方式开展国际创新合作。加强国际科技创新信息收集分析，为企业开展国际科技合作提供服务。鼓励企业到海外建立研发机构，联合科研院所承担国际科技合作项目。支持企业参加各类国际标准组织，积极参与国际技术标准制修订。鼓励和支持企业向国外申请知识产权。加大国家科技计划开放合作力度，鼓励跨国公司依法在我国设立研发机构，与我国企业、科研院所和高等学校开展合作研发，共建研发平台，联合培养人才。

（十二）完善支持企业技术创新的财税金融等政策。完善和落实企业研发费用税前加计扣除政策，加大企业研发设备加速折旧政策的落实力度。完善高新技术企业认定办法，落实税收优惠政策。促进科技和金融结合，在风险可控原则下和国家允许的业务范围内，加大政策性银行对企业转化科技成果和进出口关键技术设备的支持力度，鼓励商业银行开发支持企业技术创新的贷款模式、产品和服务，加大对企业技术创新的融资支持。建立健全首台（套）重大技术装备保险机制，支持企业研发和推广应用重大创新产品。加大对符合条件的创新型企业上市融资以及已上市创新型企业再融资和市场化并购重组的支持力度，支持科技成果出资入股并确认股权。切实加强知识产权保护，依法惩治侵犯知识产权的违法犯罪行为。

三、组织实施

（一）加强组织领导，强化统筹推进。各地方、各部门要切实增强责任感和紧迫感，围绕全面实施创新驱动发展战略，加大推进技术创新的力度，全面提升企业创新能力。科技、发展改革、财政、教育、工业和信息化、农业、人力资源社会保障、国资、金融、工会等有关部门和单位要建立深入实施国家技术创新工程的联合推进机制，发挥各自优势，加强协同创新，形成工作合力。各地方要结合实际，制定贯彻本意见的具体方案。要充分调动各方面的积极性，共同推进企业技术创新工作。

（二）加强监测评估，务求取得实效。要加强分类指导，建立监测评价机制，对各项重点任务推进和各项政策措施落实的情况进行督促检查，定期总结和发布工作进展情况。逐步建立企业技术创新调查制度。对探索性强的政策任务要加强研究，通过试点积累经验，并及时总结推广。要加强宣传和舆论引导，大力宣传企业技术创新工作的重要意义、政策措施、进展成效和先进经验，营造有利于工作顺利推进的良好社会氛围。

国务院办公厅
2013 年 1 月 28 日

国务院关于印发"十二五"国家自主创新能力建设规划的通知

国发〔2013〕4号

各省、自治区、直辖市人民政府,国务院各部委、各直属机构:

现将《"十二五"国家自主创新能力建设规划》印发给你们,请认真贯彻执行。

国务院
2013年1月15日

"十二五"国家自主创新能力建设规划*

为贯彻落实《中华人民共和国国民经济和社会发展第十二个五年规划纲要》、《国家中长期科学和技术发展规划纲要(2006~2020年)》和《中共中央 国务院关于深化科技体制改革加快国家创新体系建设的意见》(中发〔2012〕6号),引导创新主体行为,指导全社会加强自主创新能力建设,加快推进创新型国家建设,制定本规划。本规划主要涉及创新基础设施、创新主体、创新人才队伍和制度文化环境等方面。

一、建设基础与面临形势

(一)建设基础

"十一五"期间,我国坚持把增强自主创新能力作为科学技术发展的战略基点和提高综合国力的关键,大力推进科技进步和创新,强化了对经济社会发展和国家安全保障的支撑。

1. 激励自主创新的法律和政策效果初步显现。修订了科学技术进步法和专利法,公布实施反垄断法、企业所得税法等法律法规,为自主创新提供了有力的法律制度保障。国家中长期科技发展规划纲要配套政策及其实施细则逐步落实,财政科技投入和全社会研发投入年均增长超过20%,全社会研究开发投入占国内生产总值的比例由1.39%提高到1.76%。国家中长期人才规划纲要和教育规划纲要颁布实施,高层次、高技能人才队伍不断壮大,从事研发活动人员数量跃居世界首位。国家知识产权战略纲要颁布实施,发明专利授权量大幅增长,上升到世界第三位。

---

* 此件有删改。

2. 自主创新基础条件不断完善。实施《国家自主创新基础能力建设"十一五"规划》和《2004~2010年国家科技基础条件平台建设纲要》，建设了一批达到或接近国际先进水平的重大科技基础设施，构建了科技资源开放共享的全国大型科学仪器设备协作共用网，国家重点实验室和野外观测台站（网）分别达到327家和105个，国家工程中心、国家工程实验室、国家认定企业技术中心分别达到391家、91家、729家，各类国家检测中心、产品检测实验室等加快发展，科技进步和创新的物质技术基础进一步夯实。

3. 创新主体发展能力明显提升。技术创新工程有效推进，以企业为主体的技术创新体系建设取得积极进展，企业研发经费、研发人员和发明专利授权量年均分别增长25%、15%和30%，涌现出一大批具有国际竞争力的创新型企业。知识创新工程、"211工程"和"985工程"加快实施，公益类科研机构改革进一步深化，高等院校和科研院所的原始创新能力显著增强。国家技术转移示范机构、国家大学科技园、生产力促进中心和科技孵化器等科技中介服务机构不断壮大，分别达到134家、86家、2200多家和1000多家，创新创业服务能力明显提升。

4. 创新驱动经济社会发展的作用不断增强。超级计算机、移动通信、高速列车、大型飞机和核能等领域取得一批标志性创新成果并实现产业化，形成了若干新的经济增长点。新一代可循环钢铁流程工艺、清洁煤电成套装备、特高压输变电、新能源汽车和半导体照明等一批核心关键技术取得突破，为提升产业竞争力和促进节能减排降耗作出了积极贡献。超级稻、矮败小麦、禽流感疫苗、肿瘤靶向治疗、抗肝炎新药以及生产安全、食品安全和污染控制等领域的重大技术研发与推广应用，为农业增产和民生改善提供了技术保障。

（二）面临形势

"十二五"是我国建设创新型国家的关键时期，全面建成小康社会、加快转变经济发展方式对自主创新能力建设提出了更高、更紧迫的要求。

1. 加强创新能力建设是提升国家竞争力的迫切要求。国际金融危机影响深远，主要国家纷纷调整创新战略，不断优化创新政策环境，加大创新基础设施建设投入，世界进入依靠创新繁荣实体经济的深度调整期。创新全球化加速了人才、技术等创新要素的国际流动，为各国提升创新能力带来了重大机遇和严峻挑战。要在全球经济大调整、大变革中掌握主动权，必须加快提升创新能力，抢占科技发展制高点，构筑国际竞争新优势。

2. 加强创新能力建设是实现重大科技突破的重要举措。当前，能源资源、信息通信、人口健康、现代农业和先进材料等关系现代化建设进程的重要领域正孕育革命性突破，将催生一批战略性新兴产业，引发以绿色、健康和智能为特征的新产业革命，推动产业结构重大调整。要避免与新科技革命和产业革命带来的重大历史机遇失之交臂，必须实现创新能力质的飞跃。

3. 加强创新能力建设是加快转变经济发展方式的重要支撑。当前经济、产业的竞争已前移到科技进步和创新能力的竞争，特别是随着我国工业化迅速推进，劳动力、原材料和环境保护等成本持续上升，经济社会发展面临的资源能源和生态环境约束压力进一步加大，迫切需要依靠创新实现转型发展。我国经济总量已跃居世界第二位，主要产业面临由大转强的艰巨任务，迫切需要以提高经济增长质量和效益为中心，强化创新驱动，加快实现产业结构优化升级和经济发展方式转变。

4. 加强创新能力建设是破解社会发展难题的客观需要。解决好人民群众普遍关心的基本公共服务问题，构建和谐社会，迫切需要加快教育、医疗卫生、文化和公共安全等重要社会服务领域创新能力建设，构筑惠及全民的低成本、高质量、广覆盖的社会服务保障体系，缩小城乡、区域间基本公共服务保障水平的差距，满足国民基本公共服务需求。

当前，我国自主创新能力建设仍存在一些突出问题，主要表现在：创新能力建设缺乏系统前瞻布局，与世界先进水平相比还有较大差距；创新资源配置重复分散、使用效率不高、共享不足；企业创新动力和活力不足，技术创新的主体作用没有得到充分发挥；投入不足与结构不合理并存，持续投入机制尚未形成；知识产权保护等创新环境有待完善。面对新形势和新要求，必须把科技创新作为提高社会生产力和综合国力的战略支撑，摆在国家发展全局的核心位置，以战略眼光和全球视野，抓住机遇，应对挑战，充分利用现有基础，着力加强薄弱环节，以更大力度推进我国自主创新能力建设。

二、指导思想、建设目标和总体部署

（一）指导思想

以邓小平理论、"三个代表"重要思想、科学发展观为指导，着眼国家全局性和长远性发展需求，实施创新驱动发展战略，以体制机制改革为保障，统筹创新能力建设布局，加强自主创新的物质技术基础和人才队伍建设，促进创新资源合理配置，增强创新主体动力和全社会创新活力，更加注重协同创新，全面提升原始创新、集成创新和引进消化吸收再创新的能力和水平，加快创新型国家建设，为经济社会发展提供有力保障。

（二）建设目标

到"十二五"末，我国自主创新能力建设的目标是：

——创新基础条件建设布局更加合理。投入运行和在建的重大科技基础设施总量接近50个，形成一批世界一流的科学中心。重点建设和完善100家国家工程中心，新建若干家国家工程（重点）实验室，认定一批国家级企业技术中心，产业技术创新、重大技术装备研制和重点工程设计的支撑条件更加完善。

——重点领域创新能力明显提升。农业、制造业、战略性新兴产业、能源和综合交通运输等产业创新能力大幅提升，教育、医疗卫生、文化和公共安全等社会领域创新能力建设取得重要进展。

——创新主体实力明显增强。企业技术创新主体地位进一步强化，大中型工业企业研发投入占主营业务收入比例达到1.5%，一批创新型企业进入世界500强。建成若干一流科研机构，创新能力和研究成果进入世界同类科研机构前列；建设一批高水平研究型大学，一批优势学科达到世界一流水平，关键核心技术的有效供给能力明显提升。

——区域创新能力布局不断优化。初步形成东中西部分工协作、功能互补、多层次合作的区域创新体系。区域性创新服务平台建设得到加强。

——创新环境更加完善。创新人才队伍结构更加合理，涌现一批高端创新人才、工程技术人才和创新服务人才，每万名就业人员的研发人力投入达到43人年。知识产权保护得到切实加强。每万人发明专利拥有量提高到3.3件，专利质量和专利技术实施率明显提高。

（三）总体部署

"十二五"时期，我国自主创新能力建设的总体部署是：加强政府统筹规划指导，更加发挥市场在资源配置中的基础性作用，引导社会创新主体积极参与，重点推进科学研究实验设施和各类创新基地建设，加强科技资源整合共享和高效利用，健全国家标准、计量、检测和认证技术体系，支撑科技跨越发展；加快推进重点产业关键核心技术研发和工程化能力建设，提升重点社会领域创新能力和公共服务水平，构建各具特色、协调发展的区域创新体系，支撑经济社会创新发展；加强创新主体能力、人才队伍和制度等创新环境建设，深化国际交流与合作，强化知识产权创造、运用、保护和管理能力，激发全社会创新活力，提高创新效率和效益。

三、加强科技创新基础条件建设

（一）科学研究实验设施

1. 规划建设国家重大科技基础设施。瞄准科技前沿和国家重大战略需求，坚持有所为、有所不为，以能源科学、生命科学、地球系统与环境科学、粒子物理和核物理科学、空间和天文科学、材料科学、工程技术科学7个领域为重点，统筹国家重大科技基础设施建设布局。"十二五"时期，综合考虑科学目标、技术基础、科研需求和工程队伍等因素，优先安排海底科学观测网、转化医学研究设施、中国南极天文台等16项重大科技基础设施建设。

2. 加强国家重点实验室建设。按照明确定位、完善布局、规范管理、共建共享的原则，进一步加强国家（重点）实验室建设。围绕重大科技任务、重大科学工程、重大科学方向探索开展国家实验室建设。加强高等学校和科研院所国家重点实验室建设，打造国际一流水平的基础研究骨干基地。在明确定位标准、系统规划设计的基础上建设企业国家重点实验室，引领和带动行业技术进步。积极推进港澳地区国家重点实验室伙伴实验室建设。围绕部门、地方优势和特色，培育国家重点实验室。

3. 提高科研装备水平。加强科学规划和系统设计，改善科研装备条件，进一步提高现有科研仪器设备的使用效率。继续推进重大科研装备自主研制，探索科研装备自主开发有效模式。强化重大科学仪器设备开发和应用，增强科研条件资源的自主装备能力。

4. 稳步推进国家野外科学观测研究站（网）建设。加强农业、气象、生态、环保、交通、水利等领域野外科学观测研究站（网）建设。加快推进野外科学观测研究站（网）的信息化，改善观测环境和科研条件，形成一批联网运行和资源共享的综合性、专业性野外科学观测研究基地。

（二）科技资源与信息平台

1. 加强自然科技资源库建设。继续开展自然科技资源的搜集、保藏和安全保护，整合和完善科学植物园、动植物种质资源库、微生物菌（毒）种和人类遗传资源库、临床样本和疾病信息资源库、实验材料和标准物质资源库、岩矿化石和生物标本资源库。

2. 推动重点领域科技资源平台建设。在信息、生物、新材料、航空航天、能源、海洋、节能减排等重点领域以及新兴、前沿和交叉学科领域，推动多学科交叉集成、面向社会开放服务的科技资源平台建设。

3. 加快科学数据平台建设。实施科研信息化应用推进工程，强化国家重要科研信息化基础设施的综合应用和服务能力。加强中国科技资源共享网建设，构建科技资源从数据获取、存储、处理、挖掘到开放共享的完整信息服务链。建设集中与分散相结合的国家科学数据中心群，形成国家科学数据分级分类共享服务体系。抢救濒临丢失的重要科学数据。继续加强专利、工艺、标准、科技报告等科技文献资源的整合和开放。

（三）标准计量检测认证平台

1. 加强标准和认证认可体系建设。完善国家和行业技术标准资源服务平台，加强标准化与科技创新、产业升级协同发展，加快关键技术标准研制，提高参与制定国际标准的能力。推进科技基础条件平台标准化工作，加强科技资源标准化整理工作，提高数字化表达水平。完善信息安全产品国家认证制度，突破食品安全、碳排放、新能源、节能环保、交通运输工具、再制造、农业和生物、医药、现代服务业等领域认证认可关键技术，提升标准和认证认可技术支撑能力。

2. 加强检验检测平台建设。整合资源，构建以国家级机构为龙头、区域性机构为基础、企业及社会检测资源为补充的检验检测体系。重点支持战略性新兴产业、现代服务业、现代农业等产业和领域检验检测能力建设，研制关键检测技术、方法和装备。在产业集聚地和主要进出口口岸规划建设一批综合性检验检测平台，增强适应产业创新和国际化发展的检验检测能力。

3. 积极推进计量测试平台建设。掌握基本物理常数、量子基准关键技术及精确测量先进方法、国际关键比对技术与方法，前瞻布局建设和完善计量基标准和重大精密测量基础设施，构建产业发展急需的计量测试平台；在新材料、新能源、智能电网、生物与食品安全、先进制造、应对气候变化、环境保护、城市矿产、医药安全和国防建设等领域形成满足需求的有效测量和溯源能力，健全高端分析仪器量值溯源体系，构建满足国内需求并与国际接轨的国家计量基标准和量值传递体系。

四、增强重点产业持续创新能力

（一）农业创新能力

1. 加强农业技术创新平台建设。围绕我国粮食安全、种业发展、主要农产品供给、农产品质量安全、生物安全、农林生态保护等，加强农业重点实验室、农业应用研究示范基地、科学观测实验站、品种改良中心、种质库（圃）等创新基地和平台建设。依托公益性行业科研专项等国家科技计划，围绕动植物良种、生态林业、生态农业、海洋农业、农机装备、新型肥药、农产品精深加工、高效栽培、绿色种植、健康养殖、节本降耗、节水灌溉、植物病虫害统防统治、动物疫病防控、农业防灾减灾、农业农村信息化、水文水资源监测、水土流失防控、河口海岸滩涂开发治理和保护等方面重大技术需求，建设和完善一批关键共性技术创新平台。开展农业面源污染监测、防治科技攻关，提升农业可持续发展的能力。结合实施转基因生物新品种培育科技重大专项、粮食丰产科技工程和种业科技创新工程等，建设产学研结合、育繁推一体化的现代种业创新体系，增强良种良法开发和推广应用能力。

2. 推进农业创新资源集聚。推进现代农业产业技术体系建设，完善以产业需求为导向、以农产品为单元、以产业链为主线、以综合试验站为基点的新型农业科技资源组合模式。积极培育以企业为主导的农业产业技术创新战略联盟，推进国家农业高新技术产业示范区和国家农业科技园区建设，构建适应高产、优质、高效、生态、安全农业发展要求的技术体系。

3. 加快农业技术推广体系建设。健全乡镇或区域性农业技术推广、动植物疫病防控、农产品质量监管等公共服务机构，构建以国家农技推广机构为主导，农业科研单位、有关学校、农民专业合作社、涉农企业、群众性科技组织、农民技术人员广泛参与的多元化农技推广体系，促进农业科技信息传播和成果推广应用。加快重大关键农业技术推广应用和农机农艺融合。大力实施科技特派员农村科技创业行动，鼓励创办领办科技型企业和技术合作组织，继续完善农业科技专家大院、星火科技 12396 等科技服务模式。继续实施星火计划、科技富民强县专项行动计划、科普惠农兴村计划，全面提升现代农业专业化、社会化技术服务和推广应用能力。

（二）制造业创新能力

1. 加强制造业共性技术创新平台建设。以制造业结构调整和优化升级必需的基础工艺、基础材料、基础元器件、关键零部件和软件系统为重点，集聚、整合产业链各环节的创新资源，创新组织模式，搭建一批关键共性技术研发和工程化平台，为提升制造业新技术和新产品开发能力提供有力支撑。

2. 提高重大成套技术装备开发能力。围绕重大成套技术装备设计验证以及节能减排、资源综合利用和循环经济等关键技术开发，完善和提升产业技术创新、检测检验和系统验证服务等平台，培育发展专业化的工业设计、研发机构。完善相应的研发和推广应用体系，提升重大成套技术装备的系统设计能力和集成创新能力、配套产业的新技术和新产品开发能力。

3. 推动工业化和信息化深度融合。加强生产过程智能化和生产装备数字化应用示范，提升集散控制、数字控制等自动化和信息化技术集成创新能力。推进国家新型工业化产业示范基地建设。实施制造业信息化科技工程。根据行业技术发展要求，培育和发展网络制造等现代制造模式，促进"生产型制造"向"服务型制造"转变。

	专栏1　制造业创新能力建设重点
1	装备制造 机械基础零部件、基础工艺、高端仪器仪表、先进实用农机装备、煤机装备、海洋技术装备等设计、实验及检测、制造信息化、快速制造和再制造。
2	船舶 散货船、油船、集装箱船等传统船型升级换代，船用中低速柴油机、船用电站，高技术船舶、绿色船舶设计制造，数字化船型设计数据库。
3	汽车 高效内燃机、高效传动与驱动、材料与结构轻量化、整车优化、普通混合动力、汽车节能技术等研发试验平台。
4	钢铁 新一代钢铁可循环流程工艺技术，高性能、高质量及升级换代关键钢材品种。
5	有色金属 高效、低耗、低污染新型冶炼、共伴生矿高效利用、矿山尾矿综合利用、有色金属短流程低能耗加工等技术与装备。
6	石化 大型特大型石化技术装备。
7	建材 无机非金属材料、非金属矿精深加工及节能减排、资源综合利用。
8	轻工 新型电池、农用新型塑料、酶制剂、食品加工、节能环保电光源、绿色智能家电。
9	纺织 高新技术纤维和新一代功能性、差别化纤维，高效节能纺纱、织造和印染以及产业用纺织品。

(三) 战略性新兴产业创新能力

1. 加强战略性新兴产业创新平台和标准化建设。前瞻部署一批前沿技术研发平台，完善一批产业关键核心技术创新平台，重点建设一批工程化验证平台，为培育战略性新兴产业提供有力支撑。强化战略性新兴产业知识产权与技术标准前瞻布局，支持以企业为核心的专利战略联盟和技术标准联盟建设，掌握一批主导产业发展的知识产权和有国际影响力的技术标准，抢占战略性新兴产业技术发展制高点。

2. 推进战略性新兴产业创新成果应用示范。实施战略性新兴产业创新成果应用示范工程。依托产业创新资源聚集区，布局建设一批重大成果应用示范基地，支持商业模式创新，探索政府采购支持新方式，发展产业链完善、创新能力强、特色鲜明的创新集群，提升战略性新兴产业关键技术的工程化和产业化能力。

专栏2　战略性新兴产业创新能力建设重点

1	节能环保 高效节能、低耗零排、环境安全、资源循环利用。
2	新一代信息技术 新一代无线通信、卫星移动通信、下一代广播电视网、下一代互联网、云计算、物联网、新型显示技术、半导体照明，信息技术服务。
3	生物 新药创制、高性能诊疗设备，合成生物与先进生物制造，医药、重要农作物及畜禽、微生物菌（毒）种等基因资源信息库。
4	高端装备制造 航空产品、卫星载荷研制，智能控制系统、高档数控机床、轨道交通装备、深海运载和探测技术装备、深部矿产资源探测装备。
5	新能源 新一代核电装备、大型风电机组系统集成及零部件设计试验平台，新型太阳能发电、智能电网、下一代生物燃料、大规模储能。
6	新材料 新型功能材料、先进结构材料、高性能复合材料、分离膜材料、有机硅材料、纳米材料、共性基础材料。
7	新能源汽车 插电式混合动力汽车、纯电动汽车、燃料电池汽车、车用动力电池、驱动电机、动力总成、管理控制系统。

(四) 现代服务业创新能力

1. 加强服务业公共技术创新平台和标准体系建设。在金融服务、现代物流、商贸服务、高技术服务等领域，加强公共技术创新平台建设，开发和推广应用新技术，发展服务新产品，推进服务业结构优化升级。围绕发展信息系统集成服务、互联网增值服务、信息安全服务和数字内容服务等，建立和完善新兴服务业标准体系，加快形成先进服务业标准创制能力，提升专业化服务水平。

2. 加快服务业创新基地建设。依托有比较优势区域，建设主体功能突出、创新基础较好的区域性服务业创新中心和产业化基地,利用信息化技术手段,大力发展新兴业态,促进服务业规模化、品牌化和网络化发展。引导推动国家高技术服务业发展试点省(市)和国家高技术服务产业基地加强技术创新平台建设,延伸和完善产业链,促进高技术服务业集群发展。推动有条件城市加快发展各类高技术服务组织和机构,支撑服务业创新发展。

(五)能源产业和综合交通运输创新能力

1. 推进能源产业和综合交通运输绿色发展。加快形成和提升新型煤化工、油气勘探、农村水电开发等重大节能减排技术创新能力,研究推广动力煤配制新技术,加强电力需求侧管理技术、电网资源优化技术等开发与推广能力,提高资源综合开发利用水平。实施低碳技术创新及产业化示范工程,加强碳捕集、利用和封存等技术研发和应用能力。加快建设智能化数字交通管理、综合交通运输和绿色交通等领域中带动性强的关键技术研发平台;建设全国交通数据中心,构建综合交通信息服务平台。

2. 提高能源生产运行和交通运输安全的技术保障能力。在能源产业领域,重点围绕煤矿、电站、油气田生产安全和电网、油气管网运行安全等,完善一批研发和工程化设施,提升安全防控技术支撑能力;在综合交通运输领域,构建覆盖设计、建设、运行、管理等环节的安全技术创新体系,重点加强铁路、公路、水运和航空等重大基础设施耐久性评价与安全保障技术创新平台建设,提高安全事故主动防控能力。

3. 强化能源和交通重大工程建设的技术支撑。集聚整合行业优势创新资源,加强关键技术、装备和工艺创新能力建设,加速创新成果转化,保障国家煤炭基地、大型水(核)电站、智能电网、近海海域和深水油气田勘探开发、高速铁路、高速公路、大型公路桥梁、航道整治、沿海深水港口、干线机场、综合交通枢纽等重大工程顺利建设。

	专栏3 能源产业和综合交通运输创新能力建设重点
1	电力 特高压输电、高效清洁燃煤电站、核电站安全。
2	煤炭 褐煤综合利用、煤制芳烃、煤制天然气、煤制乙二醇、煤炭液化、煤制烯烃。
3	石油天然气 三次采油、海洋深水工程、石油地球物理、高含硫气藏开采、测井技术、非常规天然气开发。
4	铁路 高速铁路勘察设计、轨道交通通信信号、重载机车车辆、高速铁路基础设施耐久性评价、高速铁路产品质量检测检验。
5	公路 公路养护技术装备、新型道路材料、公路长大桥建设、桥梁结构安全、公路隧道建设、陆地交通灾害防治、交通安全应急。
6	水运 港口水工建筑、疏浚技术装备。

续表

	专栏3　能源产业和综合交通运输创新能力建设重点
7	民航 新一代空管系统、技术及装备，适航审定、航空运输信息系统、低空飞行监视、指挥和信息系统。
8	综合交通枢纽 客运一体化服务系统、货运联程集疏运系统、运营管理信息共享系统、防灾救灾和应急疏散系统。

五、提高重点社会领域创新能力

（一）教育领域

1. 加强教育信息化应用体系建设。推动"宽带网络校校通"、"优质资源班班通"、"网络学习空间人人通"建设，构建和完善网络教学体系。全面推进教育信息化应用，鼓励有条件的学校推进数字化学习中心、数字化校园、数字化图书馆和虚拟实验室建设，促进课堂互动教学、网络互动学习，提升教育教学技术水平。加快发展开放灵活的教育资源公共服务平台，促进优质教育资源普及共享。加大教育信息化培训力度，推广教师信息化教育技术能力标准，加强教师、技术人员和管理人员专业化培训，提高教师应用信息技术的水平。

2. 提高教育信息化的技术支撑能力。开发适应多终端共享要求的内容资源、学习工具和资源生成系统，提高教育信息化技术装备水平。加强数字化教学设施、特殊教育技术手段等技术创新。建设教育信息技术集成推广、教育技术装备与系统、教育支撑软件开发等创新平台，提升教学标准评测认证和教育资源质量审定评测能力。

3. 加强教育管理信息化建设。制定国家教育管理信息标准与编码规范，制定学校信息化管理业务标准与规范等教育信息化标准。搭建安全高效的国家教育管理公共服务平台，建设教育管理信息系统，完善教育基础信息数据库，提高教育管理效率和服务能力。建立健全数字化校园网络信息安全监管机制。

（二）医疗卫生领域

1. 加强医疗卫生公共服务技术能力建设。推进医疗卫生信息化，完善国家、省和地市三级卫生信息平台。推进公共卫生、医疗服务、医疗保障、基本药物和综合管理等业务应用系统建设。加快临床信息资源库与数据库建设，促进相互关联与整合。建立城乡居民电子健康档案和电子病历资源库，提高临床路径实用性和电子化水平。推进医疗卫生服务先进适用技术、装备和系统的研发、产业化，并加快推广应用。

2. 推进医疗卫生技术基础能力建设。加强基础性卫生信息标准研发，统一卫生领域术语信息标准和代码标准，研究制订公共卫生和医院信息化功能规范及业务流程规范。研究制订适应业务需求的数据标准、交换标准和技术标准及临床决策智能知识库。推进中医药标准建设和中药质量认证。建立和完善重大公共卫生、传染病和高等级生物安全实验室监测预警体系。

3. 强化疾病防治技术能力建设。加强心脑血管病、肿瘤、糖尿病、慢性呼吸系统疾病等慢性病、地方病和职业病早期预警、预防干预与诊断治疗共性关键技术研发能力建设，加强病因、致病机理等相关基础研究，健全"预防—诊断—治疗"技术体系。围绕常见病、多发病、传染病和地方病，加快新型诊疗技术、装备、诊断试剂、疫苗和药物的开发与工程化能力建设，建立和完善相关标准，提高"发生—甄别—处置"系统诊疗能力。加强中医药研究体系建设，提高中医药防病治病能力。建立精神疾病与心理健康等临床诊疗标准，完善基础与临床医学研究体系。加强妇幼保健技术能力建设，预防和减少出生缺陷。加强中国人群特有的营养健康、慢性疾病以及生殖健康、老年健康等的预测、预防和干预研究，健全综合防治体系。

（三）文化领域

1. 推进文化科技创新能力建设。着眼现代文化产业体系建设需要，在出版、印刷、传媒、影视、演艺、网络游戏、网络音乐、动漫等领域推动建设技术创新平台和产学研战略联盟，支持数字文化创意、数字出版、数字影视制作、数字投送等创新技术应用，形成一批文化资源数据库，增强文化科技创新基础能力。实施文化科技创新工程，突破一批核心、关键、共性技术，推进相关技术标准研制，充分利用信息技术等先进技术支撑文化装备、材料、工艺、软件、系统的研制和发展，提高科技对传统文化业态的升级改造和对新兴文化业态的培育能力。依托国家高新技术园区、国家可持续发展实验区、国家级文化产业（试验）示范园区、国家文化产业示范基地、国家动漫游戏产业振兴基地等建立国家级文化和科技融合示范基地，促进文化与科技创新资源和要素互动衔接，加快培育和发展文化创意、数字出版、数字印刷、数字媒体、动漫游戏等新兴文化产业。跟踪新媒体发展趋势，充分发挥基于互联网和移动通信技术的新媒体在催生文化新业态、优化文化产业结构、完善文化产业链等方面的重要作用。

2. 创新公共文化服务手段和服务内容。充分利用信息技术，大力开发新型文化产品，增强公共文化产品供给能力，满足人民群众多样化文化需求，使城乡居民平等享受公共文化服务。加快现代科技在图书馆、文化馆（站）等公共文化场馆中的普及和应用，充分发挥信息技术和直播卫星技术在农家书屋、全民阅读、文化信息资源共享、数字图书馆推广、公共电子阅览室、国家公共文化服务体系示范区（项目）创建等重点文化惠民工程建设中的作用，完善公共文化服务网络，构建技术先进、传输快捷、覆盖广泛的现代传播体系。加强国际传播能力建设，构建网络化国际文化交流服务平台，创新中国文化"走出去"方法和手段，提升中国文化的表现力和传播力。

（四）公共安全领域

1. 增强突发事件监测预警技术能力。健全地质地震灾害、气象灾害、水旱灾害、生态环境灾害、海洋灾害、生物灾害和森林草原火灾等自然灾害监测体系和预警预报信息发布平台，完善食品安全、突发急性传染病、群体性不明原因疾病、动物疫情和职业危害等公共卫生事件信息平台和监测预警网络，建立社会安全基础数据库，形成统一指挥、功能齐全、反应灵敏、运转高效的监测预警体系。完善国家重大工程和公共基础设施监测监控平台，建立和完善水利水电工程、区域及跨区域电网、油气管线、高速铁路、机场、道桥、隧道、港口、发电厂、核设施、城市大型复杂建筑和国家基础信息网络等监测监控及信息安全保障技术体系。

2. 提高应急管理技术水平。进一步加强国家应急平台建设，完善公共安全网络和信息技术标准与应用规范，强化跨部门、跨区域协同处置突发事件的技术支撑能力。加快应急管理基础数据库建设，推进重要技术资料、历史资料收集管理和共享，为妥善应对各类突发公共事件提供可靠基础数据。在重大事故灾难与应急救援、职业危害预防控制、自然灾害防治、公共卫生保障、社会安全防范等领域，加强安全保障关键共性技术开发与转化，加大公共安全关键技术和装备的攻关力度，增强防范和处置突发事件的能力。

专栏4 公共安全保障能力建设重点

1	自然灾害 水旱灾害等重大自然灾害防御和应对，应急物资调度、应急广播。
2	事故灾难 煤矿重大事故预防与应急技术，环境污染事故应急处置技术。
3	公共卫生 食品安全快速检测溯源，食品安全信息监测，食品安全科研基础数据共享，食品药品安全风险评估。
4	信息安全 信息安全测试评估、存储、监控、实时防护。
5	生物安全 转基因生物安全，药品安全及监控，高等级生物安全实验室。

六、强化区域创新发展能力

（一）加快建设各具特色的区域创新体系

结合区域经济社会发展的特色和优势，加快区域创新能力布局建设，构建运行高效的区域创新网络，鼓励创新资源密集的区域率先实现创新驱动发展，支持具有特色创新资源的区域加快提高创新能力。东部地区要发挥开放和科教资源密集优势，集聚国际创新资源，重点提升长江三角洲、珠江三角洲、京津冀等区域的自主创新能力，支撑产业高端化、国际化发展。中部地区要发挥承东启西区位和产业技术基础齐全的优势，强化与东西部地区的人才、技术和设备等创新要素对接，加强产业配套创新能力建设。西部地区要发挥特色资源和产业优势，加快产业技术研发与产业化能力建设，形成若干有较强创新能力的特色优势资源综合利用加工基地、新能源基地和先进装备制造基地。东北地区等老工业基地要发挥产业和科技基础较强的优势，强化现代产业科技支撑体系，推动高端装备制造业发展和传统制造业转型升级，加快新型工业化进程。以交通、水利、农业、气象、质检、环保等为重点，推进跨区域公共技术创新和服务平台建设，探索建立有效的跨区运行机制和模式，着力解决水污染控制、大气污染防治、污染土壤修复、农业面源污染防治、公共安全等综合性问题。

（二）推进重点创新集聚区建设与发展

加强北京中关村、武汉东湖、上海张江等国家自主创新示范区建设，推进体制机制创新和政策先行先试，加快创新支撑条件建设，探索创新驱动发展的新思路、新模式。推动国家高新技术产业开发区和国家经济技术开发区以提升自主创新能力为核心的"二次创业"，加快建立服务于知识技术密集型产业发展的共性技术创新平台和公共服务平台，优化创新创业环境，增强园区自主创新和持续发展能力。推进国家创新型试点城市建设，带动形成一批各具特色、充满活力的省级创新型城市，构建特色鲜明、优势互补的创新型城市群，培育若干有国际影响力的区域经济增长极。

七、推进创新主体能力建设

（一）加强企业技术创新基础能力建设

1. 深入实施国家技术创新工程。鼓励产业技术创新战略联盟按产业发展需求构建创新链，推进创新型企业建设，加大对企业创新基础能力建设支持力度，促进创新资源向企业集聚。鼓励符合条件的企业承担或参与企业国家重点实验室、工程实验室、工程中心以及中试和技术转移平台建设，鼓励企业承担国家和地方科技计划项目。深化转制院所改革，增强行业关键共性技术开发服务能力和技术辐射能力。

2. 加强企业研发机构建设。采取有效政策措施，引导企业加大产业发展前沿技术研发力度。实施企业技术创新百强工程，重点建设一批国家认定企业技术中心，大力发展省市、行业认定企业技术中心，完善重大新产品研发与技术升级支撑体系。鼓励有条件的企业在海外建立研发中心，提升企业新产品、新工艺和新技术开发能力。

3. 推进中小企业创新服务体系建设。在中小企业集聚区布局建设一批技术创新服务平台，增强产品创新、工艺创新和服务创新支撑能力。实施中小企业信息化推进工程，完善第三方信息化应用服务平台，搭建行业应用平台，加快中小企业信息化建设步伐。

专栏5　企业技术创新基础能力建设重点

1	国家技术创新工程 以提升企业自主创新能力和产业核心竞争力为主旨，促进政产学研用紧密结合，进一步创新管理，着力建立企业主导产业技术研发创新的体制机制，引导和支持创新要素向企业集聚。构建一批支撑经济结构战略性调整的产业技术创新战略联盟，建设完善一批面向企业的技术创新服务平台，培育形成一批具有较强国际竞争力的创新型企业，推动一批重大科技成果产业化应用，培育一批高端化、集约化、专业化的创新型园区。
2	企业技术创新百强工程 选择高技术产业、国民经济支柱产业和我国具有比较优势的重点产业的行业排头兵企业，培育百家在产业自主创新中具有领军作用的大企业集团和创新优势企业，培育一批组织健全、实力雄厚的企业研究开发机构。

（二）提升高等院校和科研院所创新能力

深入实施"211工程"、"985工程"和"高等院校创新能力提升计划"，重点完善基础研究、应用基础研究平台，整合高等院校优势创新资源，建设一批高水平研究型大学，加强跨学科交叉研究机构、跨校研究中心建设，增强高等院校创新人才培养能力、基础研究和前沿技术创新能力。持续稳定支持基础研究类和社会公益类科研机构，实施中科院"创新2020"，在重点领域形成国际一流的优势学科和研究基地，大幅提升科研院所原始创新能力和重大技术系统集成能力。依托具有较强研究开发和技术辐射能力的科研院所，利用现有基础条件和综合优势，合理布局一批国家重大公益性科技基础设施。大力推动协同创新，建立与产业、区域经济紧密结合的技术研发和成果转化机制，提升高校和科研院所服务国家重大需求、支撑产业结构调整和促进区域协调发展的能力。

专栏6 高等院校和科研院所创新能力建设重点

1	**高等学校创新能力提升计划** 瞄准科学前沿和国家发展重大需求,加强重点学科建设,有效整合创新资源,构建协同创新的新模式与新机制,认定并支持一批"2011计划协同创新中心",集聚和培养一批拔尖创新人才,取得一批重大标志性成果,提高高等学校创新能力。
2	**中科院"创新2020"** 建设基础前沿科学中心、战略高技术研发中心和重大公益性科技综合研究中心以及国家宏观决策科技支持系统,组织实施战略性先导科技专项,优化布局建设区域创新集群和开放共享的创新基础设施,着力解决关系国家全局和长远发展的基础性、战略性、前瞻性重大科技问题。

(三)增强科技中介机构创新服务能力

1. 积极推进各类科技中介服务机构发展。引导科技中介服务机构向服务专业化、功能社会化、组织网络化、运行规范化方向发展。加强骨干中介机构技术服务能力建设,提升技术服务设备水平,培养高水平人才和从业人员。推动中介机构应用现代科学技术,创新服务方式与手段,推动业务向技术集成、产品设计、工艺配套以及管理咨询等领域拓展。发挥行业协会、学会和产业组织作用,加强对科技咨询、技术评估、信息服务和创业投资服务等中介服务机构的指导,增强中介机构专业化服务能力。

2. 提高科技中介机构服务创新的水平。以提高创业服务能力为重点,大力推进大学科技园、留学人员创业园、科技企业孵化器发展,为科技型初创企业提供优质、高效、全方位服务。以加速创新成果转移扩散为目标,增强国家技术转移中心、生产力促进中心和技术交易中心等组织专业化服务能力。大力发展创业投资服务机构,吸引社会资金支持创新活动。加强科技信息机构的信息采集与综合加工能力建设,提升政策咨询与评估机构的决策咨询与技术支撑能力,面向社会提供科技信息和决策咨询服务以及第三方技术评估服务。

(四)进一步深化企业主导的产学研合作

加强协同创新,积极探索推进产学研相结合的有效模式。鼓励行业骨干企业与高等院校、科研院所、上下游企业、行业协会等共建研发组织,建设产业关键共性技术创新平台。支持企业牵头组织高等院校和科研院所共同承担国家科技计划项目,探索企业选题、共同研发的新模式。建立企业主导的产业技术创新战略联盟,强化其组织技术创新合作、创新平台建设、技术转移扩散、人才联合培养等功能。

八、加强创新人才队伍建设

(一)科技创新领军人才

实施创新人才推进计划和青年人才开发计划,设立科学家工作室,依托高等院校、科研院所和大型骨干企业,加快建设一批创新人才培养示范基地和国家青年英才培养基地,培养造就一批世界水平的科学家、中青年科技创新领军人才、科技创新创业人才和青年拔尖人才等。统筹实施"千人计划"等引才引智计划,在前沿技术和新兴产业领域建设一批海外高层次人才创新创业基地,为引进的世界科技发展前沿战略科学家、学术带头人和优秀创新团队提供研发条件保障。推荐优秀科学家参与国际科技组织和重大国际科技合作计划并担任重要职务,增强我国科技创新领军人才运用国内外科技资源的能力。

（二）产业创新紧缺人才

以国家科技计划和重大工程为平台，以产业技术创新战略联盟和产学研合作项目为纽带，建设一批工程创新实训基地，实施专业技术人才知识更新工程，加快培养经济社会发展重点领域紧缺专门人才。实施国家高技能人才振兴计划，依托大型骨干企业、职业院校和职业培训机构，加快国家级高技能人才培养和实训基地建设。深入实施"卓越工程师教育培养计划"，推行校企合作、工学结合和顶岗实习等高技能人才培养模式，造就一大批工程技术领军人才和具有创新意识的高技能人才。加快工程教育和工程师资格国际互认进程，培养专业化、国际化、复合型工程技术人才队伍。加强基层农业技术推广人才队伍建设。鼓励支持生产一线人员立足本职岗位开展技术创新，提升科学素质和劳动技能。

（三）创新创业服务人才

加强服务于创新创业的各类人才培养。以服务科研开发为目标，培养一批具有较高专业技能的科研支撑人员。着眼产业技术发展需求，培养一批了解产业科技前沿和市场需求的信息分析专门人才。围绕提高创业服务水平，培养一批人事代理、人才测评、心理咨询、人才选拔、就业指导等方面专业人才。依托国家知识产权人才培训基地，加快国家（地方）知识产权人才库和专业人才信息网络建设，重点培养社会急需的企业知识产权管理和中介服务人才。实施科普人才队伍建设工程，加强科普人才培养与在职培训，壮大科普人才队伍。

（四）完善创新人才使用激励机制

改进科技成果管理制度，鼓励探索知识、技术、管理、技能等要素参与分配的机制，探索有利于创新人才发挥作用的多种分配方式，支持企业创新人才以股权、期权等多种形式参与收益分配。鼓励非职务创新。逐步完善政府奖励、用人单位奖励和社会奖励互为补充的多层次创新奖励体系，按照国家有关规定规范和鼓励社会力量设立创新奖项，表彰在创新活动中作出突出贡献的公民或者组织。布局建设一批人才特区，探索创新人才培养、使用、流动、评价制度，为创新创业人才开发提供示范。建立创业基地，通过创业辅导、资助启动资金、税收减免等多种方式，支持创新创业人才开发。

九、完善创新能力建设环境

（一）整合共享创新资源

积极推进体制机制改革，促进创新资源有效共享、高效利用，加强科技资源和科技产出调查，统筹创新资源配置，深化跨部门、跨区域和跨行业开放合作，完善公共科技资源共建共享机制。完善财政资金支持的科技基础设施运行管理和绩效评估机制，推进高等院校和科研院所构建多种模式的创新资源开放共享机制，鼓励和引导创新资源向社会开放。加强国家、行业、地方的重点实验室、工程中心、工程实验室和公共技术服务平台的统筹衔接，完善部省会商、院地合作、部门共建等协同机制，促进中央与地方创新资源优化配置及有效整合。

（二）加强知识产权创造、运用、保护和管理

加快构建以国家知识产权数据中心为核心、区域（行业）知识产权信息服务中心为支撑、知识产权中介服务机构与维权援助机构为基础的知识产权信息服务体系，提升知识产权信息公

共服务能力。强化国家科技重大专项、国家科技计划的知识产权前瞻布局,加强重大科技项目知识产权全过程管理。落实完善国家资助开发的科研成果授权和利益分享机制。建立重大经济活动知识产权审议机制,构建知识产权分析预警体系,提高知识产权创造和布局针对性。深入开展企事业单位知识产权试点示范工作,实施中小企业知识产权战略推进工程和知识产权优势企业培育工程,增强企事业单位的知识产权运用能力。加强知识产权专业服务机构、知识产权维权援助机构的技术支撑能力和知识产权价值评估能力建设,促进知识产权转移转化。大力推进使用正版软件。完善知识产权保护措施,依法惩治侵犯知识产权的违法犯罪行为,为科技创新营造良好环境。

(三)推进科学普及能力建设

构建开放程度高、延伸范围广的信息化、网络化全国科普设施体系,合理规划科技馆、自然科学博物馆等科普设施建设。推进科研机构、高等院校向社会开放,开展科普活动。引导社会加大科普投入,繁荣科普创作。推进科技计划成果科普化,推动科普网站、虚拟博物馆和虚拟科技馆建设,利用手机、互联网和移动电视等新媒体技术和手段,创新科普传播方式方法,提升科学资源的普及效率和水平。完善全国科普信息资源共享和交流平台,完善国家科普统计制度,集成国内外科普信息资源,健全科普资源配送体系。

(四)大力培育创新文化

营造"尊重知识、尊重人才、鼓励探索、宽容失败"的创新文化氛围,开展创新方法培训,强化科学精神、创造性思维和创新能力教育培训。拓宽创新文化传播渠道,支持产业组织、社会公益组织和有关国际组织联合搭建创新交流平台,打造若干具有国际影响的创新论坛,加强自主创新成果展示;引导和支持电视台、电台、网络、手机、报刊等传播创新理念,宣传创新案例,报道创新动态,普及创新知识。

(五)提升国际合作水平

根据我国发展需要,制定科技发展国际化战略,积极开展全方位、多层次、高水平的科技国际合作。加大引进国际科技创新资源的力度。加强我国科研机构、高等院校、企业与国外科研机构的合作交流,合理规划、有序推进联合实验室、联合研究中心建设。在具备条件的地方和行业,建立与发展需求密切结合的国际技术转移中心,形成不同层次、不同形式的国际科技合作平台。积极参与气候变化、重大疾病、公共安全等全球性重大科技合作,大力推进政府间合作和科研项目合作,不断探索合作新模式。加强内地与港澳台地区科技交流,建立更加紧密的科技合作关系。

十、规划实施

(一)加强组织领导

各相关部门要高度重视,充分发挥积极性和主动性,抓紧制定具体措施,分解任务,明确责任,创新机制,确保规划提出的各项任务落到实处。各地区要结合本地区特点和发展需求,制订相应专项规划,切实推进本地区自主创新能力建设。建立部门之间、中央与地方之间的工作会商制度和协调机制,加强相关规划的有机衔接,形成共同推进规划落实的良好局面。

(二)完善支持政策措施

深入贯彻落实科学技术进步法等相关法律法规,进一步完善促进国家自主创新能力建设的法律法规和政策,加强产业政策、财税政策、金融政策等与创新能力建设的衔接协调。根据世界贸易组织的有关规定,进一步研究并完善支持企业创新和科研成果产业化的财税金融政策,全面落实企业研发费用加计扣除、企业研究开发仪器设备加速折旧、进口国内不能生产的研发设施税收减免等税收激励政策,加快建立和完善知识产权质押贷款、风险投资等投融资政策。鼓励采用和推广具有自主知识产权的技术标准。建立健全技术产权交易市场。

(三)保障资金投入

进一步完善和落实促进全社会研发经费逐步增长的相关政策措施,探索建立多元化、多渠道、多层次的科技投入体系。发挥政府在科技投入中的引导作用,鼓励和吸引全社会加大对自主创新能力建设的投入力度。推进金融机构、社会团体、企业、个人以及国外投资者参与高水平的研发设施建设。

(四)强化监督评估

强化规划实施的监测、评估和督促检查,采取有效措施解决规划实施中遇到的问题,根据实际情况及时调整和完善规划的具体任务部署。建立综合评价和第三方评价制度,完善考核指标体系和监督机制,鼓励社会各界积极参与规划实施的监督。

科技部 国家发展改革委关于印发"十二五"国家重大创新基地建设规划的通知

国科发计〔2013〕381号

各省、自治区、直辖市及计划单列市科技厅（委、局）、发展改革委，新疆生产建设兵团科技局、发展改革委，各有关单位：

为进一步贯彻落实《国家中长期科学和技术发展规划纲要（2006~2020年）》和《国民经济和社会发展第十二个五年规划纲要》，指导和推进国家重大创新基地建设工作，促进科技和经济紧密结合，加快实现创新驱动发展，科技部、国家发展改革委组织编制了《"十二五"国家重大创新基地建设规划》。现印发你们，请结合本部门、本地区实际情况贯彻落实。

特此通知。

附件："十二五"国家重大创新基地建设规划

科学技术部 发展改革委
2013年3月1日

附件：

"十二五"国家重大创新基地建设规划

国家重大创新基地是指以实现国家战略目标为宗旨，以促进创新链各个环节紧密衔接、实现重大创新、加速成果转化与扩散为目标，设施先进、人才优秀、运转高效、具有国际一流水平的新型创新组织。

开展国家重大创新基地建设，是贯彻落实全国科技创新大会精神，深化科技体制改革，促进科技与经济紧密结合，加快国家创新体系建设的重要举措，同时也是进一步转变政府职能，更好服务于科技经济社会发展的具体部署。

本规划依据《国家中长期科学和技术发展规划纲要（2006~2020年）》、《国民经济和社会发展第十二个五年规划纲要》和《中共中央 国务院关于深化科技体制改革加快国家创新体系建设的意见》（中发〔2012〕6号）制定。

一、形势与需求

当前，国际竞争焦点日益从经济社会向科技前移，科技创新成为经济社会发展的主要驱动力，从根本上改变着全球竞争格局。新科技革命和全球产业变革步伐加快，科学研究、技术创新、产业发展一体化趋势更加明显。全球科技创新日益呈现出开放性和系统性的新特点，更加强调创新要素的流动与创新资源的集成配置。协同创新、开放式创新等新型创新方式已成为当今科技创新活动的主要发展方向。美国、欧盟、日本、俄罗斯、印度陆续发布了新的科技发展战略，都将重大科技创新基地建设列入科技发展的总体布局，加大支持力度，集聚资源开展协同创新，不断提高科技竞争力。

我国正处于建设创新型国家的关键时期和深化改革开放、加快转变经济发展方式的攻坚时期，经济结构尚不合理，粗放型经济增长方式仍未根本改变，科技与经济结合的问题没有从根本上解决，总体科技水平及创新能力与发达国家相比仍有很大差距。转变经济发展方式，加快产业结构调整，促进社会和谐健康发展，保护国家安全和战略利益，必须坚持把科技摆在优先发展的战略位置，进一步深化科技体制改革，加快国家创新体系建设。为此，需要部署建设国家重大创新基地，以大幅提升自主创新能力，进一步推进创新成果转化与扩散，促进科技与经济紧密结合，探索创新驱动发展的新模式。

改革开放以来，面向经济建设与社会发展需求，我国陆续建成了涵盖科学研究、技术开发与工程化、产业化等创新链各环节、多层次的创新载体，如国家重点实验室、国家工程（技术）研究中心等。这些创新载体集成创新资源、攻克科技难关、转化科技成果、汇聚创新人才、探索管理制度，有力地支撑了我国自主创新能力的提升。但是也应清醒地看到，与建设创新型国家的总体要求相比，现有创新载体和创新驱动模式仍有一些不足和薄弱环节，主要表现为：尚未形成创新链各环节相互衔接、开放合作的创新模式，难以满足以国家战略为目标的重大创新需求；创新载体之间存在系统封闭问题，缺乏协同创新机制，整体创新效能有待提升；创新资源相对分散，统筹协调不足，创新要素的流动与集聚机制有待建立。为解决上述问题，进一步发挥创新链上各类创新载体的整体优势，亟须在现有创新载体基础上，优化和集成创新资源，建设国家重大创新基地，以新的组织形式，跨领域、跨部门、跨区域集中组织实施面向国家目标的协同创新。

二、国家重大创新基地的功能与定位

通过对科学研究、技术开发与工程化、产业化等创新链各环节的整体规划和统筹部署，加强顶层设计，促进创新链上各类创新载体的紧密合作，国家重大创新基地从整体上具备以下四个功能：一是围绕国家战略目标，发现、提出、承担并完成重大科学、技术、工程任务，保障国家重大需求，提升我国核心竞争力。二是集成优势科技创新资源，建立开放共享和协同创新机制，进行重大原始创新与集成创新，提高自主创新能力，持续保持科技创新的引领地位，推动科技创新服务于关键领域和重点产业的发展。三是实现创新成果的快速转化与扩散，促进科技与经济结合，支撑我国经济社会的健康发展。四是吸引、汇聚、培养科学、技术、工程与产业化高水平领军人才与创新队伍。

国家重大创新基地是国家创新体系的重要组成部分。国家重大创新基地建设通过集成创新链各环节的创新资源，推进科研院所、高等院校与骨干企业等不同创新主体的互动与合作，探索形成多种形式的政产学研用协同创新模式，推动建立基础研究、应用研究、成果转化和产业化紧密结合、协调发展机制，加快创新成果的转化与扩散，从而有效促进技术创新、知识创新、国防科技创新、区域创新和科技中介服务体系的紧密衔接，强化五大创新体系的支撑和互动，提高国家创新体系的整体效能，推动国家创新体系的协调发展。

推进国家重大创新基地建设是深化科技体制改革的重要举措。国家重大创新基地通过机制创新和政策引导，优化科技资源，促进协同创新，推进各类创新主体在市场经济条件下的分工合作，为相关领域和产业提供基础研究、工程化技术及产业技术研发与服务，形成可快速扩散的重大技术和产品。建设国家重大创新基地将进一步促进转制院所建立现代企业制度，充分利用与优化现有创新资源，建立市场导向的技术创新机制，为行业共性关键技术提供长期稳定的科技支撑；推动建立企业主导产业技术创新的体制机制，有效发挥企业在创新决策、研发投入、科研组织、成果转化与产业化中的主体作用；进一步推进协同创新，充分发挥国家科研机构的骨干和引领作用以及高等学校的基础和生力军作用。国家重大创新基地建设将探索新的科技管理体制，加快转变政府管理职能，建立科学合理的宏观管理、治理结构及评价制度，统筹配置科研设施、研发任务、人才团队等创新资源，不断完善创新激励政策，构建创新链各环节紧密结合、各类创新主体协同合作的创新环境。

国家重大创新基地主要依托现有各类创新载体建设。现有创新载体是建设国家重大创新基地的必要基础。科技创新是科学研究、技术开发与工程化、产业化等创新链不同环节的互动过程。主要依托现有创新载体建设国家重大创新基地，通过体制和机制创新，有效地促进创新链上相关创新载体的纵向和横向协同与集成，充分发挥现有创新载体的优势和能力，推动创新链各环节的紧密合作，加强创新资源的优化配置，快速提升综合创新能力和效率。同时，通过建设国家重大创新基地，可以引导和带动现有创新载体有序发展，提升其创新能力和成果转化与扩散能力，促进现有创新载体的开放共享和协同创新。

三、指导思想、建设原则与目标

（一）指导思想

以邓小平理论和"三个代表"重要思想为指导，深入贯彻落实科学发展观，大力实施科教兴国战略和人才强国战略，坚持自主创新、重点跨越、支撑发展、引领未来的科技发展方针，全面落实科技规划纲要，聚焦国家重大战略目标与国民经济发展重大需求，以提高自主创新能力为核心，在现有各类创新载体的基础上，通过集成创新链优势创新资源，创新体制机制，促进协同创新，构建满足国家重大科技创新需求、具有国际竞争力的国家重大创新基地，大幅提升自主创新能力，加速创新成果转化和扩散，促进科技和经济紧密结合，加快实现创新驱动发展。

（二）建设原则

国家目标，前瞻引领。从全局高度，突出反映国家战略需求，加强科技的前瞻部署和超前引领，促进科技与经济的紧密结合，建设代表国家最高创新能力的国家重大创新基地。

存量协同，增量发展。充分发挥现有各类创新载体的优势和作用，开展协同创新，选择一批创新能力突出、基础条件好的创新载体，组建一批国家重大创新基地；根据国家目标和发展需要，以增量投入引导存量发展，培育和构建一批国家重大创新基地。

综合集成，机制创新。推动科学研究、技术开发与工程化、产业化等创新链各环节的互动与合作，加强创新要素的综合集成。通过汇聚资源、集聚人才、持续发展、开放共享的制度安排，加速创新成果的转移、扩散和应用，探索并实践国家重大创新基地在组织方式、资源配置、管理模式、运行机制等方面的机制创新。

分类指导，试点先行。根据不同领域和行业创新载体的实际情况，结合科学研究、技术开发与工程化、产业化各创新环节的不同特点，对现有创新载体的培育、建设和发展进行分类指导，避免重复建设。围绕国家重大战略需求和科技发展重点领域，在"十二五"期间，通过综合评估，选取条件相对成熟、创新能力突出、预期效果显著的创新载体，在关键领域和重点行业，先行试点构建一批国家重大创新基地。

（三）建设目标

"十二五"期间，结合国民经济发展重大需求和现有创新载体的发展基础，选择具备优势创新条件和基础的领域，试点建设 15~20 个国家重大创新基地。通过国家重大创新基地建设，加强创新载体间的协同与集成，促进各类创新载体向全社会开放服务，大幅提升成果快速转化扩散能力；集成各类创新载体的优势资源，提高对国家重大需求的保障能力。同时，通过国家重大创新基地建设，有效解决现有创新载体存在的系统封闭、资源分散等问题。

到 2020 年，在试点建设工作取得经验的基础上，围绕国家中长期科技发展规划纲要确定的重点领域和优先主题开展布局，建成一批国家重大创新基地。通过十年左右的持续建设，围绕国家战略需求，面向经济社会发展主要领域，初步形成国家层面的国家重大创新基地布局，引导现有创新载体围绕创新链合理建设、明确定位、有序发展；建立规范、完善的管理制度，探索形成灵活、高效的治理结构、管理模式和运行机制。

四、总体部署与重点领域

"十二五"期间，依据国民经济和社会发展需求、科技发展的内在规律，继续完善现有各类创新载体建设布局，加强分类指导，引导各类创新载体按照各自功能要求有序发展。在此基础上，通过促进现有各类创新载体的协同与集成，推动国家重大创新基地建设。

在国家重大创新基地的整体建设框架下，结合国家科技重大专项、国家科技计划、高等学校创新能力提升计划、创新 2020 等相关工作的组织实施，引导现有各类创新载体进一步明确自身功能定位，有序建设、发展和完善，不断提高创新能力，从创新链各环节强化对国家重大创新基地的支撑。继续加强国家（重点）实验室、国家重大科技基础设施等研究实验基地建设，围绕基础研究和应用研究的发展需求，大力提高其原始创新能力；着力加强国家工程（技术）研究中心、国家工程实验室、国家认定企业技术中心等工程技术研发基地的资源协调和综合集成，大力提高其集成创新能力、工程技术开发与中试能力和成果转化与扩散能力，解决制约产业技术创新的瓶颈问题；进一步促进高新技术产业化基地、科技企业孵化器等面向成果转化、创业孵化的各类产业创新服务基地的发展与协调，加强能力建设，完善服务体系，提高服务水平，为各类创新主体尤其是中小微企业的技术创新提供公共服务；进一步加强科技平台建设，完善建设布局，强化服务能力，推动创新资源的整合、开放与共享，促进资源的优化配置，提高对科技创新的基础支撑能力。

根据《国家中长期科学和技术发展规划纲要（2006~2020年）》和《国民经济和社会发展第十二个五年规划纲要》确定的重点领域，以重大任务与需求带动，探索不同部门、不同创新主体的跨领域、跨部门、跨区域协作，增强能力，创新机制，集成资源。按照创新成果在基础研究、技术开发与工程化、产业化等创新链不同环节扩散的特点，围绕关键领域和重点产业，在以下五个层面部署建设国家重大创新基地。

——建设基础性、公共性国家重大创新基地。坚持面向国家重大战略需求和瞄准世界科学前沿，主要依托高等院校、科研院所，以横向联合为主的方式，重点集成基础研究、技术开发与工程化等创新链上各类创新载体，部署建设若干基础性与公共性的国家重大创新基地，加强不同创新主体间的分工协作，形成创新的规模效应。在前沿基础学科及基础条件领域建设的基础性国家重大创新基地主要开展多学科交叉的重大基础研究和应用研究，推动创新成果在科学研究阶段迅速扩散，引领科技持续发展。在资源、环境、人口健康、公共安全等重点公共科技领域建设的国家重大创新基地主要开展公共性、社会公益性科学技术研究，着力突破制约经济社会发展的重大科学技术问题，为科技自身发展和经济、社会发展重大战略需求提供公共性科技支撑，为我国创新型国家建设提供持续动力。根据现有基础，"十二五"期间，将在计量科学、海洋资源、公共安全等领域启动国家重大创新基地试点建设工作。

——建设面向重点工程的国家重大创新基地。面向国家战略目标，围绕国家重点工程和国家安全需求，推动军民融合，在交通、水利、电力、空天、深海等领域，结合国家重点工程的组织实施，充分发挥现有实施主体的作用，加强产学研联合，集成基础研究、技术开发与工程化、产业化等创新链上的各类创新载体，部署建设若干国家重大创新基地。面向重点工程的国家重大创新基地主要开展重大战略产品与工程开发，推动创新成果在技术开发与工程化阶段迅速扩散，促进重大创新成果的工程化示范应用，以保障国家重点工程顺利实施，填补国家战略空白，提升我国国际竞争力。根据现有基础，"十二五"期间，将在高速列车、智能电网与特高压、深海工程等领域启动国家重大创新基地建设试点工作。

——建设面向农业的国家重大创新基地。围绕农业基础性、前沿性、公益性科技研究，充分发挥农业科研院所、高等学校和骨干企业等创新主体的作用，以纵向联合为主的方式，集成创新链各环节的创新载体，部署建设若干国家重大创新基地。面向农业的国家重大创新基地重点推进现代农业产业技术体系建设，着力突破农业重大关键技术和共性技术，促进农业技术集成化、劳动过程机械化、生产经营信息化，推动产学研、农科教紧密结合，加快农业技术转移和成果转化，为确保国家粮食安全、突破资源环境约束、加快现代农业建设提供有力支撑。根据现有基础，"十二五"期间，将在农业装备、农业生物育种等领域启动国家重大创新基地建设试点工作。

——建设面向新兴产业的国家重大创新基地。围绕节能环保、新一代信息技术、生物、高端装备制造、新能源、新材料、新能源汽车等新兴产业，充分发挥高等院校和科研院所的源头创新作用，突出企业的技术创新主体地位，以纵向联合为主的方式，联合科研院所、高校等各类主体，贯通基础研究、技术开发与工程化、产业化等创新链各环节，集成各类创新载体，部署建设若干国家重大创新基地。面向新兴产业的国家重大创新基地主要开展产业关键技术研发，以加快从基础研究到产业化的转移进程，推进高新技术成果的产业化，促进创新成果的快速扩散，支撑新兴产业的培育和发展，推动形成具有国际竞争力的主导产业，促进国民经济产业结构调整。根据现有基础,"十二五"期间,将在新能源汽车、有色金属新材料、智能制造、光电技术、移动通信、生物医药等领域启动国家重大创新基地建设试点工作。

——建设面向传统产业的国家重大创新基地。围绕冶金、机械、石化、纺织等传统产业,以加快产业转型升级、推进节能减排、强化技术创新与技术改造为核心,以市场为导向,主要依托骨干企业、科研院所,联合高等院校,以纵向联合为主的方式,贯通基础研究、技术开发与工程化、产业化等创新链各环节,集成各类创新载体,部署建设若干国家重大创新基地。面向传统产业的国家重大创新基地主要开展行业共性技术研发,提升创新水平,系统解决行业发展技术瓶颈,提高工程技术开发、中试及产业化前期验证能力,推动创新成果的成熟化与快速扩散,保障国民经济平稳健康发展。根据现有基础,"十二五"期间,将在钢铁冶金、机械制造等领域启动国家重大创新基地建设试点工作。

五、建设方式

充分发挥现有各类创新载体的作用,集成创新载体的优势资源是建设国家重大创新基地的主要方式。在建设中,要根据不同领域的创新特点、发展需求和建设基础,合理选择横向集成、纵向集成或二者结合的集成方式。其中,横向集成指集成创新链同一环节上依托高等院校、科研院所、骨干企业等不同创新主体建设的各类创新载体,形成科技创新的规模效应,使国家重大创新基地具备完成重大科学、技术、工程任务,保障国家重大需求的能力。纵向集成指集成科学研究、技术开发与工程化、产业化等创新链不同环节上的各类创新载体,使研究实验基地、工程技术研发基地、产业创新服务基地按各自在创新链上的功能定位有序衔接,以推动创新链各环节的互动与合作,加快从基础研究到产业化的转移进程,促进创新成果的快速扩散。

在集成各类创新载体建设国家重大创新基地的过程中,根据不同领域内创新载体结合的紧密程度和创新资源的集聚特点,可采取如下三种建设模式:

一是一家为主、多家参与。在计量科学、农业机械等创新资源较为集聚的领域,以领域内最具创新能力、创新资源集聚、创新要素完备、创新载体齐全的创新主体为核心,通过产权入股、项目合作等方式,吸纳领域内高校、科研院所、企业等相关创新主体共同参与,组建国家重大创新基地。建立并完善法人治理结构,实行人、财、物独立的管理机制,加强科研基础设施与科研条件建设,积极引进高端研究人才,鼓励成立法人实体。

二是多家共建。在海洋资源、新能源汽车等领域,由领域内多家创新能力强、优势明显、互补性高的创新主体,共同组建国家重大创新基地。建立以理事会制度为核心的治理结构,制定并完善开展协同创新的各项管理制度,共建、共享科研基础设施与科研条件,联合引进和培养研究人才,形成人财物相对独立、开放发展的研究开发实体。

三是联盟组建。在移动通信等创新资源较为分散的领域,由领域内创新资源丰富的骨干企业、大学和科研机构共同牵头组织,联合相关创新主体,以联盟形式组建国家重大创新基地。建立资源共用、利益共享、风险共担的合作机制,签署具有法律效力的联盟协议,制定组织管理章程,形成以联盟决策机构和常设执行机构为中心,以各家实体运行的分基地为网络节点,地理上相对分散,体系上高度统一的合作创新组织。

六、政策与保障措施

（一）加强组织领导与统筹协调

科学技术部会同国家发展改革委联合相关部门，加强规划实施中政府各部门之间的统筹协调，建立多部门协同工作制度，科学规划、统筹布局、协调推进、规范发展。加强对国家重大创新基地建设的组织领导，合力推动创新资源的集成整合与高效利用，保障国家重大创新基地建设工作持续健康发展。

（二）创新运行与管理机制

建立与国家重大创新基地定位与目标相适应的治理结构、管理模式和运行机制。在多主体的新型组织中建立常设管理与运行机构，探索建立董事会、理事会等多种形式的决策与治理结构。不断完善国家重大创新基地内部管理制度，建立开放、流动的用人制度，探索多种形式的分配激励机制，完善知识产权管理制度。

加强对国家重大创新基地的全过程管理，形成决策、监督、评价考核和动态调整机制，制定立项、认定、评价与考核的标准与指标体系，不断提高国家重大创新基地的运行效率。积极探索和制定有利于国家重大创新基地运行和发展的政策措施。

（三）形成科学合理的投入机制

要坚持顶层设计、统筹安排、创新机制的原则。充分利用现有科技资源，优化投入结构，提高投入效益。探索中央支持与地方支持相结合、财政资金投入与企业和社会资金投入相结合的多种投入支持方式，逐步形成中央与地方、企业联合共建的投入机制。

（四）统筹基地人才项目发展

统筹推进国家重大创新基地建设工作、创新人才发展工作和各类国家科技计划、产业创新计划的组织实施工作，支持国家重大创新基地通过集成优势创新资源，形成持续创新能力，承担并完成国家重大科学、技术与工程任务，促进基地、人才、项目有机结合。在高端人才引进与培养、国家科技计划和产业创新项目安排等方面要优先向国家重大创新基地聚集。

（五）加强人才队伍建设

国家重大创新基地是汇聚和培养高层次创新人才的重要载体，既要汇聚高水平的科技领军人才、科研人才、工程技术人才和产业化人才，又要汇聚从事技术推广和科研管理的专业人才。国家重大创新基地的建设过程中，要主动加强与现有各类人才发展规划、计划和工程的衔接，以用为本，创新人才培养体制机制，完善人才培养、引进、使用和激励的政策措施，鼓励各类创新载体的创新人才双向交流，吸引世界各国优秀创新人才，为国家重大创新基地的建设和发展提供全面的人才支撑。

（六）深化国际科技合作

支持国家重大创新基地与世界一流研究机构、大学、学术组织及国际主要研究基金组织建立良好的国际交流与合作机制，搭建联合研发平台，推进国家重大创新基地的国际化发展。鼓励和推动国家重大创新基地发起和组织国际科技合作计划，参与国际大科学计划和大科学工程，把握重大国际科技合作机会，充分发挥国际科技合作在提升我国科学研究能力，培养高质量创新人才和团队等方面的作用。在国际交流与合作过程中，进一步吸收和借鉴世界各国先进的科技创新基地建设与管理经验。

财政部 科技部关于印发《国家科技计划及专项资金后补助管理规定》的通知

财教〔2013〕433号

国务院各部委、各直属机构，各省、自治区、直辖市、计划单列市财政厅（局）、科技厅（局），新疆生产建设兵团，各有关单位：

为了贯彻落实《国家中长期科学和技术发展规划纲要（2006～2020年）》和《关于深化科技体制改革加快国家创新体系建设的意见》，充分发挥财政科技经费的引导作用，强化企业技术创新主体地位，推动科技和经济紧密结合，提高财政资金的使用效益，财政部、科技部决定在科技部归口管理的国家科技计划及专项管理中引入后补助机制，并根据国家有关财务管理制度，制定了《国家科技计划及专项资金后补助管理规定》。现印发你们，请遵照执行。

附件：国家科技计划及专项资金后补助管理规定

财政部 科技部
2013年11月18日

附件：

国家科技计划及专项资金后补助管理规定

第一章 总 则

第一条 为了进一步发挥财政科技资金的引导作用，加快建立以企业为主体的技术创新体系，规范国家科技计划及专项资金后补助机制的实施，制定本规定。

第二条 科技部归口管理的国家科技计划及专项资金实施后补助机制适用本规定。

本规定所称后补助，是指从事研究开发和科技服务活动的单位先行投入资金，取得成果或者服务绩效，通过验收审查或绩效考核后，给予经费补助的财政资助方式。

前款所称的单位，是指在中国大陆境内注册的、具有独立法人资格的企业、科研院所、高等院校等。

第三条 后补助包括事前立项事后补助、奖励性后补助及共享服务后补助等方式。

第二章 事前立项事后补助

第四条 事前立项事后补助是指单位根据科技部发布的国家科技计划或专项项目指南，结合自身研发需要提出申请，按照规定的程序立项后，单位先行投入资金组织开展研究开发活动，取得成果并通过验收后给予相应补助。

第五条 国家科技计划及专项中以科技成果工程化、产业化为目标任务，具有量化考核指标的研究开发类项目，应当实施事前立项事后补助。

第六条 事前立项事后补助按照以下程序管理：

发布指南。科技部根据国家科技计划或专项的目标任务和年度支持重点发布项目指南。对于其中符合事前立项事后补助实施条件的项目，应当明确其实施后补助管理，并对项目拟达到的目标任务提出明确要求，建立面向结果的考核指标体系。

项目不设置课题，不设定经费控制数。

（一）提交申请。单位根据申报指南的要求，编制并提交项目申请材料。

项目申请材料应当包括项目总体目标、主要任务、考核指标、配套条件、验收方式方法、项目预算等内容，并附近三年经审计或主管部门批复的财务报表。

项目预算由申请单位根据自身基础条件和项目实施需要进行编制，应当真实反映与项目研究内容直接相关的各项研发成本。具体开支范围参照相关科技计划、专项资金管理办法执行，无法纳入开支范围的其他支出，可单独列示。

（二）立项论证。科技部组织专家对项目申请材料进行论证，择优确定项目承担单位，明确项目的考核指标、验收方式方法等重点内容。

（三）预算评估评审。科技部、财政部委托中介机构或组织专家对项目预算进行评估评审。

（四）预算备案。科技部根据预算评估评审结果提出项目后补助预算方案，并向项目申请单位反馈，达成一致后，报财政部备案。拟补助经费额不超过项目预算的50%。

（五）签订任务书。经科技部批复立项的项目，由科技部与项目承担单位签订项目任务书。项目任务书应当包括项目目标任务、考核指标、验收方式方法、项目预算、拟补助经费额、项目实施期限等。

（六）项目实施。项目承担单位按照项目任务书中的规定自行组织实施和管理，科技部不组织项目实施过程中的管理。项目终止实施的，应当按照相关国家科技计划及专项的管理要求履行审批手续。

（七）组织验收。项目承担单位在完成任务或实施期满后，应当及时向科技部提出验收申请。科技部按照项目任务书约定的程序和方法及时组织验收，不再进行财务验收。

（八）验收结果公示。科技部将项目验收结果及拟补助金额向社会公示。

（九）经费拨付。项目通过验收后，科技部按照事先备案的预算方案，提出项目后补助预算安排建议，报财政部批复。预算批复下达后，资金按照财政国库管理制度有关规定支付至项目承担单位。经核定拨付的事前立项事后补助经费，由单位统筹安排使用。

第七条 事前立项事后补助采用公开、竞争、择优方式确定项目承担单位。属于政府采购范围的，执行政府采购的有关规定。

第八条 同一项目原则上只委托一家单位承担。当出现多家单位竞争,研究方法和技术路线各不相同、难以判断优劣时,可以同时委托多家单位承担研究任务,但委托承担单位的数量不超过3家。

同时委托多家单位承担研究任务的,在项目任务书中明确择优支持的原则和方法,综合各家单位的预算评估结果,形成统一的后补助经费额,仅对取得最优成果的单位予以资助。除不可抗力的原因外,项目验收一律不得延期。

第九条 事前立项事后补助项目任务书是项目执行、监督检查、项目验收和经费拨付的依据。科技部和项目承担单位在签订项目任务书时应当协商一致,并详细载明考核指标和验收的方式方法,考核指标应当具体、细化,验收方式方法应当明确、可操作。

第十条 事前立项事后补助项目的验收可以采取用户评价、第三方检测、专家判定等方法。

第十一条 项目成果有明确用户的,验收应当包括用户评价。科技部和项目承担单位共同选择用户,并在项目任务书中事先明确。

项目承担单位应当与用户签订协议书,约定双方权责,确保用户出具客观公正的评价意见。

项目成果交付用户后,经过至少一个完整的使用周期后,由用户按照项目任务书以及协议的约定,提供成果使用情况的评价报告。

第十二条 项目验收需要进行第三方检测的,由科技部和项目承担单位协商确定第三方机构,并在项目任务书中事先明确。

第三方机构应当根据相关规定和标准独立完成项目成果检测,提供相关成果的技术指标、性能等检测报告。

第十三条 项目验收需要进行专家判定的,由科技部组织专家,根据项目任务书明确的项目验收方法,对考核指标的完成情况进行现场测试和评价,由专家出具评价报告。

第三章 奖励性后补助

第十四条 奖励性后补助是指单位根据市场需求及自身发展需要先行投入资金组织开展研发活动,取得了有助于解决重大经济社会发展问题的技术成果,经审查验收通过后,给予相应补助。

第十五条 申请奖励性后补助的技术成果应当满足以下条件:

(一)对解决国家急需的、影响经济社会发展的重大公共利益或重大产业技术问题等发挥关键作用;

(二)属于申请单位的原创成果,研发记录完备;

(三)未得到财政专项资金资助。

第十六条 科技部商财政部根据需要解决的问题和技术成果的贡献,按照一事一议的原则确定奖励额度。

第十七条 奖励性后补助按照以下程序管理:

(一)发布公告。科技部面向社会发布公告,征集解决重大问题的技术成果,并明确提出技术成果对解决问题应当达到的具体要求和奖励额度建议数。

（二）提交申请。单位根据公告要求提交申请材料。申请材料应当包括完整的技术报告和实施效果等。

（三）审查验收。科技部对技术成果进行审查验收，重点审查其是否符合公告要求，验证其能否解决相关问题，并形成审查验收结论。审查验收按照本规定第十、十一、十二、十三条执行。

（四）审查结果公示。科技部将项目审查验收结论向社会公示。

（五）实施奖励。科技部根据审查验收结论，提出奖励性后补助预算安排建议，报财政部批复。预算批复下达后，资金按照财政国库管理制度有关规定支付至获得奖励性后补助的单位。经核定拨付的奖励性后补助经费，由单位统筹安排使用。

第十八条　获得奖励性后补助的单位，应当与科技部签订协议，明确将其技术成果实际应用于解决相关问题。未按照协议要求实际应用的，收回补助资金。

第四章　共享服务后补助

第十九条　共享服务后补助是指对面向社会开展公共服务并取得绩效的国家科技基础条件平台，经科技部、财政部绩效考核通过后，给予相应补助。

第二十条　科技部根据科技创新和经济社会发展需求，对国家科技基础条件平台实行合理布局、总量控制、动态管理，促进科技条件资源整合和高效利用，推动资源的市场化、社会化共享，提高资源利用效率。

第二十一条　共享服务后补助的绩效考核主要包括以下内容：

（一）服务情况。包括资源服务数量和质量、服务对象数量及范围、资源深度挖掘与集成、提供科技支撑取得的效果、平台服务带来的经济和社会效益等。

（二）运行管理情况。包括组织机构运行、平台管理制度落实以及运行机制保障等。

（三）资源整合情况。包括资源增量与质量、资源维护与更新等。

第二十二条　共享服务后补助按照以下程序管理：

（一）发布通知。科技部、财政部向国家科技基础条件平台所在单位发布绩效考核通知，单位根据通知要求进行申报。申报材料应当包括平台运行管理、开放共享等情况，以及反映服务绩效的相关内容和运行服务成本等。

（二）绩效考核。科技部、财政部组织专家或委托中介机构，对申报单位的资源共享服务绩效进行考核，形成绩效考核结论。

（三）绩效考核结果公示。科技部将申报单位的共享服务绩效考核结论进行公示。

（四）实施补助。科技部、财政部对共享服务后补助实行分类分档定额补助，根据绩效考核结论，确定共享服务后补助方案。后补助经费按照相关预算和国库管理制度有关规定支付。共享服务后补助经费主要用于国家科技基础条件平台的运行服务。

第二十三条　不参加绩效考核或连续两次绩效考核较差的国家科技基础条件平台，不再纳入共享服务后补助范围。

第五章　监督检查

第二十四条　后补助经费管理应当接受财政、审计等部门的检查和监督。对检查中发现的财政违法行为，应当按照《财政违法行为处罚处分条例》等有关规定予以处理。情节严重涉嫌犯罪的，依法移送司法机关处理。

第二十五条 单位存在弄虚作假、伪造成果、重复申报立项、以不当方式唆使用户或第三方检测机构出具虚假评价或检测报告，骗取财政资金的，视情节轻重，采取警告、记入不良信用记录等处理措施，并将信用记录作为今后遴选国家科技计划及专项项目承担单位的依据；已经获得后补助经费的，应当予以追回。

第二十六条 专家、中介机构、第三方机构和用户在后补助管理中存在弄虚作假等违规行为的，视情节轻重，可以采取宣布其出具的相关结果无效、通报批评、降低信用评级等处理措施，并将违规记录作为后补助管理遴选专家、中介机构、第三方机构和用户的重要依据。

第二十七条 科技部应当及时公开后补助经费支持单位、补助情况、违规行为及处理结果等，接受社会监督。

第六章 附 则

第二十八条 国家科技重大专项后补助管理办法另行制定。其他科技专项需要实行后补助管理的，可以参照本规定执行。

第二十九条 本规定未尽事宜，按照相关国家科技计划及专项有关管理办法执行。

第三十条 本规定自发布之日起施行。

关于印发科技类民办非企业单位进口科学研究和教学用品免税资格审核认定管理办法的通知

国科发政〔2013〕52号

各省、自治区、直辖市及计划单列市、新疆生产建设兵团科技厅（委、局）、民政厅（局）、财政厅（局）、国家税务局，海关总署广东分署、各直属海关：

根据《关于科技类民办非企业单位适用科学研究和教学用品进口税收政策的通知》（财关税〔2012〕54号）规定，科技部、财政部、民政部、海关总署和国家税务总局研究制定了《科技类民办非企业单位进口科学研究和教学用品免税资格审核认定管理办法》，现印发你们，请遵照执行。

附件：1. 科技类民办非企业单位进口科学研究和教学用品免税资格审核认定管理办法
2. 科技类民办非企业单位进口科学研究和教学用品免税资格审核表

科技部　民政部　财政部
海关总署　国家税务总局
2013年1月24日

附件1：

科技类民办非企业单位进口科学研究和教学用品免税资格审核认定管理办法

为贯彻落实《关于科技类民办非企业单位适用科学研究和教学用品进口税收政策的通知》（财关税〔2012〕54号）（以下简称《通知》），特制定本办法。

一、《通知》第二条认定条件的说明

（一）科技类民办非企业单位的资产总额以上一年度审计报告中年末总资产数额为准。

（二）专业技术人员，是指从事基础研究、应用研究、试验发展、科技成果转化和技术推广服务等活动的人员。包括：直接参加上述科技活动的人员、相关专职科技管理人员和为上述科技活动提供资料文献、材料供应、设备等科研辅助的直接服务人员。专业技术人员须有大专以上学历或中级以上职称。

（三）专职人员是指与单位签订一年以上劳动合同的人员。兼职人员是指在本单位从事有报酬活动的外部人员。人员数量以上一年年末人数为准。

二、免税资格审核认定的程序

（一）民政部或省、自治区、直辖市和计划单列市民政部门登记注册的具有法人资格的科技类民办非企业单位，应在每年2月底前向科技部或省、自治区、直辖市、计划单列市、新疆生产建设兵团科技行政主管部门提出免税资格申请，科技行政主管部门会同同级民政部门按照《通知》所列条件和本办法进行审核认定，对符合免税资格条件的科技类民办非企业单位颁发免税资格证书，同时将合格单位名单抄送同级财政、海关和税务部门。

（二）获得免税资格证书的科技类民办非企业单位可按照《通知》第五条规定，在有关科教用品进口前，向其所在地直属海关申请办理减税备案和减税审批手续。

三、需要报送的材料

申请单位应当向科技行政主管部门提交以下材料：

（一）《科技类民办非企业单位进口科学研究和教学用品免税资格审核表》；

（二）加盖上一年度年检合格章的民办非企业单位（法人）登记证书（副本）原件和复印件及《民办非企业单位年检报告书》；

（三）上一年度的工作报告和审计报告原件及复印件；

（四）上一年年末专职和兼职人员名册（包括姓名、学历、职称、工作岗位、劳动合同期限、联系方式等），并对专业技术人员予以标注；

（五）审核部门要求提交的其他材料。

四、复审

（一）科技行政主管部门会同同级民政部门每两年对科技类民办非企业单位的免税资格复审一次。

（二）复审时重点对已获得免税资格单位的非营利性质、依法纳税及免税进口物品使用情况等进行实质性审查，申请复审的科技类民办非企业单位除提供本办法第三条所规定的材料外，还应当提供已享受进口科教用品免税政策执行情况的报告。

（三）对复审通过的单位，以公告形式公布名单，名单抄送同级财政、海关和税务部门备案。

（四）在资格审核认定和复审过程中，审核部门可到科技类民办非企业单位查阅有关资料，了解情况，核实申报材料的真实性。

五、监督检查

（一）财政部会同科技部、民政部、海关总署、国家税务总局，根据实际需要，随时对科技类民办非企业单位免税进口科学研究和教学用品的使用情况进行抽查。

（二）已经获得免税资格的科技类民办非企业单位，如经查实存在以虚报情况获得免税资格、违规分配资产或利润、偷税、骗税或者将免税进口物品擅自转让、移作他用或者进行其他处置行为的，按照《通知》第七条规定予以处罚。

附件2：

科技类民办非企业单位进口科学研究和教学用品免税资格审核表

编码：

单位名称				
单位地址				
注册登记机关				
组织机构代码		设立日期		年 月 日
联 系 人		电话	传真	
主要业务范围	□科学研究与技术开发 □科技成果转让与扩散 □科技成果评估 □科学技术知识普及 □科技咨询、服务和培训 □其他			
业务领域（可多选）	□电子 □生物医药 □新能源 □新材料 □环保 □汽车 □化工 □农业 □软件开发 □专用设备 □轻工 □其他			
上年末资产总额（万元）				
单位人员数量（人）	单位全部人员数			
	专职专业技术人员数			
	兼职专业技术人员数			
有无违法、违规行为	□ 有 □ 无			
申请日期	年 月 日			
以下由审核部门填写				
审核意见	□ 通过 □ 未通过			
各部门签字（盖章）	科技部门		民政部门	
	年 月 日		年 月 日	
公告日期	年 月 日			

注：专职和兼职专业技术人员数应填写大专及以上学历或中级及以上职称的相应人员数量。

财政部 国家税务总局关于研究开发费用税前加计扣除有关政策问题的通知

财税〔2013〕70号

各省、自治区、直辖市、计划单列市财政厅（局）、国家税务局、地方税务局，新疆生产建设兵团财务局：

根据《中华人民共和国企业所得税法》、《中华人民共和国企业所得税法实施条例》（国务院令第512号）和《中共中央 国务院关于深化科技体制改革加快国家创新体系建设的意见》等有关规定，经商科技部同意，现就研究开发费用税前加计扣除有关政策问题通知如下：

一、企业从事研发活动发生的下列费用支出，可纳入税前加计扣除的研究开发费用范围：

（一）企业依照国务院有关主管部门或者省级人民政府规定的范围和标准为在职直接从事研发活动人员缴纳的基本养老保险费、基本医疗保险（放心保）费、失业保险费、工伤保险费、生育保险费和住房公积金。

（二）专门用于研发活动的仪器、设备的运行维护、调整、检验、维修等费用。

（三）不构成固定资产的样品、样机及一般测试手段购置费。

（四）新药研制的临床试验费。

（五）研发成果的鉴定费用。

二、企业可以聘请具有资质的会计师事务所或税务师事务所，出具当年可加计扣除研发费用专项审计报告或鉴证报告。

三、主管税务机关对企业申报的研究开发项目有异议的，可要求企业提供地市级（含）以上政府科技部门出具的研究开发项目鉴定意见书。

四、企业享受研究开发费用税前扣除政策的其他相关问题，按照《国家税务总局关于印发〈企业研究开发费用税前扣除管理办法（试行）〉的通知》（国税发〔2008〕116号）的规定执行。

五、本通知自2013年1月1日起执行。

财政部 国家税务总局
2013年9月29日

财政部 国家税务总局关于中关村国家自主创新示范区有限合伙制创业投资企业法人合伙人企业所得税试点政策的通知

财税〔2013〕71号

北京市财政局、国家税务局、地方税务局：

经国务院同意，现将中关村国家自主创新示范区（以下简称示范区）有限合伙制创业投资企业法人合伙人有关企业所得税试点政策通知如下：

一、注册在示范区内的有限合伙制创业投资企业采取股权投资方式投资于未上市的中小高新技术企业2年（24个月）以上，该有限合伙制创业投资企业的法人合伙人，可在有限合伙制创业投资企业持有未上市中小高新技术企业股权满2年的当年，按照该法人合伙人对该未上市中小高新技术企业投资额的70%，抵扣该法人合伙人从该有限合伙制创业投资企业分得的应纳税所得额，当年不足抵扣的，可以在以后纳税年度结转抵扣。

二、有限合伙制创业投资企业的法人合伙人对未上市中小高新技术企业的投资额，按照有限合伙制创业投资企业对中小高新技术企业的投资额和合伙协议约定的法人合伙人占有限合伙制创业投资企业的出资比例计算确定。

三、本通知所称有限合伙制创业投资企业是指依照《中华人民共和国合伙企业法》和《创业投资企业管理暂行办法》（国家发展和改革委员会令第39号），在示范区内设立的专门从事创业投资活动的有限合伙企业。

四、有限合伙制创业投资企业法人合伙人享受本通知规定的税收优惠政策的其他相关问题，参照《国家税务总局关于实施创业投资企业所得税优惠问题的通知》（国税发〔2009〕87号）的规定执行。

五、本通知自2013年1月1日至2015年12月31日执行。

中华人民共和国财政部 国家税务总局
2013年9月29日

财政部 国家税务总局关于中关村国家自主创新示范区技术转让企业所得税试点政策的通知

财税〔2013〕72号

北京市财政局、国家税务局、地方税务局：

《中华人民共和国企业所得税法》及《中华人民共和国企业所得税法实施条例》（国务院令第512号）规定，居民企业在一个纳税年度内，取得符合条件的技术转让所得不超过500万元的部分，免征企业所得税；超过500万元的部分，减半征收企业所得税。财政部、国家税务总局印发的《关于居民企业技术转让有关企业所得税政策问题的通知》（财税〔2010〕111号）对符合条件的技术转让范围等事项进行了明确。为进一步推动技术转化为生产力，经国务院同意，现将中关村国家自主创新示范区内居民企业符合条件的技术转让所得享受企业所得税优惠政策试点的有关问题通知如下：

一、技术转让的范围，包括居民企业转让专利技术、计算机软件著作权、集成电路布图设计权、植物新品种、生物医药新品种，以及财政部和国家税务总局确定的其他技术。其中：专利技术，是指法律授予独占权的发明、实用新型和非简单改变产品图案的外观设计。

二、本通知所称技术转让，是指居民企业将其拥有符合本通知第一条规定技术的所有权或5年以上非独占许可使用权转让的行为。

三、技术转让应签订技术转让合同。其中，境内的技术转让须经省级以上（含省级）科技部门认定登记，跨境的技术转让须经省级以上（含省级）商务部门认定登记，涉及财政经费支持产生技术的转让，需省级以上（含省级）科技部门审批。

居民企业技术出口应由有关部门按照商务部、科技部发布的《中国禁止出口限制出口技术目录》进行审查。居民企业取得禁止出口和限制出口技术转让所得，不享受技术转让减免企业所得税优惠政策。

四、居民企业从直接或间接持有股权之和达到100%的关联方取得的技术转让所得，不享受技术转让减免企业所得税优惠政策。

五、本通知自2013年1月1日起至2015年12月31日止执行。

中华人民共和国财政部　国家税务总局
2013年9月29日

财政部 国家税务总局关于中关村国家自主创新示范区企业转增股本个人所得税试点政策的通知

财税〔2013〕73号

北京市财政局、国家税务局、地方税务局：

经国务院同意，现将中关村国家自主创新示范区（以下简称示范区）有关企业向股东转增股本的个人所得税试点政策通知如下：

一、企业以未分配利润、盈余公积、资本公积向个人股东转增股本时，应按照"利息、股息、红利所得"项目，适用20%税率征收个人所得税。对示范区中小高新技术企业以未分配利润、盈余公积、资本公积向个人股东转增股本时，个人股东一次缴纳个人所得税确有困难的，经主管税务机关审核，可分期缴纳，但最长不得超过5年。

二、本通知第一条所称的中小高新技术企业，是指注册在示范区内实行查账征收的、经认定取得高新技术企业资格，且年销售额和资产总额均不超过2亿元、从业人数不超过500人的企业。

三、股东转让股权时，尚未缴纳的分期缴纳税款，应在转让时一次性缴纳。

四、在股东转让该部分股权之前，企业依法宣告破产，股东进行相关权益处置后没有取得收益或收益小于初始投资额的，经主管税务机关审核，尚未缴纳的个人所得税可不予追征。

五、在2013年1月1日至2015年12月31日期间经有关部门批准获得转增股本的股东，可享受上述延期纳税的优惠。文发之日前转增股本且已完税的，不再按本通知规定分期纳税。

六、请你市根据以上规定制定企业向股东转增股本分期纳税的具体管理办法。

中华人民共和国财政部 国家税务总局
2013年9月29日

科技部 财政部 税务总局关于在中关村国家自主创新示范区开展高新技术企业认定中文化产业支撑技术等领域范围试点的通知

国科发高〔2013〕595号

北京市科学技术委员会、北京市财政局、北京市国家税务局、北京市地方税务局：

经国务院同意，现将在中关村国家自主创新示范区开展高新技术企业认定关于文化产业支撑技术等领域范围试点的有关事项通知如下：

对中关村国家自主创新示范区从事文化产业支撑技术等领域的企业，按规定认定为高新技术企业的，减按15%税率征收企业所得税。文化产业支撑技术等领域的具体范围，由科技部会同有关部门研究制定，另行发文。

特此通知。

科技部 财政部 税务总局
2013年9月29日

教育部 财政部关于实施高等学校创新能力提升计划的意见

教技［2012］6号

各省、自治区、直辖市教育厅（教委）、财政厅（局），有关部门（单位）教育、财务司（局），教育部直属各高等学校：

为贯彻落实胡锦涛总书记在庆祝清华大学建校100周年大会上的重要讲话精神，积极推动协同创新，促进高等教育与科技、经济、文化的有机结合，大力提升高等学校的创新能力，支撑创新型国家和人力资源强国建设，决定实施"高等学校创新能力提升计划"（以下简称"2011计划"），并对计划实施提出以下意见：

一、实施意义

（一）实施"2011计划"，是落实胡锦涛总书记清华大学百年校庆重要讲话精神的重大举措。全面提高高等教育质量是总书记讲话的主线，创新能力是提高质量的灵魂。贯彻落实总书记讲话，迫切需要通过大力推进协同创新，鼓励高等学校同科研机构、行业企业开展深度合作，建立战略联盟，促进资源共享，在关键领域取得实质性成果，实现高等学校创新能力的显著与持续提升。

（二）实施"2011计划"，是加快创新型国家建设的重要支撑。当今世界，创新已成为经济社会发展的主要驱动力，创新能力成为国家竞争力的核心要素。面对日新月异的科技进步，迫切需要转变创新理念和模式，加快以学科交叉融合为基础的知识、技术集成与转化，加快创新力量和资源整合与重组，促进政产学研用紧密结合，支撑国家经济和社会发展方式的转变。

（三）实施"2011计划"，是推动我国教育与科技、经济、文化紧密结合的战略行动。长期以来，我国创新力量各成体系，创新资源分散重复，创新效率不高，迫切需要突破自主创新的机制体制障碍，促进社会各类创新力量的协同创新，促进教育与科技、经济、文化事业的融合发展，提高国家整体创新能力和竞争实力。

二、指导思想

按照"国家急需、世界一流"的要求，瞄准科学前沿和国家发展的重大需求，以重点学科建设为基础，以机制体制改革为重点，以创新能力提升为突破口，大力推动协同创新，充分发挥高等教育作为科技第一生产力和人才第一资源重要结合点在国家发展中的独特作用，支撑经济社会又好又快发展。

三、基本原则

需求导向。紧密围绕科技、经济和社会发展中的重大需求，通过协同创新，重点研究和解决国家急需的战略性问题、科学技术尖端领域的前瞻性问题以及涉及国计民生的重大公益性问题。

全面开放。面向各类高等学校开放，不限定范围，不固化单位，广泛吸纳科研院所、行业企业、地方政府以及国际创新力量等，形成多元、开放、动态的组织运行模式。

深度融合。引导和支持高等学校与各类创新力量开展深度合作，探索创新要素有机融合的新机制，促进优质资源的充分共享，加快学科交叉融合，推动教育、科技、经济、文化互动，实现人才培养质量和科学研究能力的同步提升。

创新引领。以机制体制改革引领协同创新，以协同创新引领高等学校创新能力的全面提升，推动高等教育的科学发展，加快世界一流大学和高水平大学建设步伐，促进国家自主创新、科技进步和文化繁荣。

四、总体目标

充分发挥高等学校多学科、多功能的优势，积极联合国内外创新力量，有效整合创新资源，构建协同创新的新模式与新机制，形成有利于协同创新的文化氛围。建立一批"2011协同创新中心"，聚集和培养一批拔尖创新人才，取得一批重大标志性成果，成为具有国际重大影响的学术高地、产业共性技术的研发基地、区域创新发展的引领阵地和文化传承创新的主力阵营。推动知识创新、技术创新、区域创新的战略融合，支撑国家创新体系建设。

五、重点任务

（一）构建协同创新平台与模式

以人才、学科、科研三位一体的创新能力提升为核心，坚持"高起点、高水准、有特色"，充分利用高等学校已有的基础，汇聚社会多方资源，大力推进高等学校与高等学校、科研院所、行业企业、地方政府以及国际社会的深度融合，探索建立适应于不同需求、形式多样的协同创新模式。

1. 面向科学技术前沿和社会发展的重大问题，依托高等学校的优势特色学科，与国内外高水平的大学、科研机构等开展实质性合作，吸引和聚集国内外的优秀创新团队与优质资源，建立符合国际惯例的知识创新模式，营造良好的学术环境和氛围，持续产出重大原始创新成果和拔尖创新人才，逐步成为引领和主导国际科学研究与合作的学术中心。

2. 面向行业产业经济发展的核心共性问题，依托高等学校与行业结合紧密的优势学科与大中型骨干企业、科研院所联合开展有组织创新，建立多学科融合、多团队协同、多技术集成的重大研发与应用平台，形成政产学研用融合发展的技术转移模式，为产业结构调整、行业技术进步提供持续的支撑和引领，成为国家技术创新的重要阵地。

3. 面向区域发展的重大需求，鼓励各类高等学校通过多种形式自觉服务于区域经济建设和社会发展。支持地方政府围绕区域经济发展规划，引导高等学校与企业、科研院所等通过多种形式开展产学研用协同研发，推动高等学校服务方式转变，构建多元化成果转化与辐射模式，带动区域产业结构调整和新兴产业发展，为地方政府决策提供战略咨询服务，在区域创新中发挥骨干作用。

4. 面向我国社会主义文化建设的迫切需求，整合高等学校人文社会科学的学科和人才优势，推动与科研院所、行业产业以及境外高等学校、研究机构等开展协同研究，构建多学科交叉研究平台，探索建立文化传承创新的新模式，加强文化对外表达和传播能力建设，发挥智囊团和思想库作用，为提升国家文化软实力、增强中华文化国际影响力、推动人类文明进步做出积极贡献。

（二）建立协同创新机制与体制

坚持政府主导与市场机制相结合，突破制约高等学校创新能力提升的内部机制障碍，打破高等学校与其他创新主体间的体制壁垒，把人才作为协同创新的核心要素，通过系统改革就充分释放人才、资本信息、技术等方面的活力，营造有利于协同创新的环境氛围。

1. 构建科学有效的组织管理体系。成立由多方参与的管理机构，负责重大事务协商与决策，制订科学与技术的总体发展路线，明确各方责权和人员、资源、成果、知识产权等归属，实现开放共享、持续发展。

2. 探索促进协同创新的人事管理制度。建立以任务为牵引的人员聘用方式，增强对国内外优秀人才的吸引力和凝聚力，造就协同创新的领军人才与团队。推动高等学校与科研院所、企业之间的人员流动，优化人才队伍结构。

3. 健全寓教于研的拔尖创新人才培养模式。以科学研究和实践创新为主导，通过学科交叉与融合、产学研紧密合作等途径，推动人才培养机制改革，以高水平科学研究支撑高质量人才培养。

4. 形成以创新质量和贡献为导向的评价机制。改变单纯以论文、获奖为主的考核评价方式，注重原始创新和解决国家重大需求的实效，建立综合评价机制和退出机制，鼓励竞争，动态发展。

5. 建立持续创新的科研组织模式。充分发挥协同创新的人才、学科和资源优势，在协同创新中不断发现和解决重大问题，形成可持续发展、充满活力和各具特色的科研组织模式。

6. 优化以学科交叉融合为导向的资源配置方式。充分利用和盘活现有资源，集中优质资源重点支持，发挥优势和特色学科的汇聚作用，构建有利于协同创新的基础条件，形成长效机制。

7. 创新国际交流与合作模式。积极吸引国际创新力量和资源，集聚世界一流专家学者参与协同创新，合作培养国际化人才，推动与国外高水平大学、科研机构等建立实质性合作，加快我国高等学校的国际化发展进程。

8. 营造有利于协同创新的文化环境。构建自由开放、鼓励创新、宽容失败的学术氛围，倡导拼搏进取、敬业奉献、求真务实、团结合作的精神风尚。

六、管理实施

（一）组织管理

教育部、财政部联合成立领导小组，负责顶层设计、宏观布局、统筹协调、经费投入等重大事项决策。领导小组下设办公室，负责规划设计、组织实施、监督管理等工作，办公地点设在教育部。

成立专家咨询委员会，为重大政策、总体规划、中心遴选、管理实施等提供咨询。委员会由来自有关部门（高等学校、科研机构、行业企业、社会团体）的专家组成。

充分体现公开、公平、公正的要求，建立第三方评审机制。确定相对独立的第三方机构，负责遴选评审专家、组织评审、开展定期检查和阶段性评估等工作。

（二）操作实施

"2011 计划"从 2012 年开始实施，四年为一周期，按照培育组建、评审认定、绩效评价三个阶段开展。在充分培育并达到申报要求的前提下，由协同创新体联合提出"2011 协同创新中心"的认定申请。国家每年组织一次评审，按照一定数量和规模，择优遴选不同类型的协同创新中心。

1. 培育组建。高等学校应按照"2011 计划"的精神和要求，加强组织领导和顶层规划，积极推进机制体制改革，充分汇聚现有资源，广泛联合科研院所、行业企业、地方政府以及国际社会的创新力量开展协同创新。通过前期培育，确定协同创新方向，选择协同创新模式，组建协同创新体，营造协同创新的环境氛围，形成协同创新的新机制和新优势，为参与"2011 计划"奠定基础。

2. 评审认定。在高等学校为主组成的协同创新体充分培育并取得良好成效基础上，联合提交协同创新中心认定申请。申请认定的协同创新体应满足科学前沿和国家需求的重大方向、具备开展重大机制体制改革的基础与条件、具有解决重大问题的综合能力和学科优势等基本条件。领导小组办公室对认定申请进行初审后，委托第三方机构组织专家评审。领导小组根据评审结果进行审议后，对符合条件的协同创新体，批准认定为"2011 协同创新中心"。

3. 绩效评价。经批准认定的"2011 同创协新中心"应进一步完善组织管理机制，落实相关条件，整合多方资源，优化规章制度和运行管理办法，强化责任意识，加强过程管理，加快实现预期目标。教育部、财政部建立绩效评价机制、按照协同创新中心确定的任务与规划，加强目标管理和阶段性评估。对于执行效果不佳或无法实现预期目标的"2011 协同创新中心"，要及时整改或予以裁撤。

（三）支持方式

发挥协同创新的引导和聚集作用，充分利用现有各类资源和条件，广泛吸纳社会多方面的支持和投入。面向行业产业发展的协同创新中心，要发挥行业部门和骨干企业的主导作用，汇聚行业、企业、社会等方面的投入与支持；面向区域发展的协同创新中心，要发挥地方政府的主导作用，建立地方投入和支持的长效机制，吸纳企业、社会等方面的支持；面向科学前沿、社会发展和文化传承创新的协同创新中心，要充分利用国家已有的各方面资源，发挥集聚效应。

中央财政设立专项资金，对经批准认定的"2011 协同创新中心"，可给予引导性或奖励性支持。

为积极推进"2011 计划"的实施，保障"2011 协同创新中心"的机制体制改革，根据实际情况和需求，有关部门、地方、高校等应在人事管理、人才计划、招生指标、科研任务和分配政策等方面给予优先或倾斜支持，形成有利于协同创新的政策汇聚区。

2012 年 3 月 15 日

政策文献

地方政策

辽宁省自主创新促进条例（2014年1月9日辽宁省第十二届人民代表大会常务委员会第六次会议通过）

北京市人民政府关于强化企业技术创新主体地位全面提升企业创新能力的意见（京政发〔2013〕28号）

甘肃省人民政府关于强化企业技术创新主体地位全面提升企业创新能力的实施意见（甘政发〔2013〕30号）

江西省人民政府关于进一步加强协同创新提升企业创新能力的实施意见（赣府发〔2014〕11号）

安徽省人民政府办公厅关于印发实施创新驱动发展战略进一步加快创新型省份建设配套文件的通知（皖政办〔2014〕8号）

广西壮族自治区人民政府办公厅关于印发强化企业技术创新主体地位全面提升企业创新能力实施方案的通知（桂政办发〔2014〕12号）

中共福建省委办公厅、省人民政府办公厅关于印发《福建省"海纳百川"高端人才聚集计划（2013~2017年）》的通知（闽委办发〔2013〕3号）

宁波市人民政府关于实施"科技领航计划"加快推进创新型企业发展的意见（甬政发〔2013〕14号）

浙江省人力资源和社会保障厅等3部门关于印发《浙江省鼓励省级重点企业研究院引进"海外工程师"暂行办法》的通知（浙人社发〔2013〕139号）

湖北省科技厅 省教育厅关于印发《湖北省产业技术研究院建设指导意见》的通知（鄂科技规〔2013〕2号）

关于印发《自治区企业科技创新后补助暂行办法》的通知（宁科工字〔2013〕12号）

云南省企业研发机构建设资金补助暂行办法（云南省科学技术厅公告第29号）

四川省科技厅关于印发《四川产业技术研究院管理暂行办法》的通知（川科财〔2013〕2号）

关于印发《青岛市企业研发中心培育建设方案》的通知（青科计字〔2012〕46号）

辽宁省自主创新促进条例

2014年1月9日辽宁省第十二届人民代表大会常务委员会第六次会议通过

第一章 总 则

第一条 为了提高自主创新能力，推动科学研究和技术创新成果向现实生产力转化，促进经济社会发展，根据《中华人民共和国科学技术进步法》等有关法律、法规，结合本省实际，制定本条例。

第二条 本条例适用于本省行政区域内研究开发与创造成果、成果转化与产业化、创新型人才队伍建设以及创新环境优化等自主创新促进活动。

本条例所称自主创新，是指公民、法人或者其他组织，通过开展科学研究和技术创新，形成自主知识产权或者专有技术，运用多种方式，向市场提供新产品、新工艺、新服务的活动。

第三条 省、市、县（含县级市、区，下同）人民政府领导本行政区域内自主创新促进工作。

省、市、县人民政府科学技术行政部门负责本行政区域内自主创新促进工作的宏观管理和组织协调。

发展改革、经济与信息化、人力资源和社会保障、财政、教育、农业、税务、知识产权等有关部门在各自职责范围内，负责相关的自主创新促进工作。

第四条 自主创新促进工作应当坚持以企业为主体、以市场为导向、产学研相结合、政府引导和扶持、全社会共同参与的原则。

第五条 促进自主创新是全社会的共同责任。政府有关部门、新闻媒体以及其他社会组织，应当推动形成崇尚科学、尊重人才、尊重创造、敢于创新、宽容失败的舆论氛围和社会风尚。

第二章 创新平台

第六条 省、市、县人民政府应当制定措施引导创新要素向企业聚集，提高原始创新、集成创新和引进消化吸收再创新能力，健全技术创新市场导向机制，完善产业技术创新链，提高企业核心技术开发能力，促进企业成为创新决策、研发投入、科研组织和成果转化的主体。

第七条 鼓励企业围绕提高核心竞争力和长远发展，增加技术研究开发费用投入。高新技术企业和创新型企业的研究开发费用支出，应当不低于国家高新技术企业认定标准规定的比例；大中型企业和创新型中小企业每年用于研究开发的投入，应当不低于国家和省规定的标准。

国有企业应当根据盈利情况逐步增加科技研发投入经费。其技术创新投入、能力建设、成效以及知识产权产出与应用等，应当纳入对国有企业负责人的业绩考核范围。

第八条 省人民政府应当制定促进海洋科技发展政策，发展海洋产业核心技术，支持海洋产业核心技术创新，提高海洋科技成果转化率，引导和鼓励科技型涉海企业发展。

第九条 企业可以自主设立或者与其他企业、科研机构、高等学校联合创建各类研究开发机构和技术创新组织，自主或者联合开展核心关键技术攻关、基础研究和人才培养等自主创新活动，实施国家、省、市重大项目或者研发重大装备和新产品。

第十条 支持企业与科研机构、高等学校共同推进国家重大技术创新产品、服务标准的研究开发，参与行业标准、国家标准和国际标准的制定，推动自主创新成果形成相关技术标准。

对在标准制定中起主导作用，或者取得国家著名、知名品牌称号以及获得国家专利金奖、优秀奖的企业，按照相关规定给予奖励。

第十一条 企业、事业单位可以通过技术合作、技术外包、专利许可等方式进行集成创新，开展产业关键共性技术研发，完善系统集成和工程化条件，形成具有市场竞争力的产品或者新兴产业。

第十二条 鼓励企业引进有利于提升企业核心竞争力的先进适用技术，并购其他科技型企业，或者在省外、国外建立研发机构开展技术合作。消化吸收拥有自主知识产权或者独特核心技术的，可以作为对企业引进重大技术、装备进行评估和验收的重要依据。

省科学技术、发展改革、经济和信息化等有关部门应当根据国家和省相关政策，引导企业、事业单位引进先进技术和装备并进行消化吸收再创新，限制引进国内已具备研发能力的技术和装备，禁止引进高能耗、高污染及落后的技术和装备。

第十三条 引导企业采用合同能源管理、重大技术设备融资租赁、电子商务等商业模式，提升商业运营能力；支持企业利用互联网、物联网等新技术，优化内部流程和整合外部资源，开发使用信息管理技术，开展产业链融合重组，推进运营模式创新。

第十四条 鼓励企业开展资源与环境、人口与健康、文化创意、节能减排、公共安全、防震减灾、城市建设等领域的自主创新。

第十五条 省人民政府根据需要批准建立高新技术产业开发区、科技园、软件园等创新园区，健全创新园区的研发、检测、孵化器、科技金融、基础数据库等创新平台。推动创新园区利用自身特色和优势，发展高新技术产业、先进制造业、现代服务业和战略性新兴产业。

建立特色产业集群并依托产业集群优势发展公共研发、检测、中试等创新平台，利用主导产业集聚优势，增强企业的国际竞争力。

加快建设科技企业孵化器、大学科技园、留学生创业园等载体，推动大学科技园成为自主创新基地，为高新技术企业孵化、高等学校科技成果转化和创新创业人才培养提供服务。

第十六条 省人民政府统筹规划全省科学技术研究开发机构的布局，鼓励国内外企业、公民、法人或者其他组织在本省依法独立或者联合设立集科技创新与产业化于一体的新型源头创新机构，或者投资兴建科研基础设施，为创新成果加速实现产业化创造条件。

支持国家驻辽科研机构、高等学校、国防科研机构参与本省自主创新活动。

科研机构、高等学校可以创办科技型企业或者技术转移中心等平台，开展高技术服务。

第十七条 省、市科学技术行政部门应当会同有关部门推动科研机构、高等学校和企业开放科研设备、设施，完善大型科学仪器设备、科技文献、科学数据等科技基础条件服务平台，建立开放共享的运行服务管理模式，制定相应的评价标准和监督、奖惩办法。

省科学技术行政部门应当对大型科学仪器设备共享进行统筹协调，建立全省统一的数据库，向社会提供大型科学仪器设备共享的信息查询、服务推介等服务。

运用财政性资金或者国有资本购置、建设的大型科学仪器设备和科研基础设施，应当进行事前评估，避免重复购置，并对社会公布相关信息，履行开放共享义务。

第三章 成果转化

第十八条 支持高等学校利用自身设备、人才等优势开展基础研究和自主创新工作，促进自主创新成果转移和转化。教育、科学技术、财政等有关部门应当对高等学校的基础研究、学科建设和成果转化给予支持。

第十九条 鼓励开展农业基础研究和应用研究，加强新品种引进、选育，提高农产品产量和质量，支持农业共性关键技术攻关，支持企业开展以规模化、标准化为重点的农业产业化技术创新和成果转化。

科学技术、农业等部门应当选派科技人员，促进农业科技成果推广应用，对地域特征明显且条件成熟的特色、优势农产品，实行地理标志保护。

第二十条 高等学校、科学技术研究开发机构和企业按照国家有关规定，可以采取知识产权入股、科技成果折股或者收益分成、股权奖励、股权出售、股票期权等方式对科学技术人员和经营管理人员进行股权和分红激励，促进自主创新成果转化与产业化。

以专利权或者其他可以用货币估价并可以依法转让的科技成果作价出资入股有限责任公司和股份有限公司的，可以占公司注册资本中非货币财产作价出资金额的法定最高限额。

第二十一条 省科学技术、发展改革、经济和信息化等有关部门应当按照国家发布的高新技术产业化重点领域指南，优先支持高新技术产业、先进制造业、现代服务业和战略性新兴产业自主创新成果的转化与产业化活动，支持企业、科研机构、高等学校利用留学人员科技交流会、高新技术成果交易会等平台，吸引国内外高层次人才在本省实施创新成果转化与产业化。

第二十二条 科技成果完成单位将其主要利用财政性资金资助的科技项目所取得的职务创新成果，以技术转让、股权投入等方式实施转化的，应当将不低于百分之三十的技术转让净收入或者职务创新成果作价所得的股权，一次性奖励给职务创新成果完成人以及为成果转化做出重要贡献的人员。

科技成果完成单位自行实施转化或者以合作方式实施转化的，应当自项目盈利之日起五年内，每年从税后利润中提取不低于百分之五的比例，用于奖励成果完成人。

科研机构、高等学校对其主要利用财政性资金取得的具有实用价值的技术成果，在完成后两年内没有以转让、许可或者入股等方式运用的，技术成果完成人有权要求有偿受让该技术成果，科研机构、高等学校应当予以转让。

第二十三条 科学技术等有关部门应当制定激励措施，引导技术交易、知识产权服务、科技评估与咨询、科技创业孵化器、生产力促进中心、科技风险投资和担保等各类科技中介机构，向专业化、社会化、网络化、规范化方向发展，为企业、科研机构、高等学校的创新活动和成果转化与产业化提供服务。

第四章　创新人才

第二十四条　省、市人民政府应当制定科技人才发展规划和高层次人才特殊支持计划，建立科技创新创业人才扶持机制，支持区域优先发展的重点学科、重点产业、重大项目和具有竞争优势的领域组建优势创新团队。

鼓励科研机构、高等学校和企业、事业单位建立创新实践基地和高层次科技人才培养基地，结合实施重大科研、工程项目和重点学科及科研基地建设，加强科技领军人才、卓越工程师、青年拔尖人才和高水平创新团队培养。

支持企业、科研机构和高等学校根据高新技术产业发展和传统产业转型升级需求，共建实习、实验基地，联合培养科研生产岗位急需的专业技术人才和技能型人才。

第二十五条　省级引进高层次创新人才专项资金和博士、博士后科研资助专项资金，应当重点资助高层次科技创新人才和引进研发团队。

引进的高层次科技创新人才经相关程序认定的，在晋升专业技术职务和评定职称时，不受单位指标限制，有关部门应当在项目申报、科研条件保障、出入境、户籍迁移、社会保障、子女入学等方面给予优先。

第二十六条　科研机构、高等学校与企业之间可以进行高层次科技创新创业人才双向兼职、任职，联合开展科研攻关、成果转化和技术创新服务活动。

允许科技人员在完成本职工作并且不损害本单位利益的前提下，经本单位同意，兼职创办科技型企业或者从事技术开发、新产品研制、技术咨询、技术服务等相关工作，并获得报酬。

科研机构、高等学校应当对符合条件的科技人员离岗从事科技成果、专利技术转化或者创办科技型企业的，三年内保留其原有身份和职称，档案工资正常晋升。

第二十七条　科研机构、高等学校应当健全有利于创新型人才发挥作用的多种分配方式，完善专业技术职务聘任和岗位聘用制度，对在自主创新方面有突出贡献的科技人员给予优厚待遇。

第二十八条　建立以科研能力和创新成果为导向的科技人员考核评价机制和专业技术职称、职务评聘条件。

技术创新、知识产权创造、成果转化和应用、创新管理的业绩及其经济、社会、生态效益，应当作为科技人员专业技术考核评价和职称职务评聘、项目申报、成果奖励的重要依据。对在自主创新方面做出突出或者重大贡献的，允许破格晋升专业技术职称。

科研机构、高等学校和企业科技人员参加科学技术普及、技术开发、技术服务、技术咨询和科技派遣活动的情况，应当作为项目申报、成果奖励、职称评定、职务聘任、职级晋升的依据，并可以计入专业工作经历。

第二十九条　科研机构、高等学校选派科技人员到企业和各类园区开展科技创新、技术服务和成果转化活动期间，其原职级、工资福利和岗位保留不变，工资、专业技术职务、职称的晋升和岗位变动，与选派单位在职人员同等对待。

第三十条　对以财政性资金或者国有资本为主资助的探索性强、风险性高的自主创新项目，原始记录证明承担项目的单位和科技人员已经履行了勤勉尽责义务仍不能完成的，经立项主管部门、财政等有关部门组织专家论证后，可以允许该项目结题，并允许相关单位和个人继续申请利用财政性资金或者国有资本设立的自主创新项目。

第三十一条 科学技术人员应当遵守学术规范，不得在科学技术活动中有抄袭、剽窃等弄虚作假的行为，不得侵害他人的知识产权。

第五章 创新保障

第三十二条 建立以企业投入、市场融资、外资引进等社会投入为主体，以政府投入为引导的多渠道、多元化创新投入体系。省、市、县人民政府财政性科技资金，应当按照《中华人民共和国科学技术进步法》的相关规定，保障投入事项，提高增长幅度，增强使用效益。

全省科技研究开发经费应当逐年增长，占全省生产总值的比例应当高于全国平均水平。

省人民政府设立省自然科学基金，主要用于资助基础研究、科学技术前沿探索，促进提高原始创新能力；设立省首台（套）重大技术装备专项资金，重点用于补助企业研制和示范使用省内首台（套）产品。

省、市、县人民政府设立科技型中小企业技术创新资金，重点扶持科技型中小企业发展。研发投入额度较大并能够持续开展研发活动的企业，其研究项目可以优先获得中小企业创新资金、技术改造资金等政府各类计划资金的支持。

第三十三条 省、市、县人民政府应当整合财政性科技资金，设立引导性专项资金，通过风险补偿、参股创业投资企业等多种投入方式，引导社会资金投向企业技术创新、高新技术产业和关键技术攻关的中试项目。

第三十四条 省、市、县人民政府应当制定相关扶持政策，通过贷款贴息、补助资金、保费补贴和创业风险投资资助等方式，支持自主创新成果转化与产业化，引导企业加大自主创新成果转化与产业化投入。

对具有自主知识产权、可以形成较大经济规模或者较强竞争力的重大科技成果转化项目，以及自主知识产权首次在本省转化应用的，应当给予重点支持。

第三十五条 审计机关、财政部门应当依法对财政性科技资金的管理和使用情况进行监督检查。

任何组织或者个人不得虚报、冒领、贪污、挪用、截留财政性科技资金。

第三十六条 利用财政性援助资金设立的自主创新项目，承担项目的人力资源成本费可以从项目经费中支出，最高比例可以占该项目经费的百分之三十；其中软科学研究项目和软件开发类项目，人力资源成本费最高比例可以占该项目经费的百分之五十。

第三十七条 企业并购境外科技型企业、引进重大技术或者装备，编制引进消化吸收再创新方案并按照方案实施的，经市以上发展改革、经济与信息化、科技、财政等有关部门组织专家论证评估通过，政府予以资金补助。

第三十八条 各级、各类科技专项资金应当按照国库集中收付制度由财政直接拨付给项目单位，任何单位和部门不得以任何理由截留。财政、科学技术行政部门应当会同有关部门建立和完善有关自主创新财政性资金的绩效评价制度，提高有关自主创新财政性资金的使用效益。

利用财政性资金设立的自主创新项目，主管部门应当建立评审专家库，实行项目公平竞争、专家评审和评审结果公示以及评审专家的遴选、回避、问责等制度，但涉及国家秘密的项目除外。

利用财政性援助资金设立的自主创新项目及其承担者的情况，应当由项目主管部门向社会公开，但涉及国家秘密的项目除外。

第三十九条 对科研机构、高等学校和企业自筹资金研究开发并具有自主知识产权的自主创新项目，以及企业与科研机构、高等学校联合开展核心关键技术攻关并取得成果的，县级以上人民政府可以采取后补助方式予以财政性资金资助。资助资金应当用于该项目在本省的后续研究开发、成果转化及产业化活动和科技基础条件服务平台建设。

第四十条 重点科研基础设施、重大科技创新工程等建设项目用地，应当纳入土地利用总体规划、城乡规划和政府投资计划。

省级以上产业园区的战略性新兴产业、高新技术产业的研究开发项目用地，符合法定条件的，可以依法采取协议出让等方式取得。

对国家高新技术企业和自主创新示范企业的生产性建设用房、科研机构科研用房，以及省级以上工程技术（研究）中心、企业技术中心、重点实验室、中试基地等建设工程，依照国家规定减免城市基础设施配套费。

第四十一条 支持国内外各类创业（风险）投资机构开展创业（风险）投资业务。对注册地在本省境内并且投资行为符合条件的创业（风险）投资机构，按照省有关规定享受政府创业（风险）投资专项补助资金。

鼓励金融机构加大科技信贷投放，扩大知识产权抵押、质押等科技贷款规模；支持科技型企业通过境内外上市、发行集合债券和信托产品、开展融资租赁等方式进行多渠道融资。

鼓励建立科技小额贷款公司，推动保险机构开发科技保险品种，为新产品研发、试生产和高新技术企业提供融资和保险保障。

第四十二条 科学技术等有关部门应当制定支持自主创新的服务指南，为企业、事业单位及科技人员享受有关优惠政策提供高效便捷服务。

知识产权等有关部门应当加强与金融机构、相关中介服务机构的合作，推动建立知识产权质押融资服务平台，为企业知识产权质押融资提供知识产权展示、登记、评估、咨询和融资推荐等服务。

金融管理部门应当协调银行、保险、创业投资、担保等机构和企业联动合作，推动发展科技金融专营服务。

税务机关应当依法落实高新技术企业税收优惠政策。企业开发新技术、新产品、新工艺发生的研究开发费用，按照法律规定税前列支并加计扣除；企业科技研究开发仪器、设备，可以按照国家有关规定加速折旧。

第四十三条 省科学技术行政部门应当会同有关部门建立健全自主创新统计、监测和考核评价制度，对全省自主创新发展状况进行监测、分析和评价，编制、发布全省自主创新年度报告，并定期向社会公布。

第四十四条 鼓励机关、企业、事业单位、社会团体和公民参与、支持科学技术普及、群众性技能竞赛和发明创造活动。

有条件的单位应当向公众开放展示其自主创新成果的场馆和设施。不同权属的科技场馆和设施均应当实行社会化有效利用。

鼓励各类学校举办各种面向青少年的科技创新活动，培育青少年的创新意识和兴趣。

第四十五条 省人民政府应当完善科学技术奖励制度，创新奖励模式，对在科学技术进步活动和自主创新工作中做出重要贡献的单位和个人给予奖励。市、县人民政府可以结合实际情况给予表彰或者奖励。

鼓励国内外公民、法人或者其他组织在本省设立科学技术和自主创新奖项，并可以自主决定奖项命名和奖励办法。

第六章 法律责任

第四十六条 违反本条例规定，虚报、冒领、贪污、挪用、截留财政性科技资金的，依照有关财政违法行为处罚处分的规定责令改正，追回有关财政性资金和违法所得，依法给予行政处罚；对直接负责的主管人员和其他直接责任人员依法给予处分；构成犯罪的，依法追究刑事责任。

第四十七条 违反本条例规定，抄袭、剽窃他人科学技术成果，由科学技术人员所在单位或者单位主管机关责令改正，对直接负责的主管人员和其他直接责任人员依法给予处分；获得财政性资金或者有违法所得的，由有关部门追回财政性资金和违法所得；情节严重的，由所在单位或者单位主管机关向社会公布其违法行为，禁止其在一定期限内申请科学技术研究项目。

第四十八条 企业、科研单位和其他组织利用财政性资金或者国有资本引进重大技术、装备，未按引进计划进行消化吸收再创新，以及利用财政性资金购置大型科学仪器设施不履行开放共享义务的，由科学技术等有关部门责令其限期改正，对直接负责的主管人员和其他直接责任人员依法给予处分。

第四十九条 有关组织或者个人在科研项目评审、科技成果鉴定或者评奖等活动中，有下列情形之一的，由主管部门记入诚信档案；自该行为被记入诚信档案之日起五年内，任何部门不得委托其从事评审、鉴定或者评奖工作；构成犯罪的，依法追究刑事责任：

（一）提出虚假意见，严重影响公正评审、鉴定或者评奖工作的；

（二）违反评审、鉴定或者评奖规定，泄露评审、鉴定或者评奖信息，造成不良影响的；

（三）泄露国家秘密和商业秘密的。

第五十条 有关行政部门及其工作人员有下列情形之一的，由上级主管部门或者监察机关对直接负责的主管人员和其他直接责任人员依法给予处分；构成犯罪的，依法追究刑事责任：

（一）未按照规定拨付财政性科技资金的；

（二）未依法对财政性科技资金的管理和使用情况进行监督的；

（三）侵害研究开发机构和科技人员合法权益的；

（四）有其他玩忽职守、滥用职权、徇私舞弊行为的。

第七章 附 则

第五十一条 本条例自 2014 年 3 月 1 日起施行。

北京市人民政府关于强化企业技术创新主体地位全面提升企业创新能力的意见

京政发〔2013〕28号

各区、县人民政府，市政府各委、办、局，各市属机构：

为贯彻落实《中共中央国务院关于深化科技体制改革加快国家创新体系建设的意见》（中发〔2012〕6号）和《中共北京市委北京市人民政府关于深化科技体制改革加快首都创新体系建设的意见》（京发〔2012〕12号）精神，全面实施创新驱动发展战略，加快推动国家技术创新工程，不断强化企业技术创新主体地位，提升创新能力，促进科技与经济紧密结合，提出以下意见。

一、总体思路和主要目标

（一）指导思想。坚持以邓小平理论、"三个代表"重要思想、科学发展观为指导，深入实施"人文北京、科技北京、绿色北京"发展战略，紧紧围绕战略性新兴产业的培育与发展，以增强企业创新能力为核心，鼓励企业加大研发投入，加强研发机构建设，建立企业主导产业技术研发创新的体制机制，强化企业技术创新主体地位，全面提升产业核心竞争力，为加快首都创新体系建设，实现创新驱动发展提供有力支撑。

（二）基本原则。坚持市场作用与政府引导相结合。充分发挥市场配置资源的基础性作用和政府的宏观引导作用，创造公平开放的市场环境，发挥企业在技术创新决策、研发投入、科研组织和成果转化中的主体作用，激发企业创新活力。坚持分类引导与重点突破相结合。对民营、国有、外资等不同性质和不同规模企业进行分类引导和服务，引导创新要素向企业集聚，重点发挥龙头企业和规模企业在推进科技成果转化和产业化中的骨干作用、在创新链中的带动作用。坚持资源整合与机制创新相结合。充分发挥首都的科技智力资源优势，完善企业主导产业技术研发创新的体制机制，促进创新资源的高效配置和综合集成，推进产学研用协同创新，提高创新体系的整体效能。

（三）工作目标。到2015年，基本形成以企业为主体、市场为导向、产学研用相结合的技术创新体系。全市企业研发投入总量明显增加，力争超过450亿元，大中型工业企业平均研发投入占主营业务收入比例力争达到1.5%左右，创新型试点企业研发投入强度达到6.5%左右，中关村国家自主创新示范区企业研发和科技活动经费支出每年增长15%以上。到2020年，多元化的研发投入体系和稳定增长的长效机制更加完善，企业科技创新人才队伍不断壮大，建设一批高水平的企业研发机构，形成一批创新型企业群，企业创新创业环境不断优化，创新能力明显提升。

二、实施企业研发机构建设工程，提升企业创新能力

（四）明确企业研发机构定位。企业研发机构是企业创新能力的源泉和竞争力的核心，是集成科技资源、集聚创新人才、对接重大科技成果、开展技术创新和成果转化应用的重要创新平台，是开展源头技术创新、关键技术研发和产业共性技术攻关、选择创新方向和技术路线、知识产权创造与应用、标准创制、人才培养等工作的重要载体。按照有科技人才、有研发经费、有科研条件、有研发方向和内容的标准，鼓励支持企业自建或共建重点实验室、工程实验室、工程（技术）研究中心、企业技术中心、（产业技术）研究院、博士后工作站、工业（工程）设计中心、技术检测中心、数据中心、评测中心、创意中心等研发机构。

（五）支持企业建设高水平研发机构。本市重点实验室、工程实验室、工程（技术）研究中心、企业技术中心等，优先在具备条件的行业骨干企业布局，提高企业组织技术研发、产品创新、利用和转化科技成果的能力。鼓励以企业为主导，深化产学研合作，支持行业骨干企业和高等学校、科研院所联合建设技术研发平台和产业技术创新战略联盟，合作开展关键技术研发和相关基础研究，重点解决基础技术、基础工艺问题。

（六）加强企业研发机构的认定与管理。鼓励企业申报认定市级企业研发机构，积极对接国家级科技创新平台，提升研发机构对企业创新活动的支撑与服务能力。加强对市级各类企业研发机构的统计和监测，统筹全市科技创新平台的建设和管理，进一步整合科技管理活动，实现分类认定、归口管理、统一规范。

（七）加大国有企业研发机构的建设力度。支持有条件的中央企业组建中央研究院和专业领域研发中心，开展前瞻性、原创性、关键核心技术的研究和重大战略产品的研发；鼓励支持军工集团在京设立研发机构，促进军民融合发展；鼓励市属国有企业根据自身发展战略设立研发机构，充分发挥研发机构在技术创新中的引领和示范效应。

（八）加快推进民营企业研发机构建设。引导和鼓励有条件的民营企业承担或参与产业技术研发平台建设、组建国家级和市级研发机构，开展产业关键共性技术研究；鼓励有条件的大型民营企业研发机构向中小企业开放实验仪器、装备和设施；鼓励中小民营企业自建或通过股权合作等方式与高等学校、科研院所合作建立研发机构，促进中小企业向专、特、精、新方向发展。对民营企业研发机构在承担本市科技任务、人才引进等方面与同类公办科研机构实行同样的支持政策。

（九）鼓励外资企业在京设立研发机构。鼓励跨国公司在京设立研发总部，支持外资研发机构围绕产业技术创新开展研发活动。鼓励外资研发机构与本市企业、高等学校和科研院所以多种方式开展科技项目联合研发和产业化合作。鼓励外资研发机构中具有知识产权的技术和成果在京转化落地。

（十）引导企业研发机构集群发展。鼓励研发服务外包、合同研发组织等研发服务新业态的发展，培育集聚一批社会化投资、专业化服务的第三方研发机构，形成研发服务集群。加快中关村科学城建设，建设一批新型产业技术研究院和特色产业创新园，促进企业研发总部和高端科技人才集聚。加强未来科技城建设，依托大型中央企业打造人才创新创业基地和研发机构集群。加快北部研发服务和高新技术产业发展带、南部高技术制造业和战略性新兴产业发展带建设，推动研发服务资源、高端产业要素集聚，推进新兴产业板块式发展。

（十一）促进科技资源向企业研发机构集聚。加快完善科技资源开放共享机制，鼓励财政资金支持资助的科研基础设施和科技项目信息资料向企业开放；鼓励企业及其研发机构通过人才技术引进、合作研发、委托研发、并购等方式整合创新资源；鼓励高等学校、科研院所为企业技术创新提供支持和服务，促进技术、人才等创新要素向企业研发机构流动。面向区域特色产业集群需求，整合建设一批专业公共研发服务平台，为中小企业提供仪器、数据、文献共享和专业技术服务。

（十二）鼓励企业研发机构国际化发展。依法加大金融、财政、海关、外汇和税收等方面的政策支持力度，积极引导和支持企业实施"走出去"战略，采取多种形式建立海外研发机构，参与全球化产业创新网络和研发平台建设，通过并购获得关键技术，促进企业利用全球创新资源，提升企业参与国际技术交流合作的水平和整合利用全球研发创新资源的能力。

三、实施企业研发投入引导工程，激发企业创新动力

（十三）鼓励和支持企业加大研发投入。综合运用无偿资助、偿还性资助、股权投资、贷款贴息、后补贴、创新券等多种财政资金支持方式，对研发投入持续增长、拥有自主知识产权成果并形成良好经济效益的企业进行扶持。实施企业研发机构创新能力提升专项计划，对具有产业化发展前景的重点研究开发项目给予持续性支持。鼓励企业与政府共同建立研发和科技成果转化基金，支持企业开展关键技术攻关和成果转化应用。鼓励企业建立研发准备金制度，允许研发费用按实际发生额列入成本（费用）。支持有条件的企业牵头组织实施产业化目标明确的市级科技计划项目。充分发挥北京市科学技术奖对企业技术创新的引导激励作用。

（十四）落实各项优惠政策。落实高新技术企业认定、技术先进型服务企业认定、职工教育经费税前扣除等税收优惠政策。落实战略性新兴产业、传统产业技术改造和现代服务业等领域的企业研发费用税前加计扣除政策，加大企业研发设备加速折旧政策落实力度。落实国家相关研发机构采购设备税收优惠政策，外资研发机构采购国产设备按规定享受相关税收优惠，进口科技开发用品依法免征进口关税和进口环节增值税、消费税。将符合条件的民办科研机构纳入相关税收优惠政策范围。跨国公司总部在京设立的地区总部及其研发机构自建或购买办公用房的，享受一次性补助。

（十五）加快完善多元化投入机制。支持金融机构设计符合企业需要的金融产品，鼓励银行创新信贷产品种类，发展知识产权质押贷款，扩大企业贷款范围和规模。在战略性新兴产业重点发展领域实施金融激励政策，根据银行对企业的信贷支持力度和服务业绩，政府财政资金给予贷款风险补偿。鼓励风险投资投向具有产业化发展前景的研究开发项目。推动企业购买产品研发责任保险、关键研发设备保险、信用保险、高管人员和关键研发人员团体健康保险、意外保险、补充医疗保险和补充商业养老保险等保险服务。支持诚信规范、成长性好的科技企业上市融资。

（十六）完善考核评价机制。探索国有资本考核和评价机制，加大国有资本经营预算对企业创新的支持力度，引导国有资本支持和参与重大技术研发和重点产业投资，将研发机构建设、研发投入、承担国家和本市科技计划项目、建立长期技术储备、科技成果转化和产业化等工作情况纳入到市属国有企业负责人经营业绩考核体系，研究制定将国有企业研发费用列为税后净营业利润的考核政策。到2015年，市属国有重点企业年度研发投入占主营业务收入的比

例达到3%，部分高新技术企业力争达到10%。将企业研发机构建设、研发投入作为衡量企业创新能力和承担市科技计划项目的重要参考条件。

四、实施企业创新环境优化工程，增强企业创新活力

（十七）营造激励企业创新的市场环境。深化新技术新产品政府采购试点工作，通过首购、订购、首台（套）重大技术装备试验和示范项目、推广应用等方式，支持企业研发和推广应用重大创新产品。支持企业承接重大建设工程，实施科技成果应用示范工程，为企业创新发展培育市场空间。通过预留采购份额、评审价格优惠、鼓励联合体投标和分包、引入信用担保等措施，支持中小企业参与政府采购。支持以企业为主体申报国家和市科技计划项目及产业化项目，引导符合条件的企业享受中关村国家自主创新示范区相关先行先试政策。

（十八）进一步优化技术市场发展环境。大力发展研发服务业，推进企业研发机构成为技术交易和科技成果转化的主要力量。规范技术市场发展，完善技术交易中介服务体系，加强技术经纪人队伍建设，引导扶持科技经纪、技术评估、信息咨询等各类机构发展，培育具有专业化水平的技术转移服务机构。积极发展国际技术转移服务，为企业开展先进适用技术引进、国际技术收购、技术与知识产权入股等提供专业化服务。深入实施知识产权战略，培育一批具有知识产权和品牌创造潜力的新兴源头技术研发机构。

（十九）创新人才激励机制。加快中关村人才特区建设，推进人才政策和体制机制创新，推动研发机构凝聚一批高端领军人才和创新团队。对拔尖科技人才推荐申报国家和本市重大人才培养工程和专项计划。鼓励探索建立灵活多样的创新型人才流动与聘用方式；完善落实股权、期权激励和奖励等收益分配政策，以及事业单位国有资产处置收益政策和人事考核评价制度，鼓励高等学校、科研院所科技人员转化科技成果；引导企业实施股权激励等政策，完善有利于企业技术创新的内部激励机制。全面落实高级人才奖励政策，鼓励有条件的企业按一定销售收入比例设立人才发展专项资金，引导高端人才向企业集聚。

（二十）加大对企业研发机构登记注册的政策支持。结合企业研发机构的技术行业定位和科技品牌建设需求，允许企业研发机构以研究院、研究所、研发中心、研究中心、技术中心、实验室等作为其名称的行业表述用语。

（二十一）实施首都创新精神培育工程。大力践行"爱国、创新、包容、厚德"的"北京精神"，实施创新创业环境优化、创新教育促进、新文化建设、创新活动品牌和创新资源服务工程，努力创建鼓励探索、敢于创新、宽容失败、开放包容的创新文化，大力营造有利于企业创新发展的社会氛围。

五、加强组织协调，完善推动企业创新的联动机制

（二十二）加强组织领导与协调配合。利用"科技北京"建设和中关村创新工作平台的统筹协调机制，加强各有关部门的沟通配合和信息共享，协调解决企业研发机构建设和运营过程中的重大问题。市科委负责企业研发机构、市级工程技术研究中心、市级重点实验室和产业（企业）技术研究院的相关认定、评估和管理工作。市发展改革委负责市级工程研究中心和工程实验室的相关认定、评估和管理工作。市经济信息化委负责市级企业技术中心的相关认定、评估和管理工作。市人力社保局负责市级博士后工作站建设工作。市统计局负责企业研发机构

的统计管理工作。市国资委负责国有及国有控股企业研发机构建设、研发投入的考核评价工作。市知识产权局负责相关知识产权保护工作。

（二十三）加强市区（县）联动。各区（县）要加强对企业建设研发机构的服务支持，根据本区（县）产业发展特点，在研发用地、产业转型升级、高端人才引进、医疗教育等方面为企业研发机构提供相应的服务，促进高端项目和研发总部落户。各区（县）要针对企业的不同发展阶段，通过设立专项资金以贷款贴息、房租补贴、人才奖励、科研奖励等多种形式支持和引导企业建设研发机构。

北京市人民政府
2013 年 9 月 7 日

甘肃省人民政府关于强化企业技术创新主体地位全面提升企业创新能力的实施意见

甘政发〔2013〕30号

各市、自治州人民政府，省政府有关部门，中央在甘有关单位，省属各企业：

为贯彻落实《国务院办公厅关于强化企业技术创新主体地位全面提升企业创新能力的意见》（国办发〔2013〕8号），全面加强我省企业创新能力建设，现提出以下实施意见。

一、指导思想和主要目标

（一）指导思想。坚持以邓小平理论、"三个代表"重要思想、科学发展观为指导，深入实施创新驱动发展战略，以3341项目工程为抓手、以非公经济跨越式发展为突破，建立健全企业主导产业技术研发创新的体制机制，促进创新要素向企业集聚，增强企业创新能力，推动实现传统产业现代化、新兴产业高端化、军工技术民用化、科技成果产业化。

（二）主要目标。到2015年，基本形成以企业为主体、市场为导向、产学研相结合的技术创新体系。培育发展一批创新型企业，企业研发投入明显提高，在规模以上工业企业中，有稳定研发活动的比例达到60%，设立研发机构的达到30%，大中型工业企业平均研发投入占主营业务收入比例达到1%以上，战略性新兴产业增加值占国内生产总值比重达到12%，企业发明专利申请和授权量实现翻一番。企业主导的产学研合作深入发展，建设一批产业技术创新战略联盟和产业共性技术研发基地，突破一批核心、关键和共性技术，形成一批技术标准，转化一批重大科技成果。国家级企业技术中心达到30个，行业技术中心达到30个，产业技术创新联盟达到20个，省级企业技术中心达到180个以上，省级企业工程技术研究中心达到100个以上，省级企业重点实验室达到20个以上。

到2020年，企业主导产业技术研发创新的体制机制更加完善，企业创新能力大幅度提升，形成一批创新型领军企业，带动经济发展方式转变实现重大进展。

二、重点任务

（一）进一步完善引导企业加大技术创新投入的机制。深入实施技术创新工程，推动企业成为技术创新决策、研发投入、科研组织和成果转化的主体，发挥企业在创新目标、资源配置和组织实施过程中的主导作用。培育企业自主创新的内生动力，建立健全企业主导产业技术研发创新的体制机制，鼓励和引导企业加大研发投入，大力培育创新型企业，充分发挥其对技术创新的示范引领作用。征集省级各类科技项目计划、编制项目指南要充分听取企业专家的意见，产业化目标明确的重大科技项目由有条件的企业牵头组织实施。加强科技奖励对企业技创新的引导激励。充分利用资本市场的直接融资功能，培育10~20家科技型企业首发上市。

（二）支持企业建立研发机构。"十二五"末，大中型骨干工业企业必须建立研发机构，鼓励中小企业、民营企业建立研发机构，政府给予资金和政策支持。国家和省级工程技术研究中心、工程实验室、企业技术中心、技术创新示范企业和重点实验室的设立以及各类科技计划项目的立项，优先在建立了研发机构和中试基地的企业布局。引导企业围绕市场需求和长远发展，健全技术研发、产品创新、科技成果转化的机制。对民办科研机构等新型研发组织，在承担科技计划项目、人才引进等方面，与同类公办科研机构实行同等的支持政策。

（三）实施"六个一百"企业技术创新培育工程。重点培育100家科技创新型企业，依托企业建设100个工程技术研究中心、实验室和协同创新中心，引进和培育100个科技创新创业团队，重点资助100个重大科技成果转化项目，培育100个国家级科技新产品，贴息补助支持100亿元科技贷款。对进入100个国家级科技新产品行列的企业，省级科技投入可转化为股权，奖励新产品研发人员；同时企业可优先享受贷款贴息。

（四）培育科技型中小企业。鼓励科技型中小企业申报国家科技型中小企业技术创新基金、中小企业发展专项资金、中小企业技术改造资金、新兴产业创投计划、中小企业创新能力建设计划、中小企业信息化推进工程、火炬计划、星火计划、农业科技成果转化资金、国家重点新产品计划，引导和支持中小企业创新创业。鼓励小型微型企业开发自主知识产权新产品，创建自有品牌、名牌，不断提高品牌的知名度，培育竞争力强、知名度高的名牌产品，加大驰（著）名商标培育扶持力度，实行创品牌全过程跟踪服务。扶持1000家科技型中小微企业，重点培育100家创新能力和市场竞争力强、销售收入在3000万元以上的"小巨人"科技型企业，力争经过3~5年促使其销售收入过亿元。

（五）推动循环经济发展。依托16条主导循环经济产业链建设，加快建立具有甘肃特色的循环经济新发展模式。培育60户循环经济示范企业，促进形成涵盖循环经济关键共性技术、行业与区域实践模式、创新能力与平台建设的循环经济技术创新体系。总结推广10个企业层面循环经济技术集成与模式，突破科技成果从工程示范向产业转化的"瓶颈"，引进消化一批循环经济产业共性技术再创新项目，培植具有自主知识产权的循环经济技术品牌。研发、推广和储备一批环境友好产品设计、清洁生产、废物资源化、产业生态链、决策支撑等循环经济核心技术，加快推进我省循环经济发展由理念和理论完善到模式实践、由试点示范到规模化发展的转变。

（六）促进军民结合产业发展。依托国家级兰州军民结合产业基地和省级军民结合产业园，积极培育引进一批军民结合创新型企业，充分发挥军工企业的人才和装备优势，促进军工技术与民用技术双向转移、双向融合，着力提高企业军民两用技术的开发能力，共建军民两用创新平台，实现多种资源的优化组合，加强与高校、科研院所、大型企业的协同创新，把军工科技成果转化和引导省内民用技术优势参与国防建设作为重要切入点，积极引导社会资本参与推动军民两用技术产业化，研发科技含量高、市场前景好的军民结合高技术产品，提高军民结合产业发展的能力和水平。

（七）以企业为主导打造产业技术创新战略联盟。围绕传统产业改造升级、发展战略性新兴产业、循环经济等延伸产业链重点领域，择优扶持10个产业技术创新战略联盟，每个给予300万元资金支持。支持行业骨干企业与科研院所、高等学校签订战略合作协议，建立联合开发、优势互补、成果共享、风险共担的产学研用合作机制，开展共性技术攻关。

（八）打造西部科技创新高地。制定培育高新技术企业办法，采取多种措施，促使更多企业进入高新技术企业行列。吸引集聚国内外优质科技资源，整合省内科技资源，依托兰州新区与国家科技部火炬中心共建"兰州新区科技创新城"，加快建设完善科技企业孵化器、生产力促进中心、大学科技园、技术转移中心、军民融合产业孵化平台、碳交易平台等。围绕国务院对兰州新区产业发展定位，广泛吸引国内外高新技术企业、科研院所、高等学校在科技城内转化科技成果、创新创业。

（九）强化科研院所和高等学校对企业技术创新的源头支持。鼓励科研院所和高等学校与企业共建研发机构，共建学科专业，实施合作项目，加强对企业技术创新的理论研究、基础和前沿先导技术的研发支持。面向产业发展需求，整合科技资源，组建及重组新型研发机构，提升产业研发能力。引导和支持省内企业积极参与国家相关领域产品和服务自主标准的制订工作，加强对新技术、新服务模式相关标准的研究，促进自主知识产权与标准相结合，完善有利于应用推广的标准化机制。省属科研院所、高等学校在机构编制范围内分别按机构编制人数的20％、3％设置流动岗位或专职科研岗位及科技成果推广转化岗位，吸引高层次创新人才，鼓励技术创新与成果转化。

（十）完善面向企业的技术创新服务平台。面向行业技术创新需求，促进科技资源整合和优势互补，推动形成一批专业领域技术创新服务平台，培育一批专业化、社会化、网络化的示范性科技中介服务机构。省内高新技术产业开发区、经济技术开发区等都应建设科技企业孵化器，所需土地可享受政府划拨政策；以财政资金为引导，带动社会投入，围绕我省特色优势产业和战略性新兴产业创新发展，在全省新建100万平方米的科技企业孵化器，建设10~15个中小企业公共科技服务示范平台，形成2000人的创业创新服务队伍。向中小企业提供研发设计、检验检测、技术转移、大型共用软件、知识产权、标准、质量品牌、人才培训等服务，提高专业化服务能力和网络化协同水平。

（十一）加强企业创新人才队伍建设。进一步强化急需紧缺高层次人才、高层次人才创新创业扶持行动、杰出青年（群体）计划等相关重大人才计划和政策实施，支持企业引进海内外高层次人才，引导和支持归国留学人员创业，加快建立以人为本、事业留人、柔性流动、鼓励创新创业的人才保障机制。加强专业技术人才和高技能人才队伍建设，培养科技领军人才、优秀创新团队。加强对企业科研和管理骨干的培训。健全科技人才流动机制，鼓励科研院所、高等学校和企业创新人才双向流动和兼职兼薪。支持企业建立院士专家工作站、博士后工作站，推动科技特派员服务企业，不断完善评价制度，构建长效机制；对于服务企业、贡献突出的科技人员，给予优先晋升职务职称等奖励。培育职工技术创新队伍，鼓励支持深入开展职工技术创新活动；对职工技术创新成果给予奖励和支持转化。

（十二）推动科技资源开放共享。健全科技资源开放共享制度，建立和完善科技人才网、技术成果交易网、大型科学仪器网共享运行机制，深入开展科技资源调查，促进科技资源优化配置和高效利用。建立健全科研院所、高等学校、企业的科研设施和仪器设备等科技资源向社会开放的合理运行机制。加大重点实验室、工程实验室、工程技术研究中心和拥有大型科学仪器的机构向企业开放服务的力度，将资源开放共享情况作为其运行绩效考核的重要指标。加强对科技基础条件平台和行业技术创新平台开放服务工作的绩效评价和奖励补助，积极引导其对企业开展专题服务。加强科研设备协作，提高对企业技术创新的支撑服务能力。加强知识产权保护，依法惩治侵犯知识产权的违法犯罪行为。推动知识产权和股权质押贷款。支持高新技术企业参与军品科研生产，在军工保密资格认证、质量体系认证、生产许可证等市场准入方面给予"绿色通道"服务，在争取国防军工科研、固定资产投资项目上享受同等政策。

（十三）提升企业技术创新开放合作水平。鼓励企业通过人才引进、技术引进、合作研发、委托研发、参股并购、专利交叉许可等方式开展国际创新合作。加强国际科技创新信息收集分析，为企业开展国际科技合作提供服务。鼓励企业到海外建立研发机构，联合科研院所承担国际科技合作项目。支持企业参加各类国际标准组织，积极参与国际技术标准的制修订工作。鼓励和支持企业向国外申请知识产权。加大科技计划开放合作力度，鼓励跨国公司依法在我省设立研发机构，与我省企业、科研院所和高等学校开展合作研发，共建研发平台，联合培养人才。

三、支持政策

（一）财政政策。

1. 经认定的高新技术企业，自工商注册之日起5年内，其缴纳的营业税、企业所得税、增值税地方分享部分，采取"先征后奖"形式，由同级财政全额奖励给企业用于新产品研发或扩大再生产。

2. 省工信委技术改造专项资金的50%，采取贴息方式，重点支持以战略新兴和军民结合为主导产业的高新技术企业发展。对军民结合成果转化项目，给予贷款额5%的贴息补助，贴息最高额不超过500万元。

3. 政府主导的各类创投基金，优先支持科研机构科技成果的产业化项目。对承担国家科技重大专项的企业和单位，地方财政给予配套资金支持。对金融机构开展专利权质押贷款给予贴息。

4. 设立企业技术创新示范奖和优秀科技创新企业家奖。对获得国家和省级以上技术创新示范企业给予奖励；对积极在本企业开展科技创新活动，引进高层次创新人才并取得显著成绩的企业家给予表彰奖励。

5. 对符合先进技术发展要求的试制品和首次投放市场的自主创新产品，实行政府首购制度；对重大自主创新产品和服务，实行政府订购制度。

（二）税收政策。

1. 加大落实企业研发费用税前加计扣除政策，明确具体操作流程，加强部门联动。

2. 企业拥有并使用于生产经营的主要或关键的固定资产，由于以下原因确需加速折旧的，可以缩短折旧年限或采取加速折旧的方法：一是由于技术进步，产品更新换代较快；二是常年处于强震动、高腐蚀状态的。加速折旧方法一经确定，不得随意变更。

3. 企业购置并实际使用《环境保护企业所得税优惠目录》、《节能节水专用企业所得税优惠目录》和《安全生产企业所得税优惠目录》规定的环境保护、节能节水、安全生产等专用设备，该专用设备投资额的10%可以从企业当年的应纳税额中抵免；当年不足抵免的，可以在以后5个纳税年度结转。

4. 省内科研机构、高等院校转化职务科技成果，以股份或出资比例等股权形式给予科技人员个人奖励，暂不征收个人所得税。

（三）金融政策。

1. 从 2013 年起，省政府连续 5 年每年整合 1 亿元资金，吸纳金融资金、国内外创业风险投资机构资金及社会资金参与，5 年内争取资金总额达到 20 亿～50 亿元，用于培育战略性新型产业，发展高新技术产业。

2. 促进科技和金融结合，在风险可控原则下和国家允许的业务范围内，鼓励政策性银行加大对企业转化科技成果和进出口关键技术设备的支持力度。对市场前景良好、具有自主知识产权且已取得商业贷款的项目，按 1 年期银行贷款基准利率给予贴息补助。

3. 鼓励保险机构开展首台（套）重大技术装备保险机制，支持企业研发和推广应用重大创新产品。

4. 对符合条件的高新技术企业发行企业债、短期融资债、中期票据、中小企业集合票据等公司信用类债券、上市融资以及已上市创新型企业再融资和市场化并购重组给予总额最高不超过 200 万元的奖励。支持科技成果出资入股并确认股权。积极推动科技创新型企业在甘肃区域股权交易市场挂牌交易，开展股权融资和私募债券融资。

5. 支持商业银行探索适应科技创新需求的金融服务模式，鼓励企业、科研单位与商业银行开展买方信贷、金融租赁等新的合作业务，扩大银行授信额度；鼓励社会资本建立产业型科技创新股权投资基金，拓展科技创新企业私募融资市场。支持金融机构进行服务创新，针对科技创新创业企业特点，开展股权、专利权、商标权的质押融资。

6. 加快全省中小企业信用担保体系建设，推进商业银行与信用担保机构的合作，鼓励各类信用担保机构为科技创新创业企业融资提供信用担保。建立科技金融结合专项风险补偿金，推动商业银行加大对科技型"小巨人"企业的贷款规模，对合作的商业银行为科技型中小企业贷款所产生的本金损失承担有限补偿和代偿责任。

（四）科技政策。

1. 鼓励企业与高等院校、科研院所合作共建研发中心，对在兰州新区设立的国家级工程技术研究中心和重点实验室，兰州新区给予 500 万元的一次性奖励；对省级企业工程技术研究中心兰州新区给予 200 万元的一次性奖励；对新认定的国家级产业技术创新战略联盟的牵头单位给予 300 万元的一次性奖励；新认定的国家级和省级企业技术中心分别给予 50 万元、30 万元的创新能力建设补助。

2. 鼓励国际国内高层次工程中心、研发中心等科研机构及中央企业、跨国公司的研发机构转移省内，按该机构新增研发仪器设备实际投资额的 30% 予以资助，其中：设立具有独立法人资格研发机构的最高资助可达 1000 万元，非独立法人研发机构的最高资助可达 500 万元。

3. 鼓励企业与院士或境内外著名高校、研发机构合作建立研发中心、企业技术中心、工程技术（研究）中心、工程实验室和重点实验室等，对认定为国家级研发机构的企业，给予 100 万元补助。对国内外知名企业、大型企业将研发机构迁至省内的，给予一定补助，最高不超过 100 万元。

4. 支持企业应用科技创新成果，对承接高等院校、科研院所重大科技成果并在省内成功转化的企业，合作的项目经认定后，给予其技术合同交易额的20%、不超过300万元的补助或贴息。

（五）人才政策。

1. 鼓励在甘高校、科研院所和国有事业、企业单位科技人员（包括担任行政领导职务的科技人员）离岗创业，3年内保留其原有身份和职称，档案工资正常晋升。

2. 鼓励在甘高校、科研院所和国有事业、企业单位职务发明成果的所得收益，按至少60%、最多95%的比例划归参与研发的科技人员及其团队拥有。

3. 对科技领军型创业人才创办的企业，允许将知识产权等无形资产按至少50%、最多70%的比例折算为技术股份。高校、科研院所转化职务科技成果以股份或出资比例等股权形式给予科技人员个人奖励，按规定暂不征收个人所得税。科技领军型创业人才申请设立科技型企业注册资本在10万元以下的，其资本注册实行"自主首付"办理注册登记，其余出资2年内缴足。

4. 企业引进的国家级有突出贡献的中青年专家、国家重点学科、重点实验室、工程研究中心主要专家，在同等条件下优先入选甘肃省领军人才、甘肃省特聘科技专家、甘肃省优秀专家等并享受相关待遇，优先推荐申报国家千人计划、长江学者、两院院士、国家杰出青年基金、享受国务院特殊津贴等，入选人选享受甘肃省引进急需紧缺人才相关政策。

5. 对于从国外、省外全职引进的急需高级专业技术人才、高级经营管理人才、高级技师等，经省委、省政府相关部门评审认定后，享受甘肃省引进急需紧缺人才相关政策，用人单位须提供免租公用周转房或发放住房补贴，可根据本人意愿在省内选择落户，相关部门和用人单位须妥善解决配偶安置、子女入学等问题。

6. 高层次人才创办的企业，经有关部门认定属高新技术企业的，5年内除按15%税率征收企业所得税外，其实际缴纳的企业所得税地方留成部分按前2年全额、后3年50%返还企业。高层次人才创办企业从事技术转让、技术开发和与之相关的技术咨询、技术服务，免征营业税和技术市场登记费。

7. 企业对技术创新中做出突出贡献的创新团队，可按创新团队完成项目新增税前利润的10%进行奖励，并据实列支计入当年成本，奖金由带头人分配，带头人所得占奖金总额的30%~50%。

8. 对获得省工信委评定的技术创新奖主要研发人员（多人研发的为前2名），在评定职称时按同级别专业奖项使用。有突出贡献的，可破格提拔或晋升专业技术职务。

（六）股权激励政策。

1. 省属高等院校、科研院所、院所转制企业、国有高新技术企业，以及创新型企业、技术中心企业、工程技术研究中心企业、重点实验室企业，鼓励企业对做出突出贡献的科技人员和经营管理人员给予股权奖励、股权出售、股份期权等股权激励。股权激励具体意见由省政府国资委会同省工信委、省科技厅、省财政厅拟定。

2. 采取股权奖励和股权出售方式的，可以按照《国务院办公厅关于国有高新技术企业开展股权激励试点工作的指导意见》（国办发〔2002〕48号）、《财政部国家发展改革委科技部劳动保障部关于企业实行自主创新激励分配制度的若干意见》（财企〔2006〕383号）的规定，按照一定的净资产增值额，以股权方式奖励有关人员，或按一定的价格系数将企业股权

（份）出售给有关人员。用于奖励股权（份）和以价格系数体现的奖励总额之和，不超过试点企业近3年税后利润形成的净资产增值额的35%。

3. 采取股份期权方式的，可以参照《国务院办公厅关于国有高新技术企业开展股权激励试点工作的指导意见》和《上市公司股权激励管理办法（试行）》（证监公司字〔2005〕151号）的规定，结合本单位的实际情况，完善股权激励业绩考核体系，设定经营难度系数，科学设置业绩指标和目标水平，切实将股权的授予、行使与激励对象业绩考核结果紧密挂钩，并根据业绩考核结果分档确定不同的股权行使比例，对有关人员实施股份期权激励。

（七）土地政策。

1. 对引进的主要承担公益性任务的国内外一流大学、科研机构所需用地，按划拨方式供应。

2. 对符合《甘肃省优先发展目录》和《农产品初加工项目目录》且用地集约的工业类科技创新项目，在确定土地出让底价时可按不低于所在地土地等别对应《全国工业用地出让最低价标准》的70%执行。对利用土地利用总体规划确定的城镇建设用地范围内的国有未利用地的工业项目，以及依法可使用上述范围外国有未利用地的工业项目，且土地前期开发由土地使用者自行完成的工业项目用地，在确定土地出让底价时可分别按不低于所在地土地等别相对应《全国工业用地出让最低价标准》的50%、15%执行。

3. 实行以"以项目带土地"的优惠政策，对于战略新兴产业和高新技术项目启动后3年内实际投资额5亿元及以上，或投产后3年内年销售额收入200万元/亩及以上，或年均从业人数500人以上的企业，按照不超过项目总用地面积7%的比例配套所需行政办公及生活服务设施用地。

4. 对企业高新技术产业化项目用地，在不改变土地用途的前提下提高土地利用率，可不再增收土地出让金，鼓励企业集约用地。

四、组织实施

（一）加强组织领导，强化统筹推进。各地、各有关部门要切实增强责任感和紧迫感，围绕全面实施创新驱动发展战略，加大推进技术创新的力度，全面提升企业创新能力。工信、科技、发改、财政、国资、教育、农业、人社、金融、工会等有关部门和单位要建立深入实施国家技术创新工程的联合推进机制，充分调动各方面的积极性，发挥各自优势，加强协同创新，形成工作合力，共同推进企业技术创新工作。各地要结合实际，制定贯彻本意见的具体方案。

（二）完善考核机制，树立发展导向。省政府国资委要建立健全国有大中型企业技术创新的经营业绩考核制度，加大研究与实验发展经费投入和技术创新指标在企业领导任期考核评价中的权重。省科技厅、省工信委等有关部门要加强对不同行业研发投入和产出的分类考核。省科技厅、省教育厅等有关部门要制定和完善以提高科研院所、高等学校科学研究的质量和效益为主的科研成果考核评价体系。省科技厅等有关部门要建立中央在甘企事业单位研发投入的考核评价机制，并将评价结果函告其主管部门。通过以上考核机制，推动企业加大研发力度，加快科技成果转化。

（三）加强监测评估，务求取得实效。加强分类指导，建立监测评价机制，对各项重点任务推进和各项政策措施落实的情况进行督促检查，定期总结和发布工作进展情况。逐步建立企业技术创新调查制度。对探索性强的政策任务要加强研究，通过试点积累经验，并及时总结推广。要加强宣传和舆论引导，大力宣传企业技术创新工作的重要意义、政策措施、进展成效和先进经验，营造有利于工作顺利推进的良好社会氛围。

甘肃省人民政府
2013 年 4 月 15 日

江西省人民政府关于进一步加强协同创新提升企业创新能力的实施意见

赣府发〔2014〕11号

各市、县（区）人民政府，省政府各部门：

为深入贯彻党的十八大、十八届三中全会和省委十三届七次、八次全会精神，进一步落实国务院办公厅《关于强化企业技术创新主体地位，全面提升企业创新能力的意见》和省委、省政府《关于大力推进科技协同创新的决定》要求，推动江西产业升级、经济转型和科技创新取得新的突破，结合江西实际，现就加强协同创新，提升企业创新能力，增强企业核心竞争力，提出以下实施意见。

一、加强企业创新能力建设

（一）激励企业加大技术创新投入。建立健全以企业创新需求为导向的科技计划项目立项机制。从现在起至2017年，省财政科技拨款技术开发类经费的80%投向企业研发，投向企业研发经费的80%投向战略性新兴产业。国资管理部门通过有效措施确保出资监管工业企业科技活动经费支出达到销售收入2%以上，重点骨干企业达3%以上。支持和鼓励省级以上企业技术中心、高新技术企业和创新型（试点）企业加大研发经费投入，对研发经费投入大的企业，由科技行政主管部门给予奖励性研发经费补助。

（二）支持企业建设高水平研发机构、研发平台。省属国有工业企业、国家级和省级龙头企业应当建立研究开发机构，并作为申报项目的条件。加强对国有企业技术创新活动和研发机构绩效考核，逐步提高技术创新考核分值在企业经营业绩考核中的比重，并直接与企业班子成员的考核与薪酬挂钩。鼓励规模以上工业企业建立研发机构；鼓励支持有条件的企业申报国家级工程（技术）研究中心、重点实验室；鼓励高等院校科研院所与企业合作设立研发机构；加大对省级工程（技术）研究中心、重点实验室和企业技术中心动态管理和绩效评估考核，并择优给予项目资金支持。

（三）提高对企业专利申请和授权的支持力度。加快构建以企业为主体的专利创造、运用、保护和管理体系，对以我省拥有的核心专利技术形成的有良好市场前景的产品，科技、财政部门将给予项目立项、研发资金配套、后补助、知识产权质押、融资贴息等支持。省、市、县知识产权主管部门加大对专利（含国防专利），特别是发明专利申请和授权的支持力度。到2017年，培育20家专利过千件的大型企业，200家专利过百件的高新技术企业，2000家专利过十件的规模以上企业，2万家专利至少1件的中小微企业；鼓励企业建立专利数据库平台，引导产业创新发展。

（四）促进科技资源向企业研发机构、研发平台集聚。科技、财政部门要制订有效措施，鼓励财政资金资助的科研基础设施和科技项目信息资源向企业开放，鼓励高等院校、科研院所与企业联合建立博士后创新实践基地、技术创新联盟等创新组织，为企业技术创新提供支持和服务；整合建设一批专业公共技术研发服务平台，为中小微企业提供仪器、数据、文献共享和专业技术服务。对为企业开放资源绩效显著的单位，财政、科技部门在安排相关专项资金时给予倾斜。

（五）培育组建一批科技协同创新体。围绕战略性新兴产业发展，遵循市场运行机制，以有研发中心的龙头企业、骨干企业为主体，联合省内外企业、高校和科研院所等各类优势科技资源，按照成熟一个、组建一个的原则，引导培育组建一批科技协同创新体，突破一批产业关键、核心和共性技术，形成一批极具市场竞争力的重大战略产品。

二、培育一批科技型企业

（六）加快培育高新技术企业。科技行政主管部门建立高新技术企业备选数据库，选择重点培育对象一对一开展高新技术企业培育服务工作。对已获得省外高新技术企业证书的企业在我省投资设立的生产同一高新技术产品的全资子公司，视同我省认定的高新技术企业，并相应颁发高新技术企业证书。搭建高新技术企业与政府、金融机构、科研机构、高等院校之间交流合作服务平台，扶持高新技术企业上市。每年新认定高新技术企业增长30%以上。

（七）大力发展民营创新型企业。培育发展一批具有持续创新能力、自主知识产权、知名品牌、较强国际竞争力的民营创新型企业。支持和引导企业技术创新与管理创新相结合，开展产品创新、商务模式创新、组织方式创新，向总部型、品牌型、高新型、上市型、产业联盟主导型企业方向发展。到2017年，拥有国家级创新型（试点）企业20家。

（八）加大各类创新型企业引进力度。落实有关政策，大力推进央企入赣、民企入赣、外企入赣，加强与央企、民企、外企的联系，以更优的环境招商引企。引进具有国际先进水平的高新技术成果并形成产业化规模的企业，经省级科技部门组织专家认定后，其属地财政等部门对企业的创新活动应给予大力支持，申报的科技项目优先立项。

（九）促进传统型企业改造提升。政府相关部门采取以奖代补、贷款贴息、创业投资引导等多种方式，支持传统型企业承接和采用新技术、新产品、新工艺，开展新技术新产品的工程化研究应用。鼓励支持企业申请国家科技项目，对获得国家立项的项目，省级有关部门优先从现有相关专项资金中给予支持。省市企业技术改造专项资金要向传统企业承接的科技成果转化项目倾斜；对传统优势产业改造提升的共性技术需求，由政府相关部门组织重大科技专项攻关。按照创新型企业建设的条件和要求，引导传统型企业发展成为创新型企业。

（十）大力培育中介机构。以政府购买服务等方式，鼓励中小企业公共服务平台贴近科技型中小微企业需求，提供政务代理、创业孵化、融资担保、管理咨询、人才培训、技术研发等全方位服务，不断丰富服务内容，提升服务水平，加快科技型中小微企业成长壮大。加快发展和培育一批科技企业孵化、法律会计服务、人力资源管理、科技成果评估等专业中介机构，健全知识产权评估、登记、托管、流转服务中介机构，规范知识产权评估定价标准，简化知识产权登记确权流程。

三、发挥企业科技成果转化的主体作用

（十一）推动科技成果产业化。对省内成功转化高校、科研院所重大科技成果的企业，由省市科技、工信、发改等部门给予成果转化后补助或转化项目立项。省战略性新兴产业投资引导资金重点支持企业高新技术成果产业化项目。支持中小微企业与高校、科研院所建立一对一长期稳定的技术依托关系，吸引社会科技力量参与先进技术消化、吸收和成果转化应用，提升企业承接和转化科技成果的能力。由中小企业管理部门开展一企一技示范企业认定，通过后补助等方式支持中小微企业转化应用科技成果，提升技术创新水平。

（十二）加大科技对外合作交流力度。鼓励企业加强与国际及国内一流高等院校、科研机构、企业和科技创新资源雄厚的国家高新区合作，拓宽引进国内外优势科技资源渠道，建立健全国际、省际、省校科技开放合作的机制，对引进新技术新成果或者采取委托开发、合作开发等方式形成的市场前景广的科技成果，由省市科技、工信、发改等部门给予奖励或后补助。

（十三）促进科技资源与产业对接。以现代信息网络技术为手段，依托江西省产学研用协同创新体、企业技术创新中心、院士专家服务站等服务平台，以在线科技成果对接会等形式建立网上常设技术市场，引导供需双方在约定的时间内实现同步在线对接，分产业领域常态化进行，促进省内外科技资源与我省战略性新兴产业领域的企业实行有效对接，推进技术转移和成果转化。

四、促进科技创新人才向企业集聚

（十四）加快培育企业创新创业人才队伍。结合我省"赣鄱英才555工程"、优秀高层次人才引进计划等，加大引进企业急需的海内外高层次创新人才和优势创新团队，培育一批具有行业前沿水平的创新领军人才。省政府有关部门对企业牵头的重点领域优势创新团队给予研发经费倾斜。对每位遴选引进来赣的"千人计划"、"外专千人计划"等人才，省财政给予1000万元的创新创业事业发展资金支持。

（十五）支持科技人员有序合理流动。鼓励科技人员和大学毕业生到企业从事科技创新工作，鼓励人才在企业和高校、科研院所之间双向流动，支持科技人员到企业开展技术创新活动。对省属高校、科研单位现有高层次专业技术人才到企业从事科技开发的，经所在单位同意，其人事关系3年内可保留在原单位，期间停发工资，档案工资按国家规定增加。期满后，不回单位的，人事关系挂人才中心。鼓励高校学生创立科技型企业，允许学习期限延长1~3年，创业时间可视为实习和实践教育，并折算为一定的学分。

（十六）鼓励技术要素参与收益分配。企业可采取股权奖励、股权出售、股票期权、岗位分红、项目收益分红等形式，激发科技人员的积极性和创造性。鼓励企业对在技术创新中作出重大贡献的科技人员给予重奖。

五、落实鼓励企业创新的财税政策

（十七）加大企业技术创新投入所得税前扣除力度。对企业为开发新技术、新产品、新工艺发生的研究开发费，未形成无形资产计入当期损益的，在按照规定据实扣除的基础上，按照

研究开发费用的50%加计扣除；形成无形资产的，按照无形资产成本的150%摊销。

（十八）落实企业所得税优惠政策。对省级认定的高新技术企业，按规定减按15%税率征收企业所得税。加速固定资产折旧。企业的固定资产由于技术进步、产品更新换代较快的，可加速折旧。采取缩短折旧年限方法的，最低折旧年限不得低于企业所得税实施条例规定最低折旧年限的60%；采取加速折旧方法的，可以采取双倍余额递减法或年数总和法。

（十九）落实技术转移税收政策。自2013年8月1日起，对单位和个人从事技术转让、技术开发业务和与之相关的技术咨询、技术服务业务取得的收入，免征增值税。一个纳税年度内，居民企业技术转让所得不超过500万元的部分，免征企业所得税；超过500万元的部分，减半征收企业所得税。

（二十）落实创业投资企业的应纳税所得额抵扣。创业投资企业采取股权投资方式投资于未上市的中小高新技术企业2年以上的，可以按照其投资额的70%在股权持有满2年的当年抵扣该创业投资企业的应纳税所得额；当年不足抵扣的，可在以后纳税年度结转抵扣。

（二十一）落实政府采购扶持政策。落实政府采购预算安排科技型中小企业比例不低于30%，对科技型中小微企业产品价格给予6%～10%的扣除，用扣除后价格参与评审等政策优惠，积极推动政府采购科技型中小企业产品和服务。

六、加快科技金融发展步伐

（二十二）优化科技型企业的融资环境。支持各类金融机构大力开展科技金融业务，实行倾斜管理模式，鼓励银行积极发展科技支行，实行单独审批模式，增加业务权限，单独经营考核，加大信贷力度，做大做实科技信贷业务；促进证券机构加大对科技型企业上市或挂牌的保荐力度；引导社会资金广泛设立科技创业投资基金；引导社会融资担保机构积极开展科技担保业务；研究适应科技型企业特点的科技保险品种，加强企业创新风险保障。支持科技型中小微企业依托行业协会、商会、企业按照自愿组合、风险共担的方式组成联保体，约定联保责任，明确分保额度，由金融机构对联保体实行综合授信。积极探索科技型中小微企业法人代表或大股东个人资产连带责任担保、联户担保、经济联合体担保等多种新型担保方式。

（二十三）创新科技与金融结合的方式。科技、财政部门应整合相关资金，引导和支持金融机构采用发行企业债、公司债、中期票据、中小企业集合票据、中小企业私募债、担保、买（卖）方信贷、核心专利和股权质押贷款、融资租赁、小额贷款、集合信托、科技保险等方式，支持科技型企业开展技术创新融资。试行科技型企业业务订单质押抵押贷款，不断提高对信用优秀的企业订单质押抵押比例。大力推动融资租赁、金融租赁公司等规范发展，为科技型企业、科研院所等开展科技研发和技术改造提供大型设备、精密器材、研发场所等服务。

（二十四）搭建省级科技投融资平台。科技部门要与金融部门建立科技型企业信息资源平台，定期向金融部门推荐重点科技型企业和各类科技计划支持的重点项目，整合银行、证券、投资及技术等资源，完善企业创新各阶段的投融资组合设计。支持和鼓励科技型企业上市、在全国中小企业股份转让系统及我省区域股权交易市场挂牌，通过发行中小企业私募债、设立资产证券化产品、吸收私募股权投资基金等多种方式融资发展。

七、强化企业创新引导

（二十五）发布年度企业技术创新重点方向。根据国家有关产业政策和各类重点支持目录,以及省战略性新兴产业发展规划、延伸产业链规划、科技创新规划、重大技术引进和创新项目指南,结合突破产业发展瓶颈及发展战略性新兴产业急需,每年修订、发布企业技术创新重点方向,为企业技术创新提供指导。

(二十六)制定企业技术创新年度计划。定期组织企业申报技术创新重点项目,对项目先进性、可行性和产业前景进行评审,优选一批企业技术创新年度计划,加大支持力度。

各地、各有关部门要围绕实施创新驱动发展战略,提升企业创新能力,加强分类指导,建立监测评价机制,对各项重点任务推进和政策措施落实情况进行督促检查,定期总结和发布工作进展情况。要进一步加大宣传和舆论引导力度,大力宣传企业创新工作的重要意义、政策措施、进展成效和先进经验,营造有利于工作顺利推进的良好社会氛围。

安徽省人民政府办公厅关于印发实施创新驱动发展战略进一步加快创新型省份建设配套文件的通知

皖政办〔2014〕8号

各市、县人民政府,省政府各部门、各直属机构:

为贯彻落实《中共安徽省委安徽省人民政府关于实施创新驱动发展战略进一步加快创新型省份建设的意见》(皖发〔2014〕4号)精神,切实做好创新安徽建设工作,经省政府同意,现将《安徽省支持自主创新能力建设实施细则(试行)》等6个配套文件印发给你们,请遵照执行。

安徽省人民政府办公厅
2014年2月23日

安徽省支持自主创新能力建设实施细则(试行)

第一条 为加强我省自主创新能力建设,根据《中共安徽省委安徽省人民政府关于实施创新驱动发展战略进一步加快创新型省份建设的意见》(皖发〔2014〕4号)精神,制定本细则。

第二条 围绕省主导产业及各设区的市(以下简称市)首位产业,依据各市区域创新能力发展规划,以提高企业应用研发能力和核心竞争力为重点,按照企业投入为主、省市县联动、扶优扶强、滚动支持的原则,对企业建设研发机构、购置研发项目所需关键仪器设备和承担重大科技项目等,在企业主体投入、市(或县,含县级市,下同)先行补助的基础上,省创新型省份建设专项资金按不高于市或县补助额度予以配套支持。

第三条 省、市(或县)对下列企业购置用于研发的关键仪器设备,分别按其年度实际支出额的15%予以补助,单台仪器设备补助分别不超过200万元,单个企业补助分别不超过500万元。

1. 销售收入2亿元以上、研发投入占主营业务收入比例3%以上,以技术为主的综合实力省内领先、行业一流的骨干企业;
2. 省外或境外高校、科研机构、企业在我省企业设立的国家级应用研发机构或分支机构;

3. 产业技术研究院等产学研用结合的新型研发机构。

第四条 对我省企业在境外设立、合办或收购研发机构的，省、市（或县）分别按其当年实际投资额的10%予以补助，省、市（或县）补助分别不超过500万元。

第五条 对新认定的国家级重点（工程）实验室、工程（技术）研究中心，省、市（或县）分别一次性奖励300万元。对新认定的企业建设的国家级质检中心，省、市（或县）分别一次性奖励200万元。对新认定的国家级企业技术中心，省、市（或县）分别一次性奖励100万元。对国家级工程（技术）研究中心、国家级企业技术中心在国家组织的运行评估中获优秀等次的，省、市（或县）分别一次性奖励100万元。上述奖励省级不重复安排。

第六条 对企业牵头承担的国家科技支撑计划、科技重大专项等重大项目，省、市（或县）按国家下拨经费的5%～10%比例分别予以补助，省补助额度不超过500万元。

第七条 申请补助单位每年按照省科技、财政部门年初发布的通知要求，提供用于研发项目的仪器设备购置清单、购置发票、市或县先行补助等证明材料，由所在市科技、财政部门会同相关部门审查，经市政府审核后报省科技部门。

第八条 建立省联席会议制度，省科技部门会同省财政、发展改革、经济和信息化、教育、质监等部门，对各地提出的申请予以认定并提出补助建议，经公示、报省政府审定等程序后，拨付补助资金。

第九条 申请补助材料必须真实、准确、可靠，所在市要严格审查把关。对以弄虚作假等方式套取财政资金的，一经核实，追回全额资金，并按规定予以处罚，列入省诚信数据库，5年之内不得申报各类政府补助资金；构成犯罪的，依法追究刑事责任。

第十条 凡实名举报套取财政资金经查证属实的，由省科技部门奖励举报人。

第十一条 各市、县负责资金补助的日常管理工作。省建立决策评估机制，省有关部门按照职能分别负责绩效评估和跟踪问效。

第十二条 本细则由省科技、财政部门解释，自公布之日起施行。

安徽省国家重点新产品研发后补助实施细则（试行）

第一条 为促进我省企业研发新产品，根据《中共安徽省委安徽省人民政府关于实施创新驱动发展战略进一步加快创新型省份建设的意见》（皖发〔2014〕4号）精神，制定本细则。

第二条 省创新型省份建设专项资金对上一年度具有自主知识产权、技术含量高、首次（批）在市场推广应用并获批为国家级的重点新产品，采取研发后补助的方式给予支持。

第三条 申请省创新型省份建设专项资金研发后补助的重点新产品须同时满足以下条件：

（一）获科技部颁发的国家重点新产品证书；

（二）属于省主导产业或市首位产业；

（三）所在设区的市（简称市）或县（含县级市）已先行给予补助。

第四条 省后补助金额原则上不高于市或县的先行补助金额。省后补助额度按企业重点新产品销售收入在当年国家重点新产品中的排序分档确定，排序 1~10 名的，每个补助 100 万元；排序 11~30 名的，每个补助 60 万元；排序 30 名以后的，每个补助 30 万元。重点新产品销售收入数据以统计部门为准。

第五条 申报后补助的企业每年按照省科技、财政部门年初发布的通知要求，提供相关资料，由所在市科技、财政部门审查，经市政府审核后报省科技部门。

第六条 省科技部门会同省财政部门对各市上报申请补助的企业进行审核，提出后补助建议，经公示、报省政府审定等程序后，拨付后补助资金。

第七条 企业获得的省后补助资金必须专项用于新产品再开发，经费开支必须符合省创新型省份建设专项资金管理的相关规定，并接受省财政、科技、审计等部门监督审计。

第八条 申请后补助材料必须真实、准确、可靠，所在市要严格审查把关。对以弄虚作假等方式套取财政资金的，一经核实，追回全额资金，并按规定予以处罚，列入省诚信数据库，5 年之内不得申报各类政府补助资金；构成犯罪的，依法追究刑事责任。

第九条 凡实名举报套取财政资金经查证属实的，由省科技部门奖励举报人。

第十条 本细则由省科技、财政部门解释，自公布之日起施行。

安徽省鼓励科技人员创新创业实施细则（试行）

第一条 为鼓励我省科技人员创新创业，根据《中共安徽省委安徽省人民政府关于实施创新驱动发展战略进一步加快创新型省份建设的意见》（皖发［2014］4 号）精神，制定本细则。

第二条 鼓励高校、科研院所科技人员在完成本职工作的前提下兼职在本省从事科技创业、成果转化等活动，由此产生的收入归个人所有。

第三条 鼓励高校、科研院所设立科技创业岗，让科技人员专职从事科技创业、成果转化等活动。在创业岗工作的科技人员待遇，由所在单位根据其科技创业、成果转化等的绩效考核情况确定。

第四条 鼓励高校允许全日制在校大学生（含研究生）休学在本省从事科技创业、成果转化等活动，休学时间可视为其参加实习、实训、实践教育的时间。在规定时间内，重返学校完成学业。

第五条 鼓励高校、科研院所将职务发明成果转化、转让等收益中单位留成部分，按至少 60%、最多 95% 的比例划归参与研发的科技人员及其团队。高校、科研院所职务发明成果 1 年内未实施转化的，在成果所有权不变更的前提下，成果完成人或团队拥有成果转化处置权，转化收益中单位留成部分，按至少 70%、最多 95% 比例划归成果完成人或团队。高校、科研院所科技人员创办的科技型企业，其知识产权等无形资产可按至少 50%、最多 70% 比例折算为技术股份。

第六条 高校、科研院所转化职务科技成果以股份或出资比例等股权形式给予科技人员个人的奖励，经税务部门审核，暂不缴纳个人所得税；在股份、出资比例分红和转让时，按国家有关政策缴纳个人所得税。

第七条 允许在引进的科技领军型人才和创业团队创办的科技型企业中，将地方国有股份

3年内分红的一定比例（不超过50%）以及按投入时约定的固定回报方式退出的超出部分，用于奖励科技领军型人才和创业团队。

第八条 鼓励市、县针对科技人员探索开展企业股权、期权、分红等奖励试点。

第九条 科技人员从事科技创业、成果转化等活动取得的业绩，可作为申报专业技术资格的条件。高校、科研院所拟评定副高级及以上专业技术职称的应用科技类人员，必须在企业或基层一线累计工作至少满1年，其中连续工作时间至少满半年。

第十条 本细则由省科技部门会同省有关部门解释，自公布之日起施行。

安徽省扶持高层次科技人才团队来皖创新创业实施细则（试行）

第一条 为吸引、扶持省外、境外高层次科技人才团队（以下简称科技团队）来我省创新创业，根据《中共安徽省委安徽省人民政府关于实施创新驱动发展战略进一步加快创新型省份建设的意见》（皖发〔2014〕4号）精神，制定本细则。

第二条 省、设区的市（简称市，含省直管县）对携带具有自主知识产权的科技成果、高新技术产品，来我省创办公司或与省内企业共同设立公司，开展科技成果转化、高新技术产品产业化活动的省（境）外科技团队，给予支持。

第三条 省科技部门会同省发展改革等部门以及各市政府，根据省主导产业、战略性新兴产业发展和各市招引需求，制定年度科技团队招引方案，报省政府审定。

第四条 省科技部门按照省政府批准的年度科技团队招引方案，面向全球公开招引科技团队，并组织专家从技术、领军人才和商业运营模式等方面对申报的科技团队进行综合评估，排出顺序，列入省科技团队备选库，向各市发布。

第五条 各市主动与省科技团队备选库的科技团队进行对接，商定组建公司方案，签订创业合作协议（市里支持每个科技团队不少于1000万元），项目成功落地后可申请省科技团队来皖创新创业扶持资金（以下简称省扶持资金）。

第六条 省科技部门根据各市申报情况，按照进入省科技团队备选库的科技团队排序，提出拟支持的10个左右科技团队建议名单，原则上每个市不超过2个。建议名单经公示后报省政府审定。

第七条 省、市对省政府审定的科技团队，重点进行以下支持：

（一）省创新型省份建设专项资金每年安排1亿元作为省扶持资金，支持10个左右的科技团队来皖创新创业。

（二）对来我省创新创业的科技团队，省对每个团队出资参股1000万元。

（三）科技团队创办的企业5年内在国内主板、中小板、创业板成功上市的，省扶持资金在企业中所占股份全部奖励给团队成员，每延迟1年上市奖励比例减少20%；或达到协议约定的主营业务收入、上缴税收等，按照协议约定给予奖励。

（四）科技团队可以其携带的科技成果、高新技术产品、资金及研发技能、管理经验等人力资本入股，团队在所在企业的股份一般不低于20%。

（五）相关市在土地供给、基础设施配套、前期工作场所和生活场所提供以及科技团队成员配偶就业、子女就学等方面给予支持。

第八条 省政府委托省属企业作为出资人，按照相关法律法规和政策规定，与省政府重点支持的科技团队及其他投资主体共同签订投资协议。

第九条 各市是支持、服务科技团队创新创业的责任主体。省科技部门会同省发展改革、经济和信息化、财政、人力资源社会保障、公安、国土资源、外事等部门，负责协调相关市落实支持科技团队创新创业的有关政策。

第十条 科技团队必须提供真实、有效的申请资助材料，所在市要严格审查把关。对以弄虚作假等方式套取财政资金的，一经核实，追回全额资金，并按规定予以处罚，列入省诚信数据库，5年之内不得申报各类政府补助资金；构成犯罪的，依法追究刑事责任。

第十一条 凡实名举报套取财政资金经查证属实的，由省科技部门奖励举报人。

第十二条 本细则由省科技、财政等部门解释，自公布之日起施行。

安徽省大型科学仪器设备资源共享共用补助实施细则（试行）

第一条 为提高我省科技资源使用效率，根据《中共安徽省委安徽省人民政府关于实施创新驱动发展战略进一步加快创新型省份建设的意见》（皖发〔2014〕4号）精神，制定本细则。

第二条 大型科学仪器设备（以下简称仪器设备）是指在科学研究、技术开发及其他科技活动中使用的，单台价格在50万元以上、成套价格在100万元以上的仪器设备。

第三条 纳入安徽省仪器设备共享平台网向社会开放服务的仪器设备拥有单位，以及租用上述仪器设备进行新产品、新技术、新工艺开发的单位，分别享受省、设区的市（简称市）或县（含县级市）补助。

第四条 省按出租仪器设备年度收入的20%给予仪器设备拥有单位补助，最高不超过100万元，补助资金用于仪器设备的更新、维护和运行等；租用单位所在市或县按租用仪器设备年度支出的20%给予租用单位补助，最高不超过30万元。

第五条 仪器设备拥有单位可通过安徽省仪器设备共享平台网提出省补助申请，提供相关证明材料，由所在市或县科技部门审查，经市政府审核后报省科技部门。仪器设备租用单位申请补助程序由市或县自行制定。

第六条 省科技部门会同省财政、教育部门提出补助建议，在安徽省仪器设备共享平台网公示公告7个工作日，公示内容列明用户情况、使用时间和出租资金等。公示公告无异议的，由省科技、财政部门联合上报省政府审定。

第七条 省科技部门会同省财政、教育部门定期对省补助资金的使用情况进行监督和检查，并委托专业审计机构对已拨付资金按10%的比例进行抽查审计。对以弄虚作假等方式套取财政资金的，一经核实，追回全额资金，并按规定予以处罚，列入省诚信数据库，5年之内不得申报各类政府补助资金；构成犯罪的，依法追究刑事责任。

第八条　凡实名举报套取财政资金经查证属实的，由省科技部门奖励举报人。

第九条　安徽省大型科学仪器设备共享平台网由省科技部门负责建设和管理。

第十条　本细则由省科技、财政部门解释，自公布之日起施行。

安徽省市县创新能力评价实施细则（试行）

第一条　为科学评价我省设区的市（简称市）、县（含县级市）创新能力，根据《中共安徽省委安徽省人民政府关于实施创新驱动发展战略进一步加快创新型省份建设的意见》（皖发〔2014〕4号）精神，制定本细则。

第二条　省建立简明可行的评价指标体系（见附件），评价指标注重实体经济发展，注重支撑产业结构优化升级。

第三条　以省政府对市政府目标管理绩效考核为基础，设置相应的指标权重，评价各市、县创新能力总体水平和进步情况。

第四条　采用多指标综合评价方法加权平均计算，数据来源于省统计、商务、科技等部门。

第五条　每年第一季度由省科技、统计部门联合发布各市、县创新能力评价结果，纳入对市、县政府目标管理绩效考核。

第六条　本细则由省科技部门解释，自公布之日起施行。

附件：1. 安徽省市创新能力评价指标体系
　　　2. 安徽省县创新能力评价指标体系

附件1：

安徽省市创新能力评价指标体系

序号	指标	权重
1	R&D经费支出占GDP比重（%）	14
2	万人发明专利申请及授权量（件/万人）	13
3	高新技术企业数及与规上工业企业数之比（%）	13
4	每万名就业人员的研发人力投入（人年）	10
5	规上工业企业中有研发机构的比重（%）	10
6	规上工业企业研发投入占主营业务收入的比重（%）	10
7	高新技术产品进出口总额占进出口总额比重（%）	10
8	高新技术产业增加值占GDP比重（%）	10

续表

序号	指　标	权重
9	规上工业企业新产品销售收入占主营业务收入比重（%）	10
加分因素 （5分）	（1）企业创新人才：引进列入中组部高层次人才、安徽省创新创业团队的科技团队，每个团队加0.5分，累计不超过1分。 （2）企业研发能力：新增的国家级重点（工程）实验室、工程（技术）研究中心、企业技术中心、质检中心，新增1家加0.5分，累计不超过1分。 （3）企业科研成果：获得国家科技奖励，一等奖每项加1分，二等奖每项加0.5分，累计不超过1分。 （4）获全国科技进步先进市（有效期内）加2分。	

附件2：

安徽省县创新能力评价指标体系

序号	指　标	权重
1	R&D经费支出占GDP比重（%）	18
2	万人发明专利申请及授权量（件/万人）	18
3	每万名就业人员的研发人力投入（人年）	16
4	高新技术企业数及与规上工业企业数之比（%）	16
5	规模以上工业企业中有研发机构的比重（%）	16
6	规模以上工业企业新产品销售收入占主营业务收入比重（%）	16
加分因素 （2分）	获全国科技进步先进县（有效期内）加2分。	

广西壮族自治区人民政府办公厅关于印发强化企业技术创新主体地位全面提升企业创新能力实施方案的通知

桂政办发〔2014〕12号

各市、县人民政府，自治区农垦局，自治区人民政府各组成部门、各直属机构：

《强化企业技术创新主体地位全面提升企业创新能力实施方案》已经自治区人民政府同意，现印发给你们，请结合实际，认真组织实施。

2014年1月27日

强化企业技术创新主体地位全面提升企业创新能力实施方案

为贯彻落实《国务院办公厅关于强化企业技术创新主体地位全面提升企业创新能力的意见》（国办发〔2013〕8号）精神，深入实施创新驱动引领行动计划，强化企业技术创新主体地位，全面提升企业创新能力，特制定本方案。

一、总体目标

到2015年，大中型工业企业平均研发投入占主营业务收入比例提高到1.5%左右；每万名从业人员的研发人力投入达到43人年以上；每万人从业人员发明专利拥有量达到40件以上；加快建设25家工程院、300家企业技术中心、100家研发中心、200家工程技术研究中心、30家技术创新示范企业、100家创新型企业、600家高新技术企业等一批自治区级企业研发平台。

到2020年，企业主导产业技术研发创新的体制机制更加完善，创新环境进一步优化，企业研发费用占主营业务收入的比重进一步提高，企业拥有的知识产权质量和数量全面提升。重点产业技术创新水平居全国中等行列，形成一批具有重大影响的技术创新成果。培育一批创新能力、规模与品牌位居国内前列的创新型领军企业。

二、工作重点

（一）加快建立以企业为主体的技术创新体系。通过实施创新发展计划、税收、金融、政府采购等政策支持，促使企业真正成为研究开发投入的主体、技术创新的主体、创新成果应用的主体。支持企业自建或与高等院校、科研机构联合建立技术开发机构，完善技术创新运行机制,在重点领域形成一批以企业为主体、高等院校和科研院所广泛参与、利益共享和风险共担的产学研用战略联盟。发挥各种所有制企业的创新主体作用,深化我区与央企的战略合作,积极争取国家重大技术创新和战略性新兴产业发展任务在广西实施;支持地方国有企业增强创新动力,落实国有企业研发投入视同利润等考核措施;鼓励和支持民营企业加快提升技术创新能力,支持"专精特新"中小企业发展。(自治区工业和信息化委、科技厅、发展改革委、教育厅,各市人民政府具体推进)

(二)鼓励支持企业建立创新和产业共性技术研发平台。重点支持我区优势特色产业和战略性新兴产业的行业龙头企业建立一流的企业技术创新和产业化平台。加快建设一批自治区工程院、企业技术中心、研发中心、工程技术研究中心、技术创新示范企业和创新型企业。针对重点行业和技术领域特点和需求,在食品、汽车、石化、电力、有色金属、冶金、机械、建材、造纸与木材、电子信息、医药、纺织服装与皮革、生物、修造船与海洋工程装备14个重点产业和新材料、新能源、节能环保、海洋、生物医药、新一代信息技术、新能源汽车、生物农业、先进装备制造、养生长寿健康10个战略性新兴产业中,依托行业龙头企业,加强与高等院校、科研院所合作,推动建设一批自治区产业化工程院和研发中心,加强共性技术研发和创新成果产业化。(自治区工业和信息化委、科技厅、发展改革委,各市人民政府具体推进)

(三)支持建立以企业为主导的产业技术创新战略联盟和产学研用合作机制。围绕我区主导产业发展和战略性新兴产业培育需求,依托龙头企业,联合高等院校、科研机构,建立成果和资源共享、风险共担的产业技术创新战略联盟。鼓励和支持联盟在组织模式、运行机制和发挥行业作用、承担重大产业技术创新任务、落实自主创新政策等方面先试先行。充分建立政府引导、企业主导、高等院校和科研机构协同推进的产学研用合作机制。引导和支持企业联合高等院校、科研机构共建研发中心、技术中心、博士后工作站、重点实验室等创新平台。鼓励技术持有方以技术、设备入股等形式,与投资者建立优势互补、风险共担、利益共享的合作实体,实现产业发展与科技研发的共生融合。(自治区工业和信息化委、科技厅、发展改革委,各市人民政府具体推进)

(四)大力培育创新型中小企业。自治区科技计划优先支持创新型中小企业开展产学研用合作,进行产业重大、关键技术攻关。全面推进科技企业孵化器建设,为中小企业提供创新创业载体。支持创新型中小企业申报国家各类高新技术产业项目。重点扶持具备条件的企业创建国家工程技术研究中心、国家工程研究中心(工程实验室)和国家企业技术中心。积极推进设立国家参股创业投资基金,鼓励企业参与股权转让代办系统和柜台交易市场进行股份转让。支持有条件的创新型企业在国内主板和中小企业板、创业板上市。(自治区科技厅、工业和信息化委、发展改革委、金融办,各市人民政府具体推进)

(五)提升企业技术创新开放合作水平。鼓励企业通过人才引进、技术引进、合作研发、委托研发、建立联合研发中心、参股并购、专利交叉许可等方式开展国际、国内创新合作。加强科技创新信息收集分析,为企业开展科技合作提供服务。鼓励企业到海外、区外建立研发机构,联合科研院所承担科技合作项目。支持企业参加各类技术标准制订、修订。加大科技计划开放合作力度,鼓励跨国公司、区外大型企业依法在我区设立研发机构,与我区企业开展合作研发,共建研发平台,联合培养人才。(自治区科技厅、工业和信息化委、发展改革委、质监局,各市人民政府具体推进)

（六）引导技术创新人才向企业集聚。以工程院、企业技术中心、研发中心、工程技术中心等企业技术创新平台为载体，大力引进国内外科技创新团队和科技领军人才，自治区人民政府从创业资金等方面给予资助。加强自治区专业技术人才和高技能人才队伍建设，鼓励和支持企业开展工程技术人员的在职培训和高级研修。以重大工程的实施为载体，系统培养产业关键领域紧缺工程技术人才。健全科技人才流动机制，鼓励科研院所、高等院校和企业创新人才双向流动和兼职。继续坚持企业院士专家工作站、博士后工作站、科技特派员等科技人员服务企业的有效方式，不断完善评价制度，构建长效机制。通过修改职称评审条件，将科技人员服务企业的突出贡献作为职称评审的重要业绩成果，作为其申报职称的重要依据。开展职工合理化建议、技术革新、技能大赛等技术创新活动，对有突出贡献的职工优先晋升技术技能等级，充分调动职工参与技术创新的积极性。（自治区人力资源社会保障厅、科技厅、教育厅、工业和信息化委、发展改革委，各市人民政府具体推进）

（七）加快建设技术创新公共服务平台。加快建设一批支撑产业发展的高层次研究机构、高水平研发中心，构建一批面向企业技术创新的综合性和专业性服务平台。吸纳国内外创新资源，重点建设一批工程研究中心（实验室）、企业技术中心、重点实验室等研发机构。加快建设新产品、新技术推广和交易平台，建立技术需求和科研成果发布工作机制，举办新产品研发、设计、营销和产业化方面的培训，举办专业展会推介新产品和新技术。对工业新产品认定、新技术鉴定等提供咨询服务。（自治区工业和信息化委、科技厅、发展改革委，各市人民政府具体推进）

（八）推动科技资源开放共享。建立健全科研院所、高等院校、企业的科研设施和仪器设备等科技资源向社会开放的合理运行机制。加大国家和自治区重点实验室、工程实验室、工程（技术）研究中心、大型科学仪器中心、分析测试中心等向企业开放服务的力度，将资源开放共享情况作为绩效考核的重要指标。加强对自治区科技基础条件平台开放服务工作的绩效评价和奖励补助，积极引导拥有科技资源的单位主动对企业开展专题服务。加强区域性科研设备协作，提高对企业技术创新的支撑服务能力。（自治区科技厅、教育厅、发展改革委，各市人民政府具体推进）

三、保障措施

（一）加强组织领导和协调。各级政府要建立强化企业技术创新主体地位目标责任制，把企业技术创新、财政经费投入等主要指标纳入各级政府绩效考核内容。要建立有效工作机制，制定年度推进工作方案，落实工作责任。各相关部门、单位要充分发挥职能作用，加强工作指导和统筹协调，推动企业创新能力的提升。（责任单位：自治区工业和信息化委、科技厅等，各市人民政府）

（二）鼓励支持企业加大创新投入。在企业申报技术创新计划、新产品产业化等方面加大政策引导力度，鼓励和支持企业开展技术创新活动。积极探索技术创新经费投入方式。鼓励企业建立各类创新平台和开展研发活动。对于企业与国内高等院校、科研机构进行合作的创新成果，并在区内实现产业化的，优先予以支持。制定各行业企业研发投入强度（研发费用占主营业务收入比重）评价指标，对研发投入超过指标的优势企业加大支持力度。重点支持行业龙头企业针对制约发展的重大技术问题进行攻关，研制开发一批高技术重点产品。对企业依据技术

发展路线图开展的研发活动给予综合支持。（责任单位：自治区工业和信息化委、科技厅、发展改革委等，各市人民政府）

（三）落实鼓励企业创新政策。抓好国家和自治区扶持企业创新的政策及实施细则的贯彻落实，重点落实好企业研究开发费用加计扣除的税收优惠。企业为开发新技术、新产品、新工艺发生的研究开发费用，未形成无形资产计入当期损益的，在税法规定据实扣除的基础上，按照研究开发费用的50%加计扣除；形成无形资产的，按照无形资产成本的150%摊销。企业发生的职工教育经费支出，不超过工资薪金总额2.5%的部分，准予扣除；超过部分准予在以后纳税年度结转扣除。企业用于研究开发的固定资产，由于技术进步，产品更新换代较快或常年处于强震动、高腐蚀状态的，可以缩短折旧年限或者采取加速折旧的方法。企业采取缩短折旧年限方法的，最低折旧年限不得低于税法规定折旧年限的60%；采取加速折旧方法的，可以采用双倍余额递减法或者年数总和法。（责任单位：自治区工业和信息化委、科技厅、财政厅、国税局、地税局等，各市人民政府）

（四）加大政策扶持力度。建立自治区财政支持工业创新投入稳定增长机制，确保财政对科学技术的投入增长幅度高于经常性财政收入的增长幅度。对企业围绕全区经济社会发展重点领域、优势特色产业、战略性新兴产业实施的重大工业创新项目，自治区财政按不超过项目总投资20%的比例给予重点支持。对拥有自主知识产权、产业化后可明显提高经济和社会效益的新产品、新技术产业化应用项目，自治区财政按不超过项目总投资15%的比例给予重点支持。对具有自主创新、自主品牌的工业产品，在政府采购、市政工程、示范工程等项目中优先选用。开展自治区级新产品认定和备案工作，制定并公布《广西壮族自治区政府采购自主创新产品目录》（以下简称《目录》）。《目录》实行动态管理，定期调整。使用财政性资金进行采购的，同等条件下，必须优先购买《目录》中的产品。开展企业技术创新奖评选活动，每年重奖一批贡献突出的企业、产品和优秀技术人员。（责任单位：自治区工业和信息化委、科技厅、发展改革委、财政厅、人力资源社会保障厅等，各市人民政府）

中共福建省委办公厅、省人民政府办公厅关于印发《福建省"海纳百川"高端人才聚集计划（2013~2017年）》的通知

闽委办发〔2013〕3号

各市、县（区）党委和人民政府，平潭综合实验区党工委和管委会，省直各单位：

《福建省"海纳百川"高端人才聚集计划（2013~2017年）》已经省委、省政府领导同意，现印发你们，请结合实际认真贯彻执行。

中共福建省委办公厅　福建省人民政府办公厅
2013年2月22日

福建省"海纳百川"高端人才聚集计划（2013~2017年）

为深入贯彻党的十八大精神，加快各类优秀人才聚集，加快推进我省发展从要素驱动向创新驱动转变，促进主导产业高端化、传统产业新型化、新兴产业规模化，促进社会事业全面进步，建设更加优美更加和谐更加幸福的福建，现制定福建省"海纳百川"高端人才聚集计划（2013~2017年）。

一、总体目标

坚持人才资源优先开发、人才结构优先调整、人才投资优先保证、人才制度优先创新，切实加大人才工作力度，推动福建人才工作走在全国前头，经过5年努力，实现人才资源总量、人才素质、人才竞争力和人才贡献率与我省经济社会发展在全国位次相适应，为推动科学发展跨越发展提供强有力的人才支持。

二、主要任务

1. 引进一批高层次人才（团队）

着力引进一批创业创新能力强，学术技术、经营管理水平达到国际先进或国内领先，能引领和带动我省某一领域科技进步、产业升级、文化繁荣、社会发展的高层次人才（团队）。力争全省每年引进1000名以上重点产业发展急需紧缺的高层次人才，入选国家"千人计划"数量、人才综合竞争力居东部沿海地区中上水平，引进中国科学院院士、中国工程院院士有所突破。

实施福建省引进高层次创业创新人才"百人计划"(以下简称省引才"百人计划")。每年评选100名福建省引进高层次创业创新人才。落实《福建省引进高层次创业创新人才暂行办法》,分别给予入选省引才"百人计划"的团队300万元、海外人才200万元、国内人才100万元补助。引进中国科学院院士、中国工程院院士及发达国家院士按一人一议原则,给予不低于300万元补助。按照《福建省关于奖励高层次人才引进的暂行办法》兑现引才奖励。实施留学人员来闽创业启动支持计划,对经评审确定的重点创业项目和优秀项目,分别给予一次性创业支持资金50万元和20万元,各设区的市给予配套支持。

2. 支持一批领军人才

有计划、有重点地遴选支持一批在产业发展、自然科学、工程技术和哲学社会科学领域中能够代表全省一流水平、具有领军才能的杰出人才、领军人才。重点支持科技创业领军人才、科技创新领军人才、企业高级经营管理人才、百千万工程领军人才、哲学社会科学领军人才。力争今后5年内,省内高层次人才规模和综合竞争力居东部沿海地区中上水平,入选"国家高层次人才特殊支持计划"(以下简称"国家特支计划")数量居全国前列,入选"国家特支计划"杰出人才的数量明显高于全国平均水平。

加大青年拔尖人才培养力度。重点培养35周岁以下,具有特别优秀的科学研究和技术创新潜能,课题研究方向和技术路线有重要创新前景的青年拔尖科技人才;40周岁以下,运用自主知识产权创(领)办科技企业,创业项目符合我省战略性新兴产业发展方向并处于全国或全省领先地位,核心技术的产品年销售收入增速和产值利税率明显高于全国或全省同行业水平的青年拔尖创业人才。力争5年内成为国际、国内一流高级专家的青年拔尖人才分别达到5名、30名,全省入选"国家特支计划"青年拔尖人才达40名,青年拔尖人才创(领)办的上市企业达5个。

实施福建省特殊支持高层次人才"双百计划"(以下简称省特支人才"双百计划")。每年评选200名科技创业人才、科技创新人才、企业高级经营管理人才、百千万工程领军人才、青年拔尖人才、哲学社会科学领军人才等各类高层次人才,作为福建省特殊支持的高层次人才由省人才专项经费给予特殊支持,其中科技创业人才、科技创新人才每人80万元,企业高级经营管理人才、百千万工程领军人才、青年拔尖人才每人50万元,哲学社会科学领军人才每人30万元。直接入选"国家特支计划"的,自然入选省特支人才"双百计划",由省人才专项经费按1:1配套;入选省特支人才"双百计划"后入选"国家特支计划"的,省级配套资金按国家标准追加差额部分。

3. 激励一批优秀人才

遴选表彰一批各行业各领域中长期在一线工作、有突出贡献、有创新成果、有同行业较高声望、能代表全省同行业一流水平的优秀人才,激励和引导全社会各行各业形成人才辈出、人尽其才、才尽其用的良好局面。

实施福建省优秀人才"百人计划"。每年评选100名文化名家、技能大师、优秀农村实用人才、优秀社会工作专业人才等福建省优秀人才,由省人才专项经费奖励每人10万元。

统筹省内重大人才工程,提高资金使用效益。对入选对象实行"就高从优不重复"原则。福建省杰出人民教师、杰出健康卫士、突出贡献企业家、软件杰出人才纳入省优秀人才,按现行办法和资金渠道单独评选。杰出科技人才、海西产业人才高地领军人才、海西创业英才整合进省特支人才"双百计划",原已入选的人才按福建省特殊支持人才管理。省教育厅负责实施的高层次卫生人才队伍建设"四项目",作为福建省"海纳百川"高端人才聚集计划的有机组成部分,入选人才纳入相应高层次人才按现行办法管理,其中入选省引才"百人计划"及省特支人才"双百计划"的由省人才专项经费列支,其他项目经费在现行渠道列支。其他相关部门目前已经实施的人才计划继续按现行办法和资金渠道执行。

三、重点工程

1. 打造厦门、平潭人才特区

厦门人才特区以实施综合配套改革试验为契机,以推进两岸人才交流合作为特色,围绕两岸新兴产业和现代服务业合作示范区、两岸金融中心、东南国际航运中心和对台贸易中心等重大项目建设,实行人才发展特殊政策、特别机制、特事特办,培养造就一批推动厦门产业升级发展的高层次创业创新人才及团队,用5年时间,初步建成高端人才聚集、对台优势明显、科技创新活跃、人才效益彰显,带动"厦漳泉",辐射海西经济区的"人才特区"和人才创业港。

平潭人才特区以"四个一千"人才工程为抓手,5年内面向我国台湾地区引进1000名专才,面向海内外招聘1000名高层次人才,从省内选派1000名年轻干部到平潭工作,培养1000名实验区人才,以特别开放的胸襟、特别优惠的政策、特别灵活的机制、特别优良的环境推进人才资源优先开发,把平潭综合实验区建设成为海峡两岸人才交流合作先行先试示范区、海峡西岸人才政策和体制机制改革实验区、海内外创业创新人才宜居宜业聚集区。

2. 建设福州等8个特色人才聚集区

在推进厦门、平潭人才特区建设的同时,鼓励和支持其他设区的市根据产业发展阶段和主体功能区布局,研究确定重点人才工程。福州建设闽都人才聚集区,支撑现代化大都市建设;漳州建设重化工业人才聚集区,服务大项目和城市建设;泉州建设民营企业人才聚集区,支撑先进制造业发展;莆田、宁德分别建设湄洲湾、环三都澳海洋和临港产业人才聚集区,服务福莆宁城市联盟和港口群建设;三明建设海西生态工贸人才聚集区,服务绿色腹地产业振兴;南平建设武夷新区人才聚集区,支撑生态闽北跨越发展;龙岩建设红土地人才聚集区,支撑闽西老区加快崛起。

3. 建设20个产业人才聚集基地

研究制定加快产业人才聚集基地建设意见。围绕县(市、区)、各类园区主导产业的发展壮大,加大人才工作力度,创新人才工作机制,广泛凝聚产品研发、生产技术、经营管理等各类高层次人才,建设具有明显产业特色、数量充足、结构合理、素质优良、充满活力的产业人才队伍,形成具有明显产业竞争优势的高端人才聚集基地。

4. 培育25个企事业人才高地

重点培育人才聚集度高、贡献率大,科研成果居全国前列或核心技术产业化市场前景开阔的企事业人才高地。其中,高等院校、科研机构人才高地必须拥有国际领先、国内一流的科研领军人才,组成若干个实力雄厚、结构合理、灵敏高效的科研核心团队,科研方位居世界前沿,科研成果具有领先性、创造性和突破性。企业人才高地必须拥有国内或国际领先的核心技术,核心技术产品年增加值达1亿元以上,成长性和人均利税明显高于国内同行业水平。

5. 搭建6大工作平台

坚持高端引领、整体开发方针，完善高端人才工作机制，创建高端人才工作特色品牌，着力打造闽台人才合作交流平台、产学研合作平台、人才孵化平台、人才创新创业投融资平台、覆盖发达国家地区的引才网络平台、人才资源市场公共服务平台等6个平台，探索建立人才投资基金，推动人才与资本、科技、项目、企业、产业有机结合，确保高端人才引得进、留得住、用得好，充分发挥支撑和引领作用。

每年评选1个人才特区或人才聚集区、4个福建省产业人才聚集基地、5个企事业人才高地，结合人才工作目标责任制考核工作给予表彰鼓励。人才特区、人才聚集区的评选，重点对人才工作力度及人才资源规模、人才综合竞争力、人才贡献率增长提升情况进行综合考评。海西产业人才高地评选整合进企事业人才高地评选。

四、保障措施

1. 加强人才工作组织领导

实施"海纳百川"高端人才聚集计划，要认真贯彻落实中央关于加强党管人才工作的意见，在省委统一领导下开展。省委组织部要切实担负起牵头抓总的责任，当好参谋，创新实践，整合资源，示范引领。各有关部门要各司其职、密切配合，按照分类管理的原则，切实承担起本部门人才工作的职责，同时要抓好相关人才队伍建设。各市、县（区）要根据重点产业发展需要，健全完善人才工作领导体制机制，积极推进高端人才聚集。

2. 加大人才资金投入力度

省、市、县要将人才经费纳入同级财政预算予以保障，根据人才计划实施情况，逐步加大人才资金投入力度，以满足我省人才发展需要。5年内，省、市、县三级财政共投入人才经费100亿元以上。

3. 切实开展人才宣传工作

系统宣传科学人才观，广泛宣传人才工作好的做法和成效，集中宣传人才工作先进典型和优秀人才典型，为加快高端人才聚集提供思想保证、精神动力和舆论支撑。

宁波市人民政府关于实施"科技领航计划"加快推进创新型企业发展的意见

甬政发〔2013〕14号

各县（市）区人民政府，市直及部省属驻甬各单位：

为深入贯彻中共十八大精神，认真落实《中共中央、国务院关于深化科技体制改革加快国家创新体系建设的意见》（中发〔2012〕6号）、《浙江省人民政府关于进一步支持企业技术创新加快科技成果产业化的若干意见》（浙政发〔2012〕45号）等文件精神，大力实施创新驱动发展战略，深入推进国家创新型试点城市建设，加快培育发展创新型企业，推动科技与经济的紧密结合，现提出如下意见：

一、指导思想与发展目标

（一）指导思想：以中共十八大精神为指引，深入贯彻科学发展观，大力弘扬"三思三创"精神，全面实施"六个加快"战略部署，坚持以加快创新驱动发展、建设国家创新型城市为主线，以提升我市科技实力和企业自主创新能力为核心，以培育发展创新型企业梯队、做大做强高新技术产业为重点，通过实施"科技领航计划"，着力解决制约企业创新的突出问题，引导创新要素向企业集聚，优化企业创新发展环境，充分发挥企业技术创新主体作用，提高产业核心竞争力，促进我市经济实力和社会生产力进一步提升。

（二）发展目标：到2016年，全社会研发经费投入占地区生产总值比重达到2.6%，创新型企业研发投入占销售收入比重不低于3%；培育1万家创新型初创企业、1350家高新技术企业、10家年产值超50亿元的创新型领军企业；高新技术产业增加值占规模以上工业增加值比重达到30%以上，在新材料、新能源、新装备、新一代电子信息、生命健康、海洋高技术、节能环保、创意设计等领域形成若干个高新技术产业集群。

到2016年，建成市级及以上企业工程（技术）中心1100家，市级及以上企业研究院100家，规上企业建立研发机构的比例超过20%；建成行业技术创新公共服务平台50个，科技企业孵化器50家，产业技术创新战略联盟15个。

二、重点任务

（一）创新型初创企业引导工程。

1. 积极推进智团创业。实施"智团创业"计划，支持科技人员与企业加强合作，创办领办创新型企业，促进科技成果转化；支持海外高层次人才携带技术、项目回国创办创新型企业；鼓励大学毕业生自主创业。每年培育和扶持一批成长性好、发展潜力大的创新型初创示范企业。对经认定的创新型初创示范企业，给予每家不超过50万元的资助（资助金额不超过企业实际到位的注册资本金），具体认定管理办法由市科技局会同市财政局另行制定。引导科技人才向企业集聚，支持从事技术研发、成果转让工作的事业单位高层次人才到企业工作。经本单位同意，报人事部门备案，其人事关系5年内可保留在原单位，由原单位继续为其缴纳单位部分的养老、失业、医疗等社会保险；允许其回原单位申报专业技术资格，其在企业从事本专业工作期间的业绩，可作为专业技术资格评价的依据；对距离法定退休年龄不足5年（含5年）且工作年限满20年或工作年限满30年的事业单位人员，自愿到企业工作的，允许所在单位提前办理退休手续。对以科技成果入股创办企业，以专利、商标、著作权或其他非专利技术等出资的，非货币出资额最高可占注册资本的70%。

2. 加快发展天使投资。设立总规模为5亿元的天使投资引导基金，通过跟进投资等方式，吸引更多的民间资本投向创新型初创企业。加大对天使投资发展的政策引导和扶持力度，严格落实扶持天使投资发展的税收优惠政策，拓宽天使投资退出渠道，搭建天使投资对接平台，建立天使投资项目库，积极营造良好的天使投资发展环境，鼓励和引导更多的企业、机构和个人参与天使投资。

3. 构建新型科技创业服务体系。实施"科技企业孵化器提升计划"，积极推进孵化器、加速器建设与发展。优化科技企业孵化器考核机制，孵化器内企业税收总额不列入考核指标。加大对科技企业孵化器的支持力度，对认定为市级科技企业孵化器的给予100万元资助，认定为省级科技企业孵化器的给予补足200万元资助，认定为国家级科技企业孵化器的给予补足500万元资助。经认定为省级及以上科技企业孵化器的，其公用服务设施符合有关税收政策规定，可实行加速折旧。经认定的省级以上科技企业孵化器和国家大学科技园内的在孵企业缴纳的增值税、营业税、企业所得税地方留成部分，5年内全额奖励给企业。鼓励市级及以上孵化器设立"种子基金"，加快构建以"专业孵化+创业导师+天使投资"为服务模式的新型科技创业服务体系。

（二）创新型成长企业培育工程

1. 加强高新技术企业培育和管理。加大高新技术企业培育力度，完善高新技术后备企业培育制度。每年筛选认定一批创新基础较好、发展潜力大的科技型企业进入高新技术企业行列，扩大高新技术企业规模。实行市级科技型企业认定制度，经认定的市级科技型企业实现的销售（营业）收入、利润总额形成的地方财力新增部分，由同级财政给予50%的补助。加强高新技术企业管理工作。严格落实高新技术企业减按15%征收企业所得税优惠政策，鼓励企业加大研发投入，提高技术创新能力、市场占有率和盈利能力。建立宁波市创新型企业监测预警制度，强化高新技术产业科学管理，加强科技统计分析研究，增强科学决策能力。

2. 加大对创新型企业科技项目支持力度。强化市级中小企业技术创新基金的引导作用，扩大基金的资金规模。优先支持以创新型企业为主体申报市级科技计划项目。对以产品开发和成果转化为主要目的的市级科技项目原则上以企业为主体实施。

3. 深入实施知识产权战略。实施知识产权优势企业培育工程，建立完善创新型企业知识产权管理制度。支持知识产权服务基地建设，推进知识产权服务平台发展。实施发明专利增量服务工程。5年内市本级每年安排4000万元知识产权专项资金，加大对发明专利申请和发明专利产业化的支持力度，每年新增发明专利申请不少于1000件，高新技术企业拥有有效发明专利不少于 3000 件。严厉打击侵犯知识产权行为，保护企业创新权益。强化以知识产权为核心的企业发展战略，将企业是否拥有核心知识产权，作为科技计划项目立项的必要条件。支持创新型企业主持或参与国际、国家、行业标准的制（修）订，全面增强创新型企业知识产权培育、运用、保护和管理能力，打造自主品牌，培育国际知名品牌。

4. 加大对创新型企业研发机构支持力度。建立健全市、县（市）区两级创新型企业研发机构建设推进机制，设立创新型企业研发机构建设专项资金，引导创新要素向企业研发机构集聚。鼓励创新型企业建立工程（技术）中心、重点实验室、博士后工作站、院士工作站等研发机构。对认定为市级企业工程（技术）中心和企业重点实验室的给予 40 万元资助，对认定为省高新技术企业研究开发中心和省企业技术中心的给予补足 100 万元资助，对认定为国家企业技术中心和国家工程技术研究中心的给予补足 500 万元的资助。鼓励外资企业、央企在我市建立企业研发中心、技术检测中心等研发机构，推进区域性研发中心建设。鼓励创新型企业在高校、科研院所建立研发机构，或与高校、科研院所合作共建研发机构。

（三）创新型领军企业提升工程

1. 支持创新型领军企业承接国家科技创新任务。实施创新型领军企业提升计划，鼓励企业参与承担国家重大科技专项、"863"、"973"、科技支撑计划、国际科技合作等国家级计划项目，对符合条件的，优先给予配套支持。建立健全创新型领军企业科技创新活动联系制度，探索开展"一企一策"和"一对一"科技帮扶工作。

2. 加大对企业科技创新团队建设支持力度。鼓励引导创新型领军企业建立企业科技创新团队。对认定的市科技创新团队，给予 100 万~1000 万元的项目经费支持。对认定的市企业技术创新团队，每年给予 20 万元经费扶持，连续扶持 3 年。围绕全市战略性新兴产业的培育发展和传统优势产业的转型升级，支持创新型领军企业联合高校、科研院所建立产业技术创新战略联盟，深入推进协同创新。

3. 支持创新型领军企业建立企业研究院。对符合条件的市级企业研究院，根据前三年的研发经费总和给予一定的奖励。对独立企业研究院用于研究开发的仪器和设备，符合固定资产加速折旧相关条件的，缩短折旧年限或实施加速折旧，进口研发仪器设备可参考科研院所进口设备享受免税优惠政策。鼓励企业在海外技术高地建立研发机构，提升企业主动参与国际研发的水平和能力；对收购国外研发机构的市内企业，符合条件的，按收购合同金额的 5% 给予最高不超过 500 万元的一次性奖励。

4. 强化企业创新管理服务。加强对企业创新管理的宏观指导和政策支持，鼓励和引导企业创新商业模式、加强制度创新、完善组织方式创新，推进企业决策机制、用人机制、分配机制、激励约束机制创新，提升企业管理科学化水平。引导建立与创新成果挂钩的薪酬制度，鼓励企业试点推行股票期权等多种形式的股权激励机制，激励科技人员持续创新。

（四）高新技术产业集群示范工程

1. 培育优势高新技术产业集群。完善科技支撑战略性新兴产业发展的机制，以产业发展需求部署创新链，坚持以规模化、高端化、集群化为方向，推进新材料、新一代信息技术、新能源、新装备等四大战略产业和海洋高科技、节能环保、生命健康、创意设计等四大新兴产业集群发展。鼓励各地加大对战略性新兴产业集群发展的支持。对经认定的市级战略性新兴产业专业园（基地），认定当年给予 300 万元财政补助，在此基础上被认定为国家级专业园（基地），认定当年再给予300万元财政补助。

2. 加快高新技术产业集聚区建设。推进宁波市"一区多园"建设。充分发挥宁波国家高新区集聚、辐射和带动作用，按照"优势互补、错位发展，资源共享、互利共赢"的原则，以宁波国家高新区为核心区，在全市范围内遴选设立若干专业园，每个专业园重点培育1~2个战略性新兴产业的细分领域。创新体制机制，推动宁波国家高新区与各专业园之间实现技术、人才、项目、资金等要素资源的流动和共享，进一步拓展和优化区域高新技术产业发展空间。鼓励支持省级产业集聚区创建省级高新区和国家级高新技术产业化基地建设。引导开发区和功能区转型升级，实现向创新型园区转变，形成开放互联、各具特色的高新技术产业集聚区。引导创新型企业及其关联企业进入集聚区，鼓励研发机构和服务机构向集聚区集聚，促进创新要素集聚、转移和扩散，提升集聚区研发、生产、物流、服务等活动效率，推进产业集中、集聚、集约。到2016年，市级以上高新技术产业园区不少于5家。

3. 加强技术创新公共服务体系建设。鼓励有条件的企业联合高校、科研院所，建设一批产业技术创新平台。深化完善技术创新公共服务平台的运行机制，健全以公共服务量、服务收入和科技支撑效果为重点的绩效考评，提升平台运行质量和水平。积极推动科技资源开放合作共享，推动高校、科研院所仪器设备、科技文献、科学数据、中试装备等以非营利方式向企业开放。加强对技术转移机构的扶持，创建国家技术转移示范机构，探索建立技术交易市场，落实技术市场税收优惠政策和科技中介开展技术咨询、技术服务的税收扶持政策。

三、保障措施

（一）加强组织领导。发挥市创新型城市建设领导小组的统筹协调作用，定期召开联席会议，协调解决培育发展创新型企业推进工作中遇到的问题。建立科学的考核评价机制，将"科技领航计划"主要指标纳入对县（市）区党政领导科技进步目标考核的重要内容。建立上下联动、左右协同，合力推进"科技领航计划"的工作机制。

（二）强化要素保障。落实《宁波市科技创新促进条例》，保证财政科技经费投入稳步增长，优化财政科技经费支出结构，重点培育和扶持创新型企业发展。在用电、用地、用能、产品推广应用示范等方面给予创新型企业重点倾斜。建立完善重大科技成果转化项目用地优先保障和部门联审制度。

（三）引导人才集聚。深入实施"3315计划"、"海外工程师引进计划"等人才政策。坚持以企业为主体，建立完善高层次人才引进、培养、使用、激励和服务保障机制，鼓励引导创新人才向企业集聚，不断壮大企业创新人才队伍。强化企业高层次人才住房保障力度。

（四）优化金融支持。成立市科技金融服务中心，推进科技金融信息服务平台建设，为创新型企业发展提供科技融资服务。探索推进科技银行、科技小额贷款公司、科技担保公司等科技金融专营机构建设，鼓励开展面向创新型企业的融资担保业务。进一步发展创业投资，引导更多社会资金进入科技创业投资领域。支持国家级高新区开展国家代办股份转让系统试点，探索开展非上市创新型企业股权交易。

（五）深化科技管理体制改革。进一步完善科技项目、经费管理、科技评价、绩效考核、奖励等制度，健全以企业创新需求为导向的科技计划体系。建立以科研能力和创新成果等为导向的人才评价标准，加强科研诚信建设。鼓励企业参与科技发展规划、产业技术政策、创新平台布局和科技计划指南等编制工作。

（六）营造良好氛围。探索建设有利于自主创新的企业文化，进一步弘扬企业家敢为人先、敢冒风险、自强不息的创新精神。加强对企业科技创新和优秀人才典型的宣传，倡导和培育"勇于创新、宽容失败、追求成功"的创新创业文化，充分激发全社会的创造活力。

宁波市人民政府
2013 年 1 月 17 日

浙江省人力资源和社会保障厅等3部门关于印发《浙江省鼓励省级重点企业研究院引进"海外工程师"暂行办法》的通知

浙人社发〔2013〕139号

各市、县（市、区）人力资源和社会保障局、科技局（委）、财政局：

经省政府同意，现将《浙江省鼓励省级重点企业研究院引进"海外工程师"暂行办法》印发给你们，请遵照执行。

浙江省人力资源和社会保障厅
浙江省科技厅　浙江省财政厅
2013年6月9日

浙江省鼓励省级重点企业研究院引进"海外工程师"暂行办法

为推动引智工作服务产业发展，鼓励省级重点企业研究院引进"海外工程师"，提升企业创新能力，促进经济转型升级，根据《浙江省人民政府关于进一步支持企业技术创新加快科技成果产业化的若干意见》（浙政发〔2012〕45号）精神，特设立"海外工程师"资助项目，对省级重点企业研究院引进的"海外工程师"实行资助。具体办法如下：

第一条　适用范围

本办法适用于列入省技术创新综合试点的省级企业研究院（以下简称"省级重点企业研究院"）引进"海外工程师"。引进的"海外工程师"应具备下列条件：

（一）在国外企业和机构从事工程、技术、管理工作，掌握核心技术、关键工艺的外籍高层次人才；

（二）在省级重点企业研究院承担技术攻关项目和关键工艺研发，聘用时间原则上不少于1年，每年在企业工作时间不少于2个月，年薪达到50万元人民币及以上；

（三）对已入选国家和省"千人计划"的专家，原则上不再列入"海外工程师"资助项目。

第二条　扶持政策

鼓励引进"海外工程师"，坚持"企业主体、政府引导"的原则，在充分尊重企业自主权，薪酬大部分由企业支付的前提下，由省和当地财政分别对省级重点企业研究院给予一定的扶持和奖励。

（一）省财政给予聘请"海外工程师"的省级重点企业研究院每人10万元年薪资助，每人次在企业研究院工作3年以上的可以有两次资助，资助经费纳入省科技部门预算。宁波市范围内的企业聘请"海外工程师"的资助经费由宁波市财政承担。省级重点企业研究院所在地财政按不低于省级财政资助标准，给予相应的配套资助。

（二）省级重点企业研究院引进的"海外工程师"，符合"千人计划"条件的，积极支持申报国家、省"千人计划"。

第三条 申报和资助程序

（一）申报。每年3月底前，聘请"海外工程师"的省级重点企业研究院填写上一年度《引进"海外工程师"项目申请表》（见附件，表格可在 www.zjitm.com 下载），并提供申报人选的护照、学历、学位证书复印件、与企业签订的工作（聘用）合同和海外任职证明材料等，经市人力社保部门初审汇总后，报送省人力社保厅。省属企业的研究院直接将材料报送省人力社保厅。

（二）审核与拨付。每年4月底前，省人力社保厅、省科技厅会同省委组织部、省经信委、省财政厅等部门对申报人选进行审核。经审定后，省财政厅会同省科技厅、省人力社保厅下达资金核拨文件。

（三）总结反馈。在申报下一年度资金补助前，接受"海外工程师"项目资助县（市、区）应将本期资金的补贴使用及引进的"海外工程师"作用发挥等情况进行总结，并将情况同时报送省科技厅、省人力社保厅和省财政厅。

第四条 服务保障

（一）建立浙江省引进"海外工程师"信息服务平台，及时发布省级重点企业研究院招聘"海外工程师"的需求信息，增强宣传、申报、审批和管理等服务功能。

（二）建立海外引才引智和人才培养基地。加强海外基地建设，及时发布省级重点企业研究院招聘需求，协助物色和联络国外有关机构和组织，不断拓宽引进"海外工程师"的渠道。

（三）加大引智力度。组织省级重点企业研究院赴海外招聘急需紧缺的"海外工程师"，建立研究院与"海外工程师"对接交流机制；探索"以人引人"的引智模式，提高引进"海外工程师"的成效。

（四）加强舆论宣传。积极宣传引进"海外工程师"成效显著的典型，推广好的经验和做法，营造引进"海外工程师"的良好氛围；"西湖友谊奖"的评选向优秀"海外工程师"倾斜。

第五条 组织管理

（一）建立由省委组织部、省人力社保厅、省科技厅、省经信委、省财政厅等部门参加的联席会议制度，定期召开联席会议，共同研究协调解决引进"海外工程师"工作中的重大事项。

（二）省人力社保厅负责协调、指导全省省级重点企业研究院"海外工程师"引进工作。省外专局具体承办全省"海外工程师"引进计划的实施、日常管理等工作。

（三）建立省级重点企业研究院引进"海外工程师"评估制度，对实施情况进行监督、检查和评估。

（四）建立财务监督检查制度，定期对经费的使用进行检查，切实提高资金使用的安全性、规范性和有效性。对弄虚作假的企业研究院，将收回资助经费，且5年内不得申报引进"海外工程师"项目；对审核不严的管理部门，将予以通报批评。

（五）各市人力社保部门要加强省级重点企业研究院引进"海外工程师"工作的管理和指导，并以此为契机加大工作力度，推动当地引智工作的开展。

第六条 附则

（一）各市在执行本办法的基础上，可结合当地经济社会发展实际需要，进一步制定相关鼓励引进"海外工程师"的政策。

（二）本办法由省人力社保厅、省财政厅和省科技厅负责解释。

（三）本办法自发布之日起30日后实施。

湖北省科技厅 省教育厅
关于印发《湖北省产业技术研究院建设指导意见》的通知

鄂科技规 [2013] 2号

各市、州、直管市科技局、教育局，各高新区管委会，有关高等学校、科研院所：

为贯彻落实党的十八届三中全会精神和省委、省政府《关于深化科技体制改革 加快创新体系建设的意见》，加强产学研紧密结合的技术创新体系建设，省科技厅、省教育厅研究制定了《湖北省产业技术研究院建设指导意见》，经省政府同意，现印发给你们，请认真组织实施。

2013年12月30日

湖北省产业技术研究院建设指导意见

为贯彻落实党的十八届三中全会精神和省委、省政府《关于深化科技体制改革 加快创新体系建设的意见》，进一步深化科技体制改革，加强以企业为主体、产学研紧密结合的技术创新体系建设，现就加快推进湖北省产业技术研究院（以下简称研究院）建设，提出如下指导意见。

一、研究院建设的指导思想

按照建设"创新湖北"的总体要求，围绕我省有一定规模、成长性好的高新技术产业，通过政府引导、核心企业支撑、高校与科研院所合作共建等形式，用3～5年的时间，建设一批体制新、机制活、特色鲜明、科技创新能力强、品牌知名度高的新型产业技术创新平台，与现有各类平台形成分工合理的产业技术创新体系，为提升我省产业核心竞争力提供科技支撑。

二、研究院的性质与定位

1. 研究院是面向产业技术发展需求、以提升产业技术创新能力和技术水平为目的、集成产学研多方科技资源、服务产业创新发展的独立法人单位，具有公益性与经营性相结合的特点。

2. 研究院围绕解决产业关键技术、共性技术、前沿技术问题，开展重点新产品、新工艺、新材料研发和成果转化，研究制订产业技术发展规划和产业技术标准，提供工业化生产前的技术研发服务，是产业技术创新体系的重要支点和产学研协同创新的重要基地。

三、研究院的建设原则

1. 依托企业，服务产业。以产业内具有较强影响力的龙头骨干企业为主要依托，立足产业集聚地，服务产业链，为全省产业创新发展提供科技支撑。

2. 突出特色，打造品牌。围绕我省产业技术发展战略，突出行业特色和功能特色，努力打造产业内具有较高品牌影响力的技术创新平台。

3. 创新机制，集成资源。整合相关领域创新资源，探索建立市场经济条件下科技与产业紧密结合、公益性服务与营利性服务有机结合、技术研发与创新服务有机结合的新型科技创新的体制机制。

4. 独立运行，自负盈亏。坚持以市场为导向，探索灵活、多样的市场化发展机制，形成自我造血和自我完善的运行模式，实现研究院的规范管理和可持续发展。

5. 分类指导，试点先行。根据行业特性和产业发展实际，探索适合不同产业的研究院建设模式和运行机制。统筹规划省研究院建设，优先选择基础好、需求紧迫的产业进行建设试点，成熟一个，启动一个。

四、研究院的建设模式与体制机制

1. 组建模式。研究院建设应以产权为纽带、以项目为依托、以协同创新为途径、以创新管理为保障，充分利用各类产业技术创新资源，发挥各类创新载体的作用，主要采取以企业或市州政府为主体，联合高校共同组建的模式。

2. 管理体制。研究院应以现代产权制度为基础，按照所有权与经营权相分离的原则，建立健全内部管理制度和经营制度。

3. 利益分配机制。研究院应建立符合自身发展要求的市场化的利益分配机制，充分尊重并保护共建单位的各项权益，激发各类参与主体的积极性。鼓励智力要素和技术要素以各种形式参与创新收益分配，形成良好的分配导向，提高研究院的创新活力。

4. 人才集聚机制。充分利用各级、各类科技和人才计划，引进和集聚各类优秀创新团队和专业人才，建立稳定、高效、专业的研发与管理团队。探索建立适合研究院发展的人才激励与考核机制，探索与高校联合培养产业技术创新人才的模式。

5. 开放合作机制。研究院应合理配置内部资源，以项目为牵引和纽带，建立与高校、科研院所、企业的合作机制，加强对外开放与资源共享。

6. 成果转化机制。面向产业发展，注重市场前景，充分发挥市场的引导作用，促进技术创新成果转化和产业化，积极探索技术转移和成果转化的模式和机制。

五、加大研究院建设的支持力度

1. 支持研究院独立申报和承担各类科技项目，独立取得各类知识产权，独立申报科技进步奖励。保护研究院形成的各类财产权和合法权益。争取省政府出台有关政策，支持研究院享受高新技术企业税收优惠。

2. 在研究院建设期（三年），省科技厅根据其研发投入、公共服务情况，采用后补助、有偿投入、购买公共服务等方式支持研究院组建，同时每年安排省级科技计划项目支持研究院开展共性技术研究工作。建设期满后，支持研究院按竞争原则争取省级科技计划项目；积极指导与推荐研究院争取国家计划项目。省教育厅以项目和资金的形式支持研究院的建设与发展。

3. 研究院所在地政府、高新技术开发区应加强对研究院建设的宏观谋划和协调指导，在规划审批、基建用地、项目与人才引进、融资担保、规费减免、招商鼓励等方面提供政策扶持和优质服务。当地科技主管部门要把研究院建设作为深化科技体制改革的新抓手，加强业务指导与动态管理，在相关计划项目安排中对研究院给予大力支持。参与建设的高等院校要在资源配置、力量投入、人才考核等方面给予倾斜支持。

六、加强研究院建设的管理与服务

1. 组织领导。建立由省级相关部门、市（州）政府及相关部门、高校、企业共同参与的协同工作机制，组建阶段可成立由地方政府、省直有关部门、有关高等院校、主要依托企业负责人组成的理事会，加强建设的组织领导和统筹协调。

2. 组建条件。所涉产业应是我省有较好基础且成长性高的高新技术产业，省内产业规模应不低于 200 亿元。所在地政府积极性高，有相应的实质性经费投入；参与组建的企业应为产业内大型龙头骨干企业，具备较强技术创新能力和实施条件；参与组建的高校具有相关技术领域较强的研发能力和基础；组建单位一般不少于 3 家。

3. 监督管理。加强研究院建设的过程管理与验收管理。建立研究院运行的年度考核机制，重点以开发技术、转化成果、服务产业为主要内容对研究院运行进行绩效考核。检查和考核的结果作为经费支持的重要依据。

关于印发《自治区企业科技创新后补助暂行办法》的通知

宁科工字 [2013] 12 号

各市、县（区）科技局、财政局、工信局、发改委（局）、农牧局，自治区有关部门，企业：

根据《自治区党委人民政府关于加快推进科技创新的若干意见》（宁党发 [2013] 37 号）和《自治区整合科技资金加大 R&D 投入的使用（暂行）办法》（宁财教发 [2013] 621 号）规定，自治区科技厅、财政厅、经信委、发改委、农牧厅联合制定了《自治区企业科技创新后补助暂行办法》。

现予以印发，请遵照执行。

附件：自治区企业科技创新后补助暂行办法

宁夏回族自治区科学技术厅
宁夏回族自治区财政厅
宁夏回族自治区经济和信息化委员会
宁夏回族自治区发展和改革委员会
宁夏回族自治区农牧厅
2013 年 7 月 29 日

自治区企业科技创新后补助暂行办法

一、总 则

第一条 根据《自治区党委 人民政府关于加快推进科技创新的若干意见》和自治区财政厅等厅局关于《自治区整合科技资金加大 R&D 投入的使用（暂行）办法》，制定企业科技创新后补助实施暂行办法。

第二条 企业科技创新后补助实行事前科技查新备案，事后部门、专家鉴定或评估的方式。

第三条 后补助资金由自治区和市、县（区）财政各按 50% 比例承担，列入各级财政年度预算和自治区科技计划管理。

二、补助标准

第四条 企业自主立项开展的新产品开发、新工艺应用、新技术研发、创新平台建设等科技创新活动，按项目实际研发投入给予20%的补助。

第五条 企业牵头建立产学研用联盟实施成功的研发项目和企业承接科研院所、高校重大科技成果并成功转化的项目，分别按项目实际研发投入和技术合同交易额给予20%的补助。

第六条 企业获批的"973"计划、"863"计划、科技支撑计划、创新能力建设专项等国家级重大科技创新项目，按项目批复的国拨资金额度给予20%补助。

第七条 企业主持或参与制定的国家、行业标准，按标准研制实际投入给予20%的补助。

第八条 高新技术企业和科技型中小企业按第四条至第七条相关类别，补助标准提高到30%；对创新贡献大、示范带动强的科技型中小企业，按上述相关类别，补助标准提高到40%。

第九条 企业承担的自治区特色优势产业关键技术研发项目，对研发投入在200万元以上的项目自治区先期安排10%的引导资金，剩余补助资金待项目通过验收后拨付。

第十条 以上各类补助标准最高额度不超过500万元。

三、申请、审核与审批

第十一条 成立由自治区科技、经信、发改、农牧、财政、党委政研室等部门组成的企业科技创新部门联席会议（以下简称"联席会议"），负责项目申报受理、组织评审及发布下达。联席会议办公室设在自治区科技厅，负责联席会议日常工作。

第十二条 申请后补助资金按以下程序办理：

（一）后补助资金申报、受理和审核工作每年集中进行一次，由联席会议办公室根据自治区企业科技创新发展重点方向、领域发布申报通知。

（二）后补助项目应当在企业自主立项时向自治区联席会议有关部门提交项目实施方案并申请备案。

（三）企业依照申报通知要求填写《企业科技创新项目后补助资金申报表》并附相关证明材料，按属地化管理原则报所在市、县（区）科技主管部门或经信、发改、农牧等行业主管部门，由市县相关主管部门上报自治区联席会议对口部门。由对口部门会同财政等联席会议成员单位组织专家评审，并行文下达。

第十三条 申请后补助资金须提交以下证明材料：

（一）申请国家重大项目引导经费的，需提交国家部委立项文件；申请自治区重大科技项目引导经费的，需提交科技厅的评审意见。

（二）承担国家级重大科技创新项目申请后补助资金的，需提交国家部委立项文件和项目验收结论。

（三）申请研发补助资金项目，需提交主管部门的科技成果鉴定意见、项目验收证书或新产品、新技术鉴定意见；申请重大科技成果转化补助资金项目，需提交项目验收/评估意见、技术合同和第三方效益证明等材料。

（四）经认证的国家或行业标准申请后补助资金，需提交国务院有关行政主管部门审查确定后公布的国家或行业标准代号、标准原文及企业实际研发投入第三方核定证明等材料。

（五）高新技术企业或科技型中小企业申请后补助资金，除提供上述相关材料外，还需提供高新技术企业证书或由自治区科技厅、经信委联合出具的科技型中小企业认定证明。

（六）对于项目支出结构复杂、经费投入额度在200万元以上的项目，需提交会计师事务所提供的项目投资决算和研发经费投入的审核报告。

第十四条 申请后补助经费的项目应在申请当年完成并通过成果鉴定或项目评估；申请引导经费的项目应签订《项目计划任务书》。

第十五条 企业研发活动费用核定范围依照自治区科技厅、国税局、地税局、统计局联合制定的《宁夏回族自治区企业研究开发项目鉴定管理办法（试行）》（宁科政字［2010］99号）的有关规定执行。

第十六条 获得后补助资金的企业要严格执行国家有关财政政策和财务规章制度，接受和配合财政、审计部门的监督检查。后补助资金允许全额核销企业当年技术开发费支出，或用于后续科技项目研究开发。

四、附 则

第十七条 本办法由自治区科技创新联席会议办公室负责解释，自发布之日起试行。

云南省科学技术厅公告

第 29 号

《云南省企业研发机构建设资金补助暂行办法》已经 2013 年 8 月 30 日云南省科技厅厅长办公会议通过，现予公布，自 2013 年 12 月 3 日起施行。

2013 年 11 月 4 日

云南省企业研发机构建设资金补助暂行办法

闽科计 [2012] 66 号

第一章 总则

第一条 为贯彻落实《中共云南省委云南省人民政府关于加快实施创新驱动发展战略的意见》（云发 [2013] 8 号），鼓励我省企业加强研发机构建设，充分发挥企业研发机构在集聚创新要素、组织开展科技创新、增强企业持续创新能力、引领行业技术进步中的作用，加快我省以企业为主体的技术创新体系建设，制定本办法。

第二条 本办法所称的企业研发机构建设是指在我省行政区域内的企业（以下简称"我省企业"）以设立企业研究院（所）、收购国外（境外）研发机构、在国外（境外）设立研发机构等形式建设具有组织和开展科技创新活动能力的研究开发机构。

第三条 省科技厅对我省企业设立企业研究院（所）、收购国外（境外）研发机构、在国外（境外）设立研发机构分别给予研发机构建设资金补助，资金来源为省级财政科技经费。

第二章 补助对象与条件

第四条 申请企业研发机构建设资金补助（以下简称"资金补助"）的我省企业应具备以下条件：

（一）在我省工商行政部门注册，具有独立法人资格；

（二）企业上一年度主营业务收入达到 1 亿元以上，大型企业或企业集团研究开发费用占主营业务收入的比例不低于 1%，其他企业研究开发费用占主营业务收入的比例不低于 3%；

（三）近 3 年内通过自主研发（不包括通过受让、受赠、并购或独占许可方式），在其申报领域拥有自主知识产权；

（四）近3年内无环境、知识产权和税务违法行为。

第五条 我省企业设立的企业研究院（所）应具备以下条件：

（一）由我省企业自建或联合建立，从事技术开发、产品开发、工艺开发等研究开发活动；2013年1月1日之后在我省登记注册，具有独立法人（企业法人或社团法人）资格；

（二）已有效整合企业内部和外部各类创新资源，组织机构合理，规章制度健全；

（三）专职工作人员不少于50人，具有本科以上学历或中级以上职称、直接从事研发活动的专业技术人员比例不低于专职工作人员总数的60%；

（四）有相对集中的科研场所，科研用房面积在1000平方米以上，科研仪器设备原值总额在1000万元以上。

第六条 我省企业收购的国外（境外）研发机构应具备以下条件：

（一）在国外（境外）登记注册，从事技术开发、产品开发、工艺开发等研究开发活动，具有独立法人资格；

（二）我省企业占收购研发机构的股份在51%以上，收购企业与被收购研发机构之间已签订收购合同或收购协议；

（三）专职工作人员不少于30人，直接从事研发活动人员占研发机构总人数比例不低于80%；

（四）有相对集中的科研场所，有必要的科研仪器设备等科研条件，组织机构、规章制度健全；

（五）我省企业对所收购的国外（境外）研发机构已实际投入研究开发经费，且不低于100万美元。

第七条 我省企业在国外（境外）设立的研发机构应具备以下条件：

（一）是由我省企业在国外（境外）登记注册的主要从事技术开发、产品开发、工艺开发等研究开发活动的机构，包括我省企业在国外投资建立的公司或子公司设立的研究开发机构或研究开发部门；

（二）专职工作人员不少于30人，直接从事研发活动人员占研发机构总人数比例不低于80%；

（三）有相对集中的科研场所，有必要的科研仪器设备等科研条件，组织机构、规章制度健全；

（四）我省企业对在国外（境外）设立的研发机构已实际投入研究开发经费，且不低于100万美元。

第三章 补助方式与标准

第八条 对我省企业设立符合条件的企业研究院（所），按其前3年对企业研究院（所）实际投入研发经费总和的10%给予一次性资金补助，用于支持企业研究院（所）的研究开发平台建设，补助金额最高可达500万元。

第九条 对我省企业收购符合条件的国外（境外）研发机构，按收购合同金额的20%给予一次性资金补助，用于企业对所收购国外（境外）研发机构的研究开发平台建设投入，补助金额最高可达500万元。

第十条 对我省企业在国外（境外）设立符合条件的研发机构，按投资额的20%给予一次性资金补助，用于企业对所设立国外（境外）研发机构的研究开发平台建设投入，补助金额最高可达500万元。

第四章 申请与办理程序

第十一条 我省企业设立的企业研究院（所）已成立运行3年以上，由企业提出申请，并提供以下申请材料：

（一）云南省企业研发机构建设资金补助申请书（点击下载）；

（二）企业及企业研究院（所）法人营业执照（或社团法人证）、税务登记证、组织机构代码证复印件；

（三）企业上一个会计年度的财务审计报告；

（四）企业研究院（所）章程复印件；

（五）企业前3年对企业研究院（所）投入研究开发费用的专项审计报告；

（六）企业研究院（所）专职工作人员名单（包括姓名、年龄、学历、专业、职称、职务，不含外聘人员）；

（七）企业及企业研究院（所）知识产权证明材料；

（八）企业研究院（所）科研仪器设备清单（包括名称、型号、价格、数量等）；

（九）符合补助范围的其他有关证明材料。

第十二条 我省企业收购国外（境外）研发机构的，由企业提出申请，并提供以下申请材料：

（一）云南省企业研发机构建设资金补助申请书；

（二）企业法人营业执照、税务登记证、组织机构代码证复印件，研发机构登记注册相关证明；

（三）收购合同或收购协议；

（四）企业上一个会计年度财务审计报告；

（五）企业对所收购的国外（境外）研发机构投入研究开发费用的专项审计报告；

（六）研发机构专职人员名单（包括姓名、年龄、学历、专业、职称、职务，不含外聘人员）；

（七）企业知识产权证明材料；

（八）研发机构科研仪器设备清单（包括名称、型号、设备原值、数量等）；

（九）符合补助范围的其他有关证明材料。

第十三条 我省企业在国外（境外）设立研发机构的，由企业提出申请，并提供以下申请材料：

（一）云南省企业研发机构建设资金补助申请书；

（二）企业法人营业执照、税务登记证、组织机构代码证复印件；研发机构登记注册的相关证明；

（三）企业与研发机构投资关系、投资额等证明材料；

（四）企业上一个会计年度财务审计报告；

（五）企业对所设立的国外（境外）研发机构投入研究开发费用的专项审计报告；

（六）研发机构专职人员名单（包括姓名、年龄、学历、专业、职称、职务，不含外聘人员）；

（七）企业知识产权证明材料；

（八）研发机构科研仪器设备清单（包括名称、型号、设备原值、数量等）；

（九）符合补助范围的其他有关证明材料。

第十四条 省科技厅政策法规处负责受理要件齐全的资金补助申请材料，并负责组织审核工作；通过审核的申请提交省科技厅厅长办公会议审定；经审定通过的申请，在云南省科技厅门户网站上公示7个工作日；公示有异议的，由省科技厅对有异议的事项进行核查后处理；公示无异议的，省科技厅与申请单位签订《云南省科技计划项目任务书》，纳入年度财政科技经费拨付补助资金。

第五章 经费使用与监督管理

第十五条 资金补助主要用于企业研发机构建设中研究开发所必需的仪器设备的购置。

第十六条 资金补助实行预算管理，申请企业填写《云南省科技计划项目经费预算书》，补助经费严格按照《云南省科技计划项目经费预算书》进行开支与核算。

第十七条 获得资金补助的企业应当严格执行《云南省科技计划项目管理办法》、《云南省科技计划项目经费管理办法》的相关规定，经费应当纳入企业财务统一管理，单独核算，专款专用，加强监督管理。

第十八条 省科技厅对获得资金补助企业的研发平台建设情况进行考核评价，对经费使用按规定实施监督管理。

第十九条 申请企业对提供的申请材料的真实性承担责任，凡以虚报、冒领等手段骗取和滞留、截留、挤占、挪用补助资金的，省科技厅将全额追回，今后不再受理其相关公共政策支持资金的申请，并视情节轻重，依法追究其法律责任。对出具不实审计报告的中介机构，省科技厅将依据有关规定，报有关部门依法追究单位及个人的责任。

第六章 附则

第二十条 本办法自2013年12月3日起实施。

四川省科技厅关于印发《四川产业技术研究院管理暂行办法》的通知

川科财 [2013] 2 号

各市（州）科技局及有关单位：

为充分整合政产学研资源，建立功能定位明确、体制机制创新的产业技术研究院，健全区域科技创新体系，加速科技成果转化，推进高新技术产业发展，规范产业技术研究院建设管理工作，我厅制定了《四川产业技术研究院管理暂行办法》（以下简称"办法"）。现将办法印发你们，请参照执行。

附件：四川产业技术研究院管理暂行办法

四川省科学技术厅
2013 年 2 月 26 日

附件：

四川产业技术研究院管理暂行办法

第一章 总则

第一条 为充分整合政产学研资源，建立功能定位明确、体制机制创新的产业技术研究院，健全区域科技创新体系，加速科技成果转化，推进高新技术产业发展，根据《中华人民共和国科学技术进步法》和《国家中长期科学和技术发展规划纲要》（2006～2020 年），制定本办法。

第二条 产业技术研究院是适应我省产业技术创新的要求，产学研多方共投共建，集产业共性技术和关键技术研发、成果转化、企业孵化、技术服务、人才培养交流于一体，以产业化应用为目的，自主经营、自负盈亏的独立法人组织。

第三条 产业技术研究院建设坚持政府引导、市场导向、企业化运作、专业化管理，遵循所有权和经营权相分离的原则，通过建立完善治理结构充分调动各方积极性，释放各创新主体和要素间人才、资本、信息、技术等活力，运用利益驱动机制，进行深度合作。探索建立健全的管理体制和长效运行机制，以利于产业技术研究院实现规范管理和可持续发展。

第二章 申报与受理

第四条 在四川境内设立的企事业法人包括民办非企业，由省级归口部门或所在市（州）科技行政主管部门推荐后，可申请组建产业技术研究院。

第五条 申请组建的产业技术研究院应符合以下条件：

（一）由产学研多方共投共建，是共享权益、共担风险、紧密联系的独立法人实体。

（二）有明确的研究开发方向，适应我省产业创新的要求，兼顾地方产业发展战略与前沿技术，符合国家及我省的技术政策和产业政策。从事产业共性技术、关键技术研发及其成果转化、产业化等工作。

（三）依托单位应当掌握一定的具有自主知识产权的产业核心技术，具有较强的行业辐射带动作用，科技投入能力较大，科技综合实力较强，能够为产业技术研究院有效开展工作提供必要条件。

（四）参与单位应当具备较强技术创新能力，在本行业或技术领域内具有较大影响。参与单位一般不少于3家。

（五）有在国内拔尖的学科带头人及人才团队；从事共性技术、关键技术研发活动人员数占机构总人数的比例不低于60%。同时，人员的专业、年龄、职称等结构合理。

（六）有固定的科研场所、设施以及其他必需的科研条件。其中科研用房500平方米以上，资产总额500万元以上（软件类科研开发机构资产总额100万元以上）。

（七）产业技术研究院所在地保证连续两年给予不低于省级财政资金的专项资金匹配。

第六条 申请组建产业技术研究院应提供以下材料，申请单位应对申请材料的完整性和真实性负责。

（一）经省级归口部门或所在市（州）科技行政主管部门审核同意的《四川产业技术研究院（筹）组建申请表》（见表1）；

（二）《四川产业技术研究院（筹）可行性研究报告》（见表2）；

（三）产业技术研究院章程；

（四）研发人员的学历证明复印件；

（五）场地和设施等有关证明；

（六）依托单位法人执照、上一年度财务报表（含资产负债表、损益表、现金流量表）；

（七）其他相关材料。

第七条 省科技厅委托服务机构作为产业技术研究院组建申请的受理单位，对申请材料进行形式审查，受理单位收到申请材料之日为申请日。申请材料以邮寄方式递交的，以寄出邮戳日为申请日。

第八条 产业技术研究院组建申请材料符合形式审查要求的，由受理单位汇总后上报省科技厅，形式审查不符合要求的，由受理单位退回申请单位进行修改完善，修改后仍不符合要求的不予受理。

第三章 审批与公示

第九条 申请材料经形式审查合格的，由省科技厅组织有关管理、技术、经济和财务专家进行初评。

第十条 经初评合格的产业技术研究院，由科技厅组织总评并审定。

第十一条 经省科技厅审定通过的四川产业技术研究院（筹）名单将在省科技厅网站进行公示，公示期为10个工作日。对公示无异议的批复组建；公示有异议的，由省科技厅组织相关专家再次核实争议事项后决定是否批复组建。

第四章 运行管理

第十二条 产业技术研究院按照政府规划建设与单位自主申报相结合的原则，统筹兼顾、分步实施，成熟一个，启动一个。

第十三条 省科技厅是产业技术研究院的综合管理部门，对其进行动态管理。省科技厅委托服务机构具体负责产业技术研究院管理过程中的相关事务性工作。

第十四条 鼓励产业技术研究院大胆探索开放、竞争、流动的管理体制和运行机制。

第十五条 产业技术研究院逐步建立联合开发、优势互补、成果共享、风险共担的产学研用合作机制；建立面向前沿科技的开放机制；建立可持续发展的市场牵引机制；建立开放、流动的人才使用机制；建立高效的成果产出机制；建立合理的考核评价机制。

第五章 经费管理

第十六条 产业技术研究院建立政府财政资金、多方参建投资、其他社会资金共同支撑的多元化投入机制。

第十七条 省科技厅设立产业技术研究院能力建设专项经费，用于支持产业技术研究院开展能力建设、基础条件建设、公共服务平台建设以及人才培养等。

第十八条 省科技厅每年安排一定额度的项目经费，支持省级、市（州）建立的产业技术研究院开展共性技术、关键技术研发以及科技成果转化与产业化活动。

第十九条 产业技术研究院获得的财政经费，必须专款专用，任何部门、单位和个人均不得以任何形式截留、挪用或挤占。经费实行独立核算，同时接受相关审计与监督。

第六章 验收与考评

第二十条 产业技术研究院自批准组建之日起两年为筹建期。筹建期满后，省科技厅组织有关管理、技术、经济和财务专家进行验收。

第二十一条 参加验收的产业技术研究院应当提供以下材料：

（一）产业技术研究院验收申请表（见表3）；

（二）工商行政管理部门核发的《企业法人营业执照》复印件；或民政部门发给的《民办非企业单位登记证书》复印件；或机构编制部门颁发的《事业单位法人证书》复印件；

（三）产业技术研究院年度运行情况及建设成效；

（四）产业技术研究院年度经费预算及决算报告；

（五）其他有关材料。

第二十二条 对符合条件的正式授予"四川×××产业技术研究院"名称；对未通过验收的，责成进行整改，第二次验收未通过的，不再给予其支持。

第二十三条 省科技厅对产业技术研究院建设情况每两年进行一次绩效评价，参加绩效评价的产业技术研究院应提供以下材料：

（一）产业技术研究院工作绩效评价报告；

（二）产业技术研究院经费预算及决算报告；

（三）其他有关材料。

第二十四条 对绩效评价合格的产业技术研究院，省科技厅继续给予支持；对绩效评价不合格的，省科技厅责令其限期整改。

第七章 附则

第二十五条 本办法由省科技厅负责解释。

第二十六条 本办法自颁布之日起实施，有效期两年。

（相关附表略）

关于印发《青岛市企业研发中心培育建设方案》的通知

青科计字〔2012〕46号

各区（市）科技局：

为深入贯彻全国科技创新大会精神，强化企业技术创新主体地位，加快企业研发中心培育建设，促进企业技术创新能力提升和战略性新兴产业发展，经研究，制定《青岛市企业研发中心培育建设方案》。

现印发你们，望认真遵照执行。

2012年11月1日

青岛市企业研发中心培育建设方案

企业是技术创新和产业转型升级的主体，是经济实力和发展活力的根本保障，推动企业成为技术创新的主体，增强企业创新能力，是事关国家长远发展的基础性、全局性、战略性重大任务。为更好落实全国科技创新大会精神，推进科技与经济的结合，通过实施企业研发中心培育建设，进一步加强企业研发中心建设，进一步夯实企业研发的主体地位，促进创新资源向企业集聚，大幅度提升企业自主创新能力，实现战略性新兴产业加速发展与产业转型加速升级，编制企业研发中心培育建设实施方案，内容如下：

一、总体要求和目标

企业研发中心培育建设以高新技术企业和大中型工业企业为重点，以推动产学研合作为支撑，以增强企业自主创新能力为核心，统筹部署、分类指导、扎实推进，着力建设装备精良、管理科学、运行高效的企业研发中心，加快形成体系健全、功能完备、开放竞争、富有活力的企业研发中心发展新格局。通过培育一批新建企业研发中心、提升一批大型骨干企业研发中心、引进一批国内外知名企业研发中心，使我市企业技术创新主体地位更加凸显，企业技术创新能力大幅提升，为城市产业升级、发展转型提供有力支撑。

力争到2016年，全市企业研发中心培育在"十一五"的基础上实现四个"翻一番"和两个"全覆盖"。一是企业研发中心数量"翻一番"，达到800家；二是企业研发投入"翻一番"，达到220亿元；三是企业研发人员"翻一番"，达到6万人；四是企业发明专利申请量

"翻一番",达到4000件。我市企业研发中心对大中型企业全覆盖、对高新技术企业全覆盖。

二、重点任务

1. 引导各类企业建设研发机构。开展企业研发中心培育基地建设工作,培育新建500家企业研发中心。引导企业采取不同模式建设检测中心、设计中心、中试基地等研发机构,按照"有人员、有场地、有投入、有项目"的条件,申报备案,纳入企业研发中心培育基地建设专项计划,给予科技财政专项资金扶持,引导企业逐步建设研发中心,组建研发团队,购置先进装备,开展特色研发业务。

2. 提升企业研发中心建设水平。引导扶持骨干企业研发中心进一步完善功能,提升水平。加强市级各类研发机构建设,支持大型骨干企业创建国家级研发中心,争取国家级企业研发中心达到80家,数量保持全国前列。鼓励现有各类企业加大研发投入,提升研发中心条件建设水平;积极承担国家技术创新项目,提高研发中心产品研发和工程化开发能力;引进培养高层次研发人员,组建高层次研发团队;牵头组建产业技术创新联盟,开展行业共性技术研究;支持重点创新型领军企业设立海外研发机构,消化吸收国际先进技术,参与制定国际技术标准,提高行业"话语权"。重点打造一批集技术研发、人才集聚、成果转化、创业孵化为一体的综合性平台,抢占技术制高点,确立行业领先地位。

3. 引进国内外大企业在青岛建设研发中心。积极开展高端研发机构引进工作,引进80家国内外大企业在青建立研发中心。着力引进国内500强企业的研发中心、跨国公司的研发总部或区域性研发中心落户青岛。在招商引资工作中,强化"招智引技",将大项目、大企业研发中心作为引进工作重要内容,将企业研发条件建设作为重要考核指标,将企业技术创新项目作为支持重点,将企业高端研发人员引进作为重点服务内容,在选址、用地、税收、人才引进等方面给予政策扶持。优先支持引进的内资和外资企业研发中心申请国家、省、市各类企业技术创新平台和项目研发资助。

4. 强化公共研发服务平台建设。在新信息、新材料、新能源、新医药和海洋开发及高端装备制造领域建成20个国内一流、国际水准的市级公共研发平台,在各区市建设30个运行高效、开放共享的专业技术服务平台,开展专业技术服务、行业检测服务、知识产权服务、技术转移服务、科学数据共享、科技文献服务、仪器设施共用、资源条件保障、试验基地协作、创业孵化服务管理决策支持等业务,为全市千万平方米科技企业孵化器中小企业技术创新提供服务。强化全市大型科学仪器共享协作机制,各类公共研发平台对企业提供的仪器共享协作、检验检测等开放性服务,给予20%的共享服务补贴。

5. 引导高校和科研机构主动服务企业技术创新。高校和科研机构通过产业技术创新联盟、联合共建实验室、联合共建工程技术研究中心、联合自然基金等方式,积极参与支持企业研发中心建设和企业技术创新活动。建立完善科技资源开放共享机制,高校和科研机构的实验室、检验检测机构仪器设备、科技条件设施率先向企业开放。引导鼓励高校、科研机构科研成果面向企业加快工程化开发与产业化。强化高校和科研机构科技人员服务企业,把引导和支持广大科技人员为企业服务作为建立产学研合作长效机制的重要手段。探索在骨干企业建立科学家工作室,在高校和科研机构与企业之间,在知识创新和技术创新之间搭建一座桥梁。

三、主要措施

1. 建立工作推进机制。将企业研发中心培育建设工作作为我市率先落实全国科技创新大会的重要举措，摆上突出位置。建立有关部门会商工作机制，研究解决企业研发中心建设工作中的重大问题。各区市科技部门要建立相应的推进工作协调小组，结合本地实际制订推进计划与保障措施。建立联络员制度，开展"一对一"服务，在业务培训、机构建设、政策落实等方面提供全方位帮助。

2. 加大财政投入支持。在技术创新工程重大专项中设立青岛市企业研发中心培育计划，经认定为企业研发机构培育基地的企业，根据财政预算安排情况给予财政资金资助，优先支持贷款贴息方式。"以奖代补"支持科技中介服务机构对企业开展"一对一"服务，每完成一家研发中心培育基地建设服务给予奖励。鼓励企业加大研发中心投入，市级各类科技计划将重点支持建有研发机构的企业，没有建立研发机构、不符合相关要求的企业今后将不得承担我市相关科技计划项目。

3. 落实优惠扶持政策。切实落实研发费用加计扣除、高新技术企业所得税优惠等扶持企业技术创新的税收政策。建立国有企业研发投入考核制度，对于大中型企业的研发机构负责人及研发人员给予适当绩效奖励，充分调动科技人员的积极性。对于列入备案的研发机构，优先推荐享受研发费用加计扣除政策、优先推荐申报高新技术企业、从优享受各类科技创新和人才鼓励政策。

附 录

附录

附录一

创新型企业建设工作大事记

(2012~2014年)

2012年

3月15日

教育部、财政部联合发布《关于实施高等学校创新能力提升计划的意见》(教技〔2012〕6号),决定实施"高等学校创新能力提升计划"(简称"2011计划"),目标是充分发挥高等学校多学科、多功能的优势,积极联合国内外创新力量,有效整合创新资源,构建协同创新的新模式与新机制,形成有利于协同创新的文化氛围。建立一批"2011协同创新中心",聚集和培养一批拔尖创新人才,取得一批重大标志性成果,成为具有国际重大影响的学术高地、产业共性技术的研发基地、区域创新发展的引领阵地和文化传承创新的主力阵营。推动知识创新、技术创新、区域创新的战略融合,支撑国家创新体系建设。

3月16日

中华全国总工会、科学技术部、工业和信息化部、人力资源和社会保障部、国务院国资委、全国工商业联合会联合印发《关于进一步加强职工技术创新工作的意见》(总工发〔2012〕21号),就组织动员职工积极参与技术创新实践,提高职工创新能力等提出指导意见。

4月28日

科技部发布《2012年度产业技术创新战略联盟试点名单》(国科发体〔2012〕293号),同意39个联盟开展产业技术创新战略联盟试点工作,试点期2年。要求各试点联盟通过试点建设运行,围绕培育发展战略性新兴产业和改造提升传统产业,积极探索构建产学研合作长效机制,加强产业技术研发创新和成果扩散,完善产业技术创新链,带动中小企业创新发展,提升产业核心竞争力,为更多联盟健康发展提供经验。

6月5日

科学技术部印发《依托企业建设国家重点实验室管理暂行办法》(国科发基〔2012〕716

号），就企业国家重点实验室的职责、建设、运行、考核与评估、变更与调整等作出规定。

6月14日

科技部办公厅印发《产业技术创新战略联盟评估工作方案（试行）》（国科办政〔2012〕47号），对评估目的、评估内容、评估信息的获取、评估结果和评估周期、组织实施等作出规定。科技部将根据方案成立评估工作组和专家组，组织开展2012年度产业技术创新战略联盟评估工作。

6月18日

科学技术部印发《进一步鼓励和引导民间资本进入科技创新领域的意见》（国科发财〔2012〕739号），从深化国家科技计划管理改革，汇聚科技资源，促进科技和金融结合，落实和完善政策等方面，就进一步鼓励和引导民间资本进入科技创新领域，提升民营企业技术创新能力，促进民间投资和民营企业健康发展等提出指导意见。

7月17日

全国政协副主席、科技部部长万钢专程考察青岛四方股份有限公司自主创新能力建设。科技部副部长王伟中、科技部有关司局负责人及山东省、青岛市领导陪同考察。万钢部长一行听取了四方公司总体情况汇报，参观了青岛四方股份的国家高速动车组总成工程技术研究中心、研发中心和总装车间。

7月26日

科学技术部、教育部"关于加强协同创新，提升高校科技创新能力合作协议"签字仪式在京举行。全国政协副主席、科技部部长万钢，教育部党组书记、部长袁贵仁出席签字仪式并讲话。科技部党组副书记、副部长王志刚，教育部党组副书记、副部长杜玉波代表两部签署合作协议。教育部党组成员、副部长杜占元代表两部介绍了合作协议有关情况及主要内容。科技部党组成员、副部长陈小娅主持签字仪式。来自上海交通大学、深圳清华大学研究院、西北农林科技大学、苏州工业园区的代表做了交流发言。北京大学、清华大学等16所高校的校领导，10所高职院校的院领导，国家（重点）实验室、国家工程技术研究中心、国家高新区、产业技术创新联盟、大学科技园、科技基础条件平台、新型科研院所、新农村发展研究院的负责同志，部分高校有关专家代表，科技部、教育部相关司局负责同志等100多位代表参加签字仪式。合作协议的签署是两部深化科教合作与推动协同创新、提升高校科技创新能力工作的新起点。科技部、教育部将加强政策措施的协同配合，有效集成资源，共同推动高校科技创新能力在新的起点上取得更大发展。

8月31日

科学技术部与中国进出口银行在京签署《支持科技创新合作协议》。双方将在科技重大专项、国家科技计划和重大国际科技合作项目的实施，国家自主创新示范区、国家高新技术产业开发区、国际科技合作基地建设、战略性新兴产业发展以及科技型中小企业开拓国际市场等方面进行深层次科技金融合作。全国政协副主席、科学技术部部长万钢和中国进出口银行李若谷行长出席了签约仪式。科学技术部党组书记、副部长王志刚和中国进出口银行副行长孙平共同签署了协议。

11月12日

为进一步支持民营科研机构开展科技创新，财政部、科技部、民政部、海关总署、国家税务总局等五部门联合发布了《关于科技类民办非企业单位适用科学研究和教学用品进口税收政策的通知》（财关税［2012］54号），明确自2013年1月1日起，对符合条件的科技类民办非企业单位以科学研究为目的，在合理数量范围内进口国内不能生产或者性能不能满足需要的科研用品，免征进口关税和进口环节增值税、消费税。同时，《通知》明确了享受免税的条件和申报程序。

11月15日

中国证监会、科技部联合印发《关于支持科技成果出资入股确认股权的指导意见》（证监发［2012］87号），就进一步优化科技成果出资入股、依法确认股权的相关制度安排提出四天指导意见。

11月26日

为贯彻落实《国家中长期人才规划纲要》（2010～2020年）和《国家知识产权战略纲要》，知识产权局、科技部等13部门联合印发《关于进一步加强职务发明人合法权益保护 促进知识产权运用实施的若干意见》。从建立健全单位知识产权管理规章制度、依法保护职务发明人合法权益、鼓励职务发明人参与职务发明及其知识产权运用和实施、强化对职务发明人权益保护工作的督导等方面，提出了15条具体措施。

2013年

1月11日

科技部党组书记、副部长王志刚，副部长陈小娅带领科技部相关部门负责同志到中国航天科工集团公司调研考察，听取了航天科工创新体系与机制建设、创新平台建设、军民融合发展、国家科技重大专项、自主创新项目研发等相关汇报，就如何发挥好企业创新主体作用开展研讨交流。

王志刚书记、陈小娅副部长带领科技部相关部门负责同志到航天科技集团第五研究院，调研了嫦娥三号探月飞行器、神舟十号载人飞船研制情况，参观了空间机械臂研究所。集团公司负责人汇报了集团公司加强科技创新平台建设，提升自主创新能力等方面的工作。

1月15日

为深入了解重大专项实施进展情况、存在问题及研制单位意见，科技部党组书记、副部长王志刚到中国商用飞机有限责任公司、中航商用发动机有限责任公司调研，先后考察了中国商飞公司飞机总装车间、ARJ21-700飞机106架机、C919大型客机展示样机和中国商飞设计研发中心、飞行模拟国家重点实验室；中航商发研发基地建设工地、CJ-1000发动机全尺寸金属模型、发动机包容性与外物吸入损伤研究中心、上海超算中心商发分中心等，听取有关技术人员情况介绍，并分别与中国商飞、中航商发有关负责同志及技术人员座谈交流。科技部相关部门及上海市科委有关负责同志一同参加调研。

1月24日

为落实《关于科技类民办非企业单位适用科学研究和教学用品进口税收政策的通知》（财关税［2012］54号），科技部、民政部、财政部、海关总署和国家税务总局下发《关于印发科技类民办非企业单位进口科学研究和教学用品免税资格审核认定管理办法的通知》（国科发政

[2013] 52号)。文件从免税资格审核认定的条件、程序、需报送的材料、复审和监督管理等方面对科技类民办非企业单位申请享受进口科研教学用品税收优惠作出了具体规定。

1月28日

国务院办公厅下发《关于强化企业技术创新主体地位全面提升企业创新能力的意见》(国办发[2013] 8号),明确提出以深入实施国家技术创新工程为重要抓手推进企业技术创新的12项重点任务及相应的政策措施。

3月1日

科技部、国家发展改革委联合印发《"十二五"国家重大创新基地建设规划》(国科发计[2013] 381号),明确了国家重大创新基地的功能与定位,建设的指导思想、原则和目标、总体部署与重点领域、建设方式、政策与保障措施等内容。

3月1日

全国政协副主席、科技部部长万钢到中国商飞公司考察。万部长参观了公司设计研发中心综合航电试验室,察看了C919大型客机工程模拟机和铁鸟试验台,深入强度部、总体气动部等科研一线,详细了解C919大型客机项目、ARJ21新支线飞机项目研制和发展建设有关情况,与中国商飞公司有关负责同志和技术人员进行了座谈交流。科技部曹健林副部长以及有关司局领导、上海市科委领导、中国商飞公司有关负责人陪同调研。

3月28~29日

为贯彻落实全国科技创新大会和《中共中央国务院关于深化科技体制改革加快国家创新体系建设的意见》精神,科技部人才中心与创新体系建设办公室组成调研组赴广东省就创新实验室、创新科研团队专项计划以及新型研发组织人才培养等进行调研。调研组先后与广东省科技厅、深圳市科技创新委进行座谈,并重点考察了中山大学媒体计算创新实验室、深圳华大基因研究院和深圳光启高等理工研究院。

调研组详细了解了广东省创新科研团队专项计划的目标定位、组织实施经验、存在的困难和问题以及对创新人才推进计划组织实施的意见和建议;考察了创新实验室运行管理、人才培养、产学研结合、协同创新的机制和措施以及与传统创新模式的差异等,并就促进科教协同,促进科学研究、技术创新、成果转化结合等问题与实验室管理人员、投资人、在校师生代表等座谈交流。调研组最后就创新创业环境建设、新型研发组织人才培养、评价激励等问题,与深圳市创新委、华大基因和深圳光启进行了座谈调研。

5月28~30日

《促进科技成果转化法》修订起草工作领导小组组长、科技部党组书记、副部长王志刚在上海、浙江开展《促进科技成果转化法》修订调研。全国人大教科文卫委员会、发展改革委、教育部、工业和信息化部、中科院、国防科工局、全军武器装备科技成果管理工作办公室等部门和单位的起草工作小组成员参加了调研活动。调研期间,调研组听取了上海市和浙江省有关部门贯彻实施《促进科技成果转化法》情况的汇报,与科研机构、高等学校、企业、公共科技服务和中介服务机构、金融和投资机构负责人进行了座谈,并到创新型企业、科技创新服务平台等进行了实地调研。调研与座谈中,有关方面总结了贯彻实施《促进科技成果转化法》、推进科技成果转化工作的经验,分析了科技成果转化中存在的制度性问题,对法律修订提出了具体的意见和建议。

5月26~29日

为建立健全创新型企业知识产权管理制度，提升创新型企业知识产权管理能力，科技部与世界知识产权组织在重庆市联合举办了"创新型企业知识产权管理研修班"。100多名创新型企业的负责人及科研管理、知识产权管理人员参加了培训。来自国内外的知识产权专家围绕企业创新政策、企业知识产权管理标准和规范、知识产权申请策略、知识产权诉讼实务、世界知识产权组织资源利用、知识产权转移转化等专题进行了系统讲解。

6月7日

科技部、发改委、财政部、教育部、工业和信息化部、人力资源和社会保障部、农业部、人民银行、国资委、税务总局、中科院、工程院、全国总工会、全国工商联、国家开发银行15个部门和单位共同成立国家技术创新工程部际协调小组并召开第一次会议，旨在加强部门之间协同配合，统筹协调和资源集成，促进与企业创新相关的科技、产业、财税、金融等政策措施的衔接配套，共同推进企业技术创新工作。针对当前企业创新中存在的突出问题，围绕落实"国办8号"文件的各项任务，协调小组各成员单位从大力提升企业创新能力、促进产学研用紧密结合、引导创新要素向企业集聚、营造企业创新良好环境4个方面提出了近阶段拟共同推进的一系列重点任务措施。科技部党组书记、副部长王志刚、发改委副主任张晓强、财政部部长助理余蔚平、教育部副部长杜占元、人社部副部长王晓初、人民银行行长助理郭庆平、中科院副院长施尔畏、全国总工会书记处书记王瑞生、全国工商联副主席黄荣等有关部门和单位领导出席会议并作了讲话。

6月19日

创新体系建设办公室在北京组织召开产业技术创新战略联盟整改情况交流会，26家联盟的理事长或秘书长参加会议并作了专题汇报。高新司、社发司有关同志参加会议，有关专家到会进行点评指导。

2012年，科技部对试点期满的56家联盟组织了全面评估，其中有26家联盟评估结果为B，需要对存在的不足进行整改。本次会议就是为了加强跟踪指导，推动B类联盟整改提升，深化试点建设。从总体上看，联盟整改工作取得重要的进展和成效，但还存在工作进展不平衡的现象，少数联盟认识不到位，行动缓慢，措施不到位，整改效果不明显。

创新体系建设办公室要求相关联盟主要负责人进一步提高认识，加强组织领导，根据评估反馈意见，细化具体化整改方案，把各项整改措施落实到位，确保整改工作取得实效。创新体系建设办公室将会同相关司局加强跟踪指导和监督评估，建立动态调整机制，充分发挥联盟在推动产业技术创新中的作用。

8月5~6日

为加强跟踪和指导，推动联盟试点建设，创新体系建设办公室在北京组织召开了第二批试点联盟中期进展交流会，39家联盟理事长或秘书长参加会议并作了交流发言，有关专家到会点评指导。会议还结合科技部正在开展的群众路线教育实践活动，征求了39家联盟对创新办在作风建设和业务工作方面的意见和建议。

从总体上看，各联盟按照试点工作要求，努力构建产学研结合长效机制，推进共性技术研发和成果产业化，取得阶段性进展和成效。但会议交流也反映出一些突出问题，如对联盟的意义和规律认识不深，对政府项目的依赖性较强，内部合作不够紧密，部分联盟目标宽泛、实质性工作较少，少数联盟按课题组运行、联盟的组织机制没有真正建立，一些联盟偏重研发，产业化工作和成效不足等。创新体系建设办公室下一步将会同有关单位组织专题调研、情况交流、政策培训等活动，加强对试点联盟的跟踪指导和监督评估，深入研究联盟内在规律，不断探索符合自身实际的长效机制，切实发挥对产业技术创新的支撑引领作用。

8月27~29日

创新体系建设办公室会同平台中心组织召开了2013年度创新型企业信息填报培训会，对本年度企业信息采集指标和要求进行了培训辅导，来自各省、自治区、直辖市、计划单列市、新疆生产建设兵团科技部门、中央企业、转制院所的120余名代表参加了会议。会议期间，结合科技部正在深入开展的党的群众路线教育实践活动，创新体系建设办公室专门召开座谈会，认真听取地方科技部门与会代表对创新体系建设办公室业务工作和作风建设方面的意见和建议。

近年来，为加强对企业技术创新的跟踪服务，推动国家科技资源向企业开放共享，创新体系建设办公室启动了"企业技术创新信息服务大平台建设"工作，企业信息采集和需求征集是大平台建设的一项重要基础性工作。创新体系建设办公室将把大平台建设和运行服务情况作为检验开展党的群众路线教育实践活动效果的重要内容。

9月16日

科技部党组书记、副部长王志刚专门邀请来自企业、高校、科研机构的8位全国人大代表到科技部召开座谈会，就科技与经济结合和企业技术创新工作听取人大代表的意见和建议，与人大代表进行深入交流。2013年，全国人大将"关于推动科技与经济紧密结合，构建技术创新体系的建议"作为重点建议，由科技部牵头，会同工业和信息化部、财政部、税务总局、知识产权局等相关部门研究办理。该重点建议共包括代表建议9件，涉及代表71人次。科技部高度重视人大重点建议办理工作，专门成立了由部党组书记王志刚任组长、部内相关司局参加的工作小组，制定了承办工作方案，并与四个协办部门建立了部际联络员制度和分工协作机制，明确了办理的具体方式要求和时间节点安排。

座谈中，人大代表对科技部等相关承办部门的改革精神、服务意识和工作作风予以充分肯定，围绕"企业技术创新和促进科技与经济紧密结合"这个主题，对如何进一步提高企业的技术创新能力、加强产学研合作、完善促进科技成果转化的制度、加大对民营科技企业的支持力度、完善和落实激励企业创新的政策措施等五个方面重点问题，发表了各自的独到见解，对加强和改进科技创新工作提出了意见和建议。

全国人大教科文卫委员会、全国人大办公厅联络局以及工业和信息化部、财政部、科技部、税务总局、知识产权局相关司局负责同志参加了座谈会。

10月11~12日

创新体系建设办公室在京举办了产业技术创新战略联盟政策培训班，第一批国家试点联盟中评估为B的26家联盟和第二批39家国家试点联盟的理事长或秘书长共90位学员参加了培训。培训班安排了国家产业和科技政策解读、联盟理论与发展趋势、国家联盟评价导向、典型案例研讨以及学员交流等内容。本次培训班还结合科技部党的群众路线教育实践活动，征求了65家联盟对创新体系建设办公室在作风建设和业务工作方面的意见和建议。

10月23日

创新体系建设办公室、平台中心在京组织召开企业技术创新信息服务大平台建设工作研讨会,邀请来自企业、高校、科研院所、科技服务机构、地方科技部门等方面的20多位专家,对本年度平台征集的企业创新需求进行梳理分析,对平台的功能设计提出咨询意见。创新体系建设办公室、平台中心将认真研究吸收专家的意见和建议,进一步完善企业技术创新信息服务大平台功能,建立科技资源与企业需求信息对接的有效机制,探索平台持续运行机制,推动国家科技资源向企业开放服务。

10月30日

科学技术部发布《2013年度国家产业技术创新战略试点联盟和重点培育联盟名单》,同意将55家联盟作为第三批国家产业技术创新战略试点联盟,试点期2年;将41家联盟作为重点培育联盟,待进一步完善并具备条件后优先纳入后续批次国家试点联盟。要求各国家试点联盟围绕国家战略目标和产业转型升级,不断探索完善市场经济条件下联合开发、优势互补、利益共享、风险共担的产学研用长效合作机制,加强产业共性技术研发和成果转化扩散,带动中小企业创新发展,完善产业链和创新链,大力提升产业核心竞争力。

11月12日

创新体系建设办公室发布《关于组织开展第二批国家产业技术创新战略联盟评估工作的通知》(国科体函〔2013〕10号),将组织开展第二批联盟评估工作,参加本次评估的联盟包括第一批评估结果为B的26家国家试点联盟和2012年开始参加试点的第二批39家国家试点联盟。

11月18日

财政部、科技部联合印发《国家科技计划及专项资金后补助管理规定》(财教〔2013〕433号),决定在科技部归口管理的国家科技计划及专项管理中引入后补助机制,以充分发挥财政科技经费的引导作用,强化企业技术创新主体地位,推动科技和经济紧密结合,提高财政资金的使用效益。

12月26日

科技部和全国工商联在京联合召开民营企业技术创新座谈会,调研听取民营企业落实创新驱动发展战略、推进技术创新的情况和意见建议。科技部党组书记、副部长王志刚,中央统战部副部长、全国工商联党组书记、常务副主席全哲洙出席会议并讲话。科技部副部长王伟中出席座谈会。会议由全国工商联副主席黄荣主持。科技部和全国工商联有关部门负责同志参加了会议。来自不同地区、不同行业的13家民营企业代表在会上作了发言。与会的民营企业家充分肯定了科技部对民营企业创新的一贯支持,并围绕如何落实创新驱动发展战略,推进企业技术创新工作,谈到了各自的经验做法、遇到的主要问题和下一步的打算。与会者还对科技部等相关部门进一步完善和落实有关政策措施,提出了意见和建议。

2014年

1月7日

科技部会同人民银行、银监会、证监会、保监会和知识产权局六部门联合印发《关于大力推进体制机制创新扎实做好科技金融服务的意见》（银发［2014］9号）。从七个方面对科技金融工作提出部署和要求：一是大力培育和发展服务科技创新的金融组织体系；二是加快推进科技信贷产品和服务模式创新；三是拓宽适合科技创新发展规律的多元化融资渠道；四是探索构建符合科技创新特点的保险产品和服务；五是加快建立健全促进科技创新的信用增进机制；六是进一步深化科技和金融结合试点；七是创新政策协调和组织实施机制。

5月9日

国家技术创新工程部际协调小组召开第二次会议，学习贯彻中共十八届三中全会精神和习近平总书记系列重要讲话精神，总结2013年工作，研究部署2014年工作。会议由科技部党组书记、副部长王志刚主持，财政部部长助理余蔚平、教育部副部长杜占元、工业和信息化部副部长毛伟明、人力资源和社会保障部副部长王晓初、农业部副部长李家洋、人民银行行长助理郭庆平、中科院副院长施尔畏、工程院副院长干勇、全国总工会书记处书记王瑞生、全国工商联副主席黄荣、国家开发银行副行长张旭光、发展改革委、国资委、税务总局有关司局负责同志出席会议。

会议认为，一年来，各成员单位以国家技术创新工程为抓手，共同推动企业技术创新，取得了积极进展和初步成效。一是企业技术创新主体地位进一步提升，创新能力显著增强。二是推动产学研用紧密结合，协同创新机制逐步健全。三是企业主导科技产业化成效突出，促进了产业结构调整和转型升级。四是建设完善公共技术服务平台，科技资源向企业开放共享机制初步建立。五是重点创新政策进一步完善和落实，企业创新环境逐步优化。

会议审议通过了2014年推进企业技术创新的重点任务。一是着力落实激励企业创新的普惠政策，二是完善企业技术创新的服务体系，三是大力提升企业创新能力，四是健全产学研协同创新机制。各成员单位进一步加强协同合作，共同构建产业创新良好生态，激发企业创新的内生动力和活力。

6月

为加强面向企业的技术创新政策宣传推广，帮助企业知晓、理解、用足、用好政策，科技部创新体系建设办公室组织有关单位认真梳理现行的激励企业技术创新的普惠政策，围绕企业关注度较高的计划项目、税收激励、科技金融、研发机构、创新人才、知识产权和科技奖励等方面，筛选出含金量较高的60余项政策，归纳凝练政策要点，编写并正式出版《企业技术创新政策实用手册》。

8月8日

为促进科技成果资本化、产业化，加快实施国家科技成果转化引导基金，科技部、财政部印发了《国家科技成果转化引导基金设立创业投资子基金管理暂行办法》（国科发财［2014］229号）。办法分总则、子基金的设立、投资管理、托管银行、收入收缴、管理与监督、附则等七章三十六条，规定了设立子基金的条件、标准和程序，对子基金的投资运作、收入收缴、激励约束、资金管理和监督等提出明确要求。

9月26日

科技部、财政部在京共同召开国家科技成果转化引导基金启动推进会。科技部部长万钢、科技部副部长王伟中、财政部部长助理余蔚平出席会议并讲话。部分省市科技厅、财政厅有关负责同志，国家开发银行、中国进出口银行、中国农业发展银行、中国风险投资公司等有关金融投资机构,以及中国科学院、中国农科院、北京大学、清华大学、中国建材院等科研机构和大学近百位代表参加了大会。会议由王伟中副部长主持。科技部、财政部向转化基金第一届理事会成员颁发聘书,聘任马蔚华同志担任理事长。会议上还开通了转化基金官方网站和国家科技成果转化项目库网站。

10月27日

科技部办公厅印发《关于组织开展创新型企业共享服务平台加盟工作的通知》(国科办体〔2014〕53号),决定在面向广大企业开放服务的基础上,组织开展创新型企业加盟平台共建工作。共享服务平台以"共建共享共管"为原则,集聚国家创新型企业和相关科技资源信息,促进资源向企业开放服务,对创新型企业进行动态跟踪、需求征集和评价引导,为国家相关科技管理决策提供支撑。平台采取"线上对接线下服务"方式,对所有企业提供基本服务,对加盟企业提供定制服务和专题服务,实行动态化的加盟管理。

10月31日

科技部党组书记、副部长王志刚主持召开中央企业技术创新座谈会,传达学习中共十八届三中、四中全会精神和习近平总书记近期关于实施创新驱动发展战略的重要讲话精神,听取中央企业对实施创新驱动发展战略、提升技术创新能力的意见和建议。国务院国资委副主任黄丹华出席会议。中国核工业集团公司、中国航天科技集团公司、中国兵器工业集团公司、中国石油化工集团公司、神华集团有限责任公司、中国联合网络通信集团有限公司、中国电子信息产业集团有限公司、中国机械工业集团有限公司、国家开发投资公司、中国钢研科技集团公司、中国南车集团公司11家中央企业主要负责同志参加座谈会。

与会的中央企业负责同志交流了对创新驱动发展战略的理解和认识,对科技部等相关部门推动企业技术创新的工作给予了充分肯定,介绍了各自贯彻落实创新驱动发展战略、提升技术创新能力的经验和体会,同时针对企业在加强技术创新方面遇到的困难和问题,对如何落实"国办8号"文件,深化科技体制改革,完善政策环境,更好地发挥中央企业在技术创新中的骨干作用等,提出了有针对性的意见和建议。

黄丹华在讲话中表示,国资委将认真履行出资人职责,改革完善中央企业业绩考核、分配激励等制度,加大国有资本经营预算对科技创新的投入力度,构建促进中央企业协同创新的公共服务平台。

王志刚在总结讲话中表示,科技部将认真梳理中央企业提出的意见和建议,进一步研究完善技术创新的相关政策,加大政策协调和落实力度,不断强化企业技术创新主体地位,提升企业创新能力。

附录

附录二

创新型试点企业名录（五批）

附表1　第一批创新型试点企业（103家）

编号	企业名称	地域
20060001	中国航天科技集团公司	北京
20060002	中国石油化工集团公司	北京
20060003	国家电网公司	北京
20060004	中国长江三峡集团公司（原中国长江三峡工程开发总公司）	湖北
20060005	神华集团有限责任公司	北京
20060006	中国网络通信集团公司[①]	北京
20060007	中国电子信息产业集团有限公司（原中国电子信息产业集团公司）	北京
20060008	中国第一汽车集团公司	吉林
20060009	中国东方电气集团有限公司（原中国东方电气集团公司）	四川
20060010	鞍钢集团公司（原鞍山钢铁集团公司）	辽宁
20060011	宝钢集团有限公司（原上海宝钢集团公司）	上海
20060012	中国铝业公司	北京
20060013	中国化学工程集团公司	北京
20060014	中国铁路工程总公司	北京
20060015	中国生物技术集团公司[②]	北京
20060016	电信科学技术研究院（大唐电信集团）	北京
20060017	中国钢研科技集团有限公司（原钢铁研究总院）	北京
20060018	北京有色金属研究总院	北京
20060019	煤炭科学研究总院	北京
20060020	机械科学研究总院	北京
20060021	中国纺织科学研究院	北京
20060022	中国农业机械化科学研究院	北京
20060023	中材科技股份有限公司	北京

① 中国网络通信集团公司已与中国联合通信有限公司重组合并为中国联合网络通信集团有限公司。
② 中国生物技术集团公司已与中国医药集团总公司实行联合重组，组建新的中国医药集团总公司。

续表

编号	企业名称	地域
20060024	中国重型机械研究院有限公司（原西安重型机械研究所）	陕西
20060025	北京矿冶研究总院	北京
20060026	武汉邮电科学研究院	湖北
20060027	联想（北京）有限公司	北京
20060028	北京汉王科技股份有限公司	北京
20060029	北京信威通信技术股份有限公司	北京
20060030	北京仁创科技集团有限公司	北京
20060031	天津钢管集团股份有限公司（原天津钢管集团有限公司）	天津
20060032	天津天士力集团有限公司	天津
20060033	唐山轨道客车有限责任公司（原中国北车集团唐山机车车辆厂）	河北
20060034	太原重型机械集团有限公司	山西
20060035	太原风华信息装备股份有限公司	山西
20060036	内蒙古蒙西高新技术集团有限公司	内蒙古
20060037	沈阳新松机器人自动化股份有限公司	辽宁
20060038	辽宁奥克化学股份有限公司（原辽宁奥克化学集团有限公司）	辽宁
20060039	吉林华微电子股份有限公司	吉林
20060040	长春轨道客车股份有限公司	吉林
20060041	亿阳信通股份有限公司	黑龙江
20060042	哈药集团三精制药股份有限公司	黑龙江
20060043	上海振华重工（集团）股份有限公司（原上海振华港口机械股份有限公司）	上海
20060044	上海宝信软件股份有限公司	上海
20060045	上海电器科学研究所（集团）有限公司	上海
20060046	上海药明康德新药开发有限公司	上海
20060047	南京联创科技集团股份有限公司（原南京联创科技股份有限公司）	江苏
20060048	扬子江药业集团有限公司	江苏
20060049	江苏法尔胜泓昇集团有限公司（原法尔胜集团公司）	江苏
20060050	中控科技集团有限公司	浙江
20060051	浙江吉利控股集团有限公司	浙江
20060052	浙江海正药业股份有限公司	浙江
20060053	奇瑞汽车有限公司	安徽
20060054	安徽丰原集团有限公司	安徽
20060055	福建星网锐捷通讯股份有限公司	福建
20060056	福建南靖万利达科技有限公司	福建
20060057	江西昌九农科化工有限公司	江西
20060058	江西省德兴市百勤异VC钠有限公司	江西
20060059	浪潮集团有限公司	山东
20060060	烟台万华聚氨酯股份有限公司	山东
20060061	山东登海种业股份有限公司	山东
20060062	许继集团有限公司	河南
20060063	郑州宇通客车股份有限公司	河南

续表

编号	企业名称	地域
20060064	武汉华中数控股份有限公司	湖北
20060065	湖北新火炬科技股份有限公司（原襄樊星火汽车零部件制造有限公司）	湖北
20060066	中联重科股份有限公司（原长沙中联重工科技发展股份有限公司）	湖南
20060067	平安电气股份有限公司（原湘潭平安电气集团有限公司）	湖南
20060068	金发科技股份有限公司	广东
20060069	广东风华高新科技股份有限公司	广东
20060070	广东威创视讯科技股份有限公司（原广东威创日新电子有限公司）	广东
20060071	广州机械科学研究院有限公司（原广州机械科学研究院）	广东
20060072	桂林利凯特环保实业股份有限公司	广西
20060073	海南赛诺实业有限公司	海南
20060074	海南全星药业有限公司	海南
20060075	重庆川仪总厂有限公司	重庆
20060076	招商局重庆交通科研设计院有限公司（原重庆交通科研设计院）	重庆
20060077	重庆华立药业股份有限公司	重庆
20060078	四川长虹电器股份有限公司	四川
20060079	攀钢集团有限公司［原攀枝花钢铁（集团）公司］	四川
20060080	成都地奥制药集团有限公司	四川
20060081	贵阳航天林泉科技有限公司①	贵州
20060082	贵州汇通华城股份有限公司［原贵州汇通华城楼宇科技有限公司］	贵州
20060083	云南白药集团股份有限公司	云南
20060084	昆明船舶设备集团有限公司	云南
20060085	西藏奇正藏药股份有限公司（原西藏林芝奇正藏药厂）	西藏
20060086	西安海天天线科技股份有限公司	陕西
20060087	金川集团股份有限公司（原金川集团有限公司）	甘肃
20060088	天水星火机床有限责任公司	甘肃
20060089	宁夏东方钽业股份有限公司	宁夏
20060090	西部矿业股份有限公司	青海
20060091	青海新能源（集团）公司（原青海新能源研究所有限公司）	青海
20060092	新疆蓝山屯河化工股份有限公司［原新疆屯河工贸（集团）有限公司］	新疆
20060093	新疆众和股份有限公司	新疆
20060094	新疆石河子中发化工有限责任公司	新疆兵团
20060095	大连三科科技发展有限公司	大连
20060096	海天塑机集团有限公司（原宁波海天集团股份有限公司）	宁波
20060097	博威集团有限公司（原宁波博威集团有限公司）	宁波
20060098	厦门钨业股份有限公司	厦门
20060099	厦门华侨电子股份有限公司	厦门
20060100	海尔集团公司	青岛
20060101	海信集团有限公司	青岛
20060102	华为技术有限公司	深圳
20060103	中兴通讯股份有限公司	深圳

① 贵阳航天林泉科技有限公司已注销。

附表2 第二批创新型试点企业（184家）

编号	企业名称	地域
20080104	中国航空工业第一集团公司①	北京
20080105	中国船舶重工集团公司	北京
20080106	中国兵器工业集团公司	北京
20080107	中国兵器装备集团公司	北京
20080108	中国石油天然气集团公司	北京
20080109	中国华能集团公司	北京
20080110	中国移动通信集团公司	北京
20080111	中国第一重型机械集团公司	黑龙江
20080112	武汉钢铁（集团）公司	湖北
20080113	中国建筑工程总公司	北京
20080114	中国冶金科工集团有限公司（原中国冶金科工集团公司）	北京
20080115	中国化工集团公司	北京
20080116	中国中材集团有限公司（原中国中材集团公司（含中材高薪材料股份有限公司））	北京
20080117	中国建筑材料集团有限公司（原中国建筑材料集团公司）	北京
20080118	中国北方机车车辆工业集团公司	北京
20080119	中国南车集团公司（原中国南方机车车辆工业集团公司）	北京
20080120	中国铁道建筑总公司	北京
20080121	中国普天信息产业集团公司	北京
20080122	中国医药集团总公司	北京
20080123	上海贝尔股份有限公司（原上海贝尔阿尔卡特股份有限公司）	上海
20080124	中国电信集团公司	北京
20080125	中国航天科工集团公司	北京
20080126	中国有色矿业集团有限公司	北京
20080127	彩虹集团公司	北京
20080128	中国葛洲坝集团公司	湖北
20080129	哈尔滨电气集团公司（原哈尔滨电站设备集团公司）	黑龙江
20080130	中国国电集团公司	北京
20080131	中国南方电网有限责任公司	广东
20080132	中国远洋运输（集团）总公司	北京
20080133	中国高新投资集团公司	北京
20080134	沈阳化工研究院有限公司（原沈阳化工研究院）	辽宁
20080135	长沙矿冶研究院有限责任公司（原长沙矿冶研究院）	湖南
20080136	中国电器科学研究院有限公司（原中国电器科学研究院）	广东
20080137	上海医药工业研究院	上海

① 中国航空工业第一集团公司已与中国航空工业第二集团公司合并组成中国航空工业集团公司。

续表

编号	企业名称	地域
20080138	中海油天津化工研究设计院（原天津化工研究设计院）	天津
20080139	天津药物研究院	天津
20080140	中国日用化学工业研究院	山西
20080141	中钢集团洛阳耐火材料研究院有限公司（原中钢集团洛阳耐火材料研究院）	河南
20080142	北大方正集团有限公司	北京
20080143	用友软件股份有限公司	北京
20080144	北京神州数码有限公司	北京
20080145	北京大北农科技集团有限责任公司	北京
20080146	北京和利时系统工程股份有限公司	北京
20080147	天津赛象科技股份有限公司	天津
20080148	天津力神电池股份有限公司	天津
20080149	天津药业集团有限公司	天津
20080150	天津电气传动设计研究所有限公司（原天津电气传动设计研究所）	天津
20080151	中国乐凯胶片集团公司	河北
20080152	邯郸钢铁集团有限责任公司	河北
20080153	石药集团有限公司	河北
20080154	华北制药集团新药研究开发有限责任公司	河北
20080155	太原钢铁（集团）有限公司	山西
20080156	山西信联集团实业有限公司	山西
20080157	内蒙古鄂尔多斯羊绒集团有限责任公司	内蒙古
20080158	内蒙古伊利实业集团股份有限公司	内蒙古
20080159	内蒙古伊泰集团有限公司	内蒙古
20080160	内蒙古蒙牛乳业（集团）股份有限公司	内蒙古
20080161	包头钢铁（集团）有限责任公司	内蒙古
20080162	沈阳机床（集团）有限责任公司	辽宁
20080163	沈阳北方交通重工集团有限公司	辽宁
20080164	辽宁恒星精细化工有限公司（原丹东恒星精细化工有限公司）	辽宁
20080165	锦州奥鸿药业有限责任公司	辽宁
20080166	吉林敖东延边药业股份有限公司	吉林
20080167	修正药业集团股份有限公司	吉林
20080168	四平市精细化学品有限公司	吉林
20080169	黑龙江沃尔德电缆有限公司	黑龙江
20080170	东北轻合金有限公司	黑龙江
20080171	哈药集团有限公司	黑龙江
20080172	哈尔滨仁皇药业股份有限公司	黑龙江
20080173	上海新傲科技有限公司	上海
20080174	上海复星医药（集团）股份有限公司	上海

续表

编号	企业名称	地域
20080175	上海太阳能科技有限公司	上海
20080176	上海电缆研究所	上海
20080177	南京南瑞集团公司	江苏
20080178	江苏阳光股份有限公司	江苏
20080179	大全集团有限公司	江苏
20080180	东飞马佐里纺机有限公司［原马佐里（东台）纺机有限公司］	江苏
20080181	江苏兴荣高新科技股份有限公司	江苏
20080182	江苏沙钢集团有限公司	江苏
20080183	万向集团公司	浙江
20080184	浙江医药股份有限公司新昌制药厂	浙江
20080185	杭州制氧机集团有限公司	浙江
20080186	浙江华海药业股份有限公司	浙江
20080187	富通集团有限公司	浙江
20080188	安徽科大讯飞信息科技股份有限公司	安徽
20080189	安徽江淮汽车股份有限公司	安徽
20080190	安徽叉车集团公司	安徽
20080191	安徽中鼎密封件股份有限公司	安徽
20080192	铜陵有色金属集团控股有限公司	安徽
20080193	黄山永新股份有限公司	安徽
20080194	福建龙净环保股份有限公司	福建
20080195	福建福晶科技股份有限公司	福建
20080196	福建新大陆科技集团有限公司	福建
20080197	福建省永安林业（集团）股份有限公司	福建
20080198	江西铜业集团公司	江西
20080199	江中药业股份有限公司	江西
20080200	泰豪科技股份有限公司	江西
20080201	江西汇仁药业有限公司	江西
20080202	鲁南制药集团股份有限公司	山东
20080203	丛林集团有限公司（原山东丛林集团有限公司）	山东
20080204	威海广泰空港设备股份有限公司	山东
20080205	万达集团股份有限公司	山东
20080206	山东冠丰种业科技有限公司	山东
20080207	平高集团有限公司	河南
20080208	中信重工机械股份有限公司	河南
20080209	华兰生物工程股份有限公司	河南
20080210	南阳防爆集团有限公司	河南
20080211	河南瑞贝卡发制品股份有限公司	河南

续表

编号	企业名称	地域
20080212	湖北宜化集团有限责任公司	湖北
20080213	湖北鼎龙化学股份有限公司（原湖北鼎龙化工有限公司）	湖北
20080214	中钢集团天澄环保科技股份有限公司	湖北
20080215	三一重工股份有限公司	湖南
20080216	远大空调有限公司（原长沙远大空调有限公司）	湖南
20080217	湘潭电机股份有限公司	湖南
20080218	江南工业集团有限公司［原江南机器（集团）有限公司］	湖南
20080219	广州无线电集团有限公司	广东
20080220	珠海格力电器股份有限公司	广东
20080221	美的集团有限公司	广东
20080222	广州迪森热能技术股份有限公司	广东
20080223	西陇化工股份有限公司（原广东西陇化工有限公司）	广东
20080224	广西柳工机械股份有限公司	广西
20080225	柳州欧维姆机械股份有限公司（原柳州欧维姆股份有限公司）	广西
20080226	先声药业有限公司	海南
20080227	海南长安国际制药有限公司	海南
20080228	重庆长安汽车股份有限公司	重庆
20080229	重庆金山科技（集团）有限公司	重庆
20080230	重庆海扶医疗科技股份有限公司［原重庆海扶（HIFU）技术有限公司］	重庆
20080231	中电投远达环保工程有限公司	重庆
20080232	中国第二重型机械集团公司	四川
20080233	宜宾丝丽雅集团有限公司	四川
20080234	四川畜科饲料有限公司	四川
20080235	四川科伦药业股份有限公司	四川
20080236	四川启明星铝业有限责任公司	四川
20080237	四川龙蟒集团有限责任公司	四川
20080238	贵州航天电器股份有限公司	贵州
20080239	贵州益佰制药股份有限公司	贵州
20080240	贵州信邦制药股份有限公司	贵州
20080241	云南锡业集团（控股）有限责任公司（原云南锡业集团有限责任公司）	云南
20080242	昆明云内动力股份有限公司	云南
20080243	云南南天电子信息产业股份有限公司	云南
20080244	云南生物谷灯盏花药业有限公司	云南
20080245	滇虹药业集团股份有限公司（原昆明滇虹药业有限公司）	云南
20080246	西藏诺迪康药业股份有限公司	西藏
20080247	西藏自治区藏药厂	西藏
20080248	西北有色金属研究院	陕西
20080249	陕西鼓风机（集团）有限公司	陕西
20080250	西安西电捷通无线网络通信股份有限公司（原西安西电捷通无线网络通信有限公司）	陕西

续表

编号	企业名称	地域
20080251	天水长城开关厂有限公司（原天水长城开关厂）	甘肃
20080252	天水电气传动研究所有限责任公司（原天水电气传动研究所）	甘肃
20080253	天水华天微电子股份有限公司	甘肃
20080254	兰州兰石集团有限公司	甘肃
20080255	青海华鼎实业股份有限公司	青海
20080256	金诃藏药股份有限公司（原青海金诃藏药药业股份有限公司）	青海
20080257	中电投宁夏青铜峡能源铝业集团有限公司（原青铜峡铝业集团有限公司）	宁夏
20080258	宁夏建筑材料研究院（有限公司）	宁夏
20080259	宁夏中卫大河机床有限责任公司	宁夏
20080260	特变电工股份有限公司	新疆
20080261	新疆金风科技股份有限公司	新疆
20080262	新疆独山子天利高新技术股份有限公司	新疆
20080263	大连光洋科技工程有限公司	大连
20080264	大连重工·起重集团有限公司	大连
20080265	大连华信计算机技术有限公司	大连
20080266	大连獐子岛渔业集团股份有限公司	大连
20080267	瓦房店轴承集团有限责任公司	大连
20080268	宁波天安（集团）股份有限公司	宁波
20080269	宁波韵升股份有限公司	宁波
20080270	宁波天邦股份有限公司	宁波
20080271	贝发集团股份有限公司（原贝发集团有限公司）	宁波
20080272	宁波大成新材料股份有限公司	宁波
20080273	厦门通士达照明有限公司	厦门
20080274	厦门华联电子有限公司	厦门
20080275	厦门宏发电声有限公司	厦门
20080276	厦门雅迅网络股份有限公司	厦门
20080277	厦门弘信电子科技有限公司	厦门
20080278	软控股份有限公司（青岛高校软控股份有限公司）	青岛
20080279	青岛即发集团股份有限公司	青岛
20080280	青岛喜盈门集团有限公司	青岛
20080281	青岛明月海藻集团有限公司	青岛
20080282	海洋化工研究院有限公司（原青岛海洋化工研究院）	青岛
20080283	深圳迈瑞生物医疗电子股份有限公司	深圳
20080284	深圳市大族激光科技股份有限公司	深圳
20080285	研祥智能科技股份有限公司	深圳
20080286	新疆天业节水灌溉股份有限公司	新疆兵团
20080287	石河子市华农种子机械制造有限公司	新疆兵团

附表3 第三批创新型试点企业（182家）

编号	企业名称	地域
20090288	中国商用飞机有限责任公司	上海
20090289	中国核工业集团公司	北京
20090290	中国船舶工业集团公司	北京
20090291	中国海洋石油总公司	北京
20090292	东风汽车公司	湖北
20090293	中国中化集团公司	北京
20090294	中国五矿集团公司	北京
20090295	中国中煤能源集团公司	北京
20090296	中国交通建设集团有限公司	北京
20090297	新兴际华集团有限公司（原新兴铸管集团有限公司）	北京
20090298	中国西电集团公司（原西安电力机械制造公司）	陕西
20090299	中国食品发酵工业研究院	北京
20090300	中国汽车工程研究院股份有限公司（原中国汽车工程研究院）	重庆
20090301	北京中科科仪股份有限公司（原北京中科科仪技术发展有限责任公司）	北京
20090302	合肥通用机械研究院	安徽
20090303	天津工程机械研究院	天津
20090304	同方股份有限公司	北京
20090305	首钢总公司	北京
20090306	北汽福田汽车股份有限公司	北京
20090307	北新集团建材股份有限公司	北京
20090308	太极计算机股份有限公司	北京
20090309	北京碧水源科技股份有限公司	北京
20090310	北京国药恒瑞美联信息技术有限公司	北京
20090311	北京北分瑞利分析仪器（集团）有限责任公司	北京
20090312	天津市天锻压力机有限公司	天津
20090313	曙光信息产业股份有限公司（原天津曙光计算机产业有限公司）	天津
20090314	天津立林机械集团有限公司	天津
20090315	天津赛瑞机器设备有限公司	天津
20090316	天津市环欧半导体材料技术有限公司	天津
20090317	长城汽车股份有限公司	河北
20090318	石家庄以岭药业股份有限公司	河北
20090319	河北先河环保科技股份有限公司（原河北先河科技发展有限公司）	河北
20090320	河北硅谷化工有限公司	河北
20090321	永济新时速电机电器有限责任公司	山西
20090322	山西潞安矿业（集团）有限责任公司	山西
20090323	山西晋城无烟煤矿业集团有限责任公司	山西
20090324	南风化工集团股份有限公司	山西

续表

编号	企业名称	地域
20090325	山西中绿环保集团有限公司（原太原中绿环保技术有限公司）	山西
20090326	山西鸿基科技股份有限公司	山西
20090327	内蒙古灵奕高科技（集团）有限责任公司	内蒙古
20090328	内蒙古晟纳吉光伏材料有限公司	内蒙古
20090329	沈阳透平机械股份有限公司	辽宁
20090330	辽宁聚龙金融设备股份有限公司	辽宁
20090331	鞍山森远路桥股份有限公司	辽宁
20090332	沈阳远大铝业集团有限公司	辽宁
20090333	吉林吉恩镍业股份有限公司	吉林
20090334	吉林化纤集团有限责任公司	吉林
20090335	吉林省博大制药有限责任公司	吉林
20090336	通化钢铁股份有限公司	吉林
20090337	长春新产业光电技术有限公司	吉林
20090338	哈尔滨博实自动化股份有限公司（原哈尔滨博实自动化设备有限责任公司）	黑龙江
20090339	牡丹江友搏药业有限责任公司	黑龙江
20090340	齐齐哈尔二机床（集团）有限责任公司	黑龙江
20090341	大庆华科股份有限公司	黑龙江
20090342	哈尔滨誉衡药业股份有限公司	黑龙江
20090343	上海汽车工业（集团）总公司	上海
20090344	上海重型机器厂有限公司	上海
20090345	上海发电设备成套设计研究院	上海
20090346	上海迪赛诺化学制药有限公司	上海
20090347	上海连成（集团）有限公司	上海
20090348	上海新时达电气股份有限公司	上海
20090349	无锡尚德太阳能电力有限公司	江苏
20090350	亨通集团有限公司	江苏
20090351	江苏恒瑞医药股份有限公司	江苏
20090352	江苏扬农化工集团有限公司	江苏
20090353	中电电气集团有限公司	江苏
20090354	江苏天奇物流系统工程股份有限公司	江苏
20090355	江苏省交通科学研究院股份有限公司	江苏
20090356	浙江正泰电器股份有限公司	浙江
20090357	浙江盾安人工环境股份有限公司（原浙江盾安人工环境设备股份有限公司）	浙江
20090358	巨石集团有限公司	浙江
20090359	浙江康恩贝制药股份有限公司	浙江
20090360	浙江新安化工集团有限公司	浙江
20090361	浙江新和成股份有限公司	浙江

续表

编号	企业名称	地域
20090362	杭州中美华东制药有限公司	浙江
20090363	聚光科技（杭州）股份有限公司（原聚光科技（杭州）有限公司）	浙江
20090364	马钢（集团）控股有限公司	安徽
20090365	安徽海螺集团有限责任公司	安徽
20090366	合肥工大高科信息科技股份有限公司（原合肥工大高科信息技术有限责任公司）	安徽
20090367	合肥美亚光电技术股份有限公司（原合肥美亚光电技术有限责任公司）	安徽
20090368	安徽华东光电技术研究所	安徽
20090369	安徽昊方机电股份有限公司	安徽
20090370	安徽蓝盾光电子股份有限公司	安徽
20090371	安徽鲲鹏装备模具制造有限公司	安徽
20090372	安徽安凯福田曙光车桥有限公司	安徽
20090373	福建龙溪轴承（集团）股份有限公司	福建
20090374	福建省南平铝业有限公司	福建
20090375	福建凤竹纺织科技股份有限公司	福建
20090376	福耀玻璃工业集团股份有限公司	福建
20090377	福建正源饲料有限公司	福建
20090378	崇义章源钨业股份有限公司	江西
20090379	思创数码科技股份有限公司	江西
20090380	南昌弘益科技有限公司	江西
20090381	江西诚志生物工程有限公司	江西
20090382	中国重型汽车集团有限公司	山东
20090383	兖矿集团有限公司	山东
20090384	潍柴动力股份有限公司	山东
20090385	山东绿叶制药股份有限公司	山东
20090386	山东时风（集团）有限责任公司	山东
20090387	山东泉林纸业有限责任公司	山东
20090388	山东金正大生态工程股份有限公司	山东
20090389	山东龙力生物科技股份有限公司（原山东龙力生物科技有限公司）	山东
20090390	郑州煤矿机械集团股份有限公司	河南
20090391	濮阳濮耐高温材料（集团）股份有限公司	河南
20090392	南阳二机石油装备（集团）有限公司	河南
20090393	永城煤电集团有限责任公司（原永城煤电控股集团有限公司）	河南
20090394	郑州威科姆科技股份有限公司	河南
20090395	河南黄河旋风股份有限公司	河南
20090396	华工科技产业股份有限公司	湖北
20090397	武汉凡谷电子技术股份有限公司	湖北
20090398	长飞光纤光缆有限公司	湖北

续表

编号	企业名称	地域
20090399	武汉天喻信息产业股份有限公司	湖北
20090400	襄樊五二五泵业有限公司	湖北
20090401	山河智能装备股份有限公司（原湖南山河智能机械股份有限公司）	湖南
20090402	株洲钻石切削刀具股份有限公司	湖南
20090403	湖南海利高新技术产业集团有限公司	湖南
20090404	长城信息产业股份有限公司	湖南
20090405	TCL集团股份有限公司	广东
20090406	广东志成冠军集团有限公司	广东
20090407	白云电气集团有限公司（原广州市白云电气集团有限公司）	广东
20090408	广东温氏食品集团有限公司	广东
20090409	广州白云山和记黄埔中药有限公司	广东
20090410	广东汕头超声电子股份有限公司	广东
20090411	广东光华科技股份有限公司（原广东光华化学厂有限公司）	广东
20090412	中国化工橡胶桂林有限公司	广西
20090413	桂林橡胶机械厂	广西
20090414	柳州两面针股份有限公司	广西
20090415	海南立昇净水科技实业有限公司	海南
20090416	海南金盘电气有限公司	海南
20090417	海南椰国食品有限公司	海南
20090418	海南新世通制药有限公司	海南
20090419	重庆齿轮箱有限责任公司	重庆
20090420	重庆紫光化工股份有限公司	重庆
20090421	力帆实业（集团）股份有限公司	重庆
20090422	重庆华邦制药股份有限公司	重庆
20090423	重庆小康工业集团股份有限公司（原重庆渝安创新科技（集团）有限公司）	重庆
20090424	北大国际医院集团西南合成制药股份有限公司（原西南合成制药股份有限公司）	重庆
20090425	中昊晨光化工研究院	四川
20090426	四川川环科技股份有限公司	四川
20090427	成都迈普产业集团有限公司	四川
20090428	新希望集团有限公司	四川
20090429	四川久大制盐有限责任公司	四川
20090430	四川丹甫制冷压缩机股份有限公司	四川
20090431	瓮福（集团）有限责任公司	贵州
20090432	贵州百灵企业集团制药股份有限公司	贵州
20090433	贵州凯星液力传动机械有限公司	贵州
20090434	贵研铂业股份有限公司	云南

续表

编号	企业名称	地域
20090435	云南特安呐制药股份有限公司	云南
20090436	西藏特色产业股份有限公司	西藏
20090437	西藏金稞集团有限责任公司（原西藏金稞科技有限公司）	西藏
20090438	陕西秦川机床工具集团有限公司	陕西
20090439	西安西电开关电气有限公司（原西安西开高压电气股份有限公司）	陕西
20090440	陕西汽车集团有限责任公司	陕西
20090441	宝鸡石油钢管有限责任公司	陕西
20090442	酒泉钢铁（集团）有限责任公司	甘肃
20090443	甘肃蓝科石化高新装备股份有限公司	甘肃
20090444	青海盐湖工业股份有限公司（原青海盐湖工业集团股份有限公司）	青海
20090445	青海洁神装备制造集团有限公司	青海
20090446	西宁特殊钢股份有限公司	青海
20090447	西北轴承股份有限公司	宁夏
20090448	宁夏泰瑞制药股份有限公司（原宁夏多维泰瑞制药有限公司）	宁夏
20090449	特变电工新疆新能源股份有限公司（原新疆新能源股份有限公司）	新疆
20090450	新疆华世丹药业股份有限公司	新疆
20090451	新疆有色金属工业（集团）有限责任公司	新疆
20090452	大连冷冻机股份有限公司	大连
20090453	路明科技集团有限公司	大连
20090454	宁波方太厨具有限公司	宁波
20090455	宁波雅戈尔日中纺织印染有限公司	宁波
20090456	沁园集团股份有限公司（原宁波沁园集团有限公司）	宁波
20090457	宁波东方电缆股份有限公司	宁波
20090458	宁波欣达（集团）有限公司	宁波
20090459	厦门金龙联合汽车工业有限公司	厦门
20090460	厦门精图信息技术有限公司	厦门
20090461	厦门特宝生物工程股份有限公司	厦门
20090462	厦门涌泉集团有限公司	厦门
20090463	青岛港（集团）有限公司	青岛
20090464	青特集团有限公司	青岛
20090465	青岛变压器集团有限公司	青岛
20090466	比亚迪股份有限公司	深圳
20090467	深圳市同洲电子股份有限公司	深圳
20090468	深圳市三诺电子有限公司	深圳
20090469	深圳市格林美高新技术股份有限公司	深圳

附表4 第四批创新型试点企业（81家）

编号	企业名称	地域
20100470	中国电子科技集团公司	北京
20100471	中国轻工集团公司	北京
20100472	华锐风电科技（集团）股份有限公司	北京
20100473	百度在线网络技术（北京）有限公司	北京
20100474	英利集团有限公司	河北
20100475	巨力索具股份有限公司	河北
20100476	太原合创自动化有限公司	山西
20100477	山西焦煤集团有限责任公司	山西
20100478	内蒙古北方重型汽车股份有限公司	内蒙古
20100479	内蒙古博源控股集团有限公司	内蒙古
20100480	东软集团股份有限公司	辽宁
20100481	荣信电力电子股份有限公司	辽宁
20100482	吉林昊宇电气股份有限公司（原吉林省昊宇石化电力设备制造有限公司）	吉林
20100483	哈尔滨九洲电气股份有限公司	黑龙江
20100484	微创医疗器械（上海）有限公司	上海
20100485	展讯通信（上海）有限公司	上海
20100486	万达信息股份有限公司	上海
20100487	上海海立（集团）股份有限公司	上海
20100488	上海杰事杰新材料（集团）股份有限公司	上海
20100489	徐州工程机械集团有限公司	江苏
20100490	江苏长电科技股份有限公司	江苏
20100491	常熟开关制造有限公司	江苏
20100492	美新半导体（无锡）有限公司	江苏
20100493	江苏康缘药业股份有限公司	江苏
20100494	江苏省建筑科学研究院有限公司	江苏
20100495	江苏苏净集团有限公司	江苏
20100496	浙江运达风电股份有限公司（原浙江运达风力发电工程有限公司）	浙江
20100497	浙江浙大网新集团有限公司	浙江
20100498	万丰奥特控股集团有限公司	浙江
20100499	横店集团联宜电机有限公司	浙江
20100500	杭州海康威视数字技术股份有限公司	浙江
20100501	浙江亚太机电股份有限公司	浙江
20100502	安徽安凯汽车股份有限公司	安徽
20100503	淮南矿业（集团）有限责任公司	安徽
20100504	安徽济人药业有限公司	安徽
20100505	安徽大地熊新材料股份有限公司	安徽
20100506	安徽华菱汽车股份有限公司	安徽
20100507	中钢集团马鞍山矿山研究院有限公司	安徽
20100508	安徽三联交通应用技术股份有限公司	安徽
20100509	福建邮科通信技术有限公司	福建

续表

编号	企业名称	地域
20100510	江铃汽车股份有限公司	江西
20100511	仁和（集团）发展有限公司	江西
20100512	山东华夏神舟新材料有限公司（原山东东岳神舟新材料有限公司）	山东
20100513	山东如意科技集团有限公司	山东
20100514	三角集团有限公司	山东
20100515	山东南山铝业股份有限公司	山东
20100516	山东达驰电气有限公司	山东
20100517	金龙精密铜管集团股份有限公司	河南
20100518	河南金丹乳酸科技股份有限公司（原河南金丹乳酸科技有限公司）	河南
20100519	安琪酵母股份有限公司	湖北
20100520	阳光凯迪新能源集团有限公司（原武汉凯迪控股投资有限公司）	湖北
20100521	袁隆平农业高科技股份有限公司	湖南
20100522	惠州市德赛集团有限公司	广东
20100523	广东格兰仕集团有限公司	广东
20100524	广州珠江钢琴集团股份有限公司	广东
20100525	广州汽车集团股份有限公司	广东
20100526	广西玉柴机器股份有限公司	广西
20100527	桂林三金药业股份有限公司	广西
20100528	西南化工研究设计院	四川
20100529	华西能源工业股份有限公司	四川
20100530	泸州老窖股份有限公司	四川
20100531	四川明星电缆股份有限公司	四川
20100532	四川高金食品股份有限公司	四川
20100533	云南驰宏锌锗股份有限公司	云南
20100534	蒙自矿冶有限责任公司	云南
20100535	陕西法士特齿轮有限责任公司	陕西
20100536	天华化工机械及自动化研究设计院	甘肃
20100537	天水锻压机床（集团）有限公司（原天水锻压机床有限公司）	甘肃
20100538	甘肃银光聚银化工有限公司	甘肃
20100539	青海中信国安科技发展有限公司	青海
20100540	青海晶珠藏药高新技术产业股份有限公司	青海
20100541	宁夏启元药业有限公司	宁夏
20100542	新疆机械研究院股份有限公司	新疆
20100543	新疆绿色使者空气环境技术有限公司	新疆
20100544	大连裕祥科技集团有限公司	大连
20100545	宁波浙东精密铸造有限公司	宁波
20100546	厦门市美亚柏科信息股份有限公司	厦门
20100547	青岛汉缆股份有限公司	青岛
20100548	山东新希望六和集团有限公司（原山东六和集团有限公司）	青岛
20100549	青岛宏大纺织机械有限责任公司	青岛
20100550	海利尔药业集团股份有限公司（原青岛海利尔药业有限公司）	青岛

附表5　第五批创新型试点企业（126家）

编号	企业名称	地域
20120551	中国机械工业集团有限公司	北京
20120552	中国通用技术（集团）控股有限责任公司	北京
20120553	中国电力建设集团有限公司	北京
20120554	中国华电集团公司	北京
20120555	上海化工研究院	上海
20120556	上海玻璃钢研究院有限公司	上海
20120557	中国建筑科学研究院	北京
20120558	北京四方继保自动化股份有限公司	北京
20120559	北京星昊医药股份有限公司	北京
20120560	同方威视技术股份有限公司	北京
20120561	北京亚东生物制药有限公司	北京
20120562	天津经纬电材股份有限公司	天津
20120563	天津市市政工程设计研究院	天津
20120564	中国汽车技术研究中心	天津
20120565	天津第一机床总厂	天津
20120566	石家庄中煤装备制造股份有限公司	河北
20120567	山西光宇半导体照明有限公司	山西
20120568	山西振东制药股份有限公司	山西
20120569	大同煤矿集团有限责任公司	山西
20120570	内蒙古永业农丰生物科技有限责任公司	内蒙古
20120571	辽宁东亚种业有限公司	辽宁
20120572	佳化化学股份有限公司	辽宁
20120573	北方重工集团有限公司	辽宁
20120574	辽宁忠旺集团有限公司	辽宁
20120575	长春希达电子技术有限公司	吉林
20120576	吉林一正药业集团有限公司	吉林
20120577	长春市万易科技有限公司	吉林
20120578	黑龙江珍宝岛药业股份有限公司	黑龙江
20120579	哈尔滨辰能工大环保科技股份有限公司	黑龙江
20120580	齐重数控装备股份有限公司	黑龙江
20120581	上海中信国健药业股份有限公司	上海

续表

编号	企业名称	地域
20120582	思源电气股份有限公司	上海
20120583	上海市基础工程有限公司	上海
20120584	上海电气电站设备有限公司	上海
20120585	上海市建筑科学研究院（集团）有限公司	上海
20120586	上海三菱电梯有限公司	上海
20120587	上海都市绿色工程有限公司	上海
20120588	上海置信电气股份有限公司	上海
20120589	上海东方泵业（集团）有限公司	上海
20120590	南通中远船务工程有限公司	江苏
20120591	中天科技集团有限公司	江苏
20120592	江阴兴澄特种钢铁有限公司	江苏
20120593	江苏中能硅业科技发展有限公司	江苏
20120594	江苏科行环保科技有限公司	江苏
20120595	南京高精传动设备制造集团有限公司	江苏
20120596	好孩子儿童用品有限公司	江苏
20120597	浙江三花股份有限公司	浙江
20120598	浙江凯恩特种材料股份有限公司	浙江
20120599	浙江银轮机械股份有限公司	浙江
20120600	浙江金洲管道科技股份有限公司	浙江
20120601	浙江大华技术股份有限公司	浙江
20120602	三维通信股份有限公司	浙江
20120603	安徽安科生物工程（集团）股份有限公司	安徽
20120604	安徽巨一自动化装备有限公司	安徽
20120605	安徽鑫龙电器股份有限公司	安徽
20120606	安徽省华信生物药业股份有限公司	安徽
20120607	安徽科力信息产业有限责任公司	安徽
20120608	合肥金星机电科技发展有限公司	安徽
20120609	安徽协和成药业饮片有限公司	安徽
20120610	福建文鑫莲业食品有限公司	福建
20120611	福建三元达通讯股份有限公司	福建
20120612	福建榕基软件股份有限公司	福建
20120613	江西青峰药业有限公司	江西

续表

编号	企业名称	地域
20120614	中国瑞林工程技术有限公司	江西
20120615	山东玉皇化工有限公司	山东
20120616	烟台泰和新材料股份有限公司	山东
20120617	山东华特磁电科技股份有限公司	山东
20120618	山东威高集团医用高分子制品股份有限公司	山东
20120619	山东东阿阿胶股份有限公司	山东
20120620	泰山体育产业集团有限公司	山东
20120621	郑州新大方重工科技有限公司	河南
20120622	多氟多化工股份有限公司	河南
20120623	武汉启瑞药业有限公司	湖北
20120624	湖北菲利华石英玻璃股份有限公司	湖北
20120625	九芝堂股份有限公司	湖南
20120626	迅达科技集团股份有限公司	湖南
20120627	株洲千金药业股份有限公司	湖南
20120628	湖南华菱线缆股份有限公司	湖南
20120629	广州海格通信集团股份有限公司	广东
20120630	广东粤海饲料集团有限公司	广东
20120631	广州数控设备有限公司	广东
20120632	中山大洋电机股份有限公司	广东
20120633	京信通信技术（广州）有限公司	广东
20120634	康美药业股份有限公司	广东
20120635	上汽通用五菱汽车股份有限公司	广西
20120636	海南锦瑞制药股份有限公司	海南
20120637	海南神农大丰种业科技股份有限公司	海南
20120638	重庆山外山科技有限公司	重庆
20120639	重庆莱美药业股份有限公司	重庆
20120640	太极集团重庆涪陵制药厂有限公司	重庆
20120641	四川川大智胜软件股份有限公司	四川
20120642	四川九洲电器集团有限责任公司	四川
20120643	成都康弘药业集团股份有限公司	四川
20120644	成都国腾电子技术股份有限公司	四川
20120645	中国水电顾问集团成都勘测设计研究院	四川

续表

编号	企业名称	地域
20120646	贵州航天新力铸锻有限责任公司	贵州
20120647	遵义钛业股份有限公司	贵州
20120648	贵州同济堂制药有限公司	贵州
20120649	昆明制药集团股份有限公司	云南
20120650	云南沃森生物技术股份有限公司	云南
20120651	西藏芝芝药业有限公司	西藏
20120652	西藏海思科药业集团股份有限公司	西藏
20120653	中交第一公路勘察设计研究院有限公司	陕西
20120654	兰州大成科技股份有限公司	甘肃
20120655	卧龙电气银川变压器有限公司	宁夏
20120656	宁夏共享铸钢有限公司	宁夏
20120657	宁夏机械研究院（有限责任公司）	宁夏
20120658	青海清华博众生物技术有限公司	青海
20120659	青海康普生物科技股份有限公司	青海
20120660	新疆德蓝股份有限公司	新疆
20120661	新疆福克油品股份有限公司	新疆
20120662	辽宁生物医学材料研发中心有限公司	大连
20120663	大连三维传热技术有限公司	大连
20120664	大连理工计算机控制工程有限公司	大连
20120665	宁波慈星股份有限公司	宁波
20120666	宁波精达成形装备股份有限公司	宁波
20120667	浙江金瑞泓科技股份有限公司	宁波
20120668	厦门三维丝环保股份有限公司	厦门
20120669	厦门金达威集团股份有限公司	厦门
20120670	青岛黄海制药有限责任公司	青岛
20120671	青岛康大兔业发展有限公司	青岛
20120672	青岛东软载波科技股份有限公司	青岛
20120673	青岛特锐德电气股份有限公司	青岛
20120674	深圳信立泰药业股份有限公司	深圳
20120675	深圳市佳创视讯技术股份有限公司	深圳
20120676	新疆科神农业装备科技开发有限公司	新疆兵团

附录

附录三

创新型企业名录（三批）

附表6　第一批创新型企业（91家）

编号	企业名称	地域
20060001	中国航天科技集团公司	北京
20060002	中国石油化工集团公司	北京
20060003	国家电网公司	北京
20060004	中国长江三峡集团公司（原中国长江三峡工程开发总公司）	湖北
20060005	神华集团有限责任公司	北京
20060006	中国网络通信集团公司①	北京
20060007	中国电子信息产业集团有限公司（原中国电子信息产业集团公司）	北京
20060008	中国第一汽车集团公司	吉林
20060009	中国东方电气集团有限公司（原中国东方电气集团公司）	四川
20060010	鞍钢集团公司（原鞍山钢铁集团公司）	辽宁
20060011	宝钢集团有限公司（原上海宝钢集团公司）	上海
20060012	中国铝业公司	北京
20060013	中国化学工程集团公司	北京
20060014	中国铁路工程总公司	北京
20060015	中国生物技术集团公司②	北京
20060016	电信科学技术研究院（大唐电信集团）	北京
20060017	中国钢研科技集团有限公司（原钢铁研究总院）	北京
20060018	北京有色金属研究总院	北京
20060019	煤炭科学研究总院	北京
20060021	中国纺织科学研究院	北京
20060022	中国农业机械化科学研究院	北京

① 中国网络通信集团公司已与中国联合通信有限公司重组合并为中国联合网络通信集团有限公司。
② 中国生物技术集团公司已与中国医药集团总公司实行联合重组，组建新的中国医药集团总公司。

续表

编号	企业名称	地域
20060023	中材科技股份有限公司	北京
20060024	中国重型机械研究院有限公司（原西安重型机械研究所）	陕西
20060025	北京矿冶研究总院	北京
20060026	武汉邮电科学研究院	湖北
20060027	联想（北京）有限公司	北京
20060028	汉王科技股份有限公司（原北京汉王科技股份有限公司）	北京
20060030	北京仁创科技集团有限公司	北京
20060031	天津钢管集团股份有限公司（原天津钢管集团有限公司）	天津
20060032	天津天士力集团有限公司	天津
20060033	唐山轨道客车有限责任公司（原中国北车集团唐山机车车辆厂）	河北
20060034	太原重型机械集团有限公司	山西
20060035	太原风华信息装备股份有限公司	山西
20060036	内蒙古蒙西高新技术集团有限公司	内蒙古
20060037	沈阳新松机器人自动化股份有限公司	辽宁
20060038	辽宁奥克化学股份有限公司（原辽宁奥克化学集团有限公司）	辽宁
20060039	吉林华微电子股份有限公司	吉林
20060040	长春轨道客车股份有限公司	吉林
20060041	亿阳信通股份有限公司	黑龙江
20060042	哈药集团三精制药股份有限公司	黑龙江
20060043	上海振华重工（集团）股份有限公司（原上海振华港口机械股份有限公司）	上海
20060044	上海宝信软件股份有限公司	上海
20060045	上海电器科学研究所（集团）有限公司	上海
20060047	南京联创科技集团股份有限公司（原南京联创科技股份有限公司）	江苏
20060048	扬子江药业集团有限公司	江苏
20060049	江苏法尔胜泓昇集团有限公司（原法尔胜集团公司）	江苏
20060050	中控科技集团有限公司	浙江
20060051	浙江吉利控股集团有限公司	浙江
20060052	浙江海正药业股份有限公司	浙江
20060053	奇瑞汽车有限公司	安徽
20060055	福建星网锐捷通讯股份有限公司	福建
20060056	福建南靖万利达科技有限公司	福建
20060057	江西昌九农科化工有限公司	江西
20060059	浪潮集团有限公司	山东
20060060	烟台万华聚氨酯股份有限公司	山东
20060061	山东登海种业股份有限公司	山东
20060062	许继集团有限公司	河南

续表

编号	企业名称	地域
20060063	郑州宇通客车股份有限公司	河南
20060064	武汉华中数控股份有限公司	湖北
20060065	湖北新火炬科技股份有限公司（原襄樊星火汽车零部件制造有限公司）	湖北
20060066	中联重科股份有限公司（原长沙中联重工科技发展股份有限公司）	湖南
20060067	平安电气股份有限公司（原湘潭平安电气集团有限公司）	湖南
20060068	金发科技股份有限公司	广东
20060069	广东风华高新科技股份有限公司	广东
20060070	广东威创视讯科技股份有限公司（原广东威创日新电子有限公司）	广东
20060071	广州机械科学研究院有限公司（原广州机械科学研究院）	广东
20060074	海南全星药业有限公司	海南
20060075	重庆川仪自动化股份有限公司（原重庆川仪总厂有限公司）	重庆
20060076	招商局重庆交通科研设计院有限公司（原重庆交通科研设计院）	重庆
20060077	重庆华立药业股份有限公司	重庆
20060078	四川长虹电器股份有限公司	四川
20060079	攀钢集团有限公司［原攀枝花钢铁（集团）公司］	四川
20060080	成都地奥制药集团有限公司	四川
20060081	贵阳航天林泉科技有限公司①	贵州
20060083	云南白药集团股份有限公司	云南
20060084	昆明船舶设备集团有限公司	云南
20060085	西藏奇正藏药股份有限公司（原西藏林芝奇正藏药厂）	西藏
20060086	西安海天天线科技股份有限公司	陕西
20060087	金川集团股份有限公司（原金川集团有限公司）	甘肃
20060088	天水星火机床有限责任公司	甘肃
20060089	宁夏东方钽业股份有限公司	宁夏
20060090	西部矿业股份有限公司	青海
20060093	新疆众和股份有限公司	新疆
20060094	新疆石河子中发化工有限责任公司	新疆兵团
20060096	海天塑机集团有限公司（原宁波海天集团股份有限公司）	宁波
20060097	博威集团有限公司（原宁波博威集团有限公司）	宁波
20060098	厦门钨业股份有限公司	厦门
20060100	海尔集团公司	青岛
20060101	海信集团有限公司	青岛
20060102	华为技术有限公司	深圳
20060103	中兴通讯股份有限公司	深圳

① 贵阳航天林泉科技有限公司已注销。

附表7 第二批创新型企业（111家）

编号	企业名称	地域
20080125	中国航天科工集团公司	北京
20080105	中国船舶重工集团公司	北京
20080106	中国兵器工业集团公司	北京
20080107	中国兵器装备集团公司	北京
20080108	中国石油天然气集团公司	北京
20080131	中国南方电网有限责任公司	广东
20080109	中国华能集团公司	北京
20080110	中国移动通信集团公司	北京
20080124	中国电信集团公司	北京
20080111	中国第一重型机械集团公司	黑龙江
20080112	武汉钢铁（集团）公司	湖北
20080132	中国远洋运输（集团）总公司	北京
20080115	中国化工集团公司	北京
20080118	中国北方机车车辆工业集团公司	北京
20080119	中国南车集团公司（原中国南方机车车辆工业集团公司）	北京
20080114	中国冶金科工集团有限公司（原中国冶金科工集团公司）	北京
20080123	上海贝尔股份有限公司（原上海贝尔阿尔卡特股份有限公司）	上海
20080127	彩虹集团公司	北京
20060020	机械科学研究总院	北京
20080134	沈阳化工研究院有限公司（原沈阳化工研究院）	辽宁
20080135	长沙矿冶研究院有限责任公司（原长沙矿冶研究院）	湖南
20080136	中国电器科学研究院有限公司（原中国电器科学研究院）	广东
20080137	上海医药工业研究院	上海
20080139	天津药物研究院	天津
20080140	中国日用化学工业研究院	山西
20080142	北大方正集团有限公司	北京
20080143	用友软件股份有限公司	北京
20080145	北京大北农科技集团有限责任公司	北京
20080146	北京和利时系统工程股份有限公司	北京
20080147	天津赛象科技股份有限公司	天津
20080148	天津力神电池股份有限公司	天津
20080149	天津药业集团有限公司	天津
20080151	中国乐凯胶片集团公司	河北
20080153	石药集团有限公司	河北
20080154	华北制药集团新药研究开发有限责任公司	河北
20080157	内蒙古鄂尔多斯羊绒集团有限责任公司	内蒙古

续表

编号	企业名称	地域
20080161	包头钢铁（集团）有限责任公司	内蒙古
20080162	沈阳机床（集团）有限责任公司	辽宁
20080164	辽宁恒星精细化工有限公司（原丹东恒星精细化工有限公司）	辽宁
20080168	四平市精细化学品有限公司	吉林
20080170	东北轻合金有限公司	黑龙江
20080173	上海新傲科技有限公司	上海
20080177	南京南瑞集团公司	江苏
20080178	江苏阳光股份有限公司	江苏
20080179	大全集团有限公司	江苏
20080180	东飞马佐里纺机有限公司［原马佐里（东台）纺机有限公司］	江苏
20080181	江苏兴荣高新科技股份有限公司	江苏
20080182	江苏沙钢集团有限公司	江苏
20080183	万向集团公司	浙江
20080184	浙江医药股份有限公司新昌制药厂	浙江
20080185	杭州制氧机集团有限公司	浙江
20080186	浙江华海药业股份有限公司	浙江
20060054	安徽丰原集团有限公司	安徽
20080188	安徽科大讯飞信息科技股份有限公司	安徽
20080190	安徽叉车集团公司	安徽
20080191	安徽中鼎密封件股份有限公司	安徽
20080192	铜陵有色金属集团控股有限公司	安徽
20080193	黄山永新股份有限公司	安徽
20080194	福建龙净环保股份有限公司	福建
20080196	福建新大陆科技集团有限公司	福建
20080198	江西铜业集团公司	江西
20080199	江中药业股份有限公司	江西
20080200	泰豪科技股份有限公司	江西
20080201	江西汇仁药业有限公司	江西
20080202	鲁南制药集团股份有限公司	山东
20080203	丛林集团有限公司（原山东丛林集团有限公司）	山东
20080207	平高集团有限公司	河南
20080212	湖北宜化集团有限责任公司	湖北
20080213	湖北鼎龙化学股份有限公司（原湖北鼎龙化工有限公司）	湖北
20080215	三一重工股份有限公司	湖南
20080217	湘潭电机股份有限公司	湖南
20080218	江南工业集团有限公司［原江南机器（集团）有限公司］	湖南
20080219	广州无线电集团有限公司	广东

续表

编号	企业名称	地域
20080220	珠海格力电器股份有限公司	广东
20080222	广州迪森热能技术股份有限公司	广东
20080224	广西柳工机械股份有限公司	广西
20080225	柳州欧维姆机械股份有限公司（原柳州欧维姆股份有限公司）	广西
20080228	重庆长安汽车股份有限公司	重庆
20080229	重庆金山科技（集团）有限公司	重庆
20080230	重庆海扶医疗科技股份有限公司［原重庆海扶（HIFU）技术有限公司］	重庆
20080231	中电投远达环保工程有限公司	重庆
20080233	宜宾丝丽雅集团有限公司	四川
20080234	四川畜科饲料有限公司	四川
20080236	四川启明星铝业有限责任公司	四川
20080238	贵州航天电器股份有限公司	贵州
20080239	贵州益佰制药股份有限公司	贵州
20080241	云南锡业集团（控股）有限责任公司（原云南锡业集团有限责任公司）	云南
20080246	西藏诺迪康药业股份有限公司	西藏
20080248	西北有色金属研究院	陕西
20080249	陕西鼓风机（集团）有限公司	陕西
20080256	金诃藏药股份有限公司（原青海金诃藏药药业股份有限公司）	青海
20080260	特变电工股份有限公司	新疆
20080261	新疆金风科技股份有限公司	新疆
20080262	新疆独山子天利高新技术股份有限公司	新疆
20060095	大连三科科技发展有限公司	大连
20080263	大连光洋科技工程有限公司	大连
20080264	大连重工·起重集团有限公司	大连
20080265	大连华信计算机技术有限公司	大连
20080266	大连獐子岛渔业集团股份有限公司	大连
20080267	瓦房店轴承集团有限责任公司	大连
20080271	贝发集团股份有限公司（原贝发集团有限公司）	宁波
20080272	宁波大成新材料股份有限公司	宁波
20080275	厦门宏发电声有限公司	厦门
20080276	厦门雅迅网络股份有限公司	厦门
20080279	青岛即发集团股份有限公司	青岛
20080280	青岛喜盈门集团有限公司	青岛
20080281	青岛明月海藻集团有限公司	青岛
20080282	海洋化工研究院有限公司（原青岛海洋化工研究院）	青岛
20080283	深圳迈瑞生物医疗电子股份有限公司	深圳
20080284	深圳市大族激光科技股份有限公司	深圳
20080285	研祥智能科技股份有限公司	深圳

附表8　第三批创新型企业（154家）

编号	企业名称	地域
20080126	中国有色矿业集团有限公司	北京
20090290	中国船舶工业集团公司	北京
20090293	中国中化集团公司	北京
20090296	中国交通建设集团有限公司	北京
20080116	中国中材集团有限公司	北京
20080117	中国建筑材料集团有限公司	北京
20080120	中国铁道建筑总公司	北京
20080121	中国普天信息产业集团公司	北京
20080122	中国医药集团总公司	北京
20080128	中国葛洲坝集团公司	湖北
20080130	中国国电集团公司	北京
20090292	东风汽车公司	湖北
20090297	新兴际华集团有限公司	北京
20080129	哈尔滨电气集团公司	黑龙江
20080141	中钢集团洛阳耐火材料研究院有限公司	河南
20090299	中国食品发酵工业研究院	北京
20090302	中国通用机械研究院有限公司（原合肥通用机械研究院）	安徽
20090303	天津工程机械研究院	天津
20060029	北京信威通信技术股份有限公司	北京
20090304	同方股份有限公司	北京
20090307	北新集团建材股份有限公司	北京
20090309	北京碧水源科技股份有限公司	北京
20080150	天津电气传动设计研究所有限公司（原天津电气传动设计研究所）	天津
20090312	天津市天锻压力机有限公司	天津
20090313	曙光信息产业股份有限公司（原天津曙光计算机产业有限公司）	天津
20090315	天津赛瑞机器设备有限公司	天津
20090316	天津市环欧半导体材料技术有限公司	天津
20080152	邯郸钢铁集团有限责任公司	河北
20090317	长城汽车股份有限公司	河北
20090318	石家庄以岭药业股份有限公司	河北
20090320	河北硅谷化工有限公司	河北
20080156	山西信联集团实业有限公司	山西
20090321	永济新时速电机电器有限责任公司	山西
20090322	山西潞安矿业（集团）有限责任公司	山西
20090324	南风化工集团股份有限公司	山西
20090325	山西中绿环保集团有限公司	山西
20090326	山西鸿基科技股份有限公司	山西

续表

编号	企业名称	地域
20080159	内蒙古伊泰集团有限公司	内蒙古
20080165	锦州奥鸿药业有限责任公司	辽宁
20090329	沈阳透平机械股份有限公司	辽宁
20090330	辽宁聚龙金融设备股份有限公司	辽宁
20080166	吉林敖东延边药业股份有限公司	吉林
20090333	吉林吉恩镍业股份有限公司	吉林
20090335	吉林省博大制药有限责任公司	吉林
20090337	长春新产业光电技术有限公司	吉林
20090340	齐齐哈尔二机床（集团）有限责任公司	黑龙江
20090341	大庆华科股份有限公司	黑龙江
20060046	上海药明康德新药开发有限公司	上海
20080174	上海复星医药（集团）股份有限公司	上海
20080176	上海电缆研究所	上海
20090343	上海汽车工业（集团）总公司	上海
20090344	上海重型机器厂有限公司	上海
20090345	上海发电设备成套设计研究院	上海
20090347	上海连成（集团）有限公司	上海
20090348	上海新时达电气股份有限公司	上海
20090349	无锡尚德太阳能电力有限公司	江苏
20090350	亨通集团有限公司	江苏
20090352	江苏扬农化工集团有限公司	江苏
20090353	中电电气集团有限公司	江苏
20090354	江苏天奇物流系统工程股份有限公司	江苏
20090355	江苏省交通科学研究院股份有限公司	江苏
20080187	富通集团有限公司	浙江
20090359	浙江康恩贝制药股份有限公司	浙江
20090360	浙江新安化工集团股份有限公司	浙江
20090363	聚光科技（杭州）股份有限公司	浙江
20080189	安徽江淮汽车股份有限公司	安徽
20090364	马钢（集团）控股有限公司	安徽
20090366	合肥工大高科信息科技股份有限公司（原合肥工大高科信息技术有限责任公司）	安徽
20090367	合肥美亚光电技术股份有限公司（原合肥美亚光电技术有限责任公司）	安徽
20090368	安徽华东光电技术研究所	安徽
20090370	安徽蓝盾光电子股份有限公司	安徽
20090371	安徽鲲鹏装备模具制造有限公司	安徽
20090372	安徽安凯福田曙光车桥有限公司	安徽
20080195	福建福晶科技股份有限公司	福建
20090374	福建省南平铝业有限公司	福建
20090375	福建凤竹纺织科技股份有限公司	福建

续表

编号	企业名称	地域
20090378	崇义章源钨业股份有限公司	江西
20090380	南昌弘益科技有限公司	江西
20080204	威海广泰空港设备股份有限公司	山东
20080206	山东冠丰种业科技有限公司	山东
20090382	中国重型汽车集团有限公司	山东
20090383	兖矿集团有限公司	山东
20090384	潍柴动力股份有限公司	山东
20090385	山东绿叶制药股份有限公司	山东
20090386	山东时风（集团）有限责任公司	山东
20090387	山东泉林纸业有限责任公司	山东
20090388	山东金正大生态工程股份有限公司	山东
20090389	山东龙力生物科技股份有限公司	山东
20080208	中信重工机械股份有限公司	河南
20080210	南阳防爆集团有限公司	河南
20090390	郑州煤矿机械集团股份有限公司	河南
20090391	濮阳濮耐高温材料（集团）股份有限公司	河南
20090392	南阳二机石油装备（集团）有限公司	河南
20090393	永城煤电集团有限责任公司	河南
20090394	郑州威科姆科技股份有限公司	河南
20090395	河南黄河旋风股份有限公司	河南
20080211	河南瑞贝卡发制品股份有限公司	河南
20090396	华工科技产业股份有限公司	湖北
20090398	长飞光纤光缆有限公司	湖北
20090399	武汉天喻信息产业股份有限公司	湖北
20090401	山河智能装备股份有限公司（原湖南山河智能机械股份有限公司）	湖南
20090402	株洲钻石切削刀具股份有限公司	湖南
20090403	湖南海利高新技术产业集团有限公司	湖南
20080223	西陇化工股份有限公司	广东
20090405	TCL集团股份有限公司	广东
20090407	白云电气集团有限公司	广东
20090408	广东温氏食品集团有限公司	广东
20090410	广东汕头超声电子股份有限公司	广东
20090411	广东光华科技股份有限公司（原广东光华化学厂有限公司）	广东
20090412	中国化工橡胶桂林有限公司	广西
20090413	桂林橡胶机械厂	广西
20060073	海南赛诺实业有限公司	海南
20090415	海南立昇净水科技实业有限公司	海南
20090418	海南新世通制药有限公司	海南
20090419	重庆齿轮箱有限责任公司	重庆

续表

编号	企业名称	地域
20090420	重庆紫光化工股份有限公司	重庆
20090421	力帆实业（集团）股份有限公司	重庆
20090422	重庆华邦制药股份有限公司	重庆
20080232	中国第二重型机械集团公司	四川
20080235	四川科伦药业股份有限公司	四川
20080237	四川龙蟒集团有限责任公司	四川
20090425	中昊晨光化工研究院	四川
20090426	四川川环科技股份有限公司	四川
20090428	新希望集团有限公司	四川
20090429	四川久大制盐有限责任公司	四川
20090431	瓮福（集团）有限责任公司	贵州
20090432	贵州百灵企业集团制药股份有限公司	贵州
20090433	贵州凯星液力传动机械有限公司	贵州
20080243	云南南天电子信息产业股份有限公司	云南
20090434	贵研铂业股份有限公司	云南
20090437	西藏金稞集团有限责任公司	西藏
20090441	宝鸡石油钢管有限责任公司	陕西
20080251	天水长城开关厂有限公司	甘肃
20090444	青海盐湖工业股份有限公司（原青海盐湖工业集团股份有限公司）	青海
20090446	西宁特殊钢股份有限公司	青海
20080258	宁夏建筑材料研究院（有限公司）	宁夏
20090447	西北轴承股份有限公司	宁夏
20090450	新疆华世丹药业股份有限公司	新疆
20090453	路明科技集团有限公司	大连
20090454	宁波方太厨具有限公司	宁波
20090455	宁波雅戈尔日中纺织印染有限公司	宁波
20090457	宁波东方电缆股份有限公司	宁波
20090458	宁波欣达（集团）有限公司	宁波
20060099	厦门华侨电子股份有限公司	厦门
20080273	厦门通士达照明有限公司	厦门
20090460	厦门精图信息技术有限公司	厦门
20090461	厦门特宝生物工程股份有限公司	厦门
20080278	软控股份有限公司	青岛
20090463	青岛港（集团）有限公司	青岛
20090464	青特集团有限公司	青岛
20090466	比亚迪股份有限公司	深圳
20090467	深圳市同洲电子股份有限公司	深圳
20090469	深圳市格林美高新技术股份有限公司	深圳
20080287	石河子市华农种子机械制造有限公司	新疆兵团

附录

附录四

产业技术创新战略试点联盟名单（三批）

附表 9　第一批开展试点工作的产业技术创新战略联盟（56 个）

序号	名　称
1	钢铁可循环流程技术创新战略联盟
2	新一代煤（能源）化工产业技术创新战略联盟
3	煤炭开发利用技术创新战略联盟
4	农业装备产业技术创新战略联盟
5	TD 产业技术创新战略联盟
6	数控机床高速精密化技术创新战略联盟
7	汽车轻量化技术创新战略联盟
8	抗生素产业技术创新战略联盟
9	维生素产业技术创新战略联盟
10	半导体照明产业技术创新战略联盟
11	长风开放标准平台软件联盟
12	高效节能铝电解技术创新战略联盟
13	大豆加工产业技术创新战略联盟
14	WAPI 产业技术创新战略联盟
15	闪联产业技术创新战略联盟
16	光纤接入（FTTx）产业技术创新战略联盟
17	有色金属钨及硬质合金技术创新战略联盟
18	化纤产业技术创新战略联盟
19	存储产业技术创新战略联盟
20	开源及基础软件通用技术创新战略联盟
21	多晶硅产业技术创新战略联盟
22	农药产业技术创新战略联盟
23	染料产业技术创新战略联盟

续表

序号	名　称
24	新一代纺织设备产业技术创新联盟
25	太阳能光热产业技术创新战略联盟
26	商用汽车与工程机械新能源动力系统产业技术创新战略联盟
27	茶产业技术创新战略联盟
28	杂交水稻产业技术创新战略联盟
29	木竹产业技术创新战略联盟
30	柑橘加工产业技术创新战略联盟
31	油菜加工产业技术创新战略联盟
32	缓控释肥产业技术创新战略联盟
33	畜禽良种产业技术创新战略联盟
34	饲料产业技术创新战略联盟
35	肉类加工产业技术创新战略联盟
36	乳业产业技术创新战略联盟
37	长三角科学仪器产业技术创新战略联盟
38	集成电路封测产业链技术创新战略联盟
39	遥感数据处理与分析应用产业技术创新战略联盟
40	小卫星遥感系统产业技术创新战略联盟
41	航空遥感数据获取与服务技术创新联盟
42	电子贸易产业技术创新战略联盟
43	导航定位芯片与终端产业技术创新战略联盟
44	地理信息系统产业技术创新战略联盟
45	高值特种生物资源产业技术创新战略联盟
46	有色金属工业环境保护产业技术创新战略联盟
47	金属矿产资源综合与循环利用产业技术创新战略联盟
48	传染病诊断试剂产业技术创新战略联盟
49	医疗器械产业技术创新战略联盟
50	尾矿综合利用产业技术创新战略联盟
51	煤层气产业技术创新战略联盟
52	冶金矿产资源高效开发利用产业技术创新战略联盟
53	城市生物质燃气产业技术创新战略联盟
54	再生资源产业技术创新战略联盟
55	流感疫苗技术创新战略联盟
56	食品安全检测试剂和装备产业技术创新战略联盟

附表 10　第二批开展试点工作的产业技术创新战略联盟（39 个）

序号	名　称
1	抗体药物产业技术创新战略联盟
2	高效精密磨具产业技术创新战略联盟
3	淮河流域再生水利用与风险控制产业技术创新战略联盟
4	四方国件中间件产业技术创新战略联盟
5	抗肿瘤药物产业技术创新战略联盟
6	高档重型机床产业技术创新战略联盟
7	滚动轴承产业技术创新战略联盟
8	数控成形冲压装备产业技术创新战略联盟
9	数字音视频编解码（AVS）产业技术创新战略联盟
10	激光加工产业技术创新战略联盟
11	光刻设备产业技术创新战略联盟
12	电动汽车产业技术创新战略联盟
13	火力发电产业技术创新战略联盟
14	智能交通产业技术创新战略联盟
15	光纤材料产业技术创新战略联盟
16	生物医用材料产业技术创新战略联盟
17	非晶节能材料产业技术创新战略联盟
18	激光显示产业技术创新战略联盟
19	集成电路设计产业技术创新战略联盟
20	智能数字家电产业技术创新战略联盟
21	煤炭地下气化产业技术创新战略联盟
22	生物质能源产业技术创新战略联盟
23	玉米产业技术创新战略联盟
24	食用植物油产业技术创新战略联盟
25	有机（类）肥料产业技术创新战略联盟
26	食品装备产业技术创新战略联盟
27	冷链食品物流产业技术创新战略联盟
28	农作物种业产业技术创新战略联盟
29	南海区海水种苗产业技术创新战略联盟
30	果蔬加工产业技术创新战略联盟
31	通用名药物品种产业技术创新战略联盟
32	新型健身器材产业技术创新战略联盟
33	住宅科技产业技术创新战略联盟
34	干细胞与再生医学产业技术创新战略联盟
35	烟气脱硝产业技术创新战略联盟
36	肿瘤微创治疗产业技术创新战略联盟
37	有色金属短流程节能冶金产业技术创新战略联盟
38	节能降耗水处理装备产业技术创新战略联盟
39	国产科学仪器设备应用示范产业技术创新战略联盟

附表11 第三批开展试点工作的产业技术创新战略联盟（55个）

序号	名　　称
1	节能减排标准化产业技术创新战略联盟
2	安全自主软硬件产业技术创新战略联盟
3	高档数控系统及其应用产业技术创新战略联盟
4	航天制造装备产业技术创新战略联盟
5	膜生物反应器（MBR）产业技术创新战略联盟
6	水环境监测装备产业技术创新战略联盟
7	科研用试剂产业技术创新战略联盟
8	数字视频产业技术创新战略联盟
9	先进稀土材料产业技术创新战略联盟
10	工业设计产业技术创新战略联盟
11	微纳加工与制造产业技术创新战略联盟
12	高速列车产业技术创新战略联盟
13	物流中心自动化装备及系统产业技术创新战略联盟
14	磁电与低温超导磁体应用产业技术创新战略联盟
15	极端环境重大承压设备设计制造与维护技术创新战略联盟
16	射频识别（RFID）产业技术创新战略联盟
17	电动汽车电驱动系统全产业链技术创新战略联盟
18	石墨产业技术创新战略联盟
19	下一代广播电视网产业技术创新战略联盟
20	粉末冶金产业技术创新战略联盟
21	碳纤维及其复合材料产业技术创新战略联盟
22	智能电网终端用户设备产业技术创新战略联盟
23	燃料电池汽车产业技术创新战略联盟
24	轮胎产业技术创新战略联盟
25	贵金属材料产业技术创新战略联盟
26	机器人产业技术创新战略联盟
27	特种分离膜产业技术创新战略联盟
28	空间信息智能服务产业技术创新战略联盟

续表

序号	名称
29	快堆产业技术创新战略联盟
30	设施蔬菜产业技术战略联盟
31	马铃薯产业技术创新战略联盟
32	林业有害生物防治产业技术创新战略联盟
33	农业生物技术产业技术创新战略联盟
34	牧草产业技术创新战略联盟
35	生物农药与生物防治产业技术创新战略联盟
36	兽用化学药品产业技术创新战略联盟
37	稻米精深加工产业技术创新战略联盟
38	海参产业技术创新战略联盟
39	食用菌产业技术创新战略联盟
40	冷水性鱼类产业技术创新战略联盟
41	花卉产业技术创新战略联盟
42	高粱产业技术创新战略联盟
43	生猪产业技术创新战略联盟
44	马产业技术创新战略联盟
45	盐湖资源综合利用产业技术创新战略联盟
46	装配式钢结构民用建筑产业技术创新战略联盟
47	应急救援装备产业技术创新战略联盟
48	卤水精细化工产业技术创新战略联盟
49	海洋监测设备产业技术创新战略联盟
50	污泥处理处置产业技术创新战略联盟
51	工业酶产业技术创新战略联盟
52	深部地质矿产勘查产业技术创新战略联盟
53	钒钛资源综合利用产业技术创新战略联盟
54	建筑信息模型（BIM）产业技术创新战略联盟
55	公共体育设施产业技术创新战略联盟

附录

附录五

历届国家科技进步奖企业技术创新工程奖项名单

附表12　第一届企业技术创新工程奖项名单（2008年）

获奖企业	项目名称	奖项等级
奇瑞汽车股份有限公司	奇瑞节能环保汽车技术平台建设	一等
上海振华港口机械（集团）股份有限公司	ZPMC新一代港口集装箱起重机关键技术研制平台建设	二等
中国重型机械研究院（原西安重型机械研究所）	重型机械研究院创新工程及金属锻压重大装备技术研发平台建设	二等
中国航天科技集团公司	中国航天科技集团公司基于系统工程的技术创新体系建设	二等
华为技术有限公司	华为开放合作的全球WDM光纤传送平台建设	二等

附表13　第二届企业技术创新工程奖项名单（2009年）

获奖企业	项目名称	奖项等级
中兴通讯股份有限公司	中兴通讯"新一代无线技术平台"建设工程	二等
浙江吉利控股集团有限公司	吉利战略转型的技术体系创新工程建设	二等
神华集团有限责任公司	基于科技资源整合模式的煤炭开发利用技术创新工程	二等
浪潮集团有限公司	高效能服务器与存储技术创新工程	二等
宝钢集团有限公司	产学研用紧密结合的钢铁精品研发基地建设	二等
中国钢研科技集团公司	先进金属材料技术创新平台	二等
南京南瑞集团公司	南瑞大电网控制技术创新工程	二等

附表14　第三届企业技术创新工程奖项名单（2010年）

获奖企业	项目名称	奖项等级
中国航天科工集团公司	以自主创新为核心的航天科工科技创新体系和机制创建	二等
三一重工股份有限公司	三一重工工程机械技术创新平台建设	二等
中控科技集团有限公司	中控以标准国际化为核心的自动化技术创新工程	二等
无锡尚德太阳能电力有限公司	基于高效率低成本光伏发电技术的创新平台建设	二等

续表

获奖企业	项目名称	奖项等级
西北有色金属研究院	稀有金属材料技术创新工程	二等
武汉钢铁（集团）公司	以市场为导向的武钢自主创新能力建设	二等
烟台万华聚氨酯股份有限公司	烟台万华科技创新系统工程	二等
中国农业机械化科学研究院	农业装备技术创新工程	二等

附表15 第四届企业技术创新工程奖项名单（2011年）

获奖企业	项目名称	奖项等级
武汉邮电科学研究院	光通信核心技术研发与产业化技术创新工程	二等
海尔集团公司	海尔以开放式研发平台建设为核心的创新体系	二等
新疆天业节水灌溉股份有限公司	节水滴灌技术创新工程	二等
中国移动通信集团公司	以体系建设为核心的新一代移动通信技术自主创新工程	二等
中国西电集团公司	中国西电输变电重大成套装备科技创新工程建设	二等
万向集团公司	万向基于汽车零部件及系统的"三位一体"创新体系建设	二等

附表16 第五届企业技术创新工程奖项名单（2012年）

获奖企业	项目名称	奖项等级
中国核工业集团公司	中核集团先进核能技术创新工程	二等
徐州工程机械集团有限公司	基于大型工程机械自主创新的徐工科技创新体系工程	二等
中国医药工业研究总院	创新药物与制药工艺关键技术及产业化平台	二等
山东金正大生态工程股份有限公司	缓控释肥技术创新平台建设	二等

附表17 第六届企业技术创新工程奖项名单（2013年）

获奖企业	项目名称	奖项等级
中国船舶重工集团公司	以创建国际一流船舶集团为目标的军民融合科技创新工程	一等
兖矿集团有限公司	兖矿集团煤炭安全高效开采与洁净利用技术创新工程	二等
中国南车集团公司	中国南车轨道交通装备三大技术平台建设技术创新工程	二等
金发科技股份有限公司	基于先进聚合物材料自主创新的创新体系工程	二等
中国石油天然气集团公司	中国石油科技创新体系建设工程	二等
特变电工股份有限公司	输变电装备技术创新平台建设	二等

后 记

《中国创新型企业发展报告》（2013~2014）是在科技部、国资委、全国总工会领导的关心和指导，各部门、各地方的支持下编写完成的。由学术界知名专家和部分创新型企业领导组成的专家委员会，对报告的编写思路和框架设计提出了建议；各地方科技管理部门、创新型企业及试点企业为报告编写提供了资料和数据支持。

编写委员会和编写研究组的各位成员为报告的策划和编写付出了辛勤努力。科技部创新体系建设办公室徐建国、程家瑜、汤富强等对报告编写工作进行指导并审阅了稿件。国资委规划局白英、袁雷峰、方磊，全国总工会查学明、康岳、芦金玲、裴朝锋等对报告框架提出建议。

李新男、胡志坚、康荣平等专家参加了报告框架和内容的讨论或稿件修改。平台中心卢凡、赫运涛等提供了数据和资料支持。"企业创新之道"课题组提供企业案例。北京决策咨询中心的研究人员承担了数据录入处理、图表制作等工作。

报告各章的作者如下：第一章及政策文献和附录，刘东；第二章，徐立、刘东；第三章，李振良；第四章，邱晓燕；第五章，张赤东；第六章，"企业创新之道"课题组；第七章，刘东、张赤东、罗亚非。刘东负责全书统稿。

经济管理出版社的沈志渔研究员、本书责任编辑杜菲及有关领导、编辑、发行人员等为报告的出版、发行做了大量工作。报告还参考了许多研究文献和研究报告，在此一并表示感谢。

由于水平和经验局限，本报告仍有许多不妥之处，敬请各界提出宝贵意见（联系方式：liud@casted.org.cn）。

《中国创新型企业发展报告》
编写委员会
2014 年 10 月 26 日